Das TRIPs-Abkommen in der Gemeinschaftsordnung

Europäische Hochschulschriften
Publications Universitaires Européennes
European University Studies

Reihe II
Rechtswissenschaft

Série II Series II
Droit
Law

Bd./Vol. 3625

PETER LANG
Frankfurt am Main · Berlin · Bern · Bruxelles · New York · Oxford · Wien

Sonja Kreibich

Das TRIPs-Abkommen in der Gemeinschaftsordnung

Aspekte der Kompetenzverteilung zwischen WTO, Europäischer Gemeinschaft und ihren Mitgliedstaaten

PETER LANG
Europäischer Verlag der Wissenschaften

Bibliografische Information Der Deutschen Bibliothek
Die Deutsche Bibliothek verzeichnet diese Publikation in der Deutschen Nationalbibliografie; detaillierte bibliografische Daten sind im Internet über <http://dnb.ddb.de> abrufbar.

Zugl.: Bonn, Univ., Diss., 2002

D 5
ISSN 0531-7312
ISBN 3-631-50837-9

www.peterlang.de

Vorwort

Am Beispiel des TRIPs-Abkommens potenziert sich die Diskussion um den Status des WTO-Rechts in der internen Rechtsordnung der Europäischen Gemeinschaft: Der individualrechtliche Gehalt der Immaterialgüterrechte unterscheidet es von GATT und GATS; der Abschluß des TRIPs-Abkommens als gemischtes Abkommen wirft Probleme der Kompetenzverteilung zwischen der Gemeinschaft und ihren Mitgliedstaaten auf. Die vorliegende Arbeit versucht, diesen besonderen Spezifika des TRIPs-Abkommens gerecht zu werden und kommt aus diesem Blickwinkel zum Schluß, daß das letzte Wort in der Debatte um den gemeinschaftsinternen Status des WTO-Rechts noch nicht gesprochen sein sollte.

Das Manuskript wurde im Dezember 2000 fertiggestellt. Die Entscheidungen des EuGH vom 14.12.2000 in den Rechtssachen Rs. C-300/98 - *Parfums Christian Dior SA v. Tuk Consultancy BV* – und Rs. C-392/98 – *Assco Gerüste GmbH v. Wilhelm Layher GmbH & Co. KG* – konnten noch berücksichtigt werden. Neuere Rechtsprechung und Literatur konnten bis November 2002 nachgetragen werden.

Dank gebührt meinem Doktorvater, Herrn Prof. Dr. Wulf-Henning Roth, für die Anregung der Thematik dieser Arbeit, ihre Betreuung sowie für die Erstattung des Erstgutachtens. Herrn Prof. Dr. Dr. Rudolf Dolzer danke ich für die Erstattung des Zweitgutachtens.

Ich danke auch der FAZIT-Stiftung, die die Fertigstellung meiner Dissertation mit einem Promotions-Abschlußstipendium förderte. Im übrigen wäre diese Arbeit später fertiggestellt worden, hätte ich nicht in der Bibliothek des Max-Planck-Instituts für ausländisches und internationales Privatrecht in Hamburg optimale Arbeitsbedingungen gefunden. Mein Dank gilt weiterhin den Kollegen in der WTO-Einheit der Ständigen Vertretung der Bundesrepublik Deutschland in Genf, die mir wertvolle Einblicke in den „Organismus" WTO ermöglichten.

Danken möchte ich zuletzt meinen Freunden, die diese Arbeit begleitet haben: Lisa Brand, Dirk Stockhausen, Kathrin Najork, Almudena de la Mata und Rosario Then de Lammerskötter.

Ich widme diese Arbeit meiner Großmutter Anna Steinlein.

Bonn, 26.12.2002 Sonja Kreibich

Inhaltsverzeichnis

Einführung

A. Fragestellung und Gang der Arbeit

Das Übereinkommen über handelsbezogene Aspekte der Rechte des geistigen Eigentums (TRIPs-Abkommen) wurde 1994 im Rahmen der Uruguay-Runde abgeschlossen. Neben GATT und GATS stellt es eines der drei multilateralen Handelsabkommen im Rahmen der Welthandelsorganisation (WTO) dar. Das TRIPs-Abkommen antwortet auf Unzulänglichkeiten des traditionellen Schutzes geistigen Eigentums durch multilaterale Konventionen, indem es Mindeststandards begründet, bestehende Schutzlücken schließt und den Streitbeilegungsmechanismus der WTO für Zwecke der Durchsetzung internationaler Verpflichtungen zum Schutze des geistigen Eigentums öffnet. Die Europäische Gemeinschaft wie auch die Mitgliedstaaten der EG sind Vertragsparteien des TRIPs-Abkommens.

Diese Untersuchung geht der Frage nach, wie das TRIPs-Abkommen als völkerrechtliches Abkommen in die Rechtsordnung der Europäischen Gemeinschaft integriert wurde und wie seinen Bestimmungen in der Gemeinschaftsordnung zu größtmöglicher Geltung verholfen werden kann. Eine zentrale Bedeutung kommt hierbei der unmittelbaren Anwendbarkeit des Abkommens zu. Unmittelbare Anwendbarkeit ermöglichte zum einen, daß Abkommensbestimmungen in nationalen Rechtsanwendungsverfahren als objektiver Rechtmäßigkeitsmaßstab zur Überprüfung innerstaatlicher Maßnahmen herangezogen werden können. Sofern die Abkommensbestimmungen darüber hinaus private subjektive Rechte verleihen, könnten sich Inhaber von Rechten des geistigen Eigentums zudem zum Zwecke des Schutzes ihrer Rechte unmittelbar auf die justiziablen Bestimmungen des TRIPs-Abkommens berufen. Diese Möglichkeit erlangt praktische Relevanz, wenn das innerstaatliche Recht entsprechende Regelungen nicht vorsieht oder hinter den Standards des TRIPs-Abkommens zurückbleibt. Die Annahme einer unmittelbaren Anwendbarkeit des TRIPs-Abkommens führte zu einer Verstärkung des Individualrechtsschutzes im Bereich des geistigen Eigentums. Zudem würde einem Teilbereich des Rechts der Welthandelsorganisation (WTO) zu größerer Geltung in den Mitgliedstaaten verholfen[1]. Die praktische Relevanz der Frage nach der unmittelbaren Anwendbarkeit des TRIPs-Abkommens wird in Teil 1 der Arbeit untersucht.

Das TRIPs-Abkommen ist für die Europäische Gemeinschaft ein gemischtes Abkommen, das in die geteilte Abschlußzuständigkeit der Gemeinschaft und der

---

1 Zu den Funktionen der unmittelbaren Anwendbarkeit bei der Durchsetzung von völkerrechtlichen Verträgen siehe grundlegend *Jackson*, AJIL 36 (1992), S. 310 (322).

Mitgliedstaaten fällt[2]. Als Vorfrage zu einer Untersuchung der unmittelbaren Anwendbarkeit muß deshalb in Teil 2 das kompetenzrechtliche Binnenverhältnis geklärt werden, also die Frage, welches Rechtssystem im Rechtsraum der Europäischen Gemeinschaft über den internen Wirkungsmodus des TRIPs-Abkommens entscheidet. Im Mittelpunkt haben dabei die Folgen zu stehen, die sich aus einem Abschluß des TRIPs-Abkommens als gemischtes Abkommen für die Zuständigkeit zu seiner Anwendung und Auslegung in der internen Rechtsordnung ergeben.

Völkerrechtliche Abkommen der Gemeinschaft werden ein „integrierender Bestandteil des Gemeinschaftsrechts". Inwieweit dies allerdings auch für gemischte Abkommen gilt, ist umstritten. Eine gemeinschaftsweit einheitliche Position kann hier nur erreicht werden, wenn der Status des TRIPs-Abkommens in der internen Rechtsordnung sich insgesamt nach dem grundsätzlich anwendungsoffenen System der Europäischen Gemeinschaft richtet. Eine zwischen der Gemeinschaft und den Mitgliedstaaten verteilte Zuständigkeit führte dagegen zu erheblichen Unsicherheiten bei der Anwendung und Auslegung des TRIPs-Abkommens. So kann sich der interne Status ein und der selben Abkommensbestimmung je nach Anwendungsfall nach Gemeinschaftsrecht oder nach den Vorgaben des nationalen Verfassungsrechts richten. Zudem unterliegt die Kompetenzverteilung zwischen der Gemeinschaft und den Mitgliedstaaten im Bereich des Immaterialgüterrechts aufgrund der umfassenden Harmonisierungskompetenz der Gemeinschaft einer fortschreitenden Verlagerung zu Lasten der Mitgliedstaaten. Eine gemeinschaftsweit einheitliche Behandlung des TRIPs-Abkommens wäre unter dem Aspekt der Einheitlichkeit der Rechtsordnung deswegen wünschenswert. Ob dies jedoch mit den primärrechtlichen Vorgaben des EG-Vertrages vereinbar ist, bedarf einer näheren Untersuchung. Dabei wird zwischen der Zuständigkeit zur Bestimmung des internen Wirkungsmodus („Anwendungskompetenz") und der Zuständigkeit des Europäischen Gerichtshofs zur Auslegung der TRIPs-Bestimmungen („Auslegungskompetenz") unterschieden.

In Teil 3 wird das TRIPs-Abkommen auf seine unmittelbare Anwendbarkeit in der Rechtsordnung der Europäischen Gemeinschaft hin untersucht. Ausgangspunkt muß hier die Rechtsprechung des Europäischen Gerichtshofes bilden. Der Gerichtshof hat in ständiger Rechtsprechung allerdings eine unmittelbare Anwendbarkeit des GATT 1947 und des GATT 1994 im Recht der Europäischen Gemeinschaft abgelehnt. Die WTO-Übereinkünfte gehörten wegen ihrer Natur und ihrer Struktur grundsätzlich nicht zu den Vorschriften, an denen der Gerichtshof die Rechtmäßigkeit von Handlungen der Gemeinschaftsorgane mißt. Diese Rechtsprechung hat der Gerichtshof grundsätzlich auch für auf das

---

[2] EuGH, Gutachten 1/94 vom 15.11.1994 (*WTO*), Slg. 1994, I-5267 ff.

TRIPs-Abkommen anwendbar erklärt[3]. In der Literatur und der WTO-Rechtsprechung wird das TRIPs-Abkommen dagegen weithin als einzigartiger Bestandteil des Systems der WTO-Abkommen mit einem Charakter *sui generis* bezeichnet. Ausgangsthese des Teils 3 ist, daß das TRIPs-Abkommen hinsichtlich der Frage der unmittelbaren Anwendbarkeit gegenüber den Parallelabkommen GATT und GATS differenziert zu behandeln ist. Zu diesem Zweck werden Rechtsnatur, Zielsetzung und systematischer Zusammenhang des TRIPs-Abkommens untersucht und Unterschiede zu den multilateralen Handelsabkommen GATT und GATS herausgearbeitet. Für die Untersuchung bedeutsam können auch strukturelle Parallelen zu den immaterialgüterrechtlichen Konventionen PVÜ und RBÜ sein, deren materiell-rechtliche Bestimmungen in das TRIPs-Abkommen inkorporiert wurden und die in einer Vielzahl der Mitgliedstaaten der Gemeinschaft unmittelbar anwendbar sind.

Wegen der Einbindung des TRIPs-Abkommen in den institutionellen Rahmen der WTO muß weiterhin untersucht werden, ob sich das Abkommen für die Untersuchung seiner unmittelbaren Anwendbarkeit in formaler Hinsicht aus dem integrierten Welthandelssystem der WTO lösen läßt. Eine besondere Rolle bei der Verknüpfung der multilateralen Teilabkommen GATT, GATS und TRIPs kommt dabei der Möglichkeit abkommensübergreifender Gegenmaßnahmen nach Art. 22 DSU (sog. *cross-retaliation*) zu.

Zum Abschluß der Untersuchung in Teil 3 wird auf das Argument des EuGH in der Rechtssache *Portugal v. Rat*[4] eingegangen werden, eine unmittelbare Anwendbarkeit der WTO-Übereinkünfte müsse abgelehnt werden, da sie zu einem Ungleichgewicht in ihrer internen Umsetzung führe. Diese Berufung auf eine Gegenseitigkeit in der Umsetzung der Vertragsverpflichtungen erfüllt allein den Zweck, der Gemeinschaft eine „Freiheit zum Vertragsbruch" zu bewahren. Ob diese Motivation für den Fall des TRIPs-Abkommens eine rechtliche oder auch nur handelspolitische Legitimität beanspruchen kann, ist fraglich. Auch hier könnten die Spezifika des TRIPs-Abkommens eine differenzierende Betrachtungsweise beanspruchen.

Teil 4 ist den Folgen gewidmet, die sich bei einer Annahme der unmittelbaren Anwendbarkeit des TRIPs-Abkommens in der Gemeinschaftsordnung für das Verhältnis zwischen dem WTO-Streitbeilegungssystem und dem EuGH ergeben. Die unmittelbare Anwendbarkeit weist dem EuGH eine eigene Rolle bei der Durchsetzung der Abkommensbestimmungen zu. Die Streitbeilegungssy-

---

3 EuGH, verb. Rs. C-300/98 – *Parfums Christian Dior SA v. Tuk Consultancy BV* - und Rs. C-392/98 - *Assco Gerüste GmbH v. Wilhelm Layher GmbH & Co. KG* -, Urteil des Gerichtshofes vom 14.12.2000, Slg. 2000, I-11307 (11360), Rn. 44.

4 EuGH, Rs. C-149/96 – *Portugal v. Rat* -, Urteil des Gerichtshofes vom 23.11.1999, Slg. 1999, I-8395.

steme der Gemeinschaft und der WTO bestünden grundsätzlich unverknüpft nebeneinander. In dieser Situation kann eine „Vollstreckung" des TRIPs-Abkommens durch den EuGH die Effektivität der Abkommensbestimmungen wie auch des WTO-Streitbeilegungssystems beeinträchtigen. In Teil 4 werden deswegen bestehende Interdependenzen zwischen den beiden Streitbeilegungssystemen dargestellt und Möglichkeiten ihrer verfahrensmäßigen Verknüpfung untersucht.

B. Das WTO-Übereinkommen über handelsbezogene Aspekte der Rechte des geistigen Eigentums (TRIPs-Abkommen)

I. Die Welthandelsorganisation (WTO)

Mit der Unterzeichnung des Gesamtpakets der in der Uruguay-Runde ausgehandelten Verträge, der Erklärung von Marrakesh sowie der Schlußakte der Uruguay-Runde wurden am 15. April 1994 auf der Ministerkonferenz in Marrakesh (Marokko) die Ergebnisse der Uruguay-Runde besiegelt[5]. Damit wurde das Welthandelssystem, das bislang mit dem GATT lediglich den Warenhandel regelte, um die Bereiche des grenzüberschreitenden Dienstleistungsverkehrs und des Schutzes von Immaterialgüterrechten erweitert. Durch das WTO-Abkommen[6] verpflichteten sich die Unterzeichnerstaaten zudem zur Errichtung der neuen Welthandelsorganisation (World Trade Organization, WTO). Diese bildet als Dachorganisation den gemeinsamen institutionellen und rechtlichen Rahmen für alle der 27 in der Uruguay-Runde ausgehandelten Einzelabkommen[7]. Die WTO hat heute 144 Mitglieder, darunter auch die Europäische Gemeinschaft sowie ihre Mitgliedstaaten[8].

Mit dem WTO-Abkommen schlossen die Mitglieder zugleich obligatorisch (Art. II Abs. 2 WTO-Abkommen) die dem Abkommen als Annexe 1, 2 und 3 angefügten multilateralen Übereinkünfte ab. Annex 1 des WTO-Abkommens enthält die drei materiell-rechtlichen Eckpfeiler der neuen Welthandelsordnung:

---

5 Diese Rechtsakte sind insgesamt abgedruckt in der von der WTO herausgegebenen Textsammlung „The Legal Texts. The Results of the Uruguay Round of Multilateral Trade Negotiations." Deutsche Übersetzung in BGBl. 1994 II S. 1625 ff.

6 Übereinkommen zur Errichtung der Welthandelsorganisation (World Trade Organization, WTO) vom 15.4.1994.

7 Zur Organstruktur der WTO siehe *WTO Secretariat*, S. 1 ff.; *Senti*, S. 115 ff.

8 Stand vom 1.1.2002; Quelle: Homepage der WTO unter www.wto.org. Mitglied der WTO können gemäß Art. XII Abs. 1 WTO-Abkommen auch gesonderte Zollgebiete sein (wie z.B. Hongkong SAR); vgl. auch Art. 1 Abs. 3 Fn. 1 TRIPs. Im folgenden wird deswegen ausschließlich von WTO-Mitgliedern und nicht von Mitgliedstaaten die Rede sein.

das Allgemeine Zoll- und Handelsübereinkommen (GATT) 1994[9], bestehend aus dem alten GATT von 1947, das durch zwölf weitere Übereinkommen im Bereich des Güterhandels ergänzt und modifiziert wird, das Allgemeine Übereinkommen über den Handel mit Dienstleistungen (GATS)[10] sowie das Abkommen über handelsbezogene Aspekte des geistigen Eigentums (TRIPs)[11]. Zu den multilateralen Übereinkommen zählen auch die Vereinbarung über Regeln und Verfahren der Streitbeilegung (DSU)[12] sowie der Handelspolitische Überprüfungsmechanismus (TPRM)[13]. Das DSU begründet ein auf alle multilateralen Übereinkommen anwendbares internationales Streitbeilegungssystem (Art. 1 Abs. 1 DSU). Daneben stehen die in Annex 4 angeführten plurilateralen Übereinkünfte, die nach Art. II Abs. 3 WTO-Abkommen lediglich für die ratifikationswilligen WTO-Mitglieder gelten[14].

II. Das TRIPs-Abkommen

Das Übereinkommen über handelsbezogene Aspekte der Rechte des geistigen Eigentums ist neben dem GATS das innovativste Element des neuen Welthandelssystems[15]. Es bringt den Schutz von Rechten des geistigen Eigentums in den Regelungszusammenhang der Liberalisierung und Nichtdiskriminierung in den internationalen Handelsbeziehungen ein.

1. Hintergrund und Regelungszweck

Das Regelungsvorhaben des TRIPs-Abkommens muß vor dem Hintergrund der vorbestehenden internationalen Abkommen im Immaterialgüterrecht gesehen werden. Vor allem im Rahmen der WIPO erfolgten zahlreiche Initiativen zur weltweiten Vereinheitlichung des Schutzes von geistigem und gewerblichem Eigentum[16]. Multilaterale Bemühungen zur Revision dieser Konventionen schei-

---

9 General Agreement on Tariffs and Trade 1994 (Annex 1 A).

10 General Agreement on Trade in Services (Annex 1 B).

11 Agreement on Trade-Related Aspect of Intellectual Property Rights (Annex 1 C); im folgenden: TRIPs-Abkommen (BGBl. 1994 II S. 1565/1730 – englisch/deutsch).

12 Understanding on Rules and Procedures Governing the Settlement of Disputes (Annex 2); im folgenden: Dispute Settlement Understanding (DSU).

13 Trade Policy Review Mechanism (Annex 3).

14 Abkommen über den Handel mit zivilen Luftfahrzeugen; Abkommen über das Öffentliche Beschaffungswesen; Abkommen über den internationalen Milch- und Rindfleischhandel.

15 *WTO Secretariat*, S. 207.

16 Vor allem die Pariser Verbandsübereinkunft zum Schutze des gewerblichen Eigentums (PVÜ) vom 20.3.1883, zuletzt revidiert in Stockholm am 14.7.1967, BGBl. 1964 II

terten indes aufgrund unterschiedlicher Auffassungen über die Funktion der Immaterialgüterrechte. Während die Industriestaaten, darunter vor allem die USA, auf einem verstärkten Schutz von Immaterialgüterrechten als privaten Eigentumsrechten bestanden, betonten Entwicklungsländer den Charakter dieser Rechte als öffentliches Gut, das zur wirtschaftlichen Entwicklung beitragen sollte[17]. Die selektive Teilnahme wichtiger Handelsnationen an den Revisionsrunden führte zu einer Zersplitterung des Schutzsystems und verhinderte eine universelle Geltung der in den Abkommen ausgehandelten Schutzstandards[18]. Zudem wiesen die plurilateralen Konventionen wesentliche Lücken im materiellen Regelungsgehalt auf[19].

Allseits beklagt wurde auch das Fehlen wirksamer Streitbeilegungs- und Durchsetzungsmechanismen in den Konventionen[20]. Die Konventionen sahen lediglich eine fakultative Unterwerfung unter die Gerichtsbarkeit des Internationalen Gerichtshofes vor, von der in keinem einzigen Fall Gebrauch gemacht wurde[21]. Verpflichtungen zum effektiven Schutz der Konventionsrechte in den nationalen Rechtsordnungen sahen die Konventionen nicht vor[22].

Zur selben Zeit gewann der Schutz des geistigen Eigentums eine wachsende kommerzielle Bedeutung[23]. Markenfälschungen und Piraterieprodukte gerieten in immer größeren Mengen auf den Markt. Den Handelsmächten, allen voran den USA, der EG und Japan, wurde bewußt, daß unzureichender Immaterialgüterrechtsschutz neben immensen wirtschaftlichen Verlusten auch Handelsverzerrungen bewirken kann[24]. Die Herstellung nachgeahmter Produkte im

---

S. 1218, geändert durch Beschluß vom 2.10.1979, BGBl. 1984 II S. 799, 160 Mitglieder (Stand: 15.7.2000); sowie die Berner Übereinkunft zum Schutz von Werken der Literatur und Kunst (RBÜ) (Pariser Fassung) vom 9.9.1886, zuletzt revidiert in Paris am 24.7.1971; BGBl. 1973 II S. 1071; geändert durch Beschluß vom 2.10.1979, BGBl. 1985 II S. 81, 147 Mitglieder (Stand: 28.9.2000).

17 *Stewart/Ross/Wasserman,* Negotiating History, Vol. II, S. 2241 (2249); *Weiss*, in: Sacerdoti, S. 87 (95).

18 Hierzu siehe *Katzenberger/Kur*, in: Beier/Schricker, IIC Studies, S. 1 (10 ff.).

19 Schutzlücken bestanden dabei vor allem im Bereich des Patentrechts; vgl. *Straus*, in: Beier/Schricker, IIC Studies 18, S. 160 (170 ff.).

20 *Stewart/Ross/Wasserman,* Negotiating History, Vol. II, S. 2241 (2249 ff.).

21 Art. 28 PVÜ, Art. 33 RBÜ. Hierzu siehe *Lee/von Lewinski*, in: Beier/Schricker, IIC Studies 18, S. 278 (283 ff.) sowie *Ricketson*, S. 829 ff. (bzgl. RBÜ).

22 Vgl. *Ricketson*, S. 906 ff.

23 Vgl. *Christians*, S. 23 ff.; *Staehelin*, S. 14 ff. Zu den Hintergründen dieser Entwicklung ausführlich *von Lewinski*, GRUR Int. 1996, S. 630 (634 ff.).

24 Vgl. *von Lewinski*, GRUR Int. 1996, S. 630 (634); *Weiss*, in: Sacerdoti, S. 87 (89). Siehe auch Denkschrift der deutschen Bundesregierung zum WTO-Abkommen, BT-Drs. 12/7655 (neu), S. 335 (344).

Inland schmälert die Exportchancen innovations- und reputationsintensiver Produkte.

Versuche der Industriestaaten, der wachsenden kommerziellen Bedeutung des geistigen Eigentums über bilaterale Abkommen und einseitige Maßnahmen[25] gerecht zu werden, brachten nicht den ersehnten Erfolg. Ihre politische und rechtliche Legitimität, insbesondere ihre Vereinbarkeit mit dem GATT 1947, war zudem fragwürdig[26]. Eine Regelung des Bereiches geistigen Eigentums konnte nur im Rahmen eines umfassenden multilateralen Abkommens erzielt werden, das auch den Entwicklungsländern Gegenleistungen für Zugeständnisse im Bereich des Immaterialgüterrechts und somit einen Anreiz zum Beitritt bieten konnte. Der Wunsch nach einer umfassenden Regelung „in einem Guß", die der heutigen handelspolitischen und kommerziellen Dimension des Immaterialgüterrechts gerecht werden sollte, führte zur Einbeziehung dieses Regelungsbereiches in das Verhandlungsmandat der Uruguay-Runde[27].

Hauptzweck des TRIPs-Abkommens ist es danach, Mängel des herkömmlichen internationalen Systems zum Schutz des geistigen Eigentums zu beseitigen. Es will einen wirksamen und angemessenen Schutz in einem multilateralen Rahmen fördern und andererseits sicherstellen, daß Maßnahmen und Verfahren zur Durchsetzung der Immaterialgüterrechte nicht selbst zu Schranken für den rechtmäßigen Handel werden (1. Erwägungsgrund der Präambel des TRIPs-Abkommens).

2. Regelungsgehalt

Das TRIPs-Abkommen regelt handelsbezogene Aspekte der Rechte des geistigen Eigentums. Gegenstand des TRIPs-Schutzes sind das Urheberrecht und bestimmte verwandte Schutzrechte, Marken, geographische Angaben, gewerbli-

---

[25] Hier ist v.a. Section 301 des 1984 US Trade and Tariff Acts (US, Public Law 98-573, Sec. 310-306) sowie „Special 301" des 1988 Omnibus Trade and Competitiveness Act (US, Public Law 100-418, Sec. 301-310) zu nennen. „Special 301" unterscheidet sich von Section 301 von 1984 insofern, als auch der Schutz der Rechte des geistigen Eigentums einbezogen ist. Siehe u. a. *Stewart/Ross/Wasserman*, Negotiating History, Vol. II, S. 2241 (2255 ff.).

[26] Vgl. hierzu *Katzenberger/Kur*, in: Beier/Schricker, IIC Studies 18, S. 1 (17).

[27] Dies erfolgte in der Ministererklärung von Punta del Este vom 20.9.1986, GATT Doc. No. MIN:DEC (20.9.1986), GATT, 33 BISD 19, 45 (1987); abgedruckt in *Stewart*, Negotiating History, Vol. III, S. 1. Zu GATT-Initiativen mit Bezug zum geistigen Eigentum vor Beginn der Uruguay-Runde sowie zum Verlauf der Verhandlungen in der Uruguay-Runde siehe *Stewart/Ross/Wasserman*, Negotiating History, Vol. II, S. 2241 (2259 ff. sowie 2264 ff.) sowie *Paemen/Bensch* (unter besonderer Berücksichtigung der Verhandlungspositionen der Europäischen Gemeinschaft).

che Muster und Modelle, Patente, Layout-Designs (Topographien) integrierter Schaltkreise, der Schutz nicht offenbarter Informationen sowie die Kontrolle wettbewerbswidriger Praktiken in vertraglichen Lizenzen. Das TRIPs-Abkommen legt dabei ein weites Verständnis des Begriffes „geistiges Eigentum" zugrunde und behebt die traditionelle terminologische Trennung zwischen Rechten des geistigen Eigentums und gewerblichen Schutzrechten (Art. 1 Abs. 2 TRIPs)[28].

Im folgenden sei der wesentliche Regelungsgehalt des TRIPs-Abkommens kurz dargestellt[29].

a. Allgemeine Bestimmungen und Grundprinzipien

Teil I des TRIPs-Abkommens (Art. 1 bis 8) enthält die allgemeinen Bestimmungen und Grundprinzipien des Abkommens. Art. 1 Abs. 1 TRIPs verpflichtet die Mitglieder zur Anwendung der Bestimmungen. Dabei verfolgt das TRIPs-Abkommen ein Konzept des Mindestschutzes, d.h. die Mitglieder dürfen in ihr Recht einen umfassenderen Schutz aufnehmen, vorausgesetzt, dieser Schutz läuft diesem Abkommen nicht zuwider, sie sind dazu aber nicht verpflichtet (Art. 1 Abs. 1 Satz 2 TRIPs). Der Schutz des TRIPs-Abkommens muß jeweils den Angehörigen der anderen Mitglieder gewährt werden (Art. 1 Abs. 3 TRIPs). Damit begründet das TRIPs-Abkommen Verpflichtungen des Fremdenrechts. Eine Anwendung auf inländische Sachverhalte ist nicht vorgesehen.

Maßgebliche allgemeine Schutzprinzipien des TRIPs-Abkommens sind die Inländerbehandlung (Art. 3 TRIPs) und die Meistbegünstigung (Art. 4 TRIPs). Der Grundsatz der Inländerbehandlung (Art. 3 TRIPs) garantiert den durch das TRIPs-Abkommen geschützten Angehörigen anderer Mitglieder dasselbe Schutzniveau, das auch den jeweiligen Inländern gewährt wird[30]. Das Schutzprinzip der Meistbegünstigung (Art. 4 TRIPs) enthält die Verpflichtung, Vorteile und Vergünstigungen, die von einem Mitglied den Angehörigen eines anderen Landes gewährt werden, sofort und bedingungslos auch den Angehörigen aller anderen Mitglieder zu gewähren. Dadurch soll eine Benachteiligung der Angehörigen eines Mitgliedes gegenüber anderen Ausländern vermieden werden. Um einen Schutzanspruch auf dem höchsten nationalen Schutzniveau des

---

28 *Stewart/Ross/Wasserman*, Negotiating History, Vol. II, S. 2241 (2246).

29 Kommentierungen einzelner Bestimmungen des TRIPs-Abkommens finden sich bei: *Blakeney*, S. 39 ff.; *Gervais*, S. 31 ff.; *Staehelin*, S. 21 ff.; *Reichman*, IntLawyer, Vol. 29, No. 2 (1995), S. 345 (348 ff.) sowie in *Beier/Schricker*, IIC Studies 18. Zusammenfassung in *WTO Secretariat*, S. 207 ff., sowie *Denkschrift der Bundesregierung*, BT-Druck. 12/7655 (neu), S. 335 (345 ff.). Zusammenfassung der wesentlichen Verhandlungspositionen bei *Stewart/Stewart*, Negotiating History, Vol. I, S. 1 (107 ff.).

30 *Blakeney*, S. 40, Rn. 3.04; *Schricker/Katzenberger*, 2. Aufl., vor §§ 120 ff., Rn. 19.

jeweiligen Landes zu gewähren, sieht Art. 4 TRIPs eine Reihe von Ausnahmen von der Verpflichtung zur Meistbegünstigung vor.

b. Spezielle Vorschriften betreffend die Verfügbarkeit, den Umfang und die Ausübung von Rechten des geistigen Eigentums

Teil II des TRIPs-Abkommens enthält spezielle Vorschriften betreffend die Verfügbarkeit, den Umfang und die Ausübung von Rechten des geistigen Eigentums. Entsprechend dem Ansatz des Mindestschutzes (Art. 1 Abs. 1 Satz 2 TRIPs) begründen die materiell-rechtlichen Bestimmungen des Teils II ein homogenes Mindestmaß an Schutz von Rechten des geistigen Eigentums in allen Mitgliedern. Bei der Formulierung der Mindeststandards verfolgt das TRIPs-Abkommen einen „Bern/Paris-plus"-Ansatz, d.h. es inkorporiert die bestehenden materiell-rechtlichen Vorschriften der Pariser Verbandsübereinkunft und der Revidierten Berner Übereinkunft und ergänzt sie durch die Einführung zusätzlicher Schutzelemente (Art. 2 Abs. 1, Art. 9 Abs. 1 TRIPs). Das erreichte Schutzniveau entspricht dadurch weitgehend dem geltenden Schutz in den Industriestaaten.

(1) Urheberrecht und verwandte Schutzrechte

Hinsichtlich des Urheberrechtsschutzes (Art. 9 – 14 TRIPs) erklärt Art. 9 TRIPs das Schutzniveau der RBÜ zum Ausgangspunkt[31]. Lediglich der Schutz der in Art. 6bis RBÜ geschützten Urheberpersönlichkeitsrechte (*moral rights*) wurde auf Drängen der USA von der Inkorporation ausgenommen[32]. Neue Schutzelemente im Vergleich zur RBÜ finden sich in Art. 10 TRIPs (Schutz von Computersoftware und Datensammlungen), Art. 11, 14 Abs. 4 TRIPs (Vermietrechte) und Art. 13 TRIPs (Restriktive Handhabung von Beschränkungen und Ausnahmen zum Urheberrecht). Für den Bereich der verwandten Schutzrechte erfolgte keine entsprechende Übernahme der Schutzstandards des Rom-Abkommens, da diese weltweit geringere Akzeptanz besitzen[33]. Art. 14 TRIPs enthält dagegen eine eigenständige Normierung von Mindestrechten im Schutz von ausübenden Künstlern, Herstellern von Tonträgern und

---

[31] Zum Schutz des Urheberrechts und der verwandten Schutzrechte unter TRIPs siehe *Katzenberger*, GRUR Int. 1995, S. 447; *Reinbothe*, ZUM 1996, S. 735 ff.; *Blakeney*, S. 45 ff.; *Gervais*, S. 71 ff.; *Staehelin*, S. 33 ff.

[32] *Stewart/Ross/Wasserman*, Negotiating History, Vol. II, S. 2241 (2288); *Gervais*, S. 72, Rn. 2.52.

[33] Internationales Abkommen über den Schutz der ausübenden Künstler, der Hersteller von Tonträgern und der Sendeunternehmen (Rom-Abkommen) vom 26.10.1961, für die BRD in Kraft getreten am 21.10.1966; BGBl. 1965 II S. 1243.

Sendeunternehmen. Damit konnte ein Kompromiß zwischen verschiedenen Schutzkonzeptionen in Europa, den USA und Japan erzielt werden[34].

(2) Marken

Der Abschnitt über das Markenrecht (Art. 15 – 21 TRIPs) lehnt sich wesentlich an die entsprechenden Bestimmungen der Pariser Verbandsübereinkunft, deren Schutzstandards gemäß Art. 2 Abs. 1 TRIPs zur Anwendung gebracht werden („Paris-plus"-Ansatz)[35], sowie an die EG-Markenrechtsrichtlinie von 1988 an[36]. Art. 15 Abs. 1 TRIPs enthält zum ersten Mal eine multilateral akzeptierte einheitliche Definition der Marke. Art. 16 TRIPs definiert die Rechte des Inhabers einer eingetragenen Marke. Der Schutz notorischer Marken nach Art. 6bis PVÜ hat auch auf Dienstleistungen (Art. 16 Abs. 2 TRIPs) und unter bestimmten Voraussetzungen auch über den Schutzbereich der gleichartigen Güter oder Dienstleistungen hinaus (Art. 16 Abs. 3 TRIPs) Anwendung zu finden. Die Schutzdauer von Markenrechten beträgt mindestens 7 Jahre (Art. 18 TRIPs). Mitglieder können die Eintragung von der Benutzung abhängig machen, eine Löschung kann aber frühestens nach drei Jahren der Nichtbenutzung erfolgen (Art. 19 TRIPs). Die Benutzung einer Marke darf nicht ungerechtfertigt erschwert werden (Art. 20 TRIPs).

(3) Geographische Angaben

Für geographische Angaben als solche enthält das TRIPs-Abkommen erstmalig eine multilaterale Regelung (Art. 22 – 24 TRIPs)[37]. Die Parteien verpflichten sich, die rechtlichen Mittel zur Verfügung zu stellen, um eine das Publikum hinsichtlich der Herkunft einer Ware irreführende oder eine wettbewerblich unlautere Benutzung einer Ware zu verbieten[38]. Für Weine und Spirituosen wird ein weitergehender Schutz in Richtung einer „absoluten" Reservierung vorgesehen (Art. 23 TRIPs). Art. 23 Abs. 4, 24 TRIPs verpflichten die Parteien zu weitergehenden Verhandlungen in diesem Bereich.

---

[34] *Katzenberger*, GRUR Int. 1995, S. 447 (467 f.).

[35] Von Relevanz sind hier die Art. 4, 5 C, 6, 6bis, 6^{quater}, $6^{quinquies}$, 6^{sexies}, 7 und 9 der PVÜ.

[36] Erste Richtlinie (EWG) Nr. 104/89 des Rates vom 21.12.1988 zur Angleichung der Rechtsvorschriften der Mitgliedstaaten über die Marken, ABl. (EWG) 1989 L 40/1. Zum Schutz der Marken unter dem TRIPs-Abkommen siehe *Kur*, Trademark Law, in: Beier/Schricker, IIC Studies 18, S. 93 ff.; *Fezer*, 2. Aufl., Int. MarkenR, Rn. 21 ff.; *Blakeney*, S. 53 ff.; *Gervais*, S. 102 ff.; *Staehelin*, S. 47 ff.

[37] *Gervais*, S. 122.

[38] Zum Schutz geographischer Herkunftsangaben im TRIPs-Abkommen siehe *Knaak*, in: Beier/Schricker, IIC Studies 18, S. 117 ff.; *Blakeney*, S. 68 ff.; *Staehelin*, S. 62 ff.

(4) Gewerbliche Muster und Modelle

Hinsichtlich des Schutzes gewerblicher Muster und Modelle enthält das TRIPs-Abkommen in seinen Art. 25, 26 lediglich rudimentäre Vorschriften zur Regelung von Schutzgegenstand, Schutzvoraussetzungen und Schutzdauer[39]. Besondere Fortschritte sind im Bereich von Textilmustern (Art. 25 Abs. 2 TRIPs) erzielt worden.

(5) Patente

Im Bereich des Patentschutzes (Art. 27 – 38 TRIPs) folgt das TRIPs-Abkommen den patentrechtlichen Bestimmungen der PVÜ, die indes wesentliche Bereiche ihren Mitgliedern zur Ausfüllung überließ. Das TRIPs-Abkommen schließt diese Lücken durch die international verbindliche Formulierung von Mindeststandards[40]. Dabei ist es den westlichen Industriestaaten gelungen, ihre hohen Schutzniveaus durchzusetzen. Das TRIPs-Abkommen trägt demnach wesentlich zu einer Weiterentwicklung und weltweiten Vereinheitlichung des Patentschutzes, vor allem auch in Entwicklungsländern, bei[41]. Dies gilt insbesondere für die Regelung der Patentfähigkeit (Art. 27 TRIPs), der Rechte aus dem Patent (Art. 28 TRIPs), Ausnahmen von Patentrechten (Art. 30 TRIPs) sowie der Festlegung der Patentschutzdauer auf 20 Jahre (Art. 33 TRIPs). Art. 31 TRIPs erlaubt die Erteilung von Zwangslizenzen, abhängigen Lizenzen sowie die nichtgewerbliche Nutzung im öffentlichen Interesse, legt aber Schranken für eine Benutzung ohne Zustimmung des Rechtsinhabers fest.

(6) Topographien integrierter Schaltkreise

Mit den Bestimmungen über den Schutz von Topographien integrierter Schaltkreise (Art. 35 - 38 TRIPs) haben die Mitglieder bezweckt, Mängel des IPIC-Vertrages[42] zu beheben und seine weltweite Akzeptanz zu verstärken[43]. Art. 35 TRIPs nimmt auf unumstrittene Bestimmungen des IPIC-Vertrages Bezug.

---

39 *Staehelin*, S. 77. Zum Schutz gewerblicher Muster unter den TRIPs-Abkommen siehe *Kur*, Design Protection, in: Beier/Schricker, IIC Studies 18, S. 141 ff.; *Blakeney*, S. 75 ff.; *Staehelin*, S. 74 ff.

40 Zum Patentschutz unter TRIPs siehe *Straus*, in: Beier/Schricker, IIC Studies 18, S. 160 ff.; *Blakeney*, S. 81 ff.; *Gervais*, S. 144 ff.; *Staehelin*, S. 87 ff.

41 *Straus*, in: Beier/Schricker, IIC Studies, S. 160 (214 f.); *Gervais*, S. 147.

42 IPIC-Vertrag (Treaty on Intellectual Property in Respect of Integrated Circuits) vom 26.5.1989 (Washington), GRUR Int. 1989, S. 772.

43 *Blakeney*, S. 97, Rn. 9.03; *Gervais*, S. 174, Rn. 2.165; *Staehelin*, S. 100. Der IPIC-Vertrag war zum Zeitpunkt der Verabschiedung des TRIPs-Abkommens noch nicht in Kraft getreten.

Art. 36 bis 38 TRIPs ergänzen diejenigen Bereiche des IPIC-Vertrages, für die im Rahmen der WIPO kein Konsens gefunden wurde (Schutzumfang, erlaubnisfreie Handlungen und Schutzdauer) und erweitern somit die international geltenden Mindeststandards.

(7) Schutz nicht offenbarter Informationen

Artikel 39 TRIPs begründet erstmalig einen internationalen Schutz nicht offenbarter Informationen („trade secrets", „know-how")[44]. Diese müssen nicht eigentumsrechtlich geschützt werden; den rechtmäßigen Inhabern der Informationen muß jedoch ein Verbietungsrecht gegen bestimmte unlautere Formen der Offenbarung eingeräumt werden (Art. 39 Abs. 2 TRIPs).

(8) Kontrolle wettbewerbswidriger Praktiken in vertraglichen Lizenzen

Artikel 40 TRIPs enthält Bestimmungen über die Kontrolle wettbewerbswidriger Praktiken in vertraglichen Lizenzen[45]. Es wird anerkannt, daß bestimmte Praktiken in der Lizenzvergabe den Handel behindern und den Technologietransfer beschränken können, und daß Mitglieder TRIPs-konforme Maßnahmen zur Kontrolle wettbewerbsbeschränkender Praktiken in der Lizenzvergabe ergreifen können. Art. 40 Abs. 3 und 4 TRIPs enthalten hierzu verfahrensrechtliche Bestimmungen.

c. Durchsetzung der Rechte des geistigen Eigentums

Der bedeutsame Teil III des TRIPs-Abkommens enthält Bestimmungen über die Durchsetzung von Rechten des geistigen Eigentums[46]. Das Bedürfnis nach effektiven und umfassenden Rechtsdurchsetzungsmechanismen war ein wesentliches Motiv für die Einbeziehung des geistigen Eigentums in die Verhandlungen der Uruguay-Runde[47]. Teil III des TRIPs-Abkommens verpflichtet die Mitglieder, in ihren nationalen Rechtsordnungen Verfahren vorzusehen, in denen Rechtsinhaber effektiv gegen jede Verletzung von unter das TRIPs-Abkommen fallenden Rechten des geistigen Eigentums vorgehen können, und begründet prozessuale Mindeststandards. Bei der konkreten Ausgestaltung der

---

44 *Stewart/Ross/Wasserman*, Negotiating History, Vol. II, S. 2241 (2306); *Staehelin*, S. 103. Siehe hierzu auch *Krasser*, in: Beier/Schricker, IIC Studies 18, S. 216 ff.; *Blakeney*, S. 102 ff.

45 Siehe hierzu *Blakeney*, S. 108 ff.; *Staehelin*, S. 106 ff.

46 Hierzu siehe *Dreier*, GRUR Int. 1996, S. 205 ff.; *Wooldridge*, [1997] I.P.Q. 210 ff.; *Staehelin*, S. 111 ff.; *Blakeney*, S. 123 ff.; *Gervais*, S. 195 ff.

47 *Stewart/Ross/Wasserman*, Negotiating History, Vol. II, S. 2241 (2308).

Verfahren wird den Mitgliedern aus pragmatischen Gründen allerdings ein großer Gestaltungsspielraum überlassen (vgl. insbesondere Art. 41 Abs. 5 TRIPs).

Art. 41 TRIPs legt allgemeine Anforderungen an die Rechtsstaatlichkeit und Zugänglichkeit der Verfahren fest. Sie sind zudem so anzuwenden, daß die Errichtung von Handelsschranken vermieden wird und eine Gewähr gegen ihren Mißbrauch gegeben ist. Art. 42 - 49 TRIPs enthalten weitergehende Anforderungen an Zivil- und Verwaltungsverfahren sowie hinsichtlich der Rechtsbehelfe, die Gerichten zur Verfügung stehen müssen. Art. 50 TRIPs enthält detaillierte prozessuale Mindeststandards für Verfahren des einstweiligen Rechtsschutzes. In Artikel 51 - 60 TRIPs werden die Mitglieder verpflichtet, geeignete Grenzmaßnahmen gegen die Ein- und Ausfuhr gefälschter Markenartikel und Piraterieprodukte vorzusehen. Zumindest für die Fälle gewerbsmäßiger und vorsätzlicher Markenfälschung und Produktpiraterie sieht Art. 61 TRIPs Strafverfahren und Strafen vor.

d. Erwerb und Aufrechterhaltung der Immaterialgüterrechte

Teil IV des TRIPs-Abkommens legt Mindeststandards für den Erwerb und die Aufrechterhaltung von Immaterialgüterrechten fest, soweit dies von einer Hinterlegung und Registrierung abhängig ist. Damit wurde ein Versuch unternommen, die weltweit sehr unterschiedlichen nationalen Hinterlegungs- und Registrierungssysteme zu vereinheitlichen[48].

e. Streitvermeidung und –beilegung

Artikel 64 TRIPs verpflichtet die Mitglieder zur Veröffentlichung von Gesetzen, Verordnungen und Gerichtsentscheidungen in Bezug auf das TRIPs-Abkommen sowie zur Notifizierung dieser Rechtsakte an den Rat für TRIPs.

Artikel 64 TRIPs erklärt für Streitigkeiten zwischen WTO-Mitgliedern über die Einhaltung von Verpflichtungen aus dem TRIPs-Abkommen den WTO-Streitbeilegungsmechanismus (Art. XXII und XXIII GATT 1994 in der Ausgestaltung durch das Dispute Settlement Understanding) für anwendbar. Das Verfahren der Nichtverletzungsbeschwerde (Art. XXIII Abs. 1 b und c GATT 1994) findet auf das TRIPs-Abkommen vorerst keine Anwendung.

f. Übergangsregelungen und institutionelle Regelungen

Teil VI des TRIPs-Abkommens enthält Übergangsbestimmungen für die Umsetzung des Abkommens. Entwicklungsländern werden dabei besondere Fristen

---

[48] *Staehelin*, S. 119.

eingeräumt. In institutioneller Hinsicht richtet Art. 68 TRIPs einen „Rat für TRIPs“ innerhalb der WTO ein, dessen Aufgabe es ist, die Wirkungsweise des Abkommens sowie insbesondere die Erfüllung der Vertragspflichten durch die Mitglieder zu überwachen (Art. 71 TRIPs).

Teil 1: Relevanz der Frage nach der unmittelbaren Anwendbarkeit des TRIPs-Abkommens

A. Begriffsbestimmung „unmittelbare Anwendbarkeit“

Für eine Untersuchung der Frage, ob und inwieweit dem TRIPs-Abkommen unmittelbare Anwendbarkeit im Recht der Europäischen Gemeinschaft zukommt, ist es unabdingbar, vorab die Bedeutung des Begriffes „unmittelbare Anwendbarkeit“ zu definieren. Hierbei soll es nicht darauf ankommen, eine allgemeingültige Begriffsbestimmung als *terminus technicus* vorzunehmen. Dies ist an anderer Stelle in umfangreichen Analysen erfolgt[49]. Allerdings bezeichnet der Begriff der „unmittelbaren Anwendbarkeit“ in der völkerrechtlichen Literatur ganz verschiedene Sachverhalte[50]. *Fikentscher* identifiziert nicht weniger als fünf verschiedene Situationen, in denen der Begriff des „self-executing“ gebraucht wird[51]. Deswegen muß vorab geklärt werden, welches Verständnis der „unmittelbaren Anwendbarkeit“ dieser Arbeit zugrunde liegt[52].

Die Sprachverwirrung ist auf das Zusammentreffen von drei verschiedenen Quellen zurückzuführen[53]. Der Begriff der „unmittelbaren Anwendbarkeit“ versteht sich zum einen als Übersetzung des von den amerikanischen Gerichten entwickelten Terminus des „self-executing treaty“. Zurückzuführen ist dieser auf das Dictum von *Chief Justice Marshall* in der Entscheidung *Foster and Elam v. Neilson*[54]. Ein völkerrechtlicher Vertrag soll demnach dann von einem nationalen Richter wie ein nationales Gesetz anzuwenden sein, wenn er selbständig, das heißt ohne weitere Ausführung durch die Gesetzgebung anwendbar ist. Verlangt der Wortlaut des Vertrages allerdings besondere Durchführungsmaßnahmen, so können die nationalen Gerichte den Vertrag nicht direkt als

---

49 Siehe allein für die deutschsprachige Literatur: *Bleckmann*, Innerstaatliche Anwendbarkeit, S. 50 ff.; *Buchs*, S. 26 ff.; *Koller*, S. 31 ff. Speziell im Hinblick auf das GATT: *Fikentscher*, in: FS Steindorff, S. 1175 (1185); *Zuleeg*, ZaöRV 35 (1975), S. 341 ff.

50 *Koller*, S. 42.

51 *Fikentscher*, in: FS Steindorff, S. 1175 (1185 ff.).

52 Die Begriffe „unmittelbare Anwendbarkeit“ und „unmittelbare Wirkung“ werden in dieser Arbeit in synonymer Bedeutung verwendet werden.

53 Vgl. *Koller*, S. 31 ff.

54 *Foster and Elam v. Neilson*, U.S. 27 (2 Pet.), 253 (1892). Siehe auch *Vázquez*, AJIL 89 (1995), S. 695 (700 ff.).

Gesetz heranziehen, sondern vielmehr lediglich die entsprechende Umsetzungsgesetzgebung[55].

Als zweite, insbesondere für die europäische Literatur einflußreiche Quelle ist die *Advisory Opinion concerning the Jurisdiction of the Courts of Danzig* des Ständigen Internationalen Gerichtshofs (StIGH) vom 3. März 1928 heranzuziehen[56]. Darin hat der StIGH ausdrücklich anerkannt, daß ein völkerrechtlicher Vertrag in dem Sinne unmittelbar anwendbar („directly applicable") sein kann, daß er Rechte und Pflichten einzelner begründet, die vor den nationalen Gerichten durchzusetzen sind.

Als dritte Quelle läßt sich Art. 249 Abs. 2 EGV erwähnen, wonach EG-Verordnungen unmittelbar in jedem Mitgliedstaat „gelten". Allerdings ist diese Art der Unmittelbarkeit auf den spezifischen Anwendungsfall der unmittelbaren Wirkung eines Rechtsaktes einer supranationalen Organisation in ihren Mitgliedstaaten beschränkt. Hierbei handelt es sich nicht um ein Eindringen einer Rechtsnorm völkerrechtlichen Ursprungs in den nationalen Rechtsraum. Insofern hat die Diskussion um die unmittelbare Wirkung europarechtlichen Sekundärrechts im Rahmen dieser Arbeit außer Betracht zu bleiben.

Die Darstellung der obigen Quellen macht die breite Spanne der Bedeutungen deutlich, die der Begriff der „unmittelbaren Anwendbarkeit" belegen kann. In Anlehnung vor allem an die Ausführungen *Fikentschers*[57] und *Zuleegs*[58] soll im folgenden identifiziert werden, unter welcher Bedeutung der Begriff in der Untersuchung des TRIPs-Abkommens verwendet wird.

---

55 Insoweit enthält die Entscheidung *Foster and Elam v. Neilson* eine Einschränkung der Supremacy Clause des Art. 6 Abs. 2 der US-amerikanischen Verfassung, wonach gilt: „...all Treaties made, or shall be made, under the Authority of the United States, shall be, the supreme Law of the Land; and the Judges of every State shall be bound thereby, any Thing in the Constitution or Laws of any State to the Contrary notwithstanding."

56 *Jurisdiction of the Courts of Danzig*, 1928, PCIJ, Series B, No. 5, S. 17: „It may be readily admitted that, according to a well-established principle of international law, the *Beamtenabkommen*, being an international agreement, cannot, as such, create direct rights and obligations for private individuals. But it cannot be disputed that the very object of an international agreement, according to the intention of the contracting Parties, may be the adoption by the Parties of some definite rules creating individual rights and obligations and enforceable by the national courts."

57 *Fikentscher*, in: FS Steindorff, S. 1175 ff. Fikentscher nimmt seine Analyse zwar auf der Grundlage des Begriffes des „self-executing" vor. Dieser schillernde Begriff der völkerrechtlichen Normenlehre umfaßt jedoch auch das Problem der unmittelbaren Anwendbarkeit. Weiterhin soll zur größeren Präzision nur noch von der unmittelbaren Anwendbarkeit gesprochen werden.

58 *Zuleeg*, ZaöRV 35 (1975), S. 341 ff.

I. Unmittelbare innerstaatliche Geltung

Einem völkerrechtlicher Vertrag muß, um im innerstaatlicher Rechtsraum Rechtswirkungen zu entfalten, in der Sphäre des nationalen Rechts Geltung verschafft werden. Ob dieser Umwandlungsprozeß in Form einer Transformation als Überführung von Normen des internationalen in nationales Recht oder als Adoption des internationalen Rechts als nationales Recht stattfindet, ist streitig und bestimmt sich nicht nach völkerrechtlichen Kriterien, sondern aufgrund einer Geltungsanordnung im jeweiligen nationalen Verfassungsrecht[59].

Die innerstaatliche Geltung ist eine unabdingbare Voraussetzung für die innerstaatliche Anwendbarkeit einer Norm völkerrechtlichen Ursprungs; sie präjudiziert diese aber nicht[60]. Maßgeblich ist, daß der Übertragungsprozeß zwar durch staatlichen Hoheitsakt den Anspruch der völkerrechtlichen Norm begründet, im innerstaatlichen Rechtsraum beachtliches Recht zu sein. Daraus folgt nicht zwingend, daß die fragliche Norm innerstaatlich für oder gegen die Bürger anwendbar ist[61]. Vielmehr begründet der Prozeß der Transformation/Adoption für sich gesehen lediglich eine innerstaatliche Bindung an eine auf völkerrechtlicher Ebene eingegangene Verpflichtung.

Es muß somit zwar untersucht werden, in welcher Weise das TRIPs-Abkommen im Recht der Europäischen Gemeinschaft und der Mitgliedstaaten Geltung erlangt hat. Voraussetzungen und Rechtsfolgen der unmittelbaren Anwendbarkeit werden jedoch von weiteren Kriterien abhängig sein.

II. Unmittelbare Anwendbarkeit

Eine Norm völkervertragsrechtlichen Ursprungs ist unmittelbar anwendbar, wenn sie die Grundlage von Entscheidungen innerstaatlicher Rechtsanwendungsorgane bilden kann[62]. Die Norm muß geeignet sein, bei der Beurteilung eines konkreten Falles durch innerstaatliche Rechtsanwender im Rechtsfolgeschluß als Obersatz zu dienen. Ein subjektiv-rechtlicher Gehalt der Norm wird dadurch nicht präjudiziert. Vielmehr dient die völkervertragsrechtliche Norm als objektiver Rechtmäßigkeitsmaßstab, an dem rangniedrigeres innerstaatliches Recht zu messen ist.

---

59 *Fikentscher*, in: FS Steindorff, S. 1175 (1186); *Koller*, S. 61; *Zuleeg*, ZaöRV 35 (1975), S. 341 (346). Skeptisch zu der Frage, ob dem Kriterium der innerstaatlichen Geltung eine eigenständige Bedeutung zukommt: *Meng*, in: FS Bernhardt, S. 1063 (1069).

60 *Fikentscher*, in: FS Steindorff, S. 1175 (1186); *Koller*, S. 63 f.; *Zuleeg*, ZaöRV 35 (1975), S. 341 (347).

61 *Fikentscher*, in: FS Steindorff, S. 1175 (1186); *Zuleeg*, ZaöRV 35 (1975), S. 341 (346).

62 Gängige Definition in der Literatur, u.a. *Cronauer*, S. 135; *Koller*, S. 72; *Zuleeg*, ZaöRV 35 (1975), S. 341 (361) und passim.

Im Rahmen dieser Untersuchung des TRIPs-Abkommens soll der Begriff der unmittelbaren Anwendbarkeit im obigen Sinne verwendet werden. Es geht somit um die Frage, ob als Rechtsfolge einer unmittelbaren Anwendbarkeit die Normen des TRIPs-Abkommens als objektiver Maßstab der Rechtmäßigkeit innerstaatlicher Rechtsakte herangezogen werden können. Relevanz erlangt dies insbesondere dann, wenn das nationale oder das Gemeinschaftsrecht hinter den Mindeststandards des TRIPs-Abkommens zurückbleibt. Infolge der unmittelbaren Anwendbarkeit könnte in nationalen Rechtsanwendungsverfahren gegen TRIPs-widriges innerstaatliches Recht vorgegangen werden. In dieser Funktion ist die unmittelbare Anwendbarkeit ein Mittel zur Überwachung der Einhaltung der Abkommensbestimmungen in der innerstaatlichen Rechtsordnung.

1. Eignung zur unmittelbaren Anwendbarkeit

Die gerade genannte Definition legt jedoch ausschließlich die Rechtsfolgen der unmittelbaren Anwendbarkeit einer Vertragsbestimmung fest[63]. Sie schweigt zu den Voraussetzungen, unter denen eine spezifische Norm geeignet ist, als Obersatz in einem Rechtsanwendungsverfahren zu dienen. Diese Idee der Normeignung wird auch unter der Überschrift „Justiziabilität“[64], „Anwendungsfähigkeit“[65] bzw. „self-executing im linguistischen Sinne“[66] diskutiert. Sie stellt die Frage nach der sprachlichen Eignung einer Norm zur unmittelbaren Anwendbarkeit. Die jeweilige Norm völkervertragsrechtlichen Ursprungs muß geeignet und bestimmt genug sein, um als Obersatz herangezogen werden zu können[67]. Diese Eignung ist grundsätzlich für jeden Rechtssatz einzeln zu prüfen.

Zu klären bleibt, nach welchen Kriterien diese Prüfung vorgenommen werden soll. In der Literatur werden Kriterien wie die Ausführungsbedürftigkeit des Vertrages vorgeschlagen[68]. Insbesondere ist jedoch streitig, ob die Kriterien sich aus dem Völkerrecht oder dem jeweiligen Landesrecht zu ergeben haben. Zum Teil wird vertreten, die Eignung einer Norm zur unmittelbaren Anwendbarkeit sei immer völkerrechtlicher Natur, da sie die Vertragsnorm selbst betreffe[69].

---

63 Zur Differenzierung zwischen Rechtsfolgedefinitionen und Voraussetzungsdefinitionen siehe *Bleckmann*, Innerstaatliche Anwendbarkeit, S. 50 ff.

64 *Koller*, S. 72.

65 *Zuleeg*, ZaöRV 35 (1975), S. 341 (351).

66 *Fikentscher*, in: FS Steindorff, S. 1175 (1185).

67 *Fikentscher*, in: FS Steindorff, S. 1175 (1185); *Meng*, in: FS Bernhardt, S. 1063 (1067). Für die nach deutschem Verfassungsrecht erforderliche Regelungsdichte siehe BVerfGE 29, 348.

68 *Koller*, S. 71.

69 *Koller*, S. 120.

Nach anderer Ansicht kann nur die nationale Rechtsordnung maßgeblich sein[70]. Eine vermittelnde Ansicht wiederum geht davon aus, daß sich die innerstaatliche Anwendung in erster Linie nach dem Völkerrecht bestimme, aber durch landesrechtliche Regelungen modifiziert werden könne[71]. Für das Völkerrecht als grundsätzlichen Ausgangspunkt der Beurteilung spricht, daß die in Frage stehenden Normen völkervertragsrechtlichen Ursprungs sind, auf welche die Auslegungsmethoden des Völkerrechts Anwendung finden. Andererseits kann das Völkerrecht für die abschließende Beurteilung der unmittelbaren Anwendbarkeit schon deshalb keine geeigneten Maßstäbe liefern, weil es die Modalitäten des Abkommensvollzugs – in Abwesenheit einer eindeutigen Festlegung im Vertragswerk – grundsätzlich den Vertragsstaaten überläßt[72]. Insofern ist primär auf das jeweilige Landesrecht abzustellen, das indes zur Beurteilung der Frage, ob eine Abkommensbestimmung zur unmittelbaren Anwendbarkeit geeignet ist, wiederum auf völkerrechtliche Kriterien verweisen kann.

2. Anwendungsvorbehalt

Für die unmittelbare Anwendbarkeit einer Vertragsbestimmung genügt es jedoch nicht, daß diese nicht mehr der Ausführung durch nationale Gesetze bedarf und somit justiziabel ist. Wenn dem so wäre, müßte sich die Prüfung der unmittelbaren Anwendbarkeit stets auf die konkret in Frage stehende Norm beschränken. Die unmittelbare Anwendbarkeit einer Abkommensbestimmung ist neben ihrer sprachlichen Eignung jedoch noch davon abhängig, daß sie nicht unter Anwendungsvorbehalt steht[73]. Ein Anwendungsvorbehalt kann sich sowohl aus nationalem Verfassungsrecht als auch aus dem völkerrechtlichen Vertrag selbst ergeben. Auf völkerrechtlicher Ebene ergibt sich ein Anwendungsvorbehalt dann, wenn die vertragschließenden Parteien den völkerrechtlichen Vertrag bewußt so ausgestaltet haben, daß sich die Durchsetzung der Vertragsbestimmungen auf die völkerrechtliche Ebene beschränken oder der Politik überlassen bleiben soll[74]. Ein Anwendungsvorbehalt kann sich weiterhin auch aus nationalem Verfassungsrecht ergeben. So ist die innerstaatliche Anwendung von völkerrechtlichen Verträgen in Ländern mit dualistischer Verfassungstradition (wie

---

70 *Bleckmann*, Innerstaatliche Anwendbarkeit, S. 125 f.

71 *Zuleeg*, ZaöRV 35 (1975), S. 341 (351).

72 *GTE/Tomuschat*, 5. Aufl., Bd. 5, Art. 228 EGV, Rn. 63 mwN.

73 *Meng*, in: FS Bernhardt, S. 1063 (1066 f.). *Zuleeg* spricht hierbei von der Freigabe zur unmittelbaren Anwendung bzw. von der Anwendungsbefugnis; *Zuleeg*, ZaöRV 35 (1975), S. 341 (352); auch *Fikentscher*, in: FS Steindorff, S. 1175 (1187).

74 *Zuleeg*, ZaöRV 35 (1975), S. 341 (353).

z.B. im Vereinigten Königreich und den nordischen Staaten) immer von einer selbständigen innerstaatlichen Durchführung abhängig[75].

Für die Prüfung des TRIPs-Abkommens bedeutet dies, daß das TRIPs-Abkommen zum einen daraufhin untersucht werden muß, ob die Vertragsparteien auf völkerrechtlicher Ebene das Abkommen einem Anwendungsvorbehalt unterstellt haben. Zum anderen muß, da sich die Anwendungsbefugnis bzw. ein Anwendungsvorbehalt auch aus nationalen Regelungen ergeben kann, das für die Prüfung der unmittelbaren Anwendbarkeit des jeweiligen Abkommens einschlägige nationale Rechtssystem festgestellt werden. Die Beurteilung, ob das TRIPs-Abkommen als gemischtes Abkommen einem Anwendungsvorbehalt unterliegt, kann somit erst nach Klärung des für die Frage der unmittelbaren Anwendbarkeit maßgeblichen Rechtssystems vorgenommen werden.

III. Vermittlung subjektiver Rechte und Pflichten

Mit der Qualifizierung einer Norm völkervertragsrechtlichen Ursprungs als unmittelbar innerstaatlich anwendbares Recht ist allerdings noch nicht gesagt, ob sie zugunsten und zu Lasten der Bürger subjektive Rechte und Pflichten verleiht. Diese Frage ist nach richtiger Ansicht von der Frage nach der unmittelbaren Anwendbarkeit zu trennen[76]. Eine Verknüpfung mit der Frage nach subjektiven Rechten würde den Begriff der unmittelbaren Anwendbarkeit unnötig einengen. Die innerstaatliche Anwendung von Normen setzt nicht notwendig eine subjektiv-rechtliche Komponente voraus. In abstrakten Normenkontrollverfahren werden Normen als objektiv-rechtlicher Entscheidungsmaßstab angewandt. Falls die fragliche Norm zusätzlich zu ihrem objektiven Gehalt auch eine subjektivrechtliche Komponente ausweist, fügt dies der unmittelbar anwendbaren Norm eine zusätzliche Qualität bei[77]. Normen, die subjektive Rechte gewähren, sind stets auch unmittelbar anwendbar[78]. Es kann sich hierbei jedoch nicht um eine Voraussetzung der unmittelbaren Anwendbarkeit handeln. Zudem ist der Begriff des „subjektiven Rechtes" den jeweiligen nationalen Rechtsordnungen entnommen und demnach nicht einheitlich belegt[79]. Teils benennt er eine prozessrecht-

---

75 *Higgins*, in: Jacobs/Roberts, S. 123 (125) (für Großbritannien); *Ott*, S. 59 f. (für die nordischen Staaten).

76 *Bleckmann*, Innerstaatliche Anwendbarkeit, S. 103; *Buchs*, S. 39; *Fikentscher*, in: FS Steindorff, S. 1175 (1188); *Jackson*, AJIL 86 (1992), S. 310 (317); *Koller*, S. 80; *Zuleeg*, ZaöRV 35 (1975), S. 341 (357).

77 *Zuleeg*, ZaöRV 35 (1975), S. 341 (358).

78 *Buchs*, S. 40.

79 *Koller*, S. 78. Von Danwitz möchte deswegen das Kriterium der Subjektivität grundsätzlich durch das der Einklagbarkeit ersetzen; *v. Danwitz*, JZ 2001, S. 721 (722).

liche Voraussetzung für die Anrufung eines nationalen Gerichtes, teils handelt es sich um ein materiell-rechtliches Institut.

Nur wenn ein Individuum aus einer unmittelbar anwendbaren Norm unmittelbar einen Anspruch ableiten will, ist demnach zusätzlich im Rahmen von Aktivlegitimation oder Klagebefugnis zu prüfen, ob das unmittelbar anwendbare objektive Recht subjektive Rechte begründet[80].

Wenn ein völkerrechtlicher Vertrag einen privatrechtlichen Regelungsgehalt aufweist, muß dies auch Auswirkungen auf seine Eignung zur unmittelbaren Anwendbarkeit haben. Der Feststellung des Normadressaten einer völkerrechtlichen Norm wird in der völkerrechtlichen Literatur bezüglich ihrer Eignung zur unmittelbaren Anwendbarkeit besondere Bedeutung zugewiesen[81]. In der Regel wird diese Feststellung zwar in negativer Form getroffen: Der Einzelne könne aus Völkerrechtsregeln, die sich schon ihrem Wortlaut nach nur an die Staaten wenden, nicht unmittelbar verpflichtet werden[82]. Es muß jedoch auch umgekehrt gelten, daß bei einer vertragsrechtlichen Norm, die ihre Mitglieder zur Begründung und zum Schutz privater Rechte verpflichtet, ein starkes Indiz für ihre Eignung zur unmittelbaren Anwendbarkeit spricht[83].

Im Falle der TRIPs-Abkommens ergibt sich die Fragestellung nach der subjektiv-rechtlichen Komponente der Abkommensbestimmungen aus der gesteigerten Rechtsschutzposition, die eine derartige subjektiv-rechtliche Qualifizierung vermittelt. Die Frage nach der Subjektivität der Normen des TRIPs-Abkommens stellt sich immer dann, wenn private Parteien unmittelbar auf der Grundlage des TRIPs-Abkommens den Schutz von Rechten des geistigen Eigentums einklagen wollen. Zudem lassen sich aus der Untersuchung des subjektiv-rechtlichen Gehaltes der TRIPs-Normen auch Rückschlüsse im Sinne eines *a maiore ad minus* auf die unmittelbare Anwendbarkeit dieser Normen ziehen. Insofern wird der vorliegenden Untersuchung zwar der Begriff der unmittelbaren Anwendbarkeit in seiner objektiv-rechtlichen Bedeutung zugrunde gelegt. Eine Untersuchung des subjektiv-rechtlichen Gehaltes der TRIPs-Bestimmungen wird jedoch in der Argumentation eine wesentliche Rolle spielen müssen

---

80 *Bleckmann*, Innerstaatliche Anwendbarkeit, S. 103.

81 *Koller*, S. 101 mwN. Siehe hierzu auch die Rechtsprechung des EuGH zur unmittelbaren Wirkung des Gemeinschaftsrechts. EG-Normen enthalten bzw. verlangen subjektive Rechte, wenn sie einem bestimmten, abgegrenzten Personenkreis zugute kommen und diesem klar und eindeutig besondere Vergünstigungen gewähren; *Jarass*, S. 59.

82 *Seidl-Hohenveldern*, 9. Aufl., Rn. 557.

83 Vgl. auch *Buchs*, S. 40.

IV. Ergebnis

In der folgenden Untersuchung soll das TRIPs-Abkommen somit daraufhin untersucht werden, ob es unmittelbar anwendbar ist in dem Sinne, daß es in nationalen Rechtsanwendungsverfahren als objektives Recht herangezogen werden kann. Als diese Untersuchung unterstützendes Argument wird weiterhin von Bedeutung sein, ob und inwiefern das TRIPs-Abkommen Individuen private subjektive Rechte verleiht.

B. Umsetzung des TRIPs-Abkommens in nationales Recht

Der Frage nach der unmittelbaren Anwendbarkeit des TRIPs-Abkommens käme dann verminderte praktische Relevanz zu, wenn das TRIPs-Abkommen bereits in der Gemeinschaft beziehungsweise in den Mitgliedstaaten vollständig umgesetzt worden wäre. In diesem Fall bestünde kein faktisches Bedürfnis, über eine unmittelbare Anwendbarkeit der Abkommensbestimmungen die Einhaltung der Abkommensverpflichtungen in der innerstaatlichen Rechtsordnung überwachen zu können. Das Bedürfnis für eine unmittelbare Anwendbarkeit ist auch dann gemindert, wenn den Rechtsschutzinteressen bereits in anderen Verfahren ausreichend Rechnung getragen wird.

I. Pflicht zum innerstaatlichen Vollzug der Abkommensbestimmungen

Vertragsparteien eines völkerrechtlichen Abkommens können bereits bei Abschluß des Vertrags explizit festlegen, daß die Einführung des völkerrechtlichen Abkommens in die interne Rechtsordnung nicht vollzogen werden soll[84]. Ein Beispiel für ein Abkommen unter Anwendungsvorbehalt bildet die Europäische Sozialcharta[85], in deren Bestimmungen vereinbart worden ist, daß sie „rechtliche Verpflichtungen internationalen Charakters enthalten, deren Durchführung ausschließlich der in ihrem Teil IV vorgesehenen Überwachung unterliegt“ (Anhang, Teil III)[86]. Eine vorab festgelegte Verweigerung der Implementierung

---

84 *Buchs*, S. 42; *Tomuschat*, in: FS Constantinesco, S. 801 (809); *Zuleeg*, ZaöRV 35 (1975), S. 341 (352 ff.). Siehe auch EuGH, Rs. 104/81 - *Hauptzollamt Mainz v. C.A. Kupferberg & Cie. KG a.A.* -, Urteil des Gerichtshofes vom 26.10.1982, Slg. 1982, S. 3641 (3663), Rn. 17: „Nach den Grundsätzen des Völkerrechts bleibt es den Gemeinschaftsorganen, die für das Aushandeln und den Abschluß eines Abkommens mit einem dritten Land zuständig sind, unbenommen, mit diesem Land zu vereinbaren, welche Wirkungen die Bestimmungen des Abkommens in der internen Rechtsordnung der Vertragsparteien haben sollen.“

85 Vom 18.10.1961, BGBl. 1964 II S. 1262.

86 *GTE/Tomuschat*, 5. Aufl, Bd. 5, Art. 228 EGV, Rn. 69; *Zuleeg*, ZaöRV 35 (1975), S. 341 (357).

eines völkerrechtlichen Abkommens in innerstaatliches Recht ist Ausfluß der Souveränität der Staaten, deren Entscheidungen die nationalen Rechtsanwendungsorgane nicht ignorieren dürfen.

Die Übereinkünfte der Uruguay-Runde enthalten dagegen eine Verpflichtung der Mitglieder zum innerstaatlichen Vollzug der Abkommensbestimmungen. Art. XVI WTO-Abkommen legt fest: „Each Member shall ensure the conformity of its laws, regulations and administrative procedures with its obligations as provided in the annexed Agreements." Auch nach Art. 1 Abs. 1 Satz 1 TRIPs haben die Mitglieder die Bestimmungen des TRIPs-Abkommens anzuwenden[87].

Die den WTO-Mitgliedern nach Art. 65 Abs. 1 TRIPs gesetzte Frist zur Umsetzung des Abkommens endete 1 Jahr nach Inkrafttreten des WTO-Abkommens (1.1.1995), d.h. am 1.1.1996. Entwicklungsländern und ehemaligen sozialistischen Staaten des Ostblocks, die sich im Übergang von der Plan- zur Marktwirtschaft befinden (sog. Transformationsländer), wurde nach Art. 65 Abs. 2 und 3 TRIPs eine Verlängerung der Umsetzungsfrist um weitere 4 Jahre zugestanden; für die am wenigsten entwickelten Länder gilt nach Art. 66 TRIPs eine Frist von 11 Jahren.

II. Überwachung der Umsetzung durch den Rat für TRIPs

Die Überwachung der Umsetzung des TRIPs-Abkommens durch die WTO-Mitglieder obliegt dem Rat für handelsbezogene Aspekte der Rechte des geistigen Eigentums („Rat für TRIPs"). Gemäß Art. 71 Abs. 1 TRIPs soll eine derartige Überprüfung das erste Mal zwei Jahre nach Ablauf der Umsetzungsfrist und danach alle zwei Jahre stattfinden[88]. Die WTO-Mitglieder sind gemäß Art. 63 Abs. 2 TRIPs zur Notifizierung ihrer Gesetze und Vorschriften mit Bezug zum Regelungsgegenstand von TRIPs an den Rat für TRIPs verpflichtet[89]. Die internen Umsetzungsmaßnahmen werden in Form einer *peer group examination*

---

[87] Eine Art. 1 Abs. 1 TRIPs entsprechende Regelung enthalten auch Art. 36 Abs. 1 RBÜ und Art. 25 Abs. 1 PVÜ.

[88] Die erste Überprüfungsrunde begann 1996 und wurde Ende 1997 großenteils abgeschlossen; Annual Report (1997) of the Council for TRIPs, 28.11.1997, WTO-Dok. IP/C/12, und „First review of intellectual property laws completed", WTO Focus Newsletter, No. 25, Dezember 1997, S.6. Im Jahr 2000 begann die zweite Überprüfungsrunde für diejenigen Länder, deren Umsetzungsfrist nach Art. 65 Abs. 2 und 3 TRIPs bis zum 1.1.2000 verlängert worden war (Liste im Internet unter www.wto.org/english/tratop_e/trips_e/intel8.htm (27.09.2000)).

[89] Zu den Anforderungen an die Notifizierung siehe Technical Cooperation Handbook on Notification Requirements (WTO-Dok. WT/TC/NOTIF/TRIPS). Das genaue Verfahren der Notifizierung findet sich in Tz. 6 des Protokolls des Treffens des TRIPs-Rats vom Mai 1996 (WTO-Dok. IP/C/M/7).

von den anderen Mitgliedern überprüft[90]. Die Ergebnisse der ersten Untersuchungsrunde zeigten, daß die Existenz eines Kontrollmechanismus und die Erwartung einer genauen Kontrolle durch den Rat für TRIPs und die anderen Mitglieder die Mitglieder im Vergleich zu ähnlichen Abkommen zu größerer Sorgfalt bei der Untersuchung des Umsetzungsbedarfs und bei dem Entwurf von Implementierungsgesetzgebung veranlaßte[91]. Mißverständnisse, die sich aus der Komplexität des Regelungsbereiches geistiges Eigentum ergaben, konnten aus dem Weg geräumt werden[92]. In einer beträchtlichen Anzahl von Fällen wurden jedoch auch Defizite bei der Umsetzung des TRIPs-Abkommens festgestellt[93]. Potentielle Streitpunkte wurden beigelegt, bevor sie Gegenstand eines formellen Streitbeilegungsverfahrens werden konnten. Zudem gab die erste Überprüfungsrunde denjenigen Mitgliedern, die sich gemäß Art. 65 Abs. 1 und 2, Art. 66 Abs. 1 TRIPs auf eine verlängerte Umsetzungsfrist berufen können, wertvolle Hilfestellung zum Verständnis des TRIPs-Abkommens und zu den Anforderungen, die an eine noch zu schaffende Umsetzungsgesetzgebung zu stellen sind.

Der Überprüfungsmechanismus des Art. 71 TRIPs trägt somit in einer nicht zu unterschätzenden Weise zu einer sanften und effektiven Implementierung des Abkommens bei. Gleichwohl kann er lediglich Lücken in der Umsetzung des TRIPs-Abkommens aufdecken, nicht jedoch eine lückenlose Umsetzung durch die Mitglieder garantieren.

III. Anpassung der Gesetzgebung in der EG und in Deutschland

Die Europäische Gemeinschaft und ihre Mitgliedstaaten waren als Industriestaaten bis zum 1. Januar 1996 zur vollständigen Anpassung ihres Immaterialgüterrechts an die Vorgaben des TRIPs-Abkommens verpflichtet.

---

90 Während der ersten Überprüfungsrunde wurden dem Rat für TRIPs auf diesem Wege 20.000 Seiten Gesetzgebung mitgeteilt und von den Mitgliedern kommentiert; WTO Focus Newsletter, No. 25, Dezember 1997, S. 6.

91 WTO Focus Newsletter, No. 25, Dezember 1997, S. 6.

92 So konnten etwa scheinbar vertragsbrüchige Mitglieder darauf hinweisen, daß eine Bestimmung aus TRIPs in einem Gesetz geregelt wurde, das aufgrund seiner systematischen Ferne zum Immaterialgüterrecht zunächst übersehen wurde, vgl. *Dörmer*, GRUR Int. 1998, S. 919 (920).

93 Anlaß zur Beanstandung ergab sich vor allem in folgenden Bereichen: Ausdehnung der Schutzdauer für ausübende Künstler auf 50 Jahre (Art. 14 Abs. 5 TRIPs), Markenschutz auch gegenüber nicht ähnlichen Waren oder Dienstleistungen (Art. 16 Abs. 3 TRIPs), Schutz für die Topographien integrierter Schaltkreise (Art. 35 TRIPs) sowie unzureichende prozessuale Vorschriften über die Durchsetzung von Immaterialgüterrechten gegenüber der diese Rechte verletzenden Einfuhr von Gütern.

Die Europäische Gemeinschaft hat mit „Beschluß des Rates vom 22. Dezember 1994 über den Abschluß der Übereinkünfte im Rahmen der multilateralen Verhandlungen der Uruguay-Runde (1986 - 1994) im Namen der Europäischen Gemeinschaft in Bezug auf die in ihre Zuständigkeit fallenden Bereiche (94/800/EG)“[94] dem TRIPs-Abkommen zugestimmt. Um ihrer Umsetzungsverpflichtung nach Art. 1 TRIPs nachzukommen, hat die Europäische Gemeinschaft eine Reihe von gesetzgeberischen Maßnahmen getroffen[95].

Die Bundesrepublik Deutschland hat mit Vertragsgesetz vom 30. August 1994 dem WTO-Abkommen zugestimmt[96]. In der Begründung zum Vertragsgesetz[97] geht sie davon aus, daß zur Umsetzung der aus dem TRIPs-Abkommen erwachsenen Verpflichtungen nur geringfügige Änderungen des innerstaatlichen deutschen Rechts erforderlich seien. Einzige im Vertragsgesetz vorgesehene Gesetzesänderung ist nach Art. 5 Vertragsgesetz die Erstreckung der Patentlaufzeit auf mindestens 20 Jahre, die von Art. 33, Art. 70 Abs. 2 TRIPs gefordert wird, auf Patente mit Ursprung in der DDR[98]. Eine ähnlich minimalistische Haltung legten auch andere nationale Gesetzgeber in der Europäischen Union an den Tag[99].

Die Ergebnisse der Untersuchung durch den TRIPs-Rat sowie ein Blick auf bislang aufgetretene Rechtsstreitigkeiten auf nationaler, europäischer wie auch WTO-Ebene verdeutlichen jedoch, daß auch nach Ablauf der Umsetzungsfrist weiterhin Anpassungsbedarf besteht[100]. So haben die USA in zahlreichen Ver-

---

94 ABl. (EG) 1994 L 336/1.

95 Notifizierungen von Umsetzungsgesetzgebung finden sich in der IP/N/1/COUNTRY/-Dokumentenserie der WTO. Für die Umsetzungsgesetzgebung der EG siehe Notifizierungen der EG an den Rat für TRIPs: IP/N/1/EEC/1: *Council for trade-related aspects of intellectual property rights - Notification of laws and regulations under Art. 63.2 of the Agreement - European Communities* (31.03.95) (unmittelbare Umsetzungsgesetzgebung); IP/N/1/EEC/1/rev.1: *Council for trade-related intellectual property rights - Notification of laws and regulations under Art. 63.2 of the Agreement - European Communities - Revision* (20.02.96) (Gesetzgebungsliste).

96 Gesetz zu dem Übereinkommen vom 15. April 1994 zur Errichtung der Welthandelsorganisation und zur Änderung anderer Gesetze, BGBl. 1994 II S. 1438.

97 BT-Drucks. 12/7655 (neu), S. 7. Siehe auch Denkschrift der Bundesregierung, BT-Drucks. 12/7655 (neu), S. 335 (345).

98 Zu verbleibendem Anpassungsbedarf in der BRD siehe aber z.B. *Markfort*, S. 106.

99 Siehe z.B. für Belgien: *Eeckhout*, in: Jackson/Sykes, S. 103 (110).

100 Rechtsstreitigkeiten auf europäischer Ebene: EuGH, Rs. C-53/96 - *Hermès International v. FHT Marketing Choice BV* -, Urteil des Gerichtshofes vom 16.6.1998, Slg. 1998, I-3603; EuGH, verb. Rs. C-300/98 - *Parfums Christian Dior SA v. Tuk Consultancy BV*- und Rs. C-392/98 - *Assco Gerüste GmbH v. Wilhelm Layher GmbH & Co. KG und Layher BV* -, Urteil des Gerichtshofes vom 14.12.2000, Slg. 2000, I-11307. Siehe auch *Giust*, Ind. Int'l. & Comp. L. Rev., Vol. 8, No. 1 (1997), S. 69 (80- 86).

langen nach Konsultationen iSv Art. 4 DSU die Nichtumsetzung von Verpflichtungen aus TRIPs durch Mitgliedstaaten der Europäischen Gemeinschaft gerügt[101]. Einige dieser Konsultationen wurden mit Erlaß der entsprechenden Gesetzgebung beendet[102]. Umgekehrt rügt auch die Gemeinschaft weiterhin bestehende Defizite in der Umsetzung des TRIPs-Abkommens durch die USA[103]. Auch wenn viele Staaten schon vor Inkrafttreten des TRIPs-Abkommens ihre Gesetzgebung im Bereich des gewerblichen Rechtsschutzes und des Urheberrechts den bevorstehenden völkervertraglichen Regelungen angepaßt hatten, erschwerte die kurze Umsetzungsfrist eine sorgfältig abgestimmte Umsetzung der Vorschriften[104].

IV. Ergebnis

Insgesamt ist die Umsetzung des TRIPs-Abkommens gerade in der Europäischen Gemeinschaft und ihren Mitgliedstaaten relativ weit fortgeschritten. Dennoch kann sie nicht als abgeschlossen betrachtet werden. Zudem ist nicht ausgeschlossen, daß die Europäische Gemeinschaft oder ein Mitgliedstaat durch den Neuerlaß eines TRIPs-widrigen Gesetzes oder eine fehlerhafte Anwendung des Abkommens die Verpflichtung zur innerstaatlichen Anwendung des Abkommens aktiv mißachtet. Somit sind Konstellationen, in denen nur unter unmittelbarer Berufung auf das TRIPs-Abkommen der von diesem Abkommen intendierte Rechtsschutz erlangt werden kann, auch in der Zukunft nicht ausgeschlossen.

---

101 Verlangen der USA nach Konsultationen mit Portugal wegen der Nichtumsetzung von Art. 33 TRIPs (WT/DS37/1, Antrag vom 06.05.96); Verlangen der USA nach Konsultationen mit Irland und der EG wegen Nichtumsetzung der Bestimmungen über Urheberrecht und verwandte Schutzrechte nach Abschnitt 1, Teil II TRIPs und Art. 70 TRIPs in Irland (WT/DS83/1, Antrag vom 22.05.97, und WT/DS115/1, Antrag vom 12.1.98); Verlangen der USA nach Konsultationen mit Griechenland und der EG wegen Rechtsschutzlücken gegen die unauthorisierte Sendung von Fernsehprogrammen (Art. 41, 61 TRIPs) (WT/DS125/1, Antrag vom 07.05.98, und WT/DS124/1, Antrag vom 07.05.98); Verlangen der USA nach Konsultationen mit Dänemark (WT/DS83/1, Antrag vom 21.05.97) und Schweden (WT/DS86/1, Antrag vom 02.06.97) wegen der Nichtumsetzung von Art. 50, 63, 65 TRIPs (Fehlen einstweiligen Rechtsschutzes).

102 USA - Portugal (WT/DS37/2, Mitteilung vom 08.10.96); USA - Schweden (WT/DS86/2, Mitteilung vom 11.12.98).

103 Vgl. u.a. „Report on United States Barriers to Trade and Investment" vom 1.8.2000; http://europa.eu/int/comm/trade/pdf/usrbt2000.dpf. Der Abschnitt des Berichts über Rechte des geistigen Eigentums ist abgedruckt in WIPR 14 (2000), S. 312.

104 *Dörmer*, GRUR Int. 1998, S. 919 (920).

C. Andere Möglichkeiten des Individualrechtsschutzes im Regelungsbereich des TRIPs-Abkommens

Eine Durchsetzung des TRIPs-Abkommens in innerstaatlichen Gerichtsverfahren setzt die unmittelbare Anwendbarkeit seiner Bestimmungen voraus. Die Frage nach der unmittelbaren Anwendbarkeit des TRIPs-Abkommens ist jedoch dann faktisch von verminderter Relevanz, wenn auch andere, z.B. zwischenstaatliche Verfahren einen äquivalenten Rechtsschutz gegen Verletzungen des TRIPs-Abkommens bieten. Eine Äquivalenz zu einer unmittelbaren Anwendbarkeit in nationalen Verfahren besteht dabei nur dann, wenn auch natürliche oder juristische Personen, die sich in Rechten aus dem TRIPs-Abkommen verletzt fühlt, diese Verletzung auf anderem Wege als vor nationalen Gerichten geltend machen könnten.

I. Das WTO-Streitbeilegungssystem

Gemäß Art. 64 TRIPs finden Art. XXII und XXIII GATT 1994, wie sie durch die Vereinbarung über Streitbeilegung[105] im einzelnen ausgeführt und angewendet werden, auf Konsultationen und die Streitbeilegung nach dem TRIPs-Abkommen Anwendung. Auch im Falle einer Verletzung des TRIPs-Abkommens ist somit der Weg zur Streitbeilegung im Rahmen des WTO-Streitbeilegungsverfahrens eröffnet[106]. Damit kann das WTO-Streitbeilegungssystem zur zwischenstaatlichen Durchsetzung der TRIPs-Verpflichtungen genutzt werden.

Das neue WTO-Streitbeilegungsverfahren stellt eine Fortentwicklung des alten Streitbeilegungsverfahrens im Rahmen des GATT 1947 dar[107]. Die Neuerungen liegen insbesondere in der Einrichtung eines ständigen Berufungsorgans, des Appellate Body (Art. 17 DSU), der Einführung des negativen Konsensprinzips bei der Entscheidung im Dispute Settlement Body (Art. 6 Abs. 1, Art. 16 Abs. 4, Art. 17 Abs. 14 DSU), sowie der Einführung eines Implementierungsverfahrens in den Art. 21 ff. DSU. Die Anwendbarkeit des WTO-Streitbeilegungsmechanismus war eines der Hauptmotive für die Einbeziehung des Regelungsbereiches geistiges Eigentum in die Verhandlungen der Uruguay-Runde[108].

---

[105] Vereinbarung über Regeln und Verfahren der Streitbeilegung (DSU) (samt Anlagen 1 bis 4), vom 15. April 1994.

[106] Hinsichtlich des Nachweises von Rechtsprechung der WTO-Streitbeilegungsorgane sowie sonstiger WTO-Dokumente wird auf die Internet-Datenbank der WTO (www.wto.org) verwiesen.

[107] Siehe *Lee/von Lewinski*, in: Beier/Schricker, IIC Studies 18, S. 278 ff.; *Petersmann*, CMLRev 31 (1994), S. 1157 ff.

[108] *Stewart/Ross/Wasserman*, Negotiating History, Vol. II, S. 2241 (2249, 2310).

1. Verfahren

Ein WTO-Streitbeilegungsverfahren nach dem DSU beginnt nach Art. 4 DSU mit Konsultationen der Parteien[109]. Auf freiwilligen Antrag der Parteien kann der Dispute Settlement Body zudem „gute Dienste", Streitschlichtung oder Vermittlung leisten (Art. 5 DSU).

Nach erfolgloser Durchführung von Konsultationen kann die beschwerdeführende Partei die Einsetzung eines Panels beantragen (Art. 6 DSU). Die Panels werden nach Art. 2 DSU vom Dispute Settlement Body (DSB) eingesetzt. Der DSB ist nach Art. 2 DSU das übergeordnete Streitbeilegungsorgan der WTO. Er setzt sich aus den Vertretern aller Mitglieder der WTO zusammen, entspricht also in seiner Zusammensetzung dem Allgemeinen Rat der WTO nach Art. IV Abs. 2 WTO-Abkommen. Dem Antrag auf Einsetzung eines Panels muß nach Art. 6 Abs. 1 DSU spätestens auf der nächsten Sitzung des Dispute Settlement Body Folge geleistet werden, sofern nicht der DSB durch Konsens beschließt, kein Panel einzusetzen. Die beschwerdeführende Partei kann hierbei eine Sitzung des DSB innerhalb der nächsten 15 Tage verlangen[110].

Die Panels setzen sich in der Regel aus drei Mitgliedern zusammen (Art. 8 Abs. 5 DSU), die gemäß dem Verfahren nach Art. 8 DSU aus einer Liste von Kandidaten ausgewählt werden. Das Panel überprüft im Rahmen seines Mandates die strittigen Maßnahmen, die von den Parteien in ihrem schriftlichen Antrag auf Einsetzung des Panels definiert wurden, auf ihre Vereinbarkeit mit den einschlägigen Bestimmungen derjenigen Abkommen, auf die sich die Parteien in ihrem Antrag beziehen (Art. 7 Abs. 2, Art. 6 Abs. 2 DSU). Das Panel erstellt einen vorläufigen Bericht, der den Parteien zur Stellungnahme vorgelegt wird (Art. 15 DSU). Der endgültige Panelbericht wird innerhalb von 60 Tagen, nicht aber vor Ablauf von 20 Tagen, auf einer Sitzung des DSB zur Annahme vorgelegt. Er wird angenommen, sofern nicht eine Streitpartei dem DSB schriftlich seine Entscheidung, Berufung einzulegen, mitteilt oder der DSB durch negativen Konsens entscheidet, den Bericht nicht anzunehmen (Art. 16 Abs. 1, Abs. 4 DSU).

Legt eine Streitpartei Berufung ein, wird die Angelegenheit dem ständigen Berufungsorgan (Appellate Body) vorgelegt. Das Berufungsorgan beschränkt sich in seiner Überprüfung auf die vom Panelbericht erfaßten strittigen Rechtsfragen und die vom Panel entwickelte Rechtsauslegung (Art. 17 Abs. 6 DSU). Es hat

---

109 Dies ist zwar im DSU nicht ausdrücklich vorgeschrieben, ergibt sich aber aus der Systematik der Streitbeilegungsverfahren des DSU (siehe Art. 4 Abs. 1, Art. 6 Abs. 2 DSU; auch *argumentum e contrario* aus Art. 5 Abs. 1 DSU) und der bisherigen Praxis der Streitbeilegung im Rahmen von GATT und WTO; siehe *Lee/von Lewinski*, in: Beier/Schricker, IIC Studies 18, S. 278 (299).

110 Art. 6 Abs.1 DSU, Fn. 5.

jedoch weitreichende Kompetenz, die Rechtsfindung des Panels aufrechtzuerhalten, abzuändern oder aufzuheben. Der Bericht des Berufungsorgans wird vom DSB angenommen, sofern der DSB nicht durch Konsens innerhalb von 30 Tagen nach Verteilung an die Mitglieder entscheidet, den Bericht nicht anzunehmen (Art. 17 Abs. 14 DSU). Stellt das Panel oder das Berufungsorgan eine Verletzung des WTO-Abkommens fest, spricht es zugleich eine Empfehlung aus, wie der Verstoß zu beheben ist.

Falls der DSB den Bericht des Berufungsorgans annimmt, sind die Streitparteien zur Beachtung der Entscheidung verpflichtet. Für die Umsetzung der Entscheidung wird den Streitparteien ein angemessener Zeitraum eingeräumt (Art. 21 Abs. 3 DSU). Dieser Zeitraum wird von der unterlegenen Partei mit Billigung des DSB, von beiden Parteien durch gemeinsame Vereinbarung oder durch Schiedsspruch festgelegt (Art. 21 Abs. 3 DSU). Wird der Bericht nicht innerhalb der Umsetzungsfrist umgesetzt, ist der Weg zur Anwendung der Zwangsmittel nach Art. 22 DSU eröffnet.

Als Alternative zum oben beschriebenen Streitbeilegungsverfahren können die Parteien nach Art. 25 DSU ihren Streit im Rahmen eines Schiedsverfahrens beilegen.

2. Charakteristika des Streitbeilegungssystems nach dem DSU

Das Streitbeilegungssystem nach dem DSU weist einige Charakteristika auf, die es von seinem Vorgänger im Rahmen des GATT unterscheiden und eine neue Qualität der Streitbeilegung im internationalen Wirtschaftsvölkerrecht begründen[111].

a. Zwingendes und bindendes Streitbeilegungssystem

Das Streitbeilegungssystem nach dem DSU ist gemäß Art. 23 Abs. 1 DSU zwingend und bindend. Diese Aussage beinhaltet zweierlei:

Zum einen wurde die bis zur Modifizierung des GATT-Streitbeilegungssystems auf der Konferenz von Montreal 1989[112] bestehende Möglichkeit, die Errichtung oder Mandatierung eines Panels zu blockieren oder zu verzögern, durch die Einführung des negativen Konsensprinzips für Entscheidungen über die Paneleinsetzung (Art. 6 Abs. 1 DSU) de facto aufgehoben. Auch die Bindungswir-

---

[111] Siehe dazu *Lee/von Lewinski*, in: Beier/Schricker, IIC Studies 18, S. 278 (293-299); *Kuyper*, in: Bourgeois, S. 87 (88 ff.).

[112] Decision of 12 April 1989 on the Improvements to the GATT Dispute Settlement Rules and Procedures [BISD 36S/61]; hierzu siehe *Lee/von Lewinski*, in: Beier/Schricker, IIC Studies 18, S. 278 (293).

kung eines abschließenden Panel- oder Berufungsberichts für die Parteien tritt nur dann nicht ein, wenn die Mitglieder im DSB zu einem Konsens über die Nichtannahme finden (Art. 16 Abs. 4, Art. 17 Abs. 14 DSU). Anders als unter dem alten GATT-System kann das unterlegene Mitglied nicht mehr im Wege eines einfachen Vetos die Bindungswirkung eines Berichts verhindern. Die Ablehnung eines Berichts wird somit beinahe unmöglich gemacht. Diese Abkehr vom positiven zum negativen Konsensprinzip stellt eines der neuen Charakteristika des DSU dar, das wesentlich zur Justizialisierung des WTO-Streitbeilegungssystems beiträgt[113].

Zum anderen sind Mitglieder, die bei der Verletzung von Verpflichtungen oder der Zunichtemachung oder Schmälerung von Vorteilen aus den vom DSU erfaßten Abkommen Maßnahmen ergreifen wollen, an die Rechtsmittel und Verfahrensregeln des Dispute Settlement Understanding gebunden. Dies beschränkt Staaten in ihrer Position nach allgemeinem Völkerrecht, in der Wahl der Streitbeilegungsmittel grundsätzlich frei zu sein (Art. 33 VN-Charta) und im Recht, auf die Verletzung von ihnen gegenüber obliegenden völkerrechtlichen Verpflichtungen mit Gegenmaßnahmen zu reagieren[114].

b. Zügiges Verfahren mit Fristen

Die Bestimmungen des DSU führen zu einer erheblichen Straffung und Beschleunigung des Streitbeilegungsverfahrens[115]. Nahezu alle wesentlichen Verfahrenschritte sind mit Fristen versehen, von denen nur durch negative Konsensentscheidung abgewichen werden kann. So kann die beschwerdeführende Partei die Einsetzung eines Panels beantragen, wenn Konsultationen innerhalb von 60 Tagen nach Erhalt des Konsultationsersuchens fehlschlagen (Art. 4 Abs. 7 DSU). Die Einsetzung eines Panels hat in der Regel innerhalb von 15 Tagen zu erfolgen (Art. 6 Abs. 1 DSU, Fn. 5); für die Annahme eines Panelberichtes ist eine Frist von 60 Tagen gesetzt (Art. 16 Abs. 4 DSU), das Berufungsverfahren (Art. 17 Abs. 5 DSU) und die Annahme des Berichts des Berufungsorgans (Art. 17 Abs. 14 DSU) muß innerhalb von 90 Tagen abgeschlossen sein. Auch die Arbeiten des Panels selber unterliegen einem, allerdings nicht zwingenden, Zeitplan[116].

Insgesamt soll nach Art. 20 DSU ein Streitbeilegungsverfahren von der Einsetzung des Panels bis zur Annahme des Panelberichts den Zeitraum von 9 Mona-

---

[113] Zur Justizialisierung des WTO-Streitbeilegungssystems siehe näher Teil 4, Kapitel D.II.4.

[114] Vgl. *Petersmann*, CMLRev 31 (1994), S. 1157 (1211).

[115] Zur problematischen Situation unter dem alten GATT-Streitbeilegungssystem siehe *Davey*, Fordham ILJ 1987, S. 51 (65); *Petersmann*, CMLRev 31 (1994), S. 1157 (1203).

[116] Anlage 3 des DSU, Abs. 12.

ten, bei Einlegung von Berufung den Zeitraum von 12 Monaten nicht überschreiten. Die Umsetzung der Panelempfehlungen soll nach Art. 21 Abs. 3 c DSU innerhalb eines Zeitraumes von 15 Monaten erfolgen. Demnach ergibt sich für ein ordnungsgemäß durchgeführtes Panelverfahren einschließlich Umsetzung eine Maximaldauer von ungefähr zweieinhalb Jahren. Auch wenn diese Fristen in der Praxis oft nicht eingehalten werden können, zeichnen sich WTO-Streitbeilegungsverfahren durch eine im Vergleich zu nationalen Verfahren kurze Verfahrensdauer aus[117].

c. Integriertes Streitbeilegungssystem

Das WTO-Streitbeilegungssystem ist ein integriertes System[118]. Es unterstellt 30 Abkommen der Uruguay-Runde und an die 200 ehemalige GATT-Abkommen einem einheitlichen Streitbeilegungsmechanismus[119]. Streitigkeiten, die Rechte und Pflichten aus mehreren Abkommen berühren, können vor ein- und demselben Panel behandelt werden (Art. 1 Abs. 1 DSU). Dies war unter dem alten GATT unmöglich, da das GATT und die Kodizes separate Abkommen mit ihren jeweils eigenen Streitbeilegungssystemen darstellten. Die daraus resultierende Taktik des *forum shopping* verhinderte eine effektive und vor allem gerechte Streitbeilegung[120]. Der neue, integrierte Ansatz des DSU hat die Position der beklagten Staaten im Streitbeilegungsverfahren verbessert. Auf ihr Vorbringen hin hat das Panel auch auf andere Abkommen gestützte Gegenargumente und Rechtfertigungsgründe zu berücksichtigen.

Für Streitigkeiten über Rechte und Pflichten aus dem TRIPs-Abkommen bedeutet der integrierte Ansatz folgendes: Das TRIPs-Abkommen verweist in Art. 64 Abs. 1 TRIPs in vollem Umfang auf die Regeln der Streitbeilegung nach dem DSU. Im Gegensatz zu anderen Abkommen (siehe Anlage 2 zum DSU)

---

[117] Panelberichte wurden in der Vergangenheit innerhalb von sechs bis vierzehn Monaten verabschiedet. Übersicht über Verfahrenslängen nach Art. 12 Abs. 8 DSU bei *Stewart/Burr*, IntLawyer, Vol. 32, No. 3 (1998), S. 709 (719). Der Streit zwischen den USA und der EG um die EG-Bananenmarktordnung ist dagegen auch nach 6 Jahren noch nicht abgeschlossen.

[118] *Kuyper*, in: Bourgeois, S. 87 (91); *Lee/von Lewinski*, in: Beier/Schricker, IIC Studies 18, S. 278 (294).

[119] *Petersmann*, CMLRev 31 (1994), S. 1157 (1161).

[120] *Forum shopping* (auch „*norm shopping*", *Petersmann*, CMLRev 31 (1994), S. 1157 (1203)) liegt dann vor, wenn ein Klägerstaat die Einsetzung eines Panels unter dem Abkommen verlangt, unter dem er seine Rechte am besten geschützt sieht, jedoch die Einsetzung von Panels unter den Abkommen verhindert, die die eigene Position beeinträchtigen würden oder die dem beklagten Staat eine Rechtfertigung seines Verhaltens verschaffen würden; vgl. *Lee/von Lewinski*, in: Beier/Schricker, IIC Studies 18, S. 278 (295).

sieht das TRIPs-Abkommen keine besonderen Regeln und Verfahren vor, die im Falle der Kollision mit dem DSU als vorrangig zu befolgen wären (Art. 1 Abs. 2 Satz 2 DSU). Zu einer Anwendung besonderer Regeln und Verfahren in diesem Sinne kann es somit nur dann kommen, wenn im Rahmen eines integrierten Panelverfahrens auch Rechte und Pflichten unter einem der in Anlage 2 aufgeführten Abkommen streitig sind. Die Anwendung der besonderen Regeln und Verfahren bestimmt sich dann nach den Vorschriften des Art. 1 Abs. 2 Satz 3 und 4 DSU.

Der integrierte Ansatz in der Streitbeilegung wirkt sich auch in der Durchsetzung der Panel- und Berufungsentscheidungen aus. Nach Art. 22 DSU kann ein Staat unter Umständen auf die Nichtumsetzung einer Entscheidung oder Empfehlung im Anwendungsbereich des TRIPs-Abkommens mit der Aussetzung von Zugeständnissen unter einem anderen Abkommen reagieren (sog. *cross-retaliation*).

3. Unmittelbare Teilnahme von Privaten am WTO-Streitbeilegungsverfahren

Gemäß Art. 1 Abs. 1 Satz 2 DSU finden die „Regeln und Verfahren dieser Vereinbarung [...] auch Anwendung auf Konsultationen und Streitbeilegung zwischen Mitgliedstaaten bezüglich ihrer Rechte und Pflichten nach den Bestimmungen des Abkommens zur Errichtung der Welthandelsorganisation“. Das DSU-Streitbeilegungsverfahren dient somit allein den Interessen der WTO-Mitglieder am Schutz und der Durchsetzung ihrer durch die WTO-Abkommen geschützten Rechte[121]. Individuen dagegen ist der unmittelbare Zugang zu dem WTO-Streitbeilegungssystem versperrt[122]. Sie können nicht Partei eines WTO-Streitbeilegungsverfahrens sein, selbst wenn sie unmittelbar Betroffene einer Vertragsverletzung sind.

Die Möglichkeit einer Individualklage wurde während der Verhandlungen zur International Trade Organisation (ITO) diskutiert[123], mit Berufung auf die daraus resultierende Gefahr für die nationale Souveränität jedoch abgelehnt[124]. Wenn in

---

121 *Hilf*, MichJIL 18 (1997), S. 321 (330).

122 Siehe auch *United States – Import Prohibitions on Certain Shrimp and Shrimp Products* (WT/DS58/AB/R), Bericht des Appellate Body vom 12.10.1998, vom DSB angenommen am 6.11.1998, Tz. 101.

123 Der Delegierte der USA im „Preparatory Committee of the United Nations Conference on Trade and Employment“ argumentierte, „governments might not want to identify themselves with certain complaints and yet would want to grant their nationals the right of complaint“; E/PC/T/C.6/37, at 5; bei *Lukas*, JWTL, Vol. 29, No. 5 (1995), S. 181 (191).

124 *Lukas*, JWTL, Vol. 29, No. 5 (1995), S. 181 (191) mwN.

der Literatur, insbesondere aufgrund demokratietheoretischer Erwägungen, einer Zulassung der Individualklage das Wort geredet wird, geschieht dies nur *de lege ferenda*[125]. Ein Auftreten von Individuen als Kläger oder Beklagte im WTO-Streitbeilegungsverfahren ist nach dem gegenwärtigen Stand des DSU ausgeschlossen.

II. Möglichkeiten der Veranlassung eines WTO-Streitbeilegungsverfahrens in der EG: Die Handelshemmnis-Verordnung

Es steht den WTO-Mitgliedern allerdings frei, betroffene Individuen an der Einleitung von Streitbeilegungsverfahren vor den WTO-Panels und der Formulierung der entsprechenden Anträge zu beteiligen. Eine zunehmende Anzahl von Mitgliedern eröffnet ihren Bürgern, Unternehmen und Nichtregierungsorganisationen diese Möglichkeit. Für die USA garantiert z. B. der Uruguay Round Agreements Act in einer Vielzahl von Bestimmungen die Beteiligung privater Interessenträger und Nichtregierungsorganisationen[126]. Section 301 des US Trade Act stellt für die USA einen Mechanismus zur Verfügung, in dem „interessierte Personen“ beim USTR ein WTO-Streitbeilegungsverfahren anregen können[127].

In der Europäischen Gemeinschaft stellt die Verordnung (EWG) Nr. 3286/94 des Rates vom 22. Dezember 1994, die sog. „Handelshemmnis-Verordnung“, Unternehmen und Verbänden in der Gemeinschaft ein Verfahren zur Beschwerde über unfaire Handelspraktiken dritter Staaten zur Verfügung[128]. Davon erfaßt ist auch die Möglichkeit, ein Streitbeilegungsverfahren im Rahmen des WTO-Streitbeilegungssystems zu veranlassen.

Allerdings kann das Verfahren nach der Handelshemmnis-Verordnung keine Rechtsschutzalternative zu einer unmittelbaren Anwendbarkeit des TRIPs-Abkommens in der Gemeinschaftsordnung darstellen. Die Handelshemmnis-Verordnung ist in ihrer Wirkungsweise nach außen gerichtet. Sie bietet Gemeinschaftsbürgern und –unternehmen Rechtsschutz gegen eine Nichterfül-

---

125 *Housman*, Cornell Int.L.J. 27 (1994), S. 699 (744 f.); *Lee/von Lewinski*, in: Beier/Schricker, IIC Studies 18, S. 278 (312). Gegen die Notwendigkeit einer Individualklage argumentiert *Debevoise*, IntLawyer, Vol. 32, No. 3 (1998), S. 817 (837).

126 Vgl. *Leebron*, in: Jackson/Sykes, S. 175 (219 f.). Fälle, in denen US-amerikanische NGOs und Industrievertreter Einfluß auf die Streitbeilegung vor GATT-Panels genommen haben, bei *Debevoise*, IntLawyer, Vol. 32, No. 3 (1998), S. 817 (836).

127 Zum Verfahren der S. 301 vgl. *Mavroidis/Zdouc*, JIEL 1 (1998), S. 407 (423 ff.).

128 ABl. (EG) 1994 L 349/71, geändert durch Änderungsverordnung, ABl. (EG) 1995 L 41/3. Die VO/EG Nr. 3284/94 ersetzt die VO/EG Nr. 2641/84 vom 17. September 1984, das alte sog. „Neue Handelsinstrument“. Zu letzterer siehe insbesondere *GBN/Nettesheim*, S. 235 ff.

lung der WTO-Übereinkünfte durch Drittstaaten. Die Erfüllung der WTO-Verpflichtungen durch die Gemeinschaft selber bzw. durch die Mitgliedstaaten (ob auf Initiative eines Mitgliedstaates, eines Gemeinschaftsbürgers oder Rechtsinhabern aus Drittstaaten) kann hiermit nicht erzwungen werden.

Auch im Verhältnis zu Drittstaaten ist der sachliche Anwendungsbereich der auf der Grundlage von Art. 133 EGV erlassenen Handelshemmnis-Verordnung im Hinblick auf den Schutz geistigen Eigentums indes beschränkt. Die Kommission kann nur dann gegen Drittlandspraktiken vorgehen, wenn die Praktiken unmittelbare Schädigungen beim Handel entweder mit Waren oder mit Dienstleistungen hervorrufen. Nicht ausreichend kann sein, daß die angegriffene Handelspraktik nur mittelbar den Handel mit Waren oder Dienstleistungen betrifft, de facto aber das Vorgehen der Gemeinschaft darauf gerichtet ist, den im TRIPs-Abkommen vorgeschriebenen Mindeststandard im Immaterialgüterrechtsschutz durchzusetzen[129]. Der EuGH hat in seinem *Gutachten 1/94* ausdrücklich festgehalten, daß mittelbare Auswirkungen des Immaterialgüterrechtsschutzes auf den Handel nicht genügen, um den Bereich des geistigen Eigentums in den Anwendungsbereich des Art. 133 EGV fallen zu lassen[130]. Anderenfalls würde unter dem Deckmantel der handelsschädigenden Auswirkungen eine Durchsetzung des TRIPs-Abkommens auf Grund der Ermächtigungsgrundlage des Art. 133 EGV betrieben. Vorausgesetzt, die angegriffene Handelspraktik ruft Handelshemmnisse entweder für Waren oder für Dienstleistungen hervor, kann die Kommission allerdings nach Art. 1, 2 Abs. 2 der Verordnung die Handelspraktik am Maßstab jeglicher Vorschriften der WTO-Abkommen, auch des TRIPs-Abkommens, überprüfen, unabhängig davon, ob die möglicherweise verletzte Vorschrift in den Kompetenzbereich der Gemeinschaft nach Art. 133 EGV fällt[131].

Auch macht die Verordnung (EG) Nr. 3286/94 die Einleitung eines WTO-Streitbeilegungsverfahrens vom positiven Ergebnis eines „community interest test“ abhängig, stellt sie also grundsätzlich in den Beurteilungsspielraum der Gemeinschaftsorgane. Die Gemeinschaft wird bei ihrer Entscheidung Faktoren wie die politischen Umstände des Falles, politische Rücksichtnahme auf Han-

---

[129] *Grabitz/Hilf/Berrisch/Kamann*, Band 2 (neu), E.9, Rn. 32 f.; *Bronckers*, CMLRev 33 (1996), S. 299 (307 f.); *Bierwagen*, ZIP 1996, S. 201 (203) unter Berufung auf die Entstehungsgeschichte der Verordnung (EG) Nr. 2641/84. Grds. auch *van Eeckhaute*, JWT, Vol. 33, No. 6 (1999), S. 199 (204), der allerdings auf die entgegenstehende Kommissionspraxis verweist, gegen die die Mitgliedstaaten bislang keinen Einspruch erhoben hätten. A.A. (allerdings ohne differenzierte Begründung) *Mavroidis/Zdouc*, JIEL 1 (1998), S. 407 (415); *GTE/Bourgeois*, 4. Aufl., Bd. 3, Art. 113 EGV, Rn. 29, 119 (zum alten „Handelspolitischen Instrument“).

[130] EuGH, Gutachten 1/94 vom 15.11.1994 (*WTO*), Slg. 1994, I-5267 (5405), Rn. 57.

[131] So auch *Grabitz/Hilf/Berrisch/Kamann*, Band 2 (neu), E.9, Rn. 33.

delspartner, das betreffende Handelsvolumen oder die Bedeutung des betroffenen Individuums in der nationalen Ökonomie berücksichtigen[132]. Auch wenn in der Kommissionspraxis das Gemeinschaftsinteresse in der Regel schon dadurch indiziert wird, daß ein individueller Beschwerdeführer handelsschädigende Auswirkungen der Drittlandsmaßnahme im Sinne von Art. 2 Abs. 4 der Verordnung substantiieren kann[133], besteht kein gebundener Anspruch auf ein Einschreiten der Gemeinschaft.

Insgesamt sind die Möglichkeiten von Gemeinschaftsbürgern und -unternehmen, WTO-Streitbeilegungsverfahren gegen Drittstaaten zum Schutz geistigen Eigentums einzuleiten, demnach begrenzt.

D. Ergebnis

Auch nach Ablauf der Umsetzungsfrist besteht weiterhin ein praktisches Bedürfnis danach, vermittels der unmittelbaren Anwendbarkeit die Beachtung des TRIPs-Abkommens in der Europäischen Gemeinschaft in nationalen Gerichten durchsetzen zu können. Der Umsetzungsprozeß ist in der Gemeinschaft zwar weit fortgeschritten, darf aber nicht als abgeschlossen betrachtet werden. Nicht auszuschließen ist zudem, daß durch neue Gesetzgebung von den TRIPs-Verpflichtungen abgewichen wird. Das WTO-Streitbeilegungsverfahren ermöglicht zwar eine zwischenstaatliche Durchsetzung der Einhaltung der Abkommensverpflichtungen. Individuen ist die Teilnahme daran allerdings versperrt. Ihnen steht auch keine gleichwertige Möglichkeit zur Verfügung, auf die Einleitung eines WTO-Verfahrens Einfluß zu nehmen.

---

132 *Lee/von Lewinski*, in: Beier/Schricker, IIC Studies 18, S. 278 (312).

133 *Grabitz/Hilf/Berrisch/Kamann*, Band 2 (neu), E.9, Rn. 158; *Bronckers*, CMLRev 33 (1996), S. 299 (311), Fn. 47. Siehe auch *USA – Lizenzfreie Musikwiedergabe*, Beschluß der Kommission vom 11.12.1998, ABl. (EG) 1998 L 346/60. Bis 1999 hat die Kommission keinen formalen Antrag auf Einleitung eines Verfahrens nach der Handelshemmnis-Verordnung zurückgewiesen, vgl. *McNelis*, JIEL 2 (1999), S. 519 (526).

Teil 2:
Kompetenzrechtliche Zuordnung des TRIPs-Abkommens

Die Bestimmung des internen Wirkungsmodus eines völkerrechtlichen Abkommens ist Aufgabe der jeweiligen nationalen Rechtssysteme. Diese antworten unterschiedlich auf die Möglichkeit, völkerrechtlichen Verträgen in der internen Rechtsordnung unmittelbare Anwendbarkeit zuzuerkennen. In anwendungsgeschlossenen Rechtssystemen werden völkerrechtliche Verträge ausschließlich aufgrund eines eigenen, innerstaatlichen Rechtsaktes durchgeführt. Die unmittelbare Anwendbarkeit einer völkervertraglichen Rechtsnorm ist in diesen Rechtssystemen damit von vornherein ausgeschlossen. Anwendungsoffene Systeme zeichnen sich dagegen dadurch aus, daß sie den völkerrechtlichen Vertrag als solchen in die nationale Rechtsordnung übernehmen und damit eine unmittelbare Anwendbarkeit grundsätzlich zulassen. Unter den Mitgliedstaaten der europäischen Gemeinschaft schließen Großbritannien, Irland, Schweden, Dänemark und Finnland eine unmittelbare Anwendbarkeit völkerrechtlicher Verträge aus. Die übrigen Mitgliedstaaten der Gemeinschaft lassen eine unmittelbare Anwendbarkeit grundsätzlich zu, allerdings mit zahlreichen Differenzierungen und Einschränkungen[134].

Für die Beurteilung der unmittelbaren Anwendbarkeit des TRIPs-Abkommens im Rechtsraum der Europäischen Gemeinschaft muß somit ermittelt werden, welches Rechtssystem über diese Frage zu entscheiden hat.

A. Kompetenzverteilung zum Abschluß des TRIPs-Abkommens

Die innergemeinschaftliche Geltung und Anwendbarkeit eines völkerrechtlichen Abkommens, an dem die Gemeinschaft als Vertragspartei beteiligt ist, setzt voraus, daß das Abkommen im Rahmen der Außenkompetenzen der Gemeinschaft als Gemeinschaftsabkommen im Verfahren nach Art. 300 Abs. 7 EGV geschlossen worden ist. Im Fall des TRIPs-Abkommens war zum Ende der Uruguay-Runde zwischen Kommission, Rat und Mitgliedstaaten streitig, ob der Abschluß des TRIPs-Abkommens (und des GATS) in die ausschließliche Zuständigkeit der Gemeinschaft fiel[135]. Die Kommission war der Auffassung, das TRIPs-Abkommen falle als handelsbezogenes Abkommen unter die ausschließliche Außenkompetenz der Gemeinschaft auf dem Gebiet der gemeinsamen

---

[134] Einen Überblick über die Verfassungstraditionen in den Mitgliedstaaten der Europäischen Gemeinschaft geben *Bleckmann*, EuropaR, 6. Aufl., Rn. 1051 ff.; *Ott*, S. 58 ff. Vgl. auch *Jackson*, AJIL 86 (1992), S. 310 (319 f.).

[135] Vgl. Denkschrift der Bundesregierung, BT-Drucks. 12/7655 (neu), S. 335 (337).

Handelspolitik nach Art. 133 EGV. Auf einer Sitzung des Rates der EG wurde am 7.3.1994 entschieden, daß die Schlußakte von Marrakesh und das WTO-Abkommen vorbehaltlich der Meinungsdifferenzen zur Rechtsgrundlage und den jeweiligen Sachkompetenzen sowohl von der Gemeinschaft als auch von den Mitgliedstaaten unterzeichnet werden sollten. Die Kommission legte am 6.4.1994 die Frage nach der Zuständigkeit der Gemeinschaft für den Abschluß des WTO-Abkommens und seiner Anhänge dem EuGH nach dem Verfahren des Art. 300 Abs. 6 EGV zur Klärung in einem Gutachten vor

I. Die Position des EuGH in Gutachten 1/94

Das *Gutachten 1/94* des Europäischen Gerichtshofes zur „Zuständigkeit der Gemeinschaft für den Abschluß völkerrechtlicher Abkommen auf dem Gebiet der Dienstleistungen und des Schutzes des geistigen Eigentums - Verfahren des Artikels [ex-] 228 Absatz 6 EG-Vertrag“[136] muß - trotz der daran in der Literatur geübten Kritik[137] - den Ausgangspunkt für die Klärung der Frage bilden, welches Rechtssystem über die innerstaatliche bzw. innergemeinschaftliche Anwendbarkeit des TRIPs-Abkommens zu entscheiden hat.

1. Gutachtenfrage

Die Fragen, die die Kommission dem EuGH vorlegte, lauteten:

„1. Hat die Europäische Gemeinschaft die Zuständigkeit zum Abschluß aller Teile des Abkommens zur Errichtung der Welthandelsorganisation in bezug auf den Dienstleistungsverkehr (GATS) und auf die handelsbezogenen Aspekte der Rechte an geistigem Eigentum einschließlich des Handels mit nachgeahmten Waren (TRIPs) auf der Rechtsgrundlage des EG-Vertrags und dabei insbesondere auf der Rechtsgrundlage von Artikel [ex-] 113 EG-Vertrag allein bzw. Artikel [ex-] 113 EG-Vertrag in Verbindung mit [ex-] 100a EG-Vertrag und/oder Artikel [ex-] 235 EG-Vertrag?

2. Hat die Europäische Gemeinschaft die alleinige Zuständigkeit zum Abschluß der Teile des WTO-Abkommens, die Erzeugnisse und/oder Dienstleistungen betreffen, die in den ausschließlichen Anwendungsbereich des EGKS-Vertrags und des EAG-Vertrags fallen?

3. Falls die beiden obengenannten Fragen bejaht werden sollten: Beeinträchtigt dies die Fähigkeit der Mitgliedstaaten zum Abschluß des WTO-Abkommens im

---

[136] EuGH, Gutachten 1/94 vom 15.11.1994 (*WTO*), Slg. 1994, I-5267.

[137] Siehe hierzu v.a.: *Bourgeois*, CMLRev 32 (1995), S. 763 ff.; *Pescatore*, CMLRev 36 (1999), S. 387 ff.

Lichte des bereits erzielten Einvernehmens, daß sie Gründungsmitglieder der WTO werden?"[138]

Der EuGH hat in seinen Ausführungen die ihm gestellten Gutachtenfragen allerdings modifiziert und beschränkt. Das Gutachten des EuGH antwortet demnach allein auf die Frage, ob die Zuständigkeit der Gemeinschaft für den Abschluß des WTO-Abkommens und seiner Anhänge eine ausschließliche ist oder nicht[139].

2. Positionen der an dem Verfahren beteiligten Organe und Mitgliedstaaten

Die Kommission ging in ihrer Stellungnahme davon aus, der Abschluß der WTO-Übereinkünfte falle insgesamt in die ausschließliche Zuständigkeit der Gemeinschaft. Grundlage der Gemeinschaftszuständigkeit sei Art. 133 (ex-113) EGV allein oder in Verbindung mit Art. 95 (ex-100 a) EGV und/oder Art. 308 (ex-235) EGV oder hilfsweise die stillschweigenden Außenkompetenzen der Gemeinschaft[140]. Bezüglich des TRIPs-Abkommens folge dies daraus, daß die Vorschriften über die Rechte an geistigem Eigentum eng mit dem Verkehr von Waren und Dienstleistungen, an denen solche Rechte bestehen, verbunden seien.

Nach Ansicht des Rates hat die Gemeinschaft nach der *AETR*-Rechtsprechung[141] eine ausschließliche Zuständigkeit für bestimmte besondere Aspekte des TRIPs-Abkommens. Darüber hinaus sei jedoch für zahlreiche vom TRIPs-Abkommen erfaßte Gebiete vor allem die Zuständigkeit der Mitgliedstaaten vorrangig, zumal der Rat bereits beschlossen habe, die potentielle Zuständigkeit der Gemeinschaft in bezug auf dieses Abkommen nicht auszuüben. Bestimmte andere Gebiete des TRIPs-Abkommen fielen nach der gegenwärtigen Verfassung des EG-Vertrages in jedem Fall in die alleinige Zuständigkeit der Mitgliedstaaten[142].

Nach Ansicht der beteiligten Mitgliedstaaten (alle Mitgliedstaaten außer Belgien, Luxemburg, Irland und Italien) war die Zuständigkeit zwischen den Mitgliedstaaten und der Gemeinschaft geteilt[143]. Jedenfalls schlossen die beteiligten Staaten und das Parlament eine ausschließliche Gemeinschaftszuständigkeit auf der Grundlage der gemeinsamen Handelspolitik aus.

---

[138] EuGH, Gutachten 1/94 vom 15.11.1994 (*WTO*), Slg. 1994, I-5267 (5283).

[139] EuGH, Gutachten 1/94 vom 15.11.1994 (*WTO*), Slg. 1994, I-5267 (5393), Rn. 14.

[140] EuGH, Gutachten 1/94 vom 15.11.1994 (*WTO*), Slg. 1994, I-5267 (5351).

[141] EuGH, Rs. 22/70 – *Kommission v. Rat (AETR)* -, Urteil des Gerichtshofes vom 31.3.1971, Slg. 1971, S. 263 (274 f.).

[142] EuGH, Gutachten 1/94 vom 15.11.1994 (*WTO*), Slg. 1994, I-5267 (5351 f.).

[143] EuGH, Gutachten 1/94 vom 15.11.1994 (*WTO*), Slg. 1994, I-5267 (5352 ff.).

3. Zuständigkeit zum Abschluß des TRIPs-Abkommens

Der EuGH kommt in seiner Stellungnahme hinsichtlich des TRIPs-Abkommen zu folgenden Ergebnissen:

a. Art. 133 EGV: Gemeinsame Handelspolitik

Die Kompetenznorm des Art. 133 EGV für die gemeinsame Handelspolitik verleihe der Gemeinschaft eine ausschließliche Zuständigkeit hinsichtlich des Abschnitts 4 des Teils III des TRIPs-Abkommens, der besondere Voraussetzungen für Grenzmaßnahmen regelt. Hierbei handele es sich um Maßnahmen, die von den Zollbehörden an den Außengrenzen der Gemeinschaft zu treffen sind. Da derartige Maßnahmen von den Gemeinschaftsorganen autonom auf der Grundlage von Art. 133 EGV ergriffen werden könnten, sei es allein Sache der Gemeinschaft, internationale Abkommen über diesen Gegenstand zu schließen[144]. Abgesehen davon besteht nach der Stellungnahme des EuGH jedoch keine ausschließliche Kompetenz der Gemeinschaft zum Abschluß des TRIPs-Abkommens auf der Grundlage von Art. 133 EGV[145].

Zur Begründung führt der EuGH aus, es bestehe zwar aufgrund der Ausschlußfunktion der Immaterialgüterrechte ein Zusammenhang zwischen geistigem Eigentum und Warenverkehr. Die Rechte des geistigen Eigentums beträfen jedoch nicht spezifisch den internationalen Warenaustausch, sie träfen vielmehr den Binnenhandel in gleichem Maße wie den internationalen Handel[146]. Der Hauptzweck des TRIPs-Abkommens bestehe darin, den Schutz des geistigen Eigentums weltweit zu verstärken und zu harmonisieren. Mit dem Abschluß des TRIPs-Abkommens, das Vorschriften in Bereichen festlege, in denen es keine gemeinschaftlichen Harmonisierungsmaßnahmen gebe, werde zugleich eine Harmonisierung innerhalb der Gemeinschaft erreicht und dadurch könne zum Funktionieren des Gemeinsamen Marktes beigetragen werden. Die EG-interne Harmonisierungskompetenz ergebe sich aus Art. 94, 95, 308 EGV. Für eine Harmonisierung des Immaterialgüterrechts aufgrund dieser Vorschriften gälten aber andere Abstimmungs- und Verfahrensvorschriften als im Rahmen des Art. 133 EGV. Würde der Gemeinschaft deshalb auf der Grundlage von Art. 133 EGV eine ausschließliche Kompetenz zur Harmonisierung des Schutzes des geistigen Eigentums über völkerrechtliche Verträge mit Dritten und zur gleichzeitigen Harmonisierung auf Gemeinschaftsebene zugestanden, so könnte sie sich auf diesem Wege den internen verfahrensrechtlichen Zwängen entziehen[147].

---

[144] EuGH, Gutachten 1/94 vom 15.11.1994 (*WTO*), Slg. 1994, I-5267 (5404), Rn. 55.

[145] EuGH, Gutachten 1/94 vom 15.11.1994 (*WTO*), Slg. 1994, I-5267 (5405), Rn. 56.

[146] EuGH, Gutachten 1/94 vom 15.11.1994 (*WTO*), Slg. 1994, I-5267 (5405), Rn. 57.

[147] EuGH, Gutachten 1/94 vom 15.11.1994 (*WTO*), Slg. 1994, I-5267 (5405), Rn. 58.

b. Stillschweigende ausschließliche Zuständigkeit

Die Kommission hatte als Sekundärargument für ihre Behauptung einer alleinigen Zuständigkeit der Gemeinschaft vorgebracht, diese folge stillschweigend aus den Vertragsbestimmungen über die interne Zuständigkeit der Gemeinschaft, aus den bestehenden Sekundärvorschriften, mit denen diese Zuständigkeit wahrgenommen werde, oder aus der Notwendigkeit, die internationalen Verpflichtungen einzugehen, um ein der Gemeinschaft intern gesetztes Ziel zu verwirklichen[148]. Speziell im Fall des TRIPs-Abkommens könnten Rechtsakte des Sekundärrechts im Sinne des *AETR*-Urteils beeinträchtigt sein, wenn die Mitgliedstaaten am Abschluß des Abkommens mitwirkten[149].

In Abkehr von seiner bisherigen Rechtsprechung in *Gutachten 1/76* und *AETR* lehnt der Gerichtshof eine stillschweigende ausschließliche Zuständigkeit der Gemeinschaft indes ab[150]. Die Art. 95, 308 EGV könnten als solche keine ausschließliche Zuständigkeit der Gemeinschaft begründen[151]. Abgesehen vom Fall, wo sie wirksam nur zugleich mit der externen Zuständigkeit ausgeübt werden kann, könne eine interne Zuständigkeit nur dann eine ausschließliche externe Zuständigkeit begründen, wenn sie ausgeübt wurde[152]. Wenn von der Harmonisierungskompetenz des Art. 95 EGV einmal Gebrauch gemacht worden sei, könnten die so erlassenen Harmonisierungsmaßnahmen jedoch die Freiheit der Mitgliedstaaten zu Verhandlungen mit Drittstaaten begrenzen oder sogar beseitigen. Zur im Rahmen der *AETR*-Rechtsprechung relevanten Frage, ob die Mitwirkung der Mitgliedstaaten am Abschluß von TRIPs bereits erlassene Sekundärakte des Gemeinschaftsrechts beeinträchtigen würde, weist der Gerichtshof darauf hin, daß im Regelungsbereich des TRIPs-Abkommens bislang lediglich eine teilweise Harmonisierung verwirklicht worden ist[153]. Die Vereinheitlichung und Harmonisierung des geistigen Eigentums in der Gemeinschaft

---

148 Sog. „Gutachten 1/76-Doktrin" und „*AETR* –Doktrin"; EuGH, Rs. 22/70 – *Kommission v. Rat (AETR)* -, Urteil des Gerichtshofes vom 31.3.1971, Slg. 1971, S. 263 (274 f.); EuGH, Gutachten 1/76 vom 26.4.1977 (*Stillegungsfonds für die Binnenschiffahrt*), Slg. 1977, S. 741 (755 ff.).

149 EuGH, Gutachten 1/94 vom 15.11.1994 (*WTO*), Slg. 1994, I-5267 (5417), Rn. 99.

150 Zu dieser Rechtsprechungsänderung siehe auch *Appella*, ICLQ 45 (1996), S. 440 (454); *Bourgeois*, CMLRev 32 (1995), S. 763 (780 ff.); *Emiliou*, in: Emiliou/O'Keeffe, S. 31 (39); *ders.*, ELR 21 (1996), S. 294 (302 ff.); *Geiger*, JZ 1995, S. 973 (979 ff.); *Grabitz/Hilf/Krenzler*, Band 2 (neu), E.1, Rn. 34 ff.

151 EuGH, Gutachten 1/94 vom 15.11.1994 (*WTO*), Slg. 1994, I-5267 (5417), Rn. 101; (5414), Rn. 87 ff.

152 EuGH, Gutachten 1/94 vom 15.11.1994 (*WTO*), Slg. 1994, I-5267 (5414), Rn. 89.

153 EuGH, Gutachten 1/94 vom 15.11.1994 (*WTO*), Slg. 1994, I-5267 (5418), Rn. 103.

müsse, um praktisch wirksam zu sein, nicht notwendig durch Abkommen mit Drittstaaten begleitet werden[154].

Eine Zuständigkeit der Gemeinschaft für die Harmonisierung der nationalen Vorschriften bestehe im übrigen auch für die in Teil III des TRIPs-Abkommens enthaltenen Vorschriften über die Rechtsdurchsetzung, soweit sich diese unmittelbar auf das Funktionieren des Gemeinsamen Marktes auswirkten[155].

c. Fazit: Geteilte Zuständigkeit für den Abschluß des TRIPs-Abkommens

Aus dem Vorstehen ergibt sich für den EuGH, daß die Zuständigkeit für den Abschluß des TRIPs-Abkommens zwischen der Gemeinschaft und den Mitgliedstaaten geteilt ist[156].

Der EuGH wollte hiermit sicherstellten, daß sowohl die Gemeinschaft als auch die Mitgliedstaaten das WTO-Abkommen inklusive der multilateralen Abkommen in ihrer Gesamtheit zeichnen. Zudem folgt aus der Feststellung der geteilten Zuständigkeit eine Festlegung hinsichtlich des innergemeinschaftlich für den Abschluß der WTO-Abkommen zu wählenden Verfahrens[157].

Der EuGH erkennt jedoch auch an, daß die Annahme einer geteilten Abschlußzuständigkeit für das TRIPs-Abkommen Probleme bei der Durchführung des Abkommens schafft. So können sich Streitigkeiten zwischen Mitgliedstaaten und der Gemeinschaft darüber ergeben, ob eine bestimmte Frage in die Zuständigkeit der Gemeinschaft falle. Das einheitliche Auftreten der Gemeinschaft nach außen und insbesondere im Rahmen der WTO könnte untergraben werden. Schwierigkeiten bei der Durchführung des Abkommens dürften jedoch die Beantwortung der Zuständigkeitsfrage nicht ändern[158]. Sowohl bei der Aushandlung des Abkommens als auch bei seiner Durchführung bestehe allerdings im Interesse einer geschlossenen völkerrechtlichen Vertretung der Gemeinschaft eine Pflicht zur engen Zusammenarbeit, wenn der Gegenstand des Abkommens teils in die Zuständigkeit der Gemeinschaft, teils in die der Mitgliedstaaten fällt[159].

---

[154] EuGH, Gutachten 1/94 vom 15.11.1994 (*WTO*), Slg. 1994, I-5267 (5417), Rn. 100.

[155] EuGH, Gutachten 1/94 vom 15.11.1994 (*WTO*), Slg. 1994, I-5267 (5418), Rn. 104.

[156] EuGH, Gutachten 1/94 vom 15.11.1994 (*WTO*), Slg. 1994-I, S. 5267 (5419), Rn. 105.

[157] Vgl. *Drexl*, in: Beier/Schricker, IIC Studies 18, S. 18 (32).

[158] EuGH, Gutachten 1/94 vom 15.11.1994 (*WTO*), Slg. 1994-I, S. 5267 (5420), Rn. 107.

[159] EuGH, Gutachten 1/94 vom 15.11.1994 (*WTO*), Slg. 1994-I, S. 5267 (5420), Rn. 108.

II. Neufassungen des Art. 133 EGV

Die enge Auslegung, die der Gerichtshof in seinem *Gutachten 1/94* der Außenkompetenz auf der Grundlage der Gemeinsamen Handelspolitik gab, ist aus Sicht der Gemeinschaft unbefriedigend. Sie schränkt die Handlungsmöglichkeiten der Gemeinschaft im Bereich der internationalen Wirtschaftsbeziehungen ein und zwingt sie zur Kooperation mit den Mitgliedstaaten in der Wahrnehmung internationaler Rechte und Pflichten.

Bereits die Regierungskonferenz von Amsterdam hätte Gelegenheit geboten, die Bestimmungen des EG-Vertrags über die Außenwirtschaftsbeziehungen an die geänderten Bedingungen der Weltwirtschaft anzupassen. Die Kommission brachte bereits hier erfolglos einen Vorschlag ein, der Gemeinschaft die alleinige externe Zuständigkeit in den Bereichen Dienstleistungen, geistiges Eigentum und ausländischer Direktinvestitionen zu verleihen[160]. Auf Vorschlag der Kommission wurde immerhin beschlossen, die Kompetenznorm des Art. 133 EGV um eine Ermächtigungsklausel zur Kompetenzerweiterung zu ergänzen. Nach Art. 133 Abs. 5 EGV sollte der Rat auf Vorschlag der Kommission und nach Anhörung des Europäischen Parlaments durch einstimmigen Beschluß die Anwendung der Absätze 1 bis 4 auf internationale Verhandlungen und Übereinkünfte über Dienstleistungen und Rechte des geistigen Eigentums ausdehnen können, soweit sie durch diese Absätze nicht erfaßt werden. Allerdings machte das Erfordernis der Einstimmigkeit einen Gebrauch dieser Bestimmung ausgesprochen unwahrscheinlich.

Ein weitere Schritt zur Neufassung der gemeinsamen Handelspolitik wurde durch den Vertrag von Nizza unternommen[161]. In Art. 133 Abs. 5 Unterabsatz 1 EGV in der Fassung des Vertrages von Nizza wird die Zuständigkeit der Gemeinschaft nach Art. 133 Abs. 1 bis 4 EGV auch auf die Aushandlung und den Abschluß von Abkommen betreffend den Handel mit Dienstleistungen und Handelsaspekte des geistigen Eigentums ausgedehnt. Allerdings umfaßt diese neue Handelskompetenz nur die externe Ebene, während die interne Kompetenz

---

160 Nach dem Vorschlag sollte Art. ex-113 EGV durch einen zusätzlichen Artikel ergänzt werden; abgedruckt bei *Cremona*, in: O'Keeffe/Twomey, S. 225 (233). Zur Motivation des Kommissionsvorschlags siehe Einführung und Kommentar der Kommission; Conference of the Representatives of the Governments of Member States, Dez. 1996, CONF 2500/96; Introduction to Section III, „Effective and Coherent Foreign Policy“. Zu den Hintergründen der Verhandlungen siehe *Cremona*, in: O'Keeffe/Twomey, S. 225 (231 ff.); *Dashwood*, CMLRev 35 (1998), S. 1019 (1020 ff.); *Krenzler/da Fonseca-Wollheim*, EuR 1998, S. 223 ff.

161 Vertrag von Nizza zur Änderung des Vertrags über die Europäische Union, der Verträge zur Gründung der Europäischen Gemeinschaften sowie einiger damit zusammenhängender Rechtsakte vom 26. Februar 2001 (ABl. 2001 C 80 S. 1; berichtigt ABl. 2001 C 96, S. 27).

zum Erlaß von Sekundärakten an die sonstigen Kompetenznormen der Gemeinschaft verwiesen bleibt[162]. Auch ist die Außenkompetenz aus Art. 133 Abs. 5 Unterabs. 1 EGV Nizzaer Fassung keine ausschließliche (Art. 133 Abs. 5 Unterabs. 4 EGV NF). Fakultativ gemischte Abkommen bleiben somit auch in Zukunft möglich. Bei der Aushandlung und beim Abschluß von Abkommen iSv Art. 133 Abs. 5 Unterabs. 1 EGV NF soll der Rat grundsätzlich mit qualifizierter Mehrheit beschließen. Wenn diese Abkommen aber Bestimmungen enthalten, bei denen für die Annahme interner Vorschriften Einstimmigkeit erforderlich ist, oder wenn ein derartiges Abkommen einen Bereich betrifft, in dem die Gemeinschaft bei der Annahme interner Vorschriften ihre Zuständigkeiten nach dem EG-Vertrag noch nicht ausgeübt hat (z.B. im Fall der noch nicht ausgeübten Harmonisierungskompetenzen im Bereich des Schutzes des geistigen Eigentums), soll der Rat einstimmig beschließen müssen (Art. 133 Abs. 5 Unterabs. 2 EGV NF).

Art. 133 EGV ist in seiner Neufassung sichtlich um die Parallelität von Innen- und Außenkompetenzen der Gemeinschaft bemüht[163]. In Art. 133 Abs. 5 EGV NF findet sich nun eine vollumfängliche Kompetenzvermutung zu Gunsten der Gemeinschaft in den Bereichen der handelsbezogenen Aspekte des geistigen Eigentums. Der Begriff der Handelsaspekte des geistigen Eigentums ist dabei – auch unter Berücksichtigung der Verhandlungsgeschichte[164] - so auszulegen, daß er den Regelungsbereich des TRIPs-Abkommens voll umfaßt[165]. Dem steht nicht entgegen, daß nach Auffassung des EuGH im Gutachten *1/94* das TRIPs-Abkommen gerade kein auf die Regelung des internationalen Handels gerichtetes Abkommen ist[166]. Bei Zugrundelegung dieser Interpretation liefe Art. 133 Abs. 5 Unterabs. 1 EGV NF leer, da die dann noch verbleibenden Regelungsbereiche des TRIPs-Abkommens bereits von Art. 133 Abs. 1 EGV in der bisherigen Fassung erfaßt sind[167].

---

162 *Herrmann*, EuZW 2001, S. 269 (271); *Hummer/Obwexer*, S. 48.

163 *Herrmann*, EuZW 2001, S. 269 (272). Vgl. auch die Regelung in Art. 133 Abs. 6 Unterabs. 1 EGV Nizzaer Fassung, die für den Regelungsbereich des TRIPs-Abkommen aufgrund der umfassenden internen Harmonisierungskompetenz der Gemeinschaft allerdings keine Bedeutung erlangt.

164 Zur Verhandlungsgeschichte siehe *Fischer*, S. 116.

165 *Herrmann*, EuZW 2001, S. 269 (271).

166 EuGH, Gutachten 1/94 vom 15.11.1994 (*WTO*), Slg. 1994, I-5267 (5405), Rn. 58.

167 *Herrmann*, EuZW 2001, S. 269 (272). Unklar bleibt allerdings die in Art. 133 Abs. 5 Unterabs. 1 EGV NF einerseits und Art. 133 Abs. 7 EGV NF andererseits vorgenommene Unterscheidung zwischen „Handelsaspekten des geistigen Eigentums“ und „Abkommen über geistiges Eigentum“. Siehe hierzu auch unten, Teil 3, D. III. d.

III. Das TRIPs-Abkommen als gemischtes Abkommen

Als Folge der Feststellung des Gerichtshofes, die Zuständigkeit zum Abschluß des TRIPs-Abkommens sei zwischen der Gemeinschaft und den Mitgliedstaaten geteilt, wurden die WTO-Übereinkünfte insgesamt als gemischtes Abkommen der Gemeinschaft und der Mitgliedstaaten geschlossen. Gemischte Abkommen sind Verträge, die auf völkerrechtlicher Ebene sowohl von den Mitgliedstaaten als auch von der Gemeinschaft geschlossen werden, da keine der Parteien die Vertragsmaterie umfassend regeln kann[168]. Das WTO-Abkommen erlaubt in seinem Art. XIV Abs. 1 die Annahme sowohl durch die EG als auch durch die Mitgliedstaaten der Gemeinschaft. Vertragspartei der WTO-Übereinkünfte sind demnach auf Seiten der Gemeinschaft sowohl die Gemeinschaft als (beschränktes) Völkerrechtssubjekt als auch ihre einzelnen Mitgliedstaaten.

Die Annahme des WTO-Abkommens samt seiner Anhänge als gemischtes Abkommen ist aber auch auf historische Entwicklungen zurückzuführen[169]. Unter dem alten GATT 1947 waren die Mitgliedstaaten der Gemeinschaft die ursprünglichen Vertragsparteien. Die Gemeinschaft trat erst später als eigenständige Vertragspartei an die Stelle ihrer Mitgliedstaaten. Diese Ersetzung erfolgte ohne Änderung des GATT 1947; sie erfolgte vielmehr durch faktische Anerkennung durch die anderen Vertragsstaaten. Im Rahmen der Uruguay-Verhandlungen hatte die Kommission zwar die Verhandlungsführung inne. Die Gemeinschaft selbst bestand jedoch darauf, daß nicht nur sie selbst, sondern ebenso die Mitgliedstaaten als eigenständige Vertragsparteien dem neu zu schaffenden WTO-Abkommen samt seiner Anhänge beitreten sollten.

1. Bindung der Gemeinschaft und der Mitgliedstaaten auf völkerrechtlicher Ebene

Nach der Praxis der EG wird bei gemischten Abkommen kein Zuständigkeitskatalog mit einer Zuweisung von Abkommensartikeln an die Gemeinschaft und ihre Mitgliedstaaten erstellt, um Streitigkeiten zwischen Mitgliedstaaten und Kommission über eine genaue interne Zuständigkeitsaufteilung zu vermeiden[170]. Nach der Rechtsprechung des Gerichtshofes sind die Gemeinschaft und die Mitgliedstaaten zur Erstellung eines solchen Kompetenzkataloges auch nicht verpflichtet[171]. Dementsprechend erfolgte auch beim Abschluß des TRIPs-Ab-

---

[168] *Bleckmann*, EuropaR, 6. Aufl., Rn. 1402; *Ehlermann*, in: O'Keeffe/Schermers, S. 3 ff.; *MacLeod/Hendry/Hyett*, S. 143.

[169] Siehe hierzu *Bourgeois*, CMLRev 32 (1995), S. 763 f.

[170] *MacLeod/Hendry/Hyett*, S. 160; *Schäfers*, GRUR Int. 1996, S. 763 (775), Fn. 62.

[171] Vgl. EuGH, Gutachten 1/78 vom 4.10.1979 (*Internationales Naturkautschuk-Übereinkommen*), Slg. 1979, S. 2871 (2909), Rn. 35.

kommens zwischen der Gemeinschaft und den Mitgliedstaaten keine Aufteilung der Verpflichtungen gegenüber den anderen Vertragsparteien.

Konsequenz der Annahme des WTO-Abkommens einschließlich seiner Anhänge als gemischtes Abkommen ist deswegen auf völkerrechtlicher Ebene, daß sowohl die Gemeinschaft als auch die Mitgliedstaaten im Verhältnis zu Drittparteien an die Bestimmungen der Abkommen in ihrer Gesamtheit gebunden sind[172]. Für den Fall der Nichterfüllung der völkerrechtlichen Verpflichtungen begründet dies eine gemeinsame völkerrechtliche Haftung der Gemeinschaft wie der Mitgliedstaaten unabhängig von der internen Kompetenzverteilung[173].

2. Externe geteilte Zuständigkeit als Problem im Verhältnis Gemeinschaft - Mitgliedstaaten

Die Frage der Verteilung der Außenkompetenzen wirkt sich somit nicht im Verhältnis zu Drittstaaten, sondern im Verhältnis der Gemeinschaft und ihrer Mitgliedstaaten untereinander aus[174]. Der EuGH weist im *Gutachten 1/94* auf die sich ergebenden Problemfelder hin[175]: Im Interesse einer geschlossenen völkerrechtlichen Vertretung der Gemeinschaft nach außen unterliegen die Gemeinschaft und die Mitgliedstaaten einer Pflicht zur engen Zusammenarbeit (*duty of close co-operation*). Diese Pflicht zur Zusammenarbeit wird besonders relevant in den Bereichen, in denen die Außenkompetenzen zwischen Gemeinschaft und Mitgliedstaaten verteilt sind, ein Sachverhalt also nur im Zusammenwirken beider Seiten umfassend behandelt werden kann. Beispiel hierfür ist die Durchsetzung völkerrechtlicher Verpflichtungen im Wege der *cross-retaliation* nach Art. 22 DSU, bei der die Zuständigkeit zum Ergreifen von Gegenmaßnahmen teils bei der Gemeinschaft, teils bei den Mitgliedstaaten liegt. Die Pflicht zur Zusammenarbeit kann aber nicht in vollem Umfang über Probleme der Kompetenzverteilung zwischen der Gemeinschaft und den Mitgliedstaaten hinweghelfen.

---

172 *Gaja*, in: O'Keeffe/Schermers, S. 133 (137); *GTE/Tomuschat*, 5. Aufl., Bd. 5, Art. 228 EGV, Rn. 55.

173 *Gaja*, in: O'Keeffe/Schermers, S. 133 (137); *MacLeod/Hendry/Hyett*, S. 158 f.

174 Siehe hierzu auch EuGH, Gutachten 1/78 vom 4.10.1979 (*Internationales Naturkautschuk-Übereinkommen*), Slg. 1979, S. (2871), Rn. 35.

175 EuGH, Gutachten 1/94 vom 15.11.1994 (*WTO*), Slg. 1994, I-5267 (5419 f.), Rn. 106 ff.

IV. Bedeutung der geteilten Zuständigkeit für die Frage der Abschlußkompetenz

Der EuGH kam im *Gutachten 1/94* zum Schluß, die Zuständigkeit für den Abschluß des TRIPs-Abkommens sei, solange die Gemeinschaft den Regelungsbereich des Abkommens intern nicht abschließend geregelt habe, zwischen der Gemeinschaft und den Mitgliedstaaten geteilt[176]. Aufgrund der Begrenzung des EuGH auf die Gutachtenfrage, ob die Kompetenz der Gemeinschaft zum Abschluß des TRIPs-Abkommens eine ausschließliche ist oder nicht, kommt der Feststellung des EuGH, die Zuständigkeit sei eine geteilte, allerdings nur eingeschränkte Aussagekraft zu. Der EuGH hat lediglich geprüft und festgestellt, daß der Abschluß des TRIPs-Abkommens insgesamt nicht in die ausschließliche Gemeinschaftskompetenz fällt. Eine positive Aussage über die Kompetenzverteilung in den einzelnen Regelungsbereichen des TRIPs-Abkommens wurde nicht getroffen. Die genaue Verteilung der Außenkompetenzen für den Abschluß des TRIPs-Abkommens muß durch eine Analyse der einzelnen Abkommensbestimmungen ermittelt werden.

Der vom EuGH verwendete Begriff der „geteilten Zuständigkeit" kann sowohl eine gleichzeitige, parallele oder eine anteilige, sich gegenseitig ausschließende Abschlußzuständigkeit bezeichnen[177]. „Geteilte Zuständigkeit" kann zudem bedeuten, daß die Zuständigkeit zugleich und miteinander bei der Gemeinschaft und den Mitgliedstaaten liegt, so daß die Gemeinschaft und die Mitgliedstaaten in diesem Bereich ihre Außenkompetenzen nur gemeinsam ausüben können.

1. Gemeinsame Kompetenzausübung

Hinsichtlich der Ausübung der geteilten Außenkompetenzen erscheint es denkbar, diese gemeinschaftlich den Mitgliedstaaten und der Gemeinschaft anheimzustellen[178]. Die Gemeinschaft und die Mitgliedstaaten unterliegen in diesem Bereich der Pflicht zur Zusammenarbeit bei der Aushandlung und Anwendung

---

[176] EuGH, Gutachten 1/94 vom 15.11.1994 (*WTO*), Slg. 1994, I-5267 (5419), Rn. 105. Es fällt auf, daß der EuGH im englischen Text nicht den Begriff „shared competence", sondern „joint competence" verwendet. Während „shared competence" eine sich ausschließende Aufteilung der Kompetenzen bezeichnet, wäre „joint competence" zutreffend als „gemeinsame Zuständigkeit" zu übersetzen. Es ist unklar, ob es sich bei dieser abweichenden Begrifflichkeit im englischen Text um eine Folge der Übersetzung handelt. Siehe hierzu *Drexl*, in: Beier/Schricker, IIC Studies 18, S. 18 (33).

[177] *Drexl*, in: Beier/Schricker, IIC Studies 18, S. 18 (35); *MacLeod/Hendry/Hyett*, S. 143; *Tomuschat*, in: Bourgeois/Dewost/Gaiffe, S. 65 (67). *Neuwahl*, CMLRev 33 (1996), S. 667 (674 ff.), analysiert den Begriff der „shared powers" und „joint competence" im Hinblick auf die externe Wahrnehmung der Abschlußkompetenzen.

[178] So *Appella*, ICLQ 45 (1996), S. 440 (460), Fn. 79.

gemischter Abkommen. Allerdings führt der Abschluß eines gemischten Abkommens in geteilter Zuständigkeit nicht zu einem Zusammenfallen der gemeinschaftlichen und mitgliedstaatlichen Kompetenzen[179]. Die Gemeinschaft und die Mitgliedstaaten sind somit zwar zur Zusammenarbeit bei der Wahrnehmung ihrer Außenkompetenzen verpflichtet. Dabei handelt jedoch jeder Teil auf der Grundlage seiner spezifischen Zuständigkeit. Letztendlich fehlten auch die Instrumente, die eine gemeinsame Kompetenzausübung selbst für den Fall erlauben, daß man keine gemeinsame Lösung findet, so daß für die Bereiche geteilter Zuständigkeit ein echtes Vetorecht bestünde[180].

2. Dynamische Kompetenzverteilung zwischen Gemeinschaft und Mitgliedstaaten

Die herrschende Meinung geht von einem dynamischen Verständnis der Kompetenznormen aus[181]. Die Reichweite der gemeinschaftlichen Abschlußkompetenz kann danach durch fortschreitende interne Gemeinschaftsgesetzgebung auch nachträglich ausgedehnt werden und bestimmt sich jeweils nach dem Ausmaß der bereits erfolgten internen Regelung. Auf den Gebieten, in denen noch keine Harmonisierung auf Gemeinschaftsebene erfolgt sei, seien die Mitgliedstaaten zwar alleine zuständig. Aufgrund der potentiellen ausschließlichen externen Kompetenz der Gemeinschaft, die im Bereich des Immaterialgüterrechts umfassend ist, verbleibe den Mitgliedstaaten jedoch keine *domaine reservé* im Sinne einer dauerhaften ausschließlichen Vertragsschlußkompetenz.

Allein dieses Konzept wird der Schlußfolgerung des EuGH gerecht, die verbleibenden, nicht in die ausschließliche Abschlußkompetenz der Gemeinschaft fallenden Bereiche des TRIPs-Abkommens seien auch nicht den Mitgliedstaaten vorbehalten[182]. Es trägt der Möglichkeit der Erweiterungen der Außenkompetenzen in Folge der fortschreitenden Harmonisierung Rechnung. Diese Möglichkeit führt im Rahmen der Außenbeziehungen zu einer Verknüpfung der Gemeinschafts- und der mitgliedstaatlichen Kompetenz, die es rechtfertigt, die Teile

---

179 *Tomuschat*, in: Bourgeois/Dewost/Gaiffe, S. 65 (67).

180 *Neuwahl*, CMLRev 33 (1996), S. 667 (678); GA *Tesauro*, EuGH, Rs. C-53/96 - *Hermès International v. FHT Marketing Choice BV* -, Schlußantrag vom 13.11.1997, Slg. 1998, I-3603 (3613), Rn. 13.

181 *Drexl*, in: Beier/Schricker, IIC Studies 18, S. 18 (35); *Dreier*, in: Beier/Schricker, IIC Studies 18, S. 248 (269); *Eeckhout*, CMLRev 34 (1997), S. 11 (22); *Geiger*, JZ 1995, S. 973 (977 ff.); *MacLeod/Hendry/Hyett*, S. 160; *Schäfers*, GRUR Int. 1996, S. 763 (775); *Wooldridge*, [1999] I.P.Q. 124 (126), Fn. 8. Auch GA *Tesauro*, Rs. C-53/96 - *Hermès International v. FHT Marketing Choice BV* -, Schlußantrag vom 13. November 1997, Slg. 1998, I-6303 (3612), Rn. 11.

182 EuGH, Gutachten 1/94 vom 15.11.1994 (*WTO*), Slg. 1994, I-5267 (5418), Rn. 103 f.

des TRIPs-Abkommens, in denen die Gemeinschaft intern noch nicht abschließend von ihrer Harmonisierungskompetenz Gebrauch gemacht hat, nicht völlig außerhalb des Gemeinschaftsrechts zu stellen, sondern vielmehr von einer geteilten Zuständigkeit („joint competence", „compétence partagée") auszugehen.

Damit ist jedoch zunächst eine terminologische Entscheidung getroffen worden. Inwieweit die Entscheidung für eine geteilte Zuständigkeit Auswirkungen auf die Frage nach der unmittelbaren Anwendbarkeit des TRIPs-Abkommens hat, ist in einem nächsten Schritt zu untersuchen.

B. Bedeutung der Verteilung der Außenkompetenzen für die Frage nach der unmittelbaren Anwendbarkeit

Die Verteilung der Außenkompetenzen ist maßgeblich für die Frage, in welchen Bereichen und in welchem Ausmaß die Gemeinschaft oder ihre Mitgliedstaaten nach ihren jeweiligen konstitutionellen Vorgaben völkerrechtliche Verpflichtungen eingehen dürfen. Die Frage der unmittelbaren Anwendbarkeit eines völkerrechtlichen Vertrages ist dagegen ein Problem der Anwendung des Vertrages in der internen Rechtsordnung. Damit verbunden sind zudem Probleme der internen Vertragsauslegung. Bei einem Vertragswerk wie dem TRIPs-Abkommen, das aufgrund seines Charakters als gemischtes Abkommen mehreren Rechtssystemen zugeordnet werden kann, stellen sich folgende Fragen:

- Nach welchem Rechtssystem richtet sich der Status des Abkommens in der internen Rechtsordnung? Rechtssysteme antworten unterschiedlich auf die Möglichkeit, völkervertragsrechtliche Bestimmungen unmittelbar anzuwenden. Ein Gericht, das seine Entscheidung unmittelbar auf eine Bestimmung des TRIPs-Abkommens stützen will, muß wissen, ob der interne Status der Bestimmung sich nach Gemeinschaftsrecht oder nationalem Recht richtet.
- Welches Gericht ist für die Auslegung der Vertragsbestimmungen zuständig? Müssen nationale Gerichte bei Zweifeln über die Auslegung von TRIPs-Bestimmungen diese dem EuGH im Vorabentscheidungsverfahren nach Art. 234 EGV vorlegen?
- Welches Gericht entscheidet letztgültig über die Zuordnung einer bestimmten Norm zur Gemeinschaftsrechtsordnung oder zu den nationalen Rechtsordnungen?
- Inwiefern ist es möglich, eine bestimmte Vertragsnorm je nach Anwendungsfall beiden Rechtssystemen zuzuordnen? Wie sind hierbei auftretende Differenzen in Anwendung und Auslegung der Norm zu vermeiden?

I. Rechtsprechung nationaler Gerichte

Die Relevanz dieser kompetenzrechtlichen Fragestellungen läßt sich auch am Beispiel der Rechtsprechung nationaler Gerichte in der Europäischen Gemeinschaft illustrieren. Vor dem Hintergrund ihrer Verfassungsordnung haben Gerichte höchst unterschiedlich auf die Frage geantwortet, ob Bestimmungen des TRIPs-Abkommens unmittelbar anwendbar sein können. Die gegenwärtige Situation in der Europäischen Gemeinschaft und ihren Mitgliedstaaten läßt sich durch das Fehlen einer einheitlichen Position zu der wesentlichen Frage, welchen Status das TRIPs-Abkommen in der internen Rechtsordnung genießt, charakterisieren.

Nach einem Urteil des deutschen Bundesgerichtshofs vom 25. 2. 1999 hat das TRIPs-Abkommen, wie die Berner Übereinkunft, innerstaatlich den Rang eines einfachen Gesetzes und ist in seinen Art. 9 und 13 unmittelbar anwendbar[183]. Die Entscheidung erging zu der Frage der Anwendbarkeit von § 53 UrhG auf den Kopienversand durch öffentliche Bibliotheken. Sie ist in ihrer Begründung übertragbar auf sämtliche Bereiche des TRIPs-Abkommens. In weiteren Entscheidungen werden Bestimmungen des TRIPs-Abkommens als Anspruchsgrundlage diskutiert, ohne auf die Fragen der unmittelbaren Anwendbarkeit und der Einbindung des TRIPs-Abkommens in das WTO-System einzugehen[184]. Die Position des Bundesgerichtshofes wird für Deutschland durch das Vertragsgesetz über den Abschluß der Übereinkünfte der Uruguay-Runde gestützt[185]. Laut der Begründung zum Vertragsgesetz „ist ein Teil der Vertragsbestimmungen, jedenfalls aus dem Übereinkommen über die handelsbezogenen Aspekte des geistigen Eigentums, innerstaatlich unmittelbar anwendbar“[186]. Dies gelte zum Beispiel für die Verpflichtung zur Inländerbehandlung und zur Meistbegünstigung und auch für die als absolute Rechtssätze formulierten Rechte der Schutzrechtsinhaber[187].

Auch niederländische Gerichte sind auf der Grundlage ihrer Verfassung in mehreren Entscheidungen von der unmittelbaren Anwendbarkeit von Bestimmungen des TRIPs-Abkommens ausgegangen[188]. Die Vorlagetätigkeit niederländischer Gerichte vor den EuGH in Fragen der unmittelbaren Anwendbarkeit des TRIPs-

---

183 BGH, Urteil vom 25. 2. 1999 - 1 ZR 118/96 (München), NJW 1999, S. 1953 (1958).

184 OLG Hamburg, Beschluß vom 18. November 1996 - 3 W 130/96, ZUM-RD 1997, S. 343.

185 „Gesetz zu dem Übereinkommen vom 15. April 1994 zur Errichtung der Welthandelsorganisation und zur Änderung anderer Gesetze“ vom 30. August 1994, BGBl. II S. 1438.

186 Begründung zum Vertragsgesetz, BT-Drucks. 12/7655 (neu), S. 7.

187 Denkschrift der Bundesregierung, BT-Drucks. 12/7655 (neu), S. 335 (345).

188 Siehe z.B. Vorlagebeschluß der Arrondissementsrechtbank Amsterdam in der Rechtssache *Hermès*, vom 1.2.1996 (Bijblad Industriele Eigendom, no. 8, 16.8.1996, S. 288 (289)): „... artikel 50 TRIPs, welke bepaling direkte werking heft.“

Abkommens verdeutlicht indes, daß sie sich der kompetenzrechtlichen Dimension der Fragestellung bewußt sind[189].

Britische Gerichte haben sich dagegen gegen eine unmittelbare Anwendbarkeit von Bestimmungen des TRIPs-Abkommens ausgesprochen[190]. In der Rechtssache *R. v. Comptroller General of Patents ex Parte Lenzing*[191] geschah dies unter Berufung auf die einschlägige Rechtsprechung des EuGH. Der Londoner High Court (Queen's Bench Division) hatte hier darüber zu entscheiden, ob sich die Zuständigkeit eines britischen Gerichts zur Überprüfung einer Entscheidung des Europäischen Patentamtes über die Rücknahme eines Europäischen Patentes aus Art. 32 TRIPs ergeben kann. Dies setzte voraus, daß Art. 32 TRIPs unmittelbare Wirkung hat. Das britische Gericht hat sich intensiv mit der Einbindung des TRIPs-Abkommens in das WTO-System und auch mit der Problematik des Abschlusses als gemischtes Abkommen auseinandergesetzt. Seine Ablehnung einer unmittelbaren Wirkung im Sinne der Verleihung subjektiver Rechte ist entschieden[192]. Nach Auffassung des Gerichts spricht der Wortlaut von Art. 1 Abs.1 TRIPs nicht für ein Abkommen, das nach dem Willen der Vertragsparteien unmittelbare Wirkung erzielen soll. Aus Art. XVI (4) des WTO-Abkommens sei auch keine Absicht erkennbar, daß Individuen unmittelbar aus dem WTO-Abkommen private Rechte ableiten können sollen. Bei dem WTO-Streitbeilegungssystem handele es sich um einen klassischen völkerrechtlichen Mechanismus; sein flexibler Charakter widerspreche einem Verständnis des Vertrags, wonach dieser unmittelbar subjektive Rechte verleihe. Bei WTO-Abkommen und TRIPs handele es sich ausschließlich um zwischenstaatliche Instrumente des Völkerrechts.

---

189 Vorabentscheidungsersuchen in den Rechtssachen *Hermès* (Rs. C-53/96, Slg. 1998, I-3603) sowie *Parfums Christian Dior* und *Assco Gerüste* (Verb. Rs. C-300/98 und C-392/98, Slg. 2000, I-11307.

190 Zu den verfassungsrechtlichen Grundlagen im Vereinigten Königreich siehe *Higgins*, in: Jacobs/Roberts, S. 123 (125).

191 *R. v. Comptroller General of Patents ex parte Lenzing*, High Court (Queen's Bench Division), Patents Court, [1997] R.P.C. 245. Besprechungen dieser Entscheidung bei *Cook*, [1997] 7 EIPR 367; *von Morzé/van Zant*, [1998] I.P.Q. 117.

192 *R. v. Comptroller General of Patents ex parte Lenzing*, High Court (Queen's Bench Division), Patents Court, [1997] R.P.C. 245 (273): „Mr. Timmermans does not suggest any reason (still less any good reason) why the court should hold that there is direct effect. No Community purpose would be served by such a finding. And I just cannot see any shadow of a reason for the Court to hold that the Community has put the yoke (for yoke it would be) of direct effect - especially horizontal direct effect - on the business world of the Community when world competitors are not under equivalent restrictions. I conclude that the WTO and TRIPs is not capable of having direct effect and that the point is so self-evident as to fall within the *acte claire* doctrine."

In der Entscheidung *Re Azrak-Hamway International Inc.*, einer Entscheidung des Patent Office der Chancery Division[193], wird eine unmittelbare Anwendbarkeit des TRIPs-Abkommens im Bereich des Vereinigten Königreichs dagegen unter Berufung auf die dualistische Verfassungstradition des Landes abgelehnt. Das Patent Office hatte darüber zu entscheiden, ob bestimmte britische Lizenzbestimmungen wegen Nichteinhaltung des Mindestschutzniveaus des Art. 26 TRIPs nichtig sind. Diese Entscheidung setzt voraus, daß die Bestimmungen über gewerbliche Muster im TRIPs-Abkommen im Vereinigten Königreich unmittelbar anwendbar sind. Nach Auffassung des Patent Office fallen die Regelungen über die gewerblichen Muster im Rahmen des TRIPs-Abkommens mangels Harmonisierungsgesetzgebung nicht in die Gemeinschaftskompetenz. Die Bestimmungen könnten deshalb nicht als Gemeinschaftsrecht Anwendungsvorrang vor den gesetzlichen Bestimmungen des Vereinigten Königreichs beanspruchen. Für den Bereich des Vereinigten Königreichs gelte, daß die Bestimmungen des TRIPs-Abkommens über gewerbliche Muster keine unmittelbare Anwendbarkeit beanspruchen könnten.

Die Entscheidung eines irischen Gerichts in der Rechtssache *Allen & Hanburys Ltd. v. Controller of Patents, Designs and Trade Marks*[194], nach der die Bestimmungen des TRIPs-Abkommens über Zwangslizenzen nationale Vorschriften überlagern, beruht auf besonderen Ausnahmevorschriften des irischen Rechts. Über das Argument der Kläger, das TRIPs-Abkommen sei mangels Umsetzung in irisches Recht in der internen Rechtsordnung nicht anwendbar, mußte deshalb nicht entschieden werden.

Dieser Überblick zeigt, daß nationalen Gerichten die sich aus dem Abschluß des TRIPs-Abkommens als gemischtes Abkommen ergebende Problematik der Kompetenzverteilung und ihre europarechtliche Dimension nationalen Gerichten, die zur Anwendung des TRIPs-Abkommens berufen sind, nicht immer bewußt ist. Daraus erwächst eine erhebliche Unsicherheit in der Anwendung des Abkommens als Maßstab für den Immaterialgüterrechtsschutz.

---

193 *Azrak-Hamway International Incorporated License of Right (Design Right and Application)*, Decision of October 28, 1996, Chancery Division (Patent Office), [1997] R.P.C. 134. Siehe auch *McCormick*, [1997] 4 EIPR 205.

194 *Allen & Hanburys Limited and Another v. Controller of Patents, Designs and Trademarks and Another*, High Court (Mella Carroll J), 26. 7. 1996; IIC, Vol. 29, No. 4 (1998), S. 457.

II. Das TRIPs-Abkommen als Bestandteil der Gemeinschaftsrechtsordnung

1. Verhältnis der externen Abschlußkompetenz zur internen Anwendungs- und Auslegungskompetenz

Für die Feststellung, nach welcher Rechtsordnung sich die unmittelbare Anwendbarkeit des TRIPs-Abkommens bestimmt, muß das Verhältnis zwischen externer Abschlußkompetenz und interner Anwendungs- und Auslegungskompetenz geklärt werden. Unter „Anwendungskompetenz" wird hierbei die Befugnis einer Rechtsordnung verstanden, über den systeminternen Status einer Abkommensbestimmung zu entscheiden. „Auslegungskompetenz" bezeichnet die Zuständigkeit eines Gerichts zur letztgültigen Auslegung einer Abkommensbestimmung.

Gemäß Art. 300 Abs. 7 EGV sind die nach Maßgabe des Art. 300 EGV geschlossenen Abkommen für die Organe der Gemeinschaft und für die Mitgliedstaaten verbindlich. Sie werden nach ständiger Rechtsprechung des EuGH „integrierender Bestandteil der Gemeinschaftsordnung"[195]. Art. 300 Abs. 7 EGV wirkt dabei als generelle Transformations- und Vollzugsregel, die automatisch eine innergemeinschaftliche Geltung von Gemeinschaftsabkommen bewirkt[196].

Der interne Status in der Gemeinschaftsrechtsordnung bestimmt sich ausschließlich nach den Kriterien des Gemeinschaftsrechts. Fraglich ist indes, ob dies auch uneingeschränkt für gemischte Abkommen gilt. Diese wurden in Modifikation der Maßgaben des Art. 300 EGV geschlossen. Soweit Bestandteile von gemischten Abkommen außerhalb der Gemeinschaftsrechtsordnung stehen, kann grundsätzlich nicht von einer Übertragung staatlicher Souveränität auf die rechtsanwendenden Gemeinschaftsorgane ausgegangen werden. Der interne Status dieser Rechtsnormen richtet sich nach den jeweiligen nationalen Rechtssystemen. Die unmittelbare Anwendbarkeit des TRIPs-Abkommens als eines gemischten Vertrages mit Drittstaaten richtet sich somit nur dann nach den Kriterien des Gemeinschaftsrechts, wenn und soweit die Bestimmungen des TRIPs-Abkommens Bestandteil der Gemeinschaftsrechtsordnung geworden sind. Nur insofern finden die Kriterien des Gemeinschaftsrechts für eine unmittelbare Anwendbarkeit völkerrechtlicher Verträge Anwendung.

---

[195] U. a. EuGH, Rs. 181/73 - *R. & V. Haegeman v. Belgischer Staat* -, Urteil des Gerichtshofs vom 30.4.1974, Slg. 1974, S. 449 (460), Rn. 2/6; EuGH, Rs. 104/81 - *Hauptzollamt Mainz v. C.A. Kupferberg & Cie. KG a.A.* -, Urteil des Gerichtshofes vom 26.10.1982, Slg. 1982, S. 3641 (3662), Rn. 13; EuGH, Rs. 12/86 - *Meryem Demirel v. Stadt Schwäbisch Gmünd* -, Urteil des Gerichtshofs vom 30.9.1987, Slg. 1987, S. 3747 (3750), Rn. 7; EuGH, Gutachten 1/76 vom 26.4.1977 (*Stillegungsfonds für die Binnenschiffahrt*), Slg. 1977, S. 741 (757).

[196] *Berrisch/Kamann*, EWS 2000, S. 89 (92). Weitere Nachweise bei *GTE/Tomuschat*, 5. Aufl., Bd. 5, Art. 228 EGV, Rn. 57, Fn. 87.

Die Eigenschaft des TRIPs-Abkommens als „integrierender Bestandteil der Gemeinschaftsrechtsordnung“ soll im folgenden überprüft werden.

2. Rechtsprechung des EuGH

Der EuGH hat in seiner Rechtsprechung mehrfach zu der Frage Stellung genommen, ob gemischte Abkommen Teil der Gemeinschaftsrechtsordnung sind. Ausgangspunkt für diese Prüfung war regelmäßig die Frage, ob der Gerichtshof die Zuständigkeit zur Auslegung von Abkommensbestimmungen gemischter Verträge im Rahmen des Vorabentscheidungsverfahrens nach Art. 234 EGV besitzt. Die Position, die sich aus einer Analyse dieser Urteile ergibt, ist nicht eindeutig und läßt wesentliche Fragen offen.

a. Haegeman

In der Rechtssache 181/73 - *R. & V. Haegeman v. Belgischer Staat* - urteilte der Gerichtshof, das Assoziierungsabkommen von 1961 mit Griechenland stelle für die Gemeinschaft die Handlung eines Gemeinschaftsorgans im Sinne des Artikels 234 EGV dar, da es vom Rat gemäß Art. 300 EGV geschlossen worden sei[197]. Die Bestimmungen des Abkommens bildeten seit dessen Inkrafttreten einen integrierenden Bestandteil der Gemeinschaftsrechtsordnung. Im durch diese Rechtsordnung gesteckten Rahmen sei der Gerichtshof zur Vorabentscheidung über die Auslegung des Abkommens befugt.

Obwohl das Assoziierungsabkommen mit Griechenland ein gemischtes Abkommen ist, verzichtete der EuGH in der Rs. *Haegeman* auf eine Differenzierung zwischen Bestimmungen in Gemeinschaftskompetenz und Bestimmungen in mitgliedstaatlicher Kompetenz. Allerdings fielen die in der Rechtssache maßgeblichen Bestimmungen des Assoziierungsabkommens und des beigefügten Protokolls in die ausschließliche Gemeinschaftskompetenz auf dem Gebiet der gemeinsamen Handelspolitik nach Art. 133 EGV.

b. Razanatsimba

In der Folgezeit legte der Gerichtshof mehrere Bestimmungen aus Abkommen mit Drittstaaten aus, ohne auf die Frage der Kompetenzverteilung einzugehen[198].

---

[197] EuGH, Rs. 181/73 - *R. & V. Haegeman v. Belgischer Staat* -, Urteil des Gerichtshofes vom 30.4.1974, Slg. 1974, S. 449 (460), Rn. 2/6.

[198] EuGH, Rs. 87/75 - *Bresciani v. Amministrazione Italiana delle Finanze* -, Urteil des Gerichtshofes vom 5.2.1976, Slg. 1976, S. 129; EuGH, Rs. 65/77 – *Jean Razanatsimba* -, Urteil des Gerichtshofes vom 24.11.1977, Slg. 1977, S. 2229; EuGH, Rs. 17/81 - *Pabst &*

In der Rechtssache 65/77 – *Jean Razanatsimba* -, einem Vorabentscheidungsverfahren über die Auslegung des Lomé-Abkommens, finden sich allerdings Verfahrensstellungnahmen zur Frage der Auslegungszuständigkeit des EuGH.

Die *Kommission* führte hier aus, der Gerichtshof habe in mehreren Fällen seine Zuständigkeit zur Auslegung von internationalen Abkommen, die die Gemeinschaft „binden", bejaht, ob es sich nun um Abkommen handele, die die Gemeinschaft selbst auf ihrem eigenen Zuständigkeitsgebiet kraft ihrer Zuständigkeiten geschlossen habe, oder um Abkommen, wie zum Beispiel das GATT, die von den einzelnen Mitgliedstaaten auf Gebieten unterzeichnet worden seien, in denen kraft des Vertrages die Zuständigkeiten von diesen Staaten auf die Gemeinschaft übergegangen seien[199]. Die rechtliche Begründung dieser Auslegungszuständigkeit beruhe auf dem Umstand, daß ein vom Rat im Namen der Gemeinschaft gemäß Art. 300 EGV geschlossenes Abkommen bezüglich der Gemeinschaft eine Handlung der Organe der Gemeinschaft im Sinne des Artikels 234 EGV darstelle. Die Auslegungszuständigkeit des Gerichtshofes könne den Rahmen der Gemeinschaftsrechtsordnung nicht überschreiten; sie beschränke sich folglich auf die Beurteilung der Rechtswirkungen, die das die Gemeinschaft bindende internationale Recht in dieser Rechtsordnung entfalten könne. Generalanwalt *Reischl* führte in seinem Schlußantrag in derselben Rechtssache aus, an der Zuständigkeit des Gerichtshofs für die Behandlung der aufgeworfenen Fragen bestünden keine Zweifel[200]. Voraussetzung für die Auslegungszuständigkeit des Gerichtshofs sei allein, daß die Gemeinschaft durch das betreffende Abkommen gebunden sei und daß die Bindung auch für die Bestimmung gelte, um deren Auslegung ersucht werde. In der Entscheidungsbegründung wurde auf die vorgebrachten Argumente nicht eingegangen.

c. Kupferberg

Die zeitlich nächste Aussage des EuGH zu der Fragestellung der Anwendungs- und Auslegungskompetenzen findet sich in der Entscheidung *Hauptzollamt Mainz v. C.A. Kupferberg & Cie. KG a.A*[201]. In diesem Vorabentscheidungsverfahren, vorgelegt vom Bundesfinanzhof, war der EuGH gefragt worden, ob Art. 21 Abs. 1 des Freihandelsabkommens zwischen der Europäischen Wirtschaftsgemeinschaft und der Portugiesischen Republik vom 22. Juli 1972

Richartz v. Hauptzollamt Oldenburg -, Urteil des Gerichtshofes vom 29.4.1982, Slg. 1982, S. 1331.

199 EuGH, Rs. 65/77 - *Jean Razanatsimba* -, Slg. 1977, S. 2229 (2234).

200 EuGH, Rs. 65/77 - *Jean Razanatsimba* -, Slg. 1977, S. 2229 (2243).

201 EuGH, Rs. 104/81 - *Hauptzollamt Mainz v. C.A. Kupferberg & Cie. KG a.A.* -, Urteil des Gerichtshofes vom 26.10.1982, Slg. 1982, S. 3641.

unmittelbar anwendbares Recht ist, und ob er den einzelnen Marktbürgern Rechte verleiht.

Der EuGH führte aus, die notwendigen Maßnahmen zur Durchführung eines von der Gemeinschaft geschlossenen Abkommens seien je nach dem aktuellen Stand des Gemeinschaftsrechts in den von den Abkommen erfaßten Bereichen von den Gemeinschaftsorganen oder von den Mitgliedstaaten zu treffen[202]. Indem die Mitgliedstaaten dafür sorgten, daß die Verpflichtungen aus einem von den Gemeinschaftsorganen geschlossenen Abkommen eingehalten werden, erfüllten sie eine Pflicht, die nicht nur gegenüber dem betroffenen Drittland, sondern auch und vor allem gegenüber der Gemeinschaft bestehe, die die Verantwortung für die ordnungsgemäße Durchführung des Abkommens übernommen habe[203]. Die Bestimmungen eines solchen Abkommens bildeten einen integrierenden Bestandteil der Gemeinschaftsordnung.

Bedeutsam für die Frage der Anwendungskompetenz des EuGH für gemischte Abkommen ist die folgende Feststellung des Gerichtshofs: Wegen ihres gemeinschaftsrechtlichen Charakters könnten Bestimmungen aus Verträgen mit Drittstaaten innerhalb der Gemeinschaft keine unterschiedliche Rechtswirkungen entfalten, je nachdem, ob sie in der Praxis von den Gemeinschaftsorganen oder von den Mitgliedstaaten anzuwenden sind, und im letztgenannten Fall je nachdem, welche Wirkungen das Recht des jeweiligen Mitgliedstaats den von diesem abgeschlossenen Abkommen innerhalb der innerstaatlichen Rechtsordnung zuerkennt. Es sei also Sache des Gerichtshofes, im Rahmen seiner Zuständigkeit zur Auslegung der Bestimmungen von Abkommen deren einheitliche Anwendung innerhalb der Gemeinschaft sicherzustellen[204].

Anders als beim Assoziierungsabkommen mit Griechenland handelte es sich beim Freihandelsabkommen mit Portugal allerdings nicht um ein gemischtes Abkommen. Die *ratio* der Entscheidung in *Kupferberg*, eine divergierende Anwendung der Abkommen in der internen Rechtsordnung zu vermeiden, ist aber auch für den Fall gemischter Verträge bedeutsam. Bei diesen stellt sich das Problem einer auseinanderfallenden Anwendung der Vertragsbestimmungen in der internen Rechtsordnung in verstärktem Maße.

---

[202] EuGH, Rs. 104/81 - *Hauptzollamt Mainz v. C.A. Kupferberg & Cie. KG a.A.* -, Urteil des Gerichtshofes vom 26.10.1982, Slg. 1982, S. 3641 (3662), Rn. 12.

[203] EuGH, Rs. 104/81 - *Hauptzollamt Mainz v. C.A. Kupferberg & Cie. KG a.A.* -, Urteil des Gerichtshofes vom 26.10.1982, Slg. 1982, S. 3641 (3662), Rn. 13.

[204] EuGH, Rs. 104/81 - *Hauptzollamt Mainz v. C.A. Kupferberg & Cie. KG a.A.* -, Urteil des Gerichtshofes vom 26.10.1982, Slg. 1982, S. 3461 (3662), Rn. 14.

d. Demirel

Die Gelegenheit zur expliziten Ausdehnung der *ratio* von *Kupferberg* auf die Anwendung gemischter Verträge bot sich für den EuGH in der Rechtssache *Meryem Demirel v. Stadt Schwäbisch Gmünd*[205]. Gegenstand dieses Vorabentscheidungsverfahrens war das Assoziierungsabkommen zwischen der Europäischen Wirtschaftsgemeinschaft und der Türkei vom 12. 9. 1963, ein gemischtes Abkommen.

In ihren schriftlichen Erklärungen haben die Bundesrepublik Deutschland und die Regierung des Vereinigten Königreichs und Nordirlands darauf hingewiesen, der Gerichtshof müsse, da das Assoziierungsabkommen mit der Türkei ein gemischtes Abkommen sei, als Vorfrage prüfen, ob die fraglichen Verpflichtungen auf dem Gebiet der Freizügigkeit der Arbeitnehmer von der Gemeinschaft oder allein von den Mitgliedstaaten eingegangen worden seien. Nur im ersten Fall seien sie Bestandteil der Gemeinschaftsrechtsordnung und fielen in die Anwendungs- und Auslegungskompetenz des Gerichtshofes; im letzteren Fall müsse sich die Zuständigkeit des EuGH für die Auslegung auf die Feststellung beschränken, daß die fragliche Bestimmung in die Kompetenz der Mitgliedstaaten falle[206]. Art. 12 des Assoziierungsabkommens und Art. 36 des Protokolls fielen nicht in die Zuständigkeit der Gemeinschaft[207].

---

205 EuGH, Rs. 12/86 - *Meryem Demirel v. Stadt Schwäbisch Gmünd* -, Urteil des Gerichtshofes vom 30.9.1987, Slg. 1987, S. 3719.

206 EuGH, Rs. 12/86 - *Meryem Demirel v. Stadt Schwäbisch Gmünd* -, Urteil des Gerichtshofes vom 30.9.1987, Slg. 1987, S. 3719 (3725 und 3729).

207 Interessant sind die Konsequenzen, die in den Regierungsstellungnahmen für die Frage nach der unmittelbaren Anwendbarkeit dieser Bestimmungen gezogen wurden: Für die britische Regierung bedeutete die Feststellung mangelnder Gemeinschaftszuständigkeit, daß sich die unmittelbare Anwendbarkeit von Art. 12 des Assoziierungsabkommens und Art. 36 des Protokolls nach den Kriterien des nationalen Rechts bestimmt und somit für das Vereinigte Königreich ausgeschlossen ist; EuGH, Rs. 12/86 - *Meryem Demirel v. Stadt Schwäbisch Gmünd* -, Slg. 1987, S. 3719 (3729). Die deutsche Regierung setzte dagegen im Anschluß an die Feststellung, daß der EuGH zur Auslegung der fraglichen Bestimmungen des Assoziierungsabkommens nicht befugt sei, ihre Argumentation mit Ausführungen zur unmittelbaren Anwendbarkeit fort. Dabei wurde auf die vom Gerichtshof in den Urteilen *Kupferberg* und *Pabst* entwickelten gemeinschaftsrechtlichen Kriterien für die unmittelbare Anwendbarkeit völkerrechtlicher Verpflichtungen gegenüber Drittstaaten Bezug genommen; EuGH, Rs. 12/86 - *Meryem Demirel v. Stadt Schwäbisch Gmünd* -, Slg. 1987, S. 3719 (3725). Dieses Vorgehen ist inkonsequent, wenn man von einer grundsätzlichen Trennung der Kompetenzbereiche ausgeht. Die Feststellung mangelnder Gemeinschaftszuständigkeit stellt die relevanten Bestimmungen außerhalb der Gemeinschaftsrechtsordnung; ihre unmittelbare Anwendbarkeit müßte sich dann nach den Kriterien des deutschen Verfassungsrechts und den in der deutschen Rechtsprechung entwickelten Vorgaben bestimmen.

Generalanwalt *Darmon* führte in seinem Schlußantrag aus, die Rechtsprechung des EuGH sei hinsichtlich seiner Aufgabe, im Rahmen seiner Zuständigkeit die Bestimmungen der Abkommen mit dem Ziel der einheitlichen Anwendung auszulegen, klar[208]. Sie lege jedoch kein Kriterium für die Zuständigkeit fest und schließe auch nicht ausdrücklich den Fall aus, daß eine Bestimmung in einem gemischten Abkommen ihrer Natur nach nicht in die Auslegungszuständigkeit des Gerichtshofs fallen könnte. Im übrigen sei der Umstand, daß die Aufteilung der Zuständigkeiten zwischen der Gemeinschaft und den Mitgliedstaaten einer ständigen Entwicklung unterliege, ein weiterer Faktor der Komplexität. Im vorliegenden Fall vermeidet Generalanwalt *Darmon* jedoch die Entwicklung einer allgemeinen Theorie auf diesem Gebiet. Vielmehr ergebe sich die Notwendigkeit einer einheitlichen Auslegung in diesem speziellen Fall aus der Rechtsnatur des Assoziierungsabkommens zwischen der Türkei und der EWG. Da Assoziierungsabkommen mit Blick auf einen Beitritt des Drittlandes zur EG geschlossen würden, müsse Art. 310 EGV der Gemeinschaft eine sehr weitgehende Kompetenz zum Abschluß von Verträgen mit Drittländern verleihen, damit alle vom EG-Vertrag erfaßten Tätigkeitsbereiche abgedeckt werden könnten.

Der Gerichtshof hat sich in seinem Urteil hinsichtlich der Feststellung seiner Zuständigkeit der Argumentation des Generalanwalts angeschlossen. Zwar stelle, wie in der Rs. *Haegeman* entschieden, ein vom Rat gemäß den Artikeln 300 und 310 EGV geschlossenes Abkommen für die Gemeinschaft die Handlung eines Gemeinschaftsorgans im Sinne von Art. 234 Absatz 1 d) EGV dar und bilde so einen integrierenden Bestandteil der Gemeinschaftsrechtsordnung[209]. Ob der Gerichtshof auch für die Entscheidung über die Auslegung einer Bestimmung eines gemischten Abkommens zuständig ist, die eine Verpflichtung enthält, die nur die Mitgliedstaaten im Bereich ihrer eigenen Zuständigkeit übernehmen konnten, läßt der Gerichtshof allerdings bewußt offen[210]. Da ein Assoziierungsabkommen nämlich besondere und privilegierende Beziehungen mit einem Drittstaat schaffe, der zumindest teilweise am Gemeinschaftssystem teilhaben müsse, müsse Art. 310 EGV der Gemeinschaft notwendigerweise die Zuständigkeit dafür einräumen, die Erfüllung der Verpflichtungen gegenüber Drittstaaten in allen vom EG-Vertrag erfaßten Bereichen sicherzustellen. Der Bereich der Regelung der Freizügigkeit falle demnach in die ausschließliche Abschlußkompetenz der Gemeinschaft nach Art. 310 EGV.

---

[208] GA *Darmon*, EuGH, Rs. 12/86 - *Meryem Demirel v. Stadt Schwäbisch Gmünd* -, Schlußantrag vom 19.5.1987, Slg. 1987, S. 3719 (3740 f.), Rn. 12 f.

[209] EuGH, Rs. 12/86 - *Meryem Demirel v. Stadt Schwäbisch Gmünd* -, Urteil des Gerichtshofes vom 30.9.1987, Slg. 1987, S. 3719 (3750), Rn. 7.

[210] EuGH, Rs. 12/86 - *Meryem Demirel v. Stadt Schwäbisch Gmünd* -, Urteil des Gerichtshofes vom 30.9.1987, Slg. 1987, S. 3719 (3751), Rn. 9.

Diese Ausführungen erscheinen widersprüchlich. Der Gerichtshof scheint davon auszugehen, daß die festgestellte Eigenschaft des Abkommens als integrierender Bestandteil der Gemeinschaftsrechtsordnung nicht automatisch bedeutet, daß das Abkommens deswegen in seiner Gesamtheit in die Auslegungszuständigkeit des Gerichtshofes fällt. Die Ausführungen in Rn. 9 des Urteils scheinen für die Frage der Auslegungszuständigkeit eine Relativierung der positiven Aussage hinsichtlich der Eigenschaft des Abkommens als integrierender Bestandteil der Gemeinschaftsrechtsordnung zu enthalten.

e. Sevince

In der Rechtssache *S. Z. Sevince v. Staatssecretaris van Justitie* war der Gerichtshof im Rahmen eines Vorabentscheidungsverfahrens gefragt, über die unmittelbare Anwendbarkeit und die Auslegung von Beschlüssen des auf der Grundlage des (gemischten) Assoziierungsabkommens zwischen der EWG und der Türkei gebildeten Assoziationsrates zu entscheiden[211]. Gegenstand des Vorabentscheidungsverfahrens war somit nicht unmittelbar eine Bestimmung eines gemischten Abkommens, sondern ein auf einem solchen basierender Sekundärakt.

Unter Bezugnahme auf die vorangegangenen Entscheidungen *Haegeman*[212], *Demirel*[213] und *Griechenland v. Kommission*[214] wies der Gerichtshof darauf hin, daß die Bestimmungen eines vom Rat gemäß den Artikeln 300 und 310 EGV geschlossenen Abkommens von dessen Inkrafttreten an einen integrierenden Bestandteil der Gemeinschaftsrechtsordnung bilden[215]. Der Gerichtshof sei zur Vorabentscheidung über das Assoziierungsabkommen mit der Türkei befugt, da es sich hierbei um eine Handlung eines Gemeinschaftsorgans handele. Das gelte um so mehr, als Artikel 234 EGV die einheitliche Anwendung aller zur Gemeinschaftsrechtsordnung gehörenden Bestimmungen innerhalb der Gemeinschaft sichern und damit verhindern solle, daß diese Bestimmungen je nach der Auslegung, die ihnen in den verschiedenen Mitgliedstaaten gegeben wird, unterschiedliche Rechtswirkungen entfalten. Interessanterweise hat der Gerichtshof allerdings die Frage, ob der Gerichtshof für die Entscheidung über die Auslegung einer Bestimmung eines gemischten Abkommens zuständig ist, die eine

---

[211] EuGH, Rs. C-192/89 - *S. Z. Sevince v. Staatssecretaris van Justitie* -, Urteil des Gerichtshofes vom 20.9.1990, Slg. 1990, I-3461.

[212] EuGH, Rs. 181/73, Slg. 1974, S. 449.

[213] EuGH, Rs. 12/86, Slg. 1987, S. 3719.

[214] EuGH, Rs. 30/88, - *Griechenland v. Kommission* -, Urteil des Gerichtshofes vom 14.11.1989, Slg. 1989, S. 3711 (3737), Rn. 12.

[215] EuGH, Rs. C-192/89 - *S. Z. Sevince v. Staatssecretaris van Justitie* -, Urteil des Gerichtshofes vom 20.9.1990, Slg. 1990, I-3461 (3500), Rn. 8 ff.

Verpflichtung enthält, die nur die Mitgliedstaaten im Bereich ihrer eigenen Zuständigkeit übernehmen konnten, offen gelassen, obwohl seine Argumentation mit der Feststellung beginnt, ein von Rat gemäß den Art. 300, 310 EGV geschlossenes Abkommen stelle für die Gemeinschaft die Handlung eines Gemeinschaftsorgans dar[216].

3. Würdigung der EuGH-Rechtsprechung bis *Sevince*

Der EuGH hat in einer Reihe von Entscheidungen die erstmals in der Rechtssache *Haegeman* verwandte Formulierung bestätigt, nach der gemischte Abkommen integrierende Bestandteile der Gemeinschaftsordnung bilden. Die Rechtsprechung des EuGH bis zur Entscheidung *Sevince* enthält demnach die deutliche Tendenz, gemischte Abkommen in ihrer Gesamtheit als integrierenden Bestandteil der Gemeinschaftsrechtsordnung zu behandeln, ohne auf die Kompetenzverteilung im Einzelfall einzugehen. Begründet wird dies jeweils damit, daß das Abkommen vom Rat gemäß Art. 300 EGV geschlossen wurde und somit für die Gemeinschaft die Handlung eines Gemeinschaftsorgans iSv Art. 234 EGV darstelle.

Hierbei handelt es sich um eine rein formale Begründung, die Erwägungen der Kompetenzverteilung zwischen der Gemeinschaft und den Mitgliedstaaten außer Betracht läßt. Jüngstes Beispiel hierzu ist die Entscheidung *Sevince.* Es fällt auf, daß der EuGH in dieser Entscheidung anders als in der Entscheidung *Demirel* seine Auslegungszuständigkeit nicht mehr explizit damit begründet, daß die fraglichen Bestimmungen über die Freizügigkeit türkischer Arbeitnehmer in eine weit zu lesende ausschließliche Abschlußkompetenz der Gemeinschaft nach Art. 310 EGV fielen. Der einzige Hinweis auf Art. 310 EGV findet sich in Rn. 8 des Urteils.

Der argumentative Wert dieser Feststellung ist allerdings geschmälert, wenn man die tatsächliche Kompetenzverteilung in den einschlägigen Rechtssachen untersucht. Die relevante Bestimmung des Freihandelsabkommens mit Portugal in der Rechtssache *Haegeman* fiel in die ausschließliche Zuständigkeit der Gemeinschaft nach Art. 133 EGV. In der Rechtssache *Demirel* nahm der EuGH eine explizite Kompetenzbegründung für den Bereich der Freizügigkeit vor. In der Rechtssache *Sevince* konnten Aussagen zur Kompetenzverteilung im konkreten Fall vermieden werden, da der Gerichtshof nicht über eine Abkommensbestimmung, sondern über einen Sekundärakt des Assoziationsrates zu entscheiden hatte.

---

216 EuGH, Rs. C-192/89 - *S. Z. Sevince v. Staatssecretaris van Justitie* -, Urteil des Gerichtshofes vom 20.9.1990, Slg. 1990, I-3461 (3500), Rn. 9.

Auch signalisiert der Gerichtshof in mehreren Entscheidungen eine Begrenzung seiner Zuständigkeiten. Gemischte Abkommen stellen nur „für die Gemeinschaft“[217] bzw. nach der französischen Fassung „insoweit, als es die Gemeinschaft betrifft“[218], Handlungen eines Gemeinschaftsorgans iSv Art. 234 EGV dar. Ebenso scheint die Entscheidung *Sevince* an der maßgeblichen Stelle in der englischen Fassung eine entsprechende Beschränkung zu enthalten. Während die deutsche und französische Fassung in Rn. 10 lauten[219]: „Da der Gerichtshof zur Vorabentscheidung über das Abkommen *als* eine Handlung eines Gemeinschaftsorgans befugt ist, ...“ bzw. „La Cour étant compétente pour statuer à titre préjudiciel sur l'accord *en tant qu*'acte pris par l'une des institutions de la Communauté...“[220], enthält die englische Fassung die eingeschränkte Aussage: „Since the Court has jurisdiction to give preliminary rulings on the Agreement, *in so far as* it is an act adopted by one of the institutions of the Community...“[221].

Letztendlich hat der Gerichtshof die Frage, ob auch die Teile eines gemischten Abkommens, die nicht in die Abschlußzuständigkeit der Gemeinschaft fallen, Bestandteil der Gemeinschaftsordnung werden, offen gelassen[222]. Es kann somit nicht davon ausgegangen werden, daß sich die Rechtsprechung des EuGH tatsächlich dahingehend gefestigt hat, daß gemischte Abkommen in ihrer Gesamtheit integrierende Bestandteile der Gemeinschaftsrechtsordnung bilden und sich die unmittelbare Anwendbarkeit ihrer Bestimmungen ohne Ansehen der Kompetenzverteilung zwischen der Gemeinschaft und den Mitgliedstaaten ausschließlich nach den Kriterien des Gemeinschaftsrechts richtet.

4. EuGH: *Hermès International v. FHT Marketing Choice BV*

Eine Neupositionierung der Argumentation des EuGH stellt die Entscheidung *Hermès International v. FHT Marketing Choice* vom 16. Juni 1998 dar[223].

---

217 EuGH, Rs. 181/73 - *R. & V. Haegeman v. Belgischer Staat* -, Urteil des Gerichtshofes vom 30.4.1974, Slg. 1974, S. 449 (460), Rn. 2/6.

218 A.a.O., „cet accord est dès lors, en ce qui concerne la communauté, un acte pris par l'une des institutions de la communauté“.

219 EuGH, Rs. C-192/89 - *S. Z. Sevince v. Staatssecretaris van Justitie* -, Urteil des Gerichtshofes vom 20.9.1990, Slg. 1990, I-3461 (3501), Rn. 10.

220 Eigene Hervorhebung.

221 Eigene Hervorhebung.

222 Vgl. auch *Lenaerts/Arts*, S. 122, Rn. 6-018.

223 EuGH, Rs. C-53/96 - *Hermès International v. FHT Marketing Choice BV* -, Slg. 1998, I-3603 ff. Besprechungen dieser Entscheidung finden sich bei: *von Bogdandy*, NJW 1999, S. 2088 ff.; *Epiney*, EuZW 1999, S. 5 ff.; *Gielen*, WIPR 12 (1998), S. 300; *Wooldridge*, [1999] I.P.Q. 124 ff.

a. Sachverhalt

In dieser Rechtssache hatte der EuGH im Wege des Vorabentscheidungsverfahrens auf Vorlage der Arrondissementsrechtbank Amsterdam über die Auslegung von Art. 50 VI TRIPs zu entscheiden. Die Auslegungsfrage stellte sich in einem Rechtsstreit zwischen der Hermès International, einer Kommanditgesellschaft auf Aktien französischen Rechts, und der FHT Marketing Choice BV, einer Gesellschaft niederländischen Rechts, wegen Markenrechten, deren Inhaber die Hermès International ist. Hermès vertreibt Krawatten mit der Wortmarke „HERMES" und der Wort- und Bildmarke „Hermès" in den Niederlanden durch ein selektives Vertriebssystem. Nach Auffassung von Hermès brachte die FHT Marketing Choice nachgeahmte Hermès-Krawatten in den Handel. Sie ließ daher am 21. 12. 1995 mit Genehmigung des Präsidenten der Arrondissementsrechtbank Amsterdam im Besitz von FHT Marketing Choice befindliche Krawatten beschlagnahmen. Hermès ging zudem im Verfahren einstweiligen Rechtsschutzes vor der Arrondissementsrechtbank Amsterdam gegen die Verletzung ihrer Urheber- und Markenrechte vor. Sie beantragte unter anderem, der FHT Marketing Choice gemäß Art. 50 Abs. VI TRIPs eine Frist von drei Monaten ab Zustellung der Entscheidung im Verfahren des vorläufigen Rechtsschutzes zu setzen, binnen deren sie die Aufhebung dieser Entscheidung beantragen könnte, und ihr selbst für die Einleitung eines Hauptverfahrens eine Frist von vierzehn Tagen ab den Tag einzuräumen, an dem die FHT Marketing Choice einen solchen Antrag stellen würde.

b. Vorlagefrage

Hintergrund des Vorabentscheidungsersuchens der Arrondissementsrechtbank Amsterdam ist, daß das Gericht sich nicht in der Lage sah, diesem Antrag stattzugeben. Nach Art. 50 Abs. VI TRIPs sei für das Recht des Antragsgegners, die Aufhebung der einstweiligen Maßnahmen zu beantragen, eine Befristung nicht vorgesehen, so daß der Termin für die Einleitung des Verfahrens zur Hauptsache nicht auf den Ablauf von drei Monaten nach Verstreichen einer der FHT Marketing Choice zur Stellung eines Aufhebungsantrags gesetzten Frist festgesetzt werden könne.

Das vorlegende Gericht hat jedoch erwogen, ob es nicht trotzdem notwendig sei, einen Termin für die Einleitung des Verfahrens zur Hauptsache festzusetzen. Das sei dann zu bejahen, wenn eine Maßnahme gemäß Art. 289 der niederländischen Zivilprozeßordnung eine Maßnahme im Sinne von Art. 50 TRIPs darstelle[224]. In der niederländischen Rechtsprechung und Rechtswissenschaft be-

---

[224] Art. 289 Abs. 1 der niederländischen Zivilprozeßordnung lautet: „In allen Rechtssachen, in denen aus Gründen der Dringlichkeit unter Berücksichtigung der Interessen der Parteien eine sofortige einstweilige Maßnahme erforderlich ist, kann ein entsprechender An-

stand Uneinigkeit darüber, ob das niederländische Verfahren des einstweiligen Rechtsschutzes, das sog. *kort geding*[225], als Verfahren des einstweiligen Rechtsschutzes im Sinne von Art. 50 Abs. 6 TRIPs zu betrachten ist[226]. Vor diesem Hintergrund ist die Vorlagefrage der Arrondissementsrechtbank Amsterdam in der Rechtssache *Hermès* zu lesen. Das Gericht hat den Gerichtshof um Vorabentscheidung folgender Frage ersucht[227]:

> „Fällt eine vorläufige Maßnahe, wie sie z. B. in den Artikeln 289 ff. der niederländischen Zivilprozeßordnung vorgesehen ist, wonach beim Präsidenten des Gerichts eine sofortige einstweilige Maßnahme beantragt werden kann, unter den Begriff der einstweiligen Maßnahme im Sinne des Artikels 50 des Übereinkommens über handelsbezogenen Aspekte der Rechte des geistigen Eigentums?"

c. Relevanz der Rechtssache für die Frage nach der unmittelbaren Anwendbarkeit des TRIPs-Abkommens

Die Entscheidung des EuGH in der Rechtssache *Hermès International v. FHT Marketing Choice BV* ist von unmittelbarer Relevanz für die Frage nach der unmittelbaren Anwendbarkeit des TRIPs-Abkommens. Die Rechtssache *Hermès* stellt das erste Verfahren dar, in dem dem Gerichtshof eine Bestimmung des TRIPs-Abkommens zur Auslegung vorgelegt wurde. Eine Auslegung des Art. 50 TRIPs durch den Gerichtshof im Wege des Vorabentscheidungsverfahrens setzt voraus, daß der EuGH im Rahmen seiner Auslegungskompetenz gemäß Art. 234 EGV zur Auslegung dieser Bestimmung zuständig ist, daß es sich also bei dem TRIPs-Abkommen um eine Handlung der Gemeinschaftsorgane iSv Art. 234 EGV handelt. Dies ist in jedem Fall dann gegeben, wenn die fragliche Abkommensbestimmung integrierender Bestandteil der Gemeinschaftsrechtsordnung ist.

Art. 50 TRIPs fällt als Bestimmung über die Durchsetzung der Rechte des geistigen Eigentums in den Bereich des TRIPs-Abkommens, für den eine geteilte Zuständigkeit der Gemeinschaft und der Mitgliedstaaten besteht. Erschwerend kommt hinzu, daß diese Norm im konkreten Fall in ihrer Bedeutung für die

---

trag in einer Sitzung gestellt werden, die der Präsident zu diesem Zweck an den dafür von ihm festgesetzten Werktagen abhält."

225 Darstellung des Verfahrens des *kort geding* bei: *Gielen*, WIPR 12 (1998), S. 300; *Wooldridge*, [1999] I.P.Q. 124 (125); *Mochel/Dos Santos Gil*, IER 1996, S. 69 ff.

226 Ausführliche Darstellung des Meinungsstreits und der zu dieser Frage ergangenen niederländischen Urteile in: *Mochel/Dos Santos Gil*, IER 1996, S. 69 ff.

227 Der Vorlagebeschluß der *Arrondissementsrechtbank Amsterdam* ist abgedruckt in: Bijblad Industriële Eigendom, nr 8, 16. 8. 1996, S. 288.

Auslegung einer mitgliedstaatlichen Norm, hier Art. 289 der niederländischen Zivilprozeßordnung, in Frage stand. Das niederländische Gericht fragte insbesondere nicht nach der Auslegung einer Norm der Verordnung (EG) Nr. 40/94 über die Gemeinschaftsmarke[228]. Wenn die niederländische Arrondissementsrechtbank Amsterdam eine Vorlagefrage bezüglich Art. 50 TRIPs dem EuGH vorlegt, geht sie implizit davon aus, daß die Auslegungskompetenz des Gerichtshofs sich auch auf solche Bestimmungen eines gemischten Abkommens erstreckt, die nicht in die ausschließliche Abschlußkompetenz der Gemeinschaft fallen.

Mit der Rechtssache *Hermès* bot sich somit für den Gerichtshof die Gelegenheit, über die Eigenschaft des TRIPs-Abkommens als integrierender Bestandteil der Gemeinschaftsrechtsordnung sowie über seine Eignung zur unmittelbaren Anwendbarkeit zu entscheiden.

d. Verfahrensstellungnahmen

Das vorlegende Gericht hat dieses Problem erkannt und in seinem Vorlagebeschluß angesprochen. Es geht davon aus, daß das TRIPs-Abkommen, indem es von der Gemeinschaft und den Mitgliedstaaten, darunter den Niederlanden, als gemischtes Abkommen abgeschlossen wurde, Teil der Gemeinschaftsrechtsordnung ist und eine Frage über die Auslegung des TRIPs-Abkommens demnach dem EuGH im Verfahren nach Art. 234 EGV vorgelegt werden kann[229]. Zudem geht es auf der Grundlage der niederländischen Verfassungsordnung ohne weitere Begründung davon aus, daß Art. 50 TRIPs unmittelbare Wirkung hat[230].

Im Verfahren selbst waren die Auslegungskompetenz des Gerichtshofs und die Frage der unmittelbaren Anwendbarkeit von Art. 50 TRIPs umstritten. Für die Frage der Anwendungskompetenz ist wesentlich, daß alle beteiligten Mitgliedstaaten und der Rat den Gerichtshof ersucht haben, sich für unzuständig zu erklären[231]. Die Gemeinschaft habe das TRIPs-Abkommen lediglich hinsichtlich der in ihre Abschlußzuständigkeit fallenden Bereiche zu beachten, da nur diese Teil der Gemeinschaftsrechtsordnung seien. Für die Bereiche, für die die Mitgliedstaaten ihre eigene Zuständigkeit behalten, bestehe eine Anwendungs- und Auslegungsautonomie der nationalen Gerichte.

---

228 ABl. (EG) 1994 L 11/1.

229 Nr. 81. President Arrondissementsrechtbank te Amsterdam, 1 februari 1996 (Hermès dassen), Bijblad Industriële Eigendom, nr 8, 16.8.1996, S. 289, Rn. 13 (Vorlagebeschluß).

230 Nr. 81. President Arrondissementsrechtbank te Amsterdam, 1 februari 1996 (Hermès dassen), Bijblad Industriële Eigendom, nr 8, 16.8.1996, S. 289, Rn. 11 (Vorlagebeschluß).

231 GA *Tesauro*, EuGH, Rs. C-53/96 - *Hermès International v. FHT Marketing Choice BV* -, Schlußantrag vom 13.11.1997, Slg. 1998, I-3603 (3615), Rn. 16.

Die - insgesamt weitgehend an Zweckmäßigkeitserwägungen orientierte - Argumentation der Kommission läßt erkennen, daß auch die Kommission Zweifel daran hat, daß das TRIPs-Abkommen in seiner Gesamtheit und ungeachtet der Kompetenzverteilung Bestandteil der Gemeinschaftsrechtsordnung ist. Die Kommission begründet die Auslegungszuständigkeit des EuGH mit der Notwendigkeit einer einheitlichen Anwendung und Auslegung des Abkommens innerhalb der Gemeinschaft[232]. Zwischen Abschlußzuständigkeit und Auslegungszuständigkeit bestehe keine vollkommene Parallelität; die Auslegungszuständigkeit könne auch aus potentiellen Befugnissen der Gemeinschaft abgeleitet werden. Der Rückgriff auf eine potentielle Gemeinschaftskompetenz zur Begründung der Auslegungsbefugnis des Gerichtshofes wäre indes nicht erforderlich, wenn die Kommission davon ausginge, daß das TRIPs-Abkommen als Akt der Gemeinschaftsorgane Bestandteil der Gemeinschaftsordnung geworden ist.

Generalanwalt *Tesauro* vermeidet in seinem ausgewogenen, jedoch im Ergebnis nicht ganz eindeutigen Schlußantrag eine definitive Stellungnahme zu der Frage, ob das TRIPs-Abkommen mit seinem Abschluß durch den Rat insgesamt Teil der Gemeinschaftsrechtsordnung geworden ist, obwohl er insgesamt die Zuständigkeit des Gerichtshofs zur Auslegung von Art. 50 TRIPs bejaht. Die Argumentation stützt sich vordringlich auf die Notwendigkeit einer einheitlichen Anwendung und Auslegung des TRIPs-Abkommens in den Mitgliedstaaten[233]. *Tesauro* bejaht zudem im Anschluß an die Feststellung der Auslegungszuständigkeit des Gerichtshofs eine unmittelbare Anwendbarkeit von Art. 50 Abs. 6 TRIPs[234]. Die Prüfung der Voraussetzungen einer unmittelbaren Wirkung nimmt *Tesauro* dabei konsequenterweise anhand der Kriterien des Gemeinschaftsrechts vor.

e. Urteil des Gerichtshofes

Der Gerichtshof erklärt sich in der Rechtssache *Hermès* zuständig für die Auslegung von Art. 50 Abs. 6 des TRIPs-Abkommens[235]. Für die Frage des Wirkungsmodus des TRIPs-Abkommens im Gemeinschaftsrecht ist jedoch die Tatsache wesentlich, daß der Gerichtshof ungeachtet der bisherigen Rechtsprechung zu gemischten Abkommen in der Rechtssache *Hermès* eine diesbezügli-

---

232 GA *Tesauro*, EuGH, Rs. C-53/96 - *Hermès International v. FHT Marketing Choice BV* -, Schlußantrag vom 13.11.1997, Slg. 1998, I-3603 (3615), Rn. 16.

233 GA *Tesauro*, EuGH, Rs. C-53/96 - *Hermès International v. FHT Marketing Choice BV* -, Schlußantrag vom 13.11.1997, Slg. 1998, I-3603 (3615), Rn. 19 ff.

234 EuGH, Rs. C-533/96 - *Hermès International v. FHT Marketing Choice BV* -, Urteil des Gerichtshofes vom 16.6.1998, Slg. 1998, I-3603 (3623), Rn. 22 ff.

235 Hierzu siehe Teil 2, Kapitel C.II.2.a, S. 105.

che Entscheidung vermeidet. Welche Verpflichtungen die Gemeinschaft durch den Abschluß des Übereinkommens eingegangen sei, brauche nicht bestimmt zu werden[236]. Aussagen des Inhalts, beim TRIPs-Abkommen handele es sich um einen Akt der Gemeinschaftsorgane und damit um einen integrierenden Bestandteil der Gemeinschaftsordnung, fehlen. Auch geht der Gerichtshof nicht auf die durch den Abschluß des TRIPs-Abkommens als gemischtes Abkommen aufgeworfenen Kompetenzverteilungsprobleme ein. Der Gerichtshof beschränkt sich auf den Hinweis, das WTO-Abkommen sei von der Gemeinschaft geschlossen und von den Mitgliedstaaten ratifiziert worden; dabei seien die jeweiligen Verpflichtungen gegenüber den anderen Vertragsparteien nicht zwischen ihnen aufgeteilt worden[237]. Jedenfalls sei die Verordnung (EG) Nr. 40/94 bei der Unterzeichnung der Schlußakte und des WTO-Übereinkommens durch die Gemeinschaft und ihre Mitgliedstaaten am 15. April 1994 seit einem Monat in Kraft gewesen.

f. Stellungnahme

Die Auslegung einer Norm macht aber nur Sinn, wenn diese Norm im konkreten Streitfall auch wirken kann. Es handelt sich bei der Frage nach dem konkreten Wirkungsmodus um eine der inhaltlichen Auslegung der Norm vorgeschaltete Vorfrage[238]. Dabei geht es zum einen um die Frage, ob die Norm, um deren Auslegung ersucht wird, Bestandteil der Gemeinschaftsrechtsordnung ist und somit als Handlung der Organe nach Art. 234 EGV Gegenstand eines Vorabentscheidungsersuchens sein kann. Darüber hinaus ist die unmittelbare Anwendung der fraglichen Norm vor dem nationalen Gericht Voraussetzung dafür, daß der Rechtsinhaber sich auf diese Norm berufen kann, um die Unvereinbarkeit der entsprechenden nationalen Regelung und damit gegebenenfalls ihre Unanwendbarkeit auf den Rechtsstreit geltend zu machen. Sofern der Gerichtshof der Auffassung ist, die Frage des Wirkungsmodus könne offenbleiben, da er in der Rechtssache *Hermès* ausschließlich auf die Auslegungsfrage zu antworten habe, ist dies deswegen zumindest irreführend.

Allerdings bleibt festzuhalten, daß der Gerichtshof in der Entscheidung *Hermès* eine Stellungnahme zu der Frage, ob es sich bei Art. 50 Abs. 6 des TRIPs-Abkommens um einen Bestandteil der Gemeinschaftsrechtsordnung handelt,

---

236 EuGH, Rs. C-533/96 - *Hermès International v. FHT Marketing Choice BV* -, Urteil des Gerichtshofes vom 16.6.1998, Slg. 1998, I-3603 (3647), Rn. 25.

237 EuGH, Rs. C-533/96 - *Hermès International v. FHT Marketing Choice BV* -, Urteil des Gerichtshofes vom 16.6.1998, Slg. 1998, I-3603 (3647), Rn. 24.

238 Hierauf weist GA *Tesauro* zu Recht hin: EuGH, Rs. C-533/96 - *Hermès International v. FHT Marketing Choice BV* -, Schlußantrag vom 13.11.1997, Slg. 1998, I-3603 (3622), Rn. 22. Siehe auch *von Bogdandy*, NJW 1999, S. 2088 (2089).

vermieden hat. Dies obwohl es ihm angesichts seiner bisherigen ständigen Rechtsprechung ein leichtes gewesen wäre, das TRIPs-Abkommen mit dem Hinweis darauf, daß es sich hierbei um ein gemäß Art. 300 EGV geschlossenes gemischtes Abkommen handelt, in seiner Gesamtheit als integrierenden Bestandteil des Gemeinschaftsrechts und Handlung eines Gemeinschaftsorgans seiner Anwendungs- und Auslegungskompetenz zu unterstellen. Dies deutet bereits darauf hin, daß der Gerichtshof Zweifel an der Gültigkeit dieser Rechtsprechung für den Fall des TRIPs-Abkommens hatte.

5. EuGH: *Parfums Christian Dior/Assco Gerüste*

Diese Zweifel des Gerichtshofes bestätigen sich in der Entscheidung *Parfums Christian Dior SA v. Tuk Consultancy BV und Assco Gerüste GmbH v. Wilhelm Layher GmbH & Co. KG* (verb. Rs. C-300/98 und C-392/98) vom 14.12.2000[239]. Mit dieser Entscheidung vollzieht der Gerichtshof für das TRIPs-Abkommen eine deutliche Abkehr von seiner bisherigen, zumindest mißverständlichen Rechtsprechung, gemischte Abkommen hinsichtlich ihres internen Wirkungsmodus als Bestandteil der Gemeinschaftsordnung zu betrachten[240].

Die Entscheidung erging im Folgezusammenhang der Entscheidung *Hermès* auf Vorabentscheidungsersuchen zweier niederländischer Gerichte. Die Arrondissementsrechtbank Den Haag hat dem Gerichtshof im Rechtsstreit *Parfums Christian Dior v. TUK Consultancy BV*[241] die Frage zur Vorabentscheidung vorgelegt, ob „Art. 50 Abs. 6 des TRIPs-Übereinkommens so zu verstehen ist, daß er unmittelbare Wirkung in dem Sinne hat, daß die darin bezeichneten Rechtsfolgen dann eintreten, wenn das nationale Gesetz keine dieser Übereinkommensbestimmung entsprechende Bestimmung enthält“. Ebenso hat der Hoge Raad der Niederlande den Gerichtshof in der Rechtssache *Assco Gerüste GmbH et al. V. Wilhelm Layher GmbH & Co. KG et al.*[242] um Vorabentscheidung über die unmittelbare Anwendbarkeit von Art. 50 Abs. 6 TRIPs gebeten. Zudem ersucht der Hoge Raad in der Vorlagesache *Assco Gerüste GmbH et al v. Wilhelm Layher GmbH & Co. KG et al* eine Entscheidung darüber, ob der Gerichtshof für die Auslegung des Art. 50 TRIPs auch

---

239 EuGH, verb. Rs. C-300/98 – *Parfums Christian Dior SA v. Tuk Consultancy BV* - und Rs. C-392/98 - *Assco Gerüste GmbH, Rob van Dijk v. Wilhelm Layher GmbH & Co. KG, Layher BV* -, Urteil des Gerichtshofes vom 14.12.2000, Slg. 2000, I-11307 (im folgenden: *Parfums Christian Dior/Assco Gerüste*). Besprechung u.a. bei *Heliskoski*, CMLRev 39 (2002), S. 159.

240 Von Danwitz spricht von einer Wiederentdeckung der kompetenzrechtlichen Betrachtung; *v. Danwitz*, JZ 2001, S. 721 (724).

241 Rs. C-300/98.

242 Rs. C-392/98.

insoweit zuständig ist, als die Bestimmungen dieses Artikels sich nicht auf einstweilige Maßnahmen beziehen, die die Verletzung des Markenrechts verhindern sollen.

Der Gerichtshof führt hierzu aus, eine schlichte Berufung auf seine bisherige Rechtsprechung zur unmittelbaren Anwendbarkeit der WTO-Abkommen in der Gemeinschaftsordnung würde den von den vorlegenden Gerichten aufgeworfenen Problemen nicht völlig gerecht[243]. Art. 50 Abs. 6 TRIPs sei nämlich eine Verfahrensbestimmung, die die Gemeinschafts- und die nationalen Gerichte aufgrund von Verpflichtungen durchzuführen hätten, die sowohl von der Gemeinschaft als auch von den Mitgliedstaaten übernommen worden seien. Bei der Bestimmung des internen Wirkungsmodus des TRIPs-Abkommens müsse daher differenziert werden:

In Bereichen, auf die das TRIPs-Abkommen anwendbar sei und in denen die Gemeinschaft bereits Rechtsvorschriften erlassen habe (wie z.B. im Bereich des Markenrechts), unterlägen die Gerichte der Mitgliedstaaten bei der Anwendung ihrer nationalen Rechtsvorschriften einer Pflicht zur TRIPs-konformen Auslegung[244]. Im Umkehrschluß bedeutet dies, daß der interne Wirkungsmodus dieser Bereiche sich nach Gemeinschaftsrecht richten soll.

In den Bereichen, in denen die Gemeinschaft noch keine Rechtsvorschriften erlassen habe und die somit in die Zuständigkeit der Mitgliedstaaten fallen, unterliegen der Schutz der Rechte des geistigen Eigentums sowie die von den Gerichten hierzu getroffenen Maßnahmen nach Auffassung des Gerichtshofes nicht dem Gemeinschaftsrecht. Das Gemeinschaftsrecht gebiete es daher nicht, schließe es aber auch nicht aus, daß die Rechtsordnung eines Mitgliedstaates dem Einzelnen das Recht zuerkennt, sich unmittelbar auf die Bestimmung des Art. 50 Abs. 6 TRIPs zu berufen, oder die Gerichte verpflichtet, diese Vorschrift von Amts wegen anzuwenden[245]. Mit dieser Feststellung beläßt der Gerichtshof den Mitgliedstaaten ausdrücklich die Kompetenz, in Bereichen verbleibender eigener Zuständigkeit den internen Wirkungsmodus des TRIPs-Abkommens

---

243 EuGH, verb. Rs. C-300/98 – *Parfums Christian Dior SA v. Tuk Consultancy BV* - und Rs. C-392/98 - *Assco Gerüste GmbH, Rob van Dijk v. Wilhelm Layher GmbH & Co. KG, Layher BV* -, Urteil des Gerichtshofes vom 14.12.2000, Slg. 2000, I-11307 (11360), Rn. 45 f.

244 EuGH, verb. Rs. C-300/98 – *Parfums Christian Dior SA v. Tuk Consultancy BV* - und Rs. C-392/98 - *Assco Gerüste GmbH, Rob van Dijk v. Wilhelm Layher GmbH & Co. KG, Layher BV* -, Urteil des Gerichtshofes vom 14.12.2000, Slg. 2000, I-11307 (11360), Rn. 47.

245 EuGH, verb. Rs. C-300/98 – *Parfums Christian Dior SA v. Tuk Consultancy BV* - und Rs. C-392/98 - *Assco Gerüste GmbH, Rob van Dijk v. Wilhelm Layher GmbH & Co. KG, Layher BV* -, Urteil des Gerichtshofes vom 14.12.2000, Slg. 2000, I-11307 (11361), Rn. 48.

entsprechend den Vorgaben der nationalen Verfassungsordnungen zu bestimmen. Dies bedeutet die gemeinschaftsrechtliche Freigabe einer individuellen Einklagbarkeit von Bestimmungen des TRIPs-Abkommens in den Mitgliedstaaten[246].

Nach der Rechtsprechung des Gerichtshofes in der Rechtssache *Parfums Christian Dior/Assco Gerüste* ergibt sich für die Verteilung der Anwendungskompetenz im Hinblick auf das TRIPs-Abkommen somit folgendes Bild: Soweit die Gemeinschaft im Anwendungsbereich des TRIPs-Abkommens bereits Rechtsvorschriften erlassen hat, bestimmt sich der interne Wirkungsmodus des Abkommens nach Gemeinschaftsrecht. In Bereichen, in denen die Gemeinschaft noch keine Regelungen erlassen hat, bleibt es den Mitgliedstaaten belassen, den internen Wirkungsmodus abweichend von der Situation im Gemeinschaftsrecht zu bestimmen. Maßgebliches Abgrenzungskriterium ist die Tatsache, daß die Gemeinschaft überhaupt in einem „Bereich" Regelungen getroffen hat. Nähere Anhaltspunkte zur Definition eines „Bereiches" oder der notwendigen Regelungsdichte gibt der Gerichtshof nicht[247]. Der Verweis auf den Bereich des Markenrechts in Rn. 47 des Urteils läßt aber erkennen, daß Parallelregelungen im Gemeinschaftsrecht (wie z.B. die Gemeinschaftsmarkenverordnung) ausreichen sollen, um einen Abkommensteil als Bestandteil der Gemeinschaftsordnung zu behandeln.

6. Literatur

Während ein Teil der Literatur gemischte Verträge ungeachtet der Kompetenzverteilung zwischen Gemeinschaft und Mitgliedstaaten in ihrer Gesamtheit als Teil des Gemeinschaftsrechts betrachtet, gilt dies nach anderer Ansicht nur für die Regelungsbereiche eines Abkommens, die in die Abschlußkompetenz der Gemeinschaft fallen.

a. Punktuelle Vertragsdurchbrechung

Bleckmann vertritt die Ansicht, gemischte Verträge seien stets in ihrer Gesamtheit Gemeinschaftsrecht im Sinne der Verträge[248]. Die innergemeinschaftliche Geltung, der innergemeinschaftliche Rang und die innergemeinschaftliche unmittelbare Anwendbarkeit von Bestimmungen in gemischten Abkommen bestimmten sich stets einheitlich nach den Kriterien des Gemeinschaftsrechts. Wegen ihres gemeinschaftsrechtlichen Charakters könnten Bestimmungen aus

---

246 *v. Danwitz*, JZ 2001, S. 721 (724).

247 Vgl. hierzu auch *Hermes*, S. 94.

248 *Bleckmann*, EuropaR, 6. Aufl., Rn. 1402 ff.; *ders.*, EuR 1976, S. 301 (304 ff., 309 ff.).

gemischten Abkommen keine unterschiedlichen Rechtswirkungen hervorrufen, je nachdem, ob sie in der Praxis von den Gemeinschaftsorganen oder den Mitgliedstaaten anzuwenden sind, und in letzterem Fall je nachdem, welche Wirkungen das Recht des jeweiligen Mitgliedstaates diesen Abkommen in den innerstaatlichen Rechtsordnungen verleihe[249]. Gemischte Abkommen gälten deshalb im nationalen Rechtsbereich auch dann, wenn die EG nach dem EGV an sich unzuständig wäre, und zwar auf Grund eines Anwendungsbefehl im Primärrecht mit Rang über nationalem Recht und nicht kraft dem nationalen Zustimmungsgesetz zum gemischten Vertrag als nationales Recht mit dem Rang eines nationalen Gesetzes.

Bleckmann begründet diese Auffassung mit einem spezifischen Verständnis des Verfahrens zum Abschluß von gemischten Verträgen. Durch die Teilnahme aller Mitgliedstaaten in einem sich Art. 48 EUV annähernden Verfahren werde der EGV punktuell - auf den Vertragsinhalt bezogen - durchbrochen und abgeändert[250]. Es sei den Mitgliedstaaten zu unterstellen, daß sie den ordnungsgemäßen Vollzug des Vertrages im innergemeinschaftlichen Raum angestrebt hätten[251]. Dieser Vollzug sei aber nur durch die Mitwirkung der Mitgliedstaaten am Vertragsschluß der Gemeinschaft sicherzustellen. Eine reine Zustimmung der Mitgliedstaaten zum Vertragsschluß der EG heile nicht den Zuständigkeitsmangel der EG im innergemeinschaftlichen Raum. Der gemischte Vertrag enthalte damit eine doppelte Durchbrechung des EG-Vertrags: Zum einen werde die Zuständigkeit der Gemeinschaft für den konkreten Fall auf den Vertragsschluß erstreckt. Eine generelle Änderung der Zuständigkeitsvorschriften sei damit nicht verbunden. Deswegen handele es sich auch nicht um eine Vertragsänderung, sondern um eine Vertragsdurchbrechung. Auch hielten die Mitgliedstaaten annähernd die Verfahrensvorschriften für eine Vertragsänderung ein. Dies sei ausreichend für die Vereinbarkeit einer derartigen Vertragsdurchbrechung mit dem Primärrecht[252]. Zum anderen erfolge eine punktuelle Änderung der materiellen Vorschriften. Soweit eine Materie nicht durch den EG-Vertrag geregelt werde, sollen die Vertragsbestimmungen Europarecht werden, weil die EG sie abschließt.

Dieser Auffassung von *Bleckmann* begegnen schwere Bedenken. Folgte man dieser Ansicht, hätte dies zwar den Vorteil, daß alle Bestimmungen des TRIPs-Abkommens unabhängig von der konkreten Kompetenzverteilung als Bestandteile der Gemeinschaftsrechtsordnung stets den gemeinschaftsrechtlichen Anforderungen an eine unmittelbare Anwendbarkeit unterfielen. Der Status des

---

[249] *Bleckmann*, EuropaR, 6. Aufl., Rn. 1405.

[250] *Bleckmann*, EuropaR, 6. Aufl., Rn. 1402.

[251] *Bleckmann*, EuR 1976, S. 301 (305).

[252] *Bleckmann*, EuR 1976, S. 301 (308 f.).

TRIPs-Abkommens in der Gemeinschaftsrechtsordnung wäre danach einheitlich zu beurteilen; Anwendungsdifferenzen in den Mitgliedstaaten und komplizierte Probleme der Kompetenzklärung würden vermieden.

Der Begründung *Bleckmanns*, insbesondere seiner These von der zulässigen Vertragsdurchbrechung durch die Mitwirkung der Mitgliedstaaten am Vertragsschluß der Gemeinschaft, kann jedoch nicht gefolgt werden. Sie beruht zu einem wesentlichen Teil auf der Grundannahme, die Mitgliedstaaten wirkten freiwillig und konsensual an einer Vertragsdurchbrechung und damit an einer Zuständigkeitsbegründung zugunsten der Gemeinschaft mit. Den Mitgliedstaaten ist jedoch nicht der Wille zu unterstellen, den innergemeinschaftlichen Vollzug von Abkommensbestimmungen insgesamt dem Gemeinschaftsrecht zu unterwerfen. In der Rechtssache *Hermès* z.B. vertraten alle beteiligten Mitgliedstaaten eine Auslegungsautonomie der nationalen Gerichte für die Bereiche des TRIPs-Abkommens, für die die Mitgliedstaaten ihre eigene Zuständigkeit behalten[253]. Auch die Stellungnahmen der beteiligten Mitgliedstaaten im Verfahren zum *Gutachten 1/94* machen deutlich, daß die Annahme einer Mitwirkung der Mitgliedstaaten an einer punktuellen Kompetenzverschiebung zum Abschluß des TRIPs-Abkommens nicht deren wirklichem Willen entspricht. Mangels eines entsprechenden Konsenses entbehrt die Ansicht *Bleckmanns* zumindest für den Fall des TRIPs-Abkommens jeder Grundlage. Darüber hinaus begegnen der Zulässigkeit einer punktuellen Vertragsdurchbrechung grundsätzliche Bedenken. Der Ansicht, gemischte Verträge seien stets und unabhängig von der im Primärrecht angelegten Verteilung der Außenkompetenzen Bestandteil der Gemeinschaftsrechtsordnung, kann somit mit der von *Bleckmann* vorgebrachten Begründung nicht gefolgt werden.

b. Umfassende Bindungswirkung für die Gemeinschaft

Die Frage, ob gemischte Abkommen in ihrer Gesamtheit Bestandteil der Gemeinschaftsrechtsordnung sind, könnte weiterhin – wie von *Stein* und *Arnold* vertreten - vom Umfang der durch den Vertrag entfalteten völkerrechtlichen Bindungswirkung abhängig sein[254]. Danach sind gemischte Verträge, weil sie eine umfassende völkerrechtliche Berechtigung und Verpflichtung der Gemeinschaft begründen, in ihrem gesamten Umfang als Gemeinschaftsabkommen anzusehen, soweit sie keine Aufteilung der Bindungswirkung zwischen der Gemeinschaft und den Mitgliedstaaten vornehmen. Der Abschlußakt nach Art. 300 EGV soll in diesen Fällen als Handlung der Organe auch die nationalen Sachbereiche des gemischten Abkommens erfassen.

---

253 EuGH, Rs. C-53/96 - *Hermès International v. FHT Marketing Choice BV*-, Urteil des Gerichtshofes vom 16.6.1998, Slg. 1998, I-3603 (3646), Rn. 23.

254 *Dauses/Arnold*, K.I, Rn. 101; *Stein*, S. 106, 134, 187.

Ausgangspunkt dieser Auffassung ist die zutreffende Feststellung, daß Gemeinschaftsabkommen nur solche völkerrechtlichen Verträge sind, die eine völkerrechtliche Bindung der Gemeinschaft beinhalten. Zutreffend ist auch die Ausgangsposition, daß die Gemeinschaft trotz ihrer Kompetenzdefizite im Bereich der Abschlußkompetenzen auf völkerrechtlicher Ebene umfassend an sämtliche Bestimmungen eines gemischten Abkommens gebunden ist, wenn das Abkommen gegenüber den Vertragspartnern keine Aufteilung der Bindungswirkung zwischen der Gemeinschaft und den Mitgliedstaaten vornimmt[255]. Diese Bindungswirkung ergibt sich aus Völkervertragsrecht[256]. Soweit der gemischte Vertrag keine Trennungsklauseln enthält oder sich eine Aufteilung der Bindungswirkung durch den Wortlaut des Vertrages ergibt, legt der Vertrag gegenüber den dritten Vertragspartnern nicht fest, wer aus der Gemeinschaftsgruppe, die Gemeinschaft oder die Mitgliedstaaten, völkerrechtlich an die jeweiligen Bestimmungen gebunden ist. Hierin liegt gerade der Sinn eines gemischten Vertrages: Die genaue Zuständigkeitsgrenze auf Gemeinschaftsseite, die infolge dynamischer Kompetenzentwicklung auch Änderungen erfahren kann, wird außer Streit gestellt[257].

Das TRIPs-Abkommen nimmt, wie festgestellt, keine Aufteilung der Kompetenzbereiche gegenüber Drittstaaten vor. Fraglich ist jedoch, ob die umfassende völkerrechtliche Bindungswirkung eines gemischten Abkommens, konkret des TRIPs-Abkommens, Präjudiz für die innergemeinschaftliche Bindungswirkung des Abkommens und für seine Qualität als Gemeinschaftsrecht sein kann.

Nach *Stein* und *Arnold* ist dies zu bejahen[258]. Nach ihrer Auffassung bewirkt die umfassende völkerrechtliche Bindungswirkung, die mit dem Abschluß gemischter Verträge erzielt wird, daß das gemischte Abkommen innergemeinschaftlich gemäß Art. 300 Abs. 7 EGV in vollem Umfang die Gemeinschaftsorgane und die Mitgliedstaaten bindet. Dabei stellten diese Abkommen zwar - in gleichem Umfang wie hinsichtlich der Gemeinschaft - auch völkerrechtliche Verträge der Mitgliedstaaten dar und würden als solche gegebenenfalls Bestandteil der nationalen Rechtsordnungen. Dennoch hätten diese Abkommen keine doppelte Verbindlichkeit, zumindest werde die nationale Verbindlichkeit der Abkommen nicht wirksam. Aufgrund des Vorranges des Ge-

---

255 *Grabitz/Hilf/Vedder*, Bd. II, Art. 228 EGV, Rn. 22; *GTE/Tomuschat*, 5. Aufl., Bd. 5, Art. 228 EGV, Rn. 55.

256 *Arnold*, ArchVR 19 (1981), S. 419 (421).

257 *Dauses/Arnold*, K. I, Rn. 77.

258 *Stein*, S. 187 f; im Ergebnis auch *Dauses/Arnold*, K. I, Rn. 101. Allerdings noch a.A. *Arnold*, ArchVR 19 (1981), S. 419 (455): Die innerstaatliche Rechtswirkung von gemischten Abkommen bestimme sich für die Vertragsteile, die der Kompetenz der Mitgliedstaaten unterfallen, nach den mitgliedstaatlichen Rechtsnormen über die Einordnung von Völkervertragsrecht in innerstaatliches Recht.

meinschaftsrechts, der auch Gemeinschaftsabkommen gegenüber dem nationalen Recht zukommt, überlagere die innergemeinschaftliche Verbindlichkeit die nationale. Dies ergebe sich so auch aus der Rechtsprechung des EuGH, der in der Entscheidung *Bresciani* hinsichtlich des Jaunde II-Abkommens, eines gemischten Abkommens, festgestellt hatte: „Das Abkommen wurde sowohl von den Mitgliedstaaten als auch der Gemeinschaft geschlossen und war daher nach Art. [ex-] 228 EGV für die Parteien verbindlich[259]".

Aus gemeinschaftsrechtlicher Sicht würden die Mitgliedstaaten allein durch den Abschluß der Gemeinschaft gebunden, der Beteiligung der Mitgliedstaaten am Vertragsschluß sei keine Bedeutung beizumessen. Dies habe zur Konsequenz, daß solche gemischten Abkommen, die keine Aufteilung der völkerrechtlichen Bindungswirkung vornehmen, in ihrem gesamten Umfang als Gemeinschaftsabkommen anzusehen seien und daß bei diesem Typus des gemischten Vertrages der nationale Rechtsschutz ausgeschaltet sei. Es verbleibe allein der Rechtsschutz des Gemeinschaftsrechts. Gerichte der Mitgliedstaaten, die mit einem solchen Abkommen befaßt werden, müßten dieses in seinem vollen Umfang als Gemeinschaftsabkommen, d.h. als Gemeinschaftsrecht betrachten. Dies gelte auch dann, wenn die Vertragsbestimmungen in den Kompetenzbereich der Mitgliedstaaten gehören. Ein Ausschluß des nationalen Rechtsschutzes sei insbesondere erforderlich, um die Gefahr einer Zersplitterung des Abkommens durch unterschiedliche Auslegung abzuwenden.

Die Auffassung *Steins* gründet auf der These, daß die innergemeinschaftliche Wirksamkeit eines Gemeinschaftsabkommens nicht teilbar sei[260]. Da die Gültigkeit eines völkerrechtlichen Vertrags selbst nicht aufgrund der Gemeinschaftsrechtsordnung beurteilt werden könne, müsse die innergemeinschaftliche Wirksamkeit von der Gültigkeit des Beschlusses oder der Verordnung über den Abschluß des Abkommens hergeleitet werden.

Stein ist in der Feststellung zuzustimmen, daß dieser Bestätigungsbeschluß nicht der Vertragsschluß ist, sondern daß es sich hierbei um einen gemeinschaftsrechtlichen Akt handelt, der dazu dient, „die gemeinschaftsrechtliche Willensbildung im Hinblick auf den Vertragsschluß in eine gemeinschaftsrechtlich gültige Form zu gießen"[261]. Daraus folgt jedoch nicht zwingend der Schluß, dieser Akt bestätige die völkerrechtlichen Bindungen der Gemeinschaft, die sich aus dem Abkommen ergeben, in ihrer Gesamtheit, und er sei deshalb seinem Wesen nach nicht teilbar. Zwar ist zutreffend, daß der gemeinschaftsrechtliche Bestätigungsakt unwirksam und der geschlossene Vertrag innergemeinschaftlich

---

259 EuGH, Rs. 87/75 - *Bresciani* -, Urteil des Gerichtshofes vom 5.2.1976, Slg. 1976, S. 129, Rn. 17/18.

260 *Stein*, S. 138.

261 *Stein*, S. 138.

keine Wirkung erlangt, wenn die Gemeinschaft bei Erlaß des Aktes gegen die innergemeinschaftliche Kompetenzordnung verstößt[262]. Dies spricht jedoch eher dafür, die gemeinschaftsrechtliche Bindungswirkung des Bestätigungsaktes von vornherein auf den Bereich des Abkommens zu begrenzen, der in die Abschlußzuständigkeit der Gemeinschaft fällt. Es besteht eine Vermutung dahingehend, daß die Gemeinschaftsorgane auch im Bereich des Abschlusses völkerrechtlicher Verträge nur innerhalb der Grenzen ihrer Abschlußzuständigkeit tätig werden. Dann kann sich aber auch der Vorrang des Gemeinschaftsrechts nicht über den Zuständigkeitsbereich der Gemeinschaft hinaus auswirken. Die Konstruktion einer Zuständigkeitsübertragung bzw. Vertragsdurchbrechung, wie sie u.a. von *Bleckmann* vertreten wird, ist zudem bereits an früherer Stelle widerlegt worden. Aus der völkerrechtlichen Tatsache einer umfassenden Bindungswirkung der Gemeinschaft lassen sich keine Schlußfolgerungen für einen einheitlichen Status des Abkommens in der internen Rechtsordnung der Gemeinschaft und der Mitgliedstaaten ableiten.

c. Parallelität von Abschlußkompetenz und Anwendungskompetenz

Bei einer Betrachtungsweise, die die Kompetenzverteilung zwischen der Gemeinschaft und den Mitgliedstaaten zum Abschluß völkerrechtlicher Verträge in die Argumentation einbezieht, spricht viel für die in der Literatur verbreitete Position, daß Bestimmungen in völkerrechtlichen Verträgen mit Drittstaaten nur insoweit Bestandteil der Gemeinschaftsrechtsordnung werden, wie ihr Abschluß in die Außenkompetenz der Gemeinschaft fällt[263]. Danach ergibt sich eine vollständige Parallelität von externer Abschlußkompetenz und interner Anwendungskompetenz.

Der interne Status der einzelnen Bestimmungen eines gemischten Abkommens wie dem TRIPs-Abkommen soll der Verteilung der Außenkompetenzen zwischen der Gemeinschaft und den Mitgliedstaaten folgen und durch sie begrenzt sein: Soweit Bestimmungen eines gemischten Abkommens der Außenkompetenz der Gemeinschaft unterfallen, sind sie Bestandteil der Gemeinschaftsordnung; über den Status in der Gemeinschaftsrechtsordnung und somit über die unmittelbare Anwendbarkeit entscheiden die Kriterien des Gemeinschaftsrechts. Die von nationalen Kompetenzen getragenen Teile der gemischten Abkommen

---

[262] *Grabitz/Hilf/Vedder*, Bd. II, Art. 228 EGV, Rn. 23.

[263] *Grabitz/Hilf/Vedder*, Bd. II, Art. 228 EGV, Rn. 55; *GTE/Tomuschat*, 5. Aufl., Bd. 5, Art. 228 EGV, Rn. 77; *GTE/Weber*, 5. Aufl., Bd. 5, Art. 238 EGV, Rn. 23; *Ehlermann*, in: O'Keeffe/Schermers, S. 3 (18); *Epiney*, EuZW 1999, S. 5 (7); *Gaja*, in: O'Keeffe/-Schermers, S. 133 (137); *Gaja*, Rivista di diritto internazionale 1988, S. 605 (606); *MacLeod/Hendry/Hyett*, S. 155; *Schäfers*, GRUR Int. 1996, S. 763 (775).

werden dagegen gemeinschaftsintern nur nach Maßgabe des nationalen Verfassungsrechts in den nationalen Rechtsordnungen wirksam.

Diese Auffassung beruht auf der Grundprämisse, daß der Abschluß eines gemischten Abkommens zu keiner Verschiebung der primärrechtlich angeordneten Kompetenzverteilung zwischen der Gemeinschaft und den Mitgliedstaaten führen darf[264]. Die spezifische Qualität des Gemeinschaftsrechts mit seiner Vorrangstellung innerhalb der Rechtsordnung der Mitgliedstaaten können danach nur diejenigen Abkommensteile erlangen, die auf einer Gemeinschaftskompetenz beruhen[265]. Dies hat nun auch der Gerichtshof mit seiner Entscheidung *Parfums Christian Dior/Assco Gerüste* bestätigt[266].

7. Sonderproblem: Parallele, teilweise und potentielle Gemeinschaftskompetenz

Probleme in der Anwendung der These von der strikten Parallelität von Abschluß- und Anwendungskompetenz ergeben sich allerdings aus dem Umstand, daß die Zuständigkeit für den Abschluß des TRIPs-Abkommens insgesamt geteilt ist. Auch für die Bereiche des TRIPs-Abkommens, in denen keine ursprüngliche Abschlußkompetenz der Gemeinschaft bestand und die somit grundsätzlich in die Zuständigkeit der Mitgliedstaaten fallen, gilt, daß sie aufgrund der potentiellen ausschließlichen Kompetenz der Gemeinschaft keine den Mitgliedstaaten vorbehaltenen Bereiche darstellen[267]. Die Gemeinschaft kann sich hier aufgrund ihrer internen Harmonisierungskompetenz durch Aktualisierung der potentiellen Zuständigkeit, d.h. durch interne Rechtsetzung die erforderliche Außenkompetenz verschaffen[268].

Je nach Grad der erfolgten Harmonisierung sind zudem unterschiedliche Arten der Kompetenzverteilungen denkbar. Neben Bereichen ausschließlicher nationaler oder Gemeinschaftskompetenz stehen Bereiche, in denen die Gemeinschaft teilweise harmonisierend tätig geworden ist oder parallel neben den nationalen Regelungen bestehende Gemeinschaftsregimes errichtet hat. Hier ist eine gemeinschaftsrechtliche Regelung im Anwendungsbereich des TRIPs-Ab-

---

264 *GTE/Tomuschat*, 5. Aufl., Bd. 5, Art. 228 EGV, Rn. 77; *Epiney*, EuZW 1999, S. 5 (7).

265 *GTE/Tomuschat*, 5. Aufl., Bd. 5, Art. 228 EGV, Rn. 77.

266 EuGH, verb. Rs. C-300/98 – *Parfums Christian Dior SA v. Tuk Consultancy BV* - und Rs. C-392/98 - *Assco Gerüste GmbH, Rob van Dijk v. Wilhelm Layher GmbH & Co. KG, Layher BV* -, Urteil des Gerichtshofes vom 14.12.2000, Slg. 2000, I-11307 (11360 f.), Rn. 47 f. Vgl. auch *v. Danwitz*, JZ 2001, S. 72 (724).

267 EuGH, Gutachten 1/94 vom 15.11.1994 (*WTO*), Slg. 1994, I-5267 (5418), Rn. 104.

268 *Krenzler/da Fonseca-Wollheim*, EuR 1998, S. 223 (233 f.); *Eeckhout*, CMLRev 34 (1997), S. 11 (18); *Geiger*, JZ 1995, S. 973 (977); *Gilsdorf*, EuR 1996, S. 145 (156 f.).

kommens erfolgt. Eine präzise Allokation der Kompetenzbereiche ist oft nicht möglich[269]. Aufgrund des dynamischen Charakters der Kompetenzverteilung infolge der Harmonisierungsbestrebungen in der Gemeinschaft müßte sie in jedem Anwendungsfall neu vorgenommen werden. Schwierig ist auch die abstrakte Determinierung der Harmonisierungsdichte, die für einen Übergang der Zuständigkeit auf die Gemeinschaft erforderlich sein soll, bzw. die darauf aufbauende tatsächliche Feststellung, ob eine solche Harmonisierungsdichte vorliegt.

Im Fall von Parallelregimes im Anwendungsbereich des TRIPs-Abkommens kann zudem je nach Anwendungsfall ein und derselben Norm des TRIPs-Abkommens ein unterschiedlicher Status in der internen Rechtsordnung der Gemeinschaft bzw. des fraglichen Mitgliedstaates zukommen. Dem trägt der Gerichtshof in seiner Entscheidung *Parfums Christian Dior/Assco Gerüste* Rechnung, wenn er einen Bereich eines gemischten Abkommens bereits dann als Bestandteil der Gemeinschaftsordnung behandeln will, wenn in ihm überhaupt Rechtsvorschriften des Gemeinschaftsrechts erlassen worden sind[270]. Nicht die vollständige Harmonisierung eines Regelungsbereiches, sondern jedwedes Tätigwerden der Gemeinschaft soll danach ausreichen, um einen Abkommensbereich in die Gemeinschaftsordnung zu überführen, wobei eine genauere Definition eines „Bereiches" nicht erfolgt. Mit dieser Rechtsprechung bestimmt der Gerichtshof somit auch für die Bereiche eines gemischten Abkommens, in denen noch keine vollständige Harmonisierung stattgefunden hat, die Anwendung in der internen Rechtsordnung einheitlich nach Gemeinschaftsrecht.

Der dynamische Charakter der Kompetenzverteilung im Bereich des TRIPs-Abkommens könnte diese Position tatsächlich rechtfertigen. Darüber hinaus könnte es allerdings auch erforderlich sein, sämtliche Teile des Abkommens einschließlich derjenigen, für die nur eine noch nicht aktualisierte Gemeinschaftskompetenz besteht, als Bestandteil der Gemeinschaftsordnung zu betrachten. Hierfür sprechen vor allem Gründe der Praktikabilität in der internen

---

269 *MacLeod/Hendry/Hyett*, S. 160. Auch *Bogdandy/Bast*, CMLRev 39 (2002), S. 227.

270 EuGH, verb. Rs. C-300/98 – *Parfums Christian Dior SA v. Tuk Consultancy BV* - und Rs. C-392/98 - *Assco Gerüste GmbH v. Wilhelm Layher GmbH & Co. KG* -, Urteil des Gerichtshofes vom 14.12.2000, Slg. 2000, I-11307 (11360), Rn. 47. Generalanwalt *Jacobs* mutmaßt in seinem Schlußantrag in der Rs. C89/99 – *Schieving-Nijstad* -, die Auffassung des Gerichtshofes in *Parfums Christian Dior/Assco Gerüste* finde ihre Erklärung darin, daß „es zu umständlich wäre, wenn für einstweilige Maßnahmen zwei verschiedene Rechtsordnungen, eine für die Gemeinschaftsmarke und eine andere für nationale Maßnahmen, maßgebend wären"; Generalanwalt *Jacobs* in EuGH, Rs. C-89/99 – *Schieving-Nijstad vof u.a. v. Robert Groeneveld* -, Schlußanträge vom 15.2.2001, Slg. 2001, I-5851 (5863), Rn. 40.

Anwendung des Abkommens[271]. Auch die vom EuGH in *Parfums Christian Dior/Assco Gerüste* vorgenommene Differenzierung behebt nämlich nicht alle Abgrenzungsprobleme. Wie das angeführte Beispiel des Art. 50 Abs. 6 TRIPs zeigt, ist bei derartigen Verfahrensbestimmungen, die auf sämtliche materiellen Regelungsbereiche des geistigen Eigentums Anwendung finden, auch weiterhin nicht ausgeschlossen, daß ihr interner Wirkungsmodus sich je nach Anwendungsfall nach Gemeinschaftsrecht oder nach nationalem Recht bestimmt. Nur wenn für den Bereich des konkret in Frage stehenden Rechts des geistigen Eigentums (wie z.B. in der Verordnung über die Gemeinschaftsmarke) eine Gemeinschaftsregelung getroffen wurde, soll eine Anwendung nationaler Verfassungsgrundsätze ausgeschlossen sein. Mit einer Lösung, die bereits mit dem Abschluß eines gemischten Abkommens sämtliche Teile des Abkommens in die Gemeinschaftsrechtsordnung einbezieht, könnte diesen Abgrenzungsproblemen, die sich aus der Dynamik der Kompetenzverteilung ergeben, vorgegriffen werden. Sie beruhte auf einer partiellen Aktualisierung der potentiellen Gemeinschaftskompetenz für Zwecke einer gemeinschaftsweit einheitlichen internen Anwendung des Abkommens.

Einer solchen Betrachtung hat der Gerichtshof indes mit seinen Ausführungen zur Reichweite der stillschweigenden Außenkompetenzen der Gemeinschaft im *Gutachten 1/94* zu Recht den Weg versperrt.

Zwar ließ sich die EuGH-Rechtsprechung vor *Gutachten 1/94* durchaus in dem Sinne verstehen, daß sich eine ungeschriebene Außenkompetenz der Gemeinschaft auch aus einer zwar bestehenden, aber noch nicht ausgeübten Harmonisierungszuständigkeit ergeben kann. So hatte der Gerichtshof im *Gutachten 1/76* der Gemeinschaft eine ungeschriebene Außenkompetenz zugebilligt, obwohl sie im fraglichen Bereich noch kein Sekundärrecht erlassen hatte[272]. In der Literatur wurde diese Rechtsprechung unter anderem mit dem Hinweis auf die ansonsten entstehenden Probleme in der Wahrnehmung der externen Gemeinschaftskompetenzen gerechtfertigt[273]. Eine konkurrierende Kompetenz der Mitgliedstaaten nach außen führe zu Bindungen gegenüber Dritten, deren rechtliche Konsequenzen, vor allem aber deren politische Folgen das spätere Tätigwerden der Gemeinschaft lähmen könnten.

Im *Gutachten 1/94* betonte der Gerichtshof jedoch ausdrücklich, daß eine lediglich mögliche, noch nicht ausgeübte interne Zuständigkeit der Gemeinschaft

---

271 Hierfür spricht sich aus Wertungsgesichtspunkten *Hermes* aus; *Hermes*, S. 97 f.

272 EuGH, Gutachten 1/76 vom 26.4.1977 (*Stillegungsfonds für die Binnenschiffahrt*), Slg. 1977, S. 741 (755 f.); auch EuGH, verb. Rs. 3,4,6/76 – *Kramer* -, Urteil des Gerichtshofes vom 14.7.1976, Slg. 1976, S. 1279 (1309 ff.). Siehe hierzu auch *Grabitz/Hilf/Krenzler*, Band 2 (neu), E.1, Rn. 37 ff.

273 *Geiger*, ZaöRV 37 (1977), S. 640 (661 f.).

grundsätzlich keine externe Zuständigkeit der Gemeinschaft begründen kann[274]. Für den Bereich des Immaterialgüterrechts finde zudem die einzige hierzu geltende Ausnahme, daß nämlich der Abschluß eines völkerrechtlichen Abkommens erforderlich ist, um Ziele des EGV zu verwirklichen, die sich durch die Aufstellung autonomer gemeinsamer Regeln nicht erreichen lassen, keine Anwendung[275]. Schwierigkeiten, die sich bei Annahme eines gemischten Abkommens ergeben könnten, dürften die Beantwortung der Zuständigkeitsfrage nicht ändern, sondern seien über eine Pflicht zur Zusammenarbeit zu lösen[276]. Die Feststellung des EuGH, die in derart geteilte Zuständigkeit fallenden Abkommensteile des TRIPs-Abkommens seien nicht den Mitgliedstaaten vorbehalten und stünden nicht außerhalb des Gemeinschaftsrechts[277], enthält danach lediglich eine Aussage zu der Reichweite der internen Harmonisierungskompetenz. Konsequenzen für die Außenkompetenz der Gemeinschaft vor Erlaß einer umfassenden Gemeinschaftsregelung lassen sich hieraus nicht ableiten.

Mit der Entscheidung *Parfums Christian Dior/Assco Gerüste* hat der Gerichtshof diese Grundsätze für die Frage des internen Wirkungsmodus eines gemischten Abkommens bestätigt.

Dieser kompetenzrechtlichen Betrachtungsweise des Gerichtshofs zum innergemeinschaftsrechtlichen Wirkungsmodus gemischter Abkommen ist zuzustimmen[278]. Noch weniger als im Fall der Auslegungszuständigkeit[279] besteht im Fall der Anwendungszuständigkeit eine zwingende Notwendigkeit, gemischte Abkommen innergemeinschaftlich einheitlich durchzuführen. Daß der interne Status von Bestimmungen eines gemischten Abkommens, wie Art. 50 TRIPs, sich je nach Anwendungsfall nach Gemeinschaftsrecht oder nach nationalem Recht richten kann, ist eine logische Konsequenz aus der Berücksichtigung der innergemeinschaftlichen Kompetenzverteilung. Gründe der Praktikabilität oder der Interessenwertung[280] können diese Kompetenzverteilung nicht überwinden.

---

274 EuGH, Gutachten 1/94 vom 15.11.1994 (*WTO*), Slg. 1994, I-5267 (5414), Rn. 89, (5417), Rn. 100 ff. Diese Rechtsprechung wurde in folgenden Entscheidungen bestätigt: EuGH, Gutachten 2/92 vom 24.3.1995 (*OECD*), Slg. 1995, I-521 (558 f.), Rn. 31 ff.; EuGH, Gutachten 2/94 vom 28.3.1996 (*EMRK*), Slg. 1996, I-1759 (1787), Rn. 26 ff. (hier allerdings bereits keine interne Regelungsbefugnis der Gemeinschaft); EuGH, Rs. C-25/94 – *Kommission v. Rat (FAO)* -, Urteil des Gerichtshofes vom 19.3.1996, Slg. 1996, I-1469 (1508 f.), Rn. 40 ff. Siehe auch *Grabitz/Hilf/Krenzler*, Bad 2 (neu), E.1, Rn. 54 ff.; *Emiliou*, in: Emiliou/O'Keeffe, S. 31 (39 f.).

275 EuGH, Gutachten 1/94 vom 15.11.1994 (*WTO*), Slg. 1994, I-5267 (5418), Rn. 102 f.

276 EuGH, Gutachten 1/94 vom 15.11.1994 (*WTO*), Slg. 1994, I-5267 (5420), Rn. 107 f.

277 EuGH, Gutachten 1/94 vom 15.11.1994 (*WTO*), Slg. 1994, I-5267 (5418), Rn. 103 f.

278 Vgl. *v. Danwitz*, JZ 2001, S. 721 (724).

279 Hierzu unten, Teil 2, B. III.

280 So aber *Hermes*, S. 97 ff.

Insbesondere die innergemeinschaftliche Pflicht zur Zusammenarbeit ist hierzu kein geeignetes Instrument[281].

Lediglich mögliche, noch nicht ausgeübte interne Zuständigkeiten der Gemeinschaft können deshalb nicht ausreichen, um ein gemischtes Abkommen als Bestandteil der Gemeinschaftsordnung zu behandeln. Zumindest die Bereiche des Abkommens, in denen die Gemeinschaft überhaupt noch nicht rechtsetzend tätig geworden ist, verbleiben damit zu Recht in der Anwendungskompetenz der Mitgliedstaaten.

Darüber hinaus ist aber fraglich, ob die vom Gerichtshof in *Parfums Christian Dior/Assco Gerüste* aufgestellten Abgrenzungskriterien, wonach auch teilweise oder parallele Gemeinschaftsregelungen eine Überführung in die Gemeinschaftsordnung rechtfertigen sollen, tragfähig sind.

Im Ergebnis hat der Gerichtshof im *Gutachten 1/94* die nach der *doctrine of pre-emption* im Binnenverhältnis zwischen der Gemeinschaft und den Mitgliedstaaten geltenden Grundsätze auch auf das Verhältnis der Außenkompetenzen für anwendbar erklärt[282]. Nach der *doctrine of pre-emption* sind Regelungsbereiche, für die ursprünglich eine konkurrierende Zuständigkeit bestand, erst dann dem Kompetenzbereich der Mitgliedstaaten entzogen, wenn und sobald auf der höherrangigen Ebene der Gemeinschaft umfassende, abschließende Regelungen erlassen wurden[283]. Ob das Gemeinschaftsrecht eine Materie umfassend regelt, muß durch Auslegung der betreffenden EG-Regelung bestimmt werden[284]. Die Verlagerung von Kompetenzen von den Mitgliedstaaten auf die Gemeinschaft setzt somit eine vollständige Aktualisierung der Gemeinschaftskompetenz voraus. In den Bereichen teilweiser und paralleler Gemeinschaftsregelung hat (noch) keine vollständige Kompetenzverlagerung stattgefunden.

Für die Verteilung der Außenkompetenzen im Fall des TRIPs-Abkommens bedeutet dies, daß die Mitgliedstaaten im Zeitraum vor erfolgter vollständiger Harmonisierung ihre eigene Abschlußzuständigkeit behalten. Hierzu gehört auch die Souveränität, über den internen Status entsprechender Bestimmungen aus gemischten Abkommen zu entscheiden[285]. Eine ausschließliche Zuständigkeit der Gemeinschaft kann nachträglich nur dadurch entstehen, daß diese den be-

---

281 Siehe hierzu ausführlich Teil 2, B. III. 5.

282 Vgl. auch *Geiger*, JZ 1995, S. 973 (977).

283 Zur „doctrine of pre-emption" siehe *Bieber*, ELR 13 (1988), S. 147 (153, 155); *Cross*, CMLRev 29 (1992), S. 447 ff.; *Jarass*, S. 15; *Waelbroeck*, in: Sandalow/Stein, S. 548.

284 *Jarass*, S. 15, 37 ff.

285 Dies wurde in der Rechtssache *Parfums Christian Dior* ausdrücklich anerkannt; EuGH, verb. Rs. C-300/98 – *Parfums Christian Dior SA v. Tuk Consultancy BV* - und Rs. C-392/98 - *Assco Gerüste GmbH v. Wilhelm Layher GmbH & Co. KG* -, Urteil des Gerichtshofes vom 14.12.2000, Slg. 2000, I-11307 (11361), Rn. 48.

treffenden Sachbereich durch einen Rechtsakt umfassend regelt. Eine nicht vollständig ausgeübte Gemeinschaftskompetenz kann keinen „Anziehungseffekt“ rechtfertigen, der die Zuständigkeit der Mitgliedstaaten, über den internen Status von Abkommensbestimmungen, die in ihren Regelungsbereich fallen, vollständig aushöhlte[286].

In jedem Fall besitzt die Gemeinschaft demnach im Zeitraum vor Aktivierung einer internen Gemeinschaftszuständigkeit - mangels Harmonisierungsmaßnahmen – auch (noch) keine externe Abschlußkompetenz. Demgemäß kann auch ein Bestandteil eines gemischten Abkommens, für den die Gemeinschaft keine externe Kompetenz erworben hat, nicht als Bestandteil der Gemeinschaftsrechtsordnung behandelt werden[287]. Eine entsprechende (bei nachträglicher Harmonisierung gedachte) „Abschlußhandlung“ der Gemeinschaftsorgane wäre *ultra vires*. Die Tatsache, daß die Gemeinschaft für sämtliche Bereiche des TRIPs-Abkommens zumindest eine potentielle externe Zuständigkeit besitzt, kann deshalb nicht dazu führen, daß das TRIPs-Abkommen in seiner Gesamtheit als Bestandteil der Gemeinschaftsrechtsordnung zu behandeln ist.

Eine Verteilung der Anwendungskompetenzen streng entlang den Linien der ausschließlichen Abschlußkompetenzen ist in den Bereichen paralleler oder teilweiser, d.h. unvollständiger Gemeinschaftsregelung jedoch auch nicht möglich. In diesen Bereichen hat die Gemeinschaft durch den Erlaß von Sekundärrecht eine Zuständigkeit erworben. Mangels Vollständigkeit begründet diese jedoch noch keine ausschließliche Abschlußkompetenz. Solange der entsprechende Abkommensbereich nicht vollständig vom Gemeinschaftsrecht erfaßt ist, behalten die Mitgliedstaaten für ihren verbleibenden Regelungsbereich ihre Zuständigkeit. Der Bereich des Markenrechts mit der Verordnung über die Gemeinschaftsmarke auf Gemeinschaftsseite und den parallel bestehenden nationalen Markenrechtsregimes ist hierzu ein Beispiel. Generalanwalt *Jacobs* hat in seinen Schlußanträgen in der Rechtssache *Schieving-Nijstad* zu Recht ausgeführt, es sei nicht ohne weiteres verständlich, warum das Gemeinschaftsrecht die Wirkungen von Art. 50 TRIPs nicht nur für Gemeinschaftsmarken, sondern auch in Fällen bestimmen soll, in denen es um nationale Marken geht[288]. Schließlich

---

286 Vgl. GA *Cosmas*, EuGH, verb. Rs. C-300/98 – *Parfums Christian Dior SA v. Tuk Consultancy BV* – und Rs. C-392/98 –*Assco Gerüste GmbH und R. van Dijk v. Wilhelm Layher GmbH & Co KG und Layher BV* -, Schlußantrag vom 11.7.2000, Slg. 2000, I-11307 (11325), Rn. 45.

287 EuGH, verb. Rs. C-300/98 – *Parfums Christian Dior SA v. Tuk Consultancy BV* - und Rs. C-392/98 - *Assco Gerüste GmbH v. Wilhelm Layher GmbH & Co. KG* -, Urteil des Gerichtshofes vom 14.12.2000, Slg. 2000, I-11307 (11361), Rn. 48. Vgl. auch *Geiger*, JZ 1995, S. 973 (981).

288 Generalanwalt *Jacobs* in EuGH, Rs. C-89/99 – *Schieving-Nijstad vof u.a. v. Robert Groeneveld* -, Schlußanträge vom 15.2.2001, Slg. 2001, I-5851 (5863), Rn. 40.

werde Art. 50 TRIPs bei seiner Anwendung auf eine nationale Marke nach der eigenen Rechtsprechung des Gerichtshofes auf einen dem innerstaatlichen Recht unterliegenden Sachverhalt angewandt.

Dieser Kritik ist zuzustimmen; den Ausführungen des Gerichtshofes in Rn. 47 des Urteils *Parfums Christian Dior/Assco Gerüste* kann nicht gefolgt werden. Für die Bestimmung der Anwendungskompetenz in Bereichen teilweiser oder paralleler Gemeinschaftsregelung ist somit nicht darauf abzustellen, ob im Hinblick auf eine bestimmte TRIPs-Norm die Gemeinschaft überhaupt regelnd tätig geworden ist, sondern ob die Norm im Hinblick auf eine gemeinschaftsrechtliche oder eine mitgliedstaatliche Regelung angewandt werden soll. Nur bei einer Überprüfung gemeinschaftlichen Sekundärrechts am Maßstab der TRIPs-Vorgaben richtet sich danach die unmittelbare Anwendbarkeit der einschlägigen TRIPs-Norm nach Gemeinschaftsrecht. Solange die unmittelbare Anwendbarkeit einer TRIPs-Norm im Hinblick auf eine mitgliedstaatliche Regelung und somit in einem rein nationalen Sachverhalt in Frage steht, bestimmt sich ihr interner Wirkungsmodus nach mitgliedstaatlichem Recht. In den Bereichen paralleler und teilweiser Gemeinschaftsregelungen besitzen Gemeinschaft und Mitgliedstaaten somit jeweils und gleichzeitig für ihren Regelungsbereich und Anwendungszweck die Anwendungskompetenz.

Diese Lösung steht nicht im Widerspruch dazu, daß der Gerichtshof im *Gutachten 1/94* auf die Ausschließlichkeit der Außenkompetenzen abstellte[289]. Ob der EuGH damit lediglich die Ausschließlichkeit einer Außenkompetenz an den Erlaß umfassender Harmonisierungsgesetzgebung knüpfen wollte, daneben aber konkurrierende, nicht-ausschließliche Außenkompetenzen zulassen wollte, kann hier offen bleiben[290]. Zumindest die Zuständigkeit zur internen Anwendung einer Vertragsnorm kann als konkurrierende oder parallele Kompetenz zwischen der Gemeinschaft und den Mitgliedstaaten geteilt sein.

Der interne Status ein und derselben TRIPs-Norm kann danach je nach Anwendungsfall zwischen der Gemeinschaft und ihren jeweiligen Mitgliedstaaten differieren. Dies ist unvermeidbare Folge der dogmatischen Grundentscheidung, daß der Abschluß eines gemischten Vertrages zu keiner Verschiebung der innergemeinschaftlichen Kompetenzverteilung führen darf.

8. Erwägungsgründe des Rates bei Abschluß der WTO-Übereinkünfte

Dieses Ergebnis wird auch durch die folgenden Überlegungen gestützt. Das WTO-Abkommen samt seiner Anhänge ist durch „Beschluß des Rates vom 22. Dezember 1994 über den Abschluß der Übereinkünfte im Rahmen der multilate-

---

289 Siehe EuGH, Gutachten 1/94 vom 15.11.1994 (*WTO*), Slg. 1994, I-5267 (5393), Rn. 14.

290 Hierzu vgl. (ablehnend) *Geiger*, JZ 1995, S. 973 (978 f.).

ralen Verhandlungen der Uruguay-Runde (1986 - 1994) im Namen der Europäischen Gemeinschaft in bezug auf die in ihre Zuständigkeit fallenden Bereiche (94/800/EG)"[291] in das Gemeinschaftsrecht überführt worden.

Zwar ist die rechtliche Wirkung dieses Ratsbeschlusses streitig[292]. Grundsätzlich bestimmt sich der innergemeinschaftliche Status des TRIPs-Abkommens allein nach Art. 300 Abs. 7 EGV. Jedenfalls hat die Gemeinschaft jedoch durch ihre Organe den Vertragsschluß mit Ratsbeschluß innergemeinschaftlich bestätigt. Dieser Akt des sekundären Gemeinschaftsrecht dient dazu, die gemeinschaftsrechtliche Willensbildung des Organe (sowie der Mitgliedstaaten) im Hinblick auf den Vertragsschluß in eine gemeinschaftsrechtlich gültige Form zu gießen[293]. Der Ratsbeschluß Nr. 94/800/EG kann somit Auskunft darüber geben, ob die Gemeinschaft den Willen hatte, das TRIPs-Abkommen (als Anhang zum WTO-Abkommen) insgesamt als Handlung der Gemeinschaftsorgane abzuschließen. Sofern sich aus dem Bestätigungsakt selbst eine Beschränkung des Handelns der Gemeinschaftsorgane ergibt, muß dies auch Relevanz für die Frage erlangen, inwieweit das Abkommen Bestandteil der Gemeinschaftsordnung geworden ist.

Der Rat hat in seinem Beschluß Nr. 94/800/EG Sorge getragen, den Wirkungsbereich des Beschlusses auf die Abkommensbereiche in Gemeinschaftszuständigkeit zu begrenzen. Schon laut der Überschrift des Beschlusses handelte die Europäische Gemeinschaft bei dem Abschluß der WTO-Übereinkünfte nur „in bezug auf die in ihre Zuständigkeiten fallenden Bereiche". Eine entsprechende Einschränkung des Wirkungsbereiches findet sich in Art. 1 Abs. 1 des Beschlusses. Danach werden die aufgeführten multilateralen Übereinkünfte und Rechtsakte im Namen der Europäischen Gemeinschaft nur „hinsichtlich des in ihre Zuständigkeit fallenden Teils" genehmigt. Hierbei handelt es sich um eine im Rahmen von Ratsbeschlüssen über den Abschluß eines gemischten Abkommens neue Terminologie, die auf die Ausführungen des EuGH zur Kompetenzverteilung zwischen der Gemeinschaft und den Mitgliedstaaten beim Abschluß der WTO-Abkommen zurückzuführen ist. Die bisherige Sprachregelung für Ratsbeschlüsse zum Abschluß gemischter Abkommen lautete: „Das Abkommen wird *im Namen der Gemeinschaft* geschlossen, gebilligt und bestätigt bzw. genehmigt[294]." Schon dieser Formulierung kann eine

---

[291] ABl. (EG) 1994 L 336/1.

[292] Hierzu siehe Teil 3, Kapitel B, Seite 144.

[293] *Stein*, S. 138.

[294] Eigene Hervorhebung. So z.B. in Art. 1 des Beschlusses über den Abschluß des Abkommens zur Gründung einer Assoziation zwischen der Europäischen Wirtschaftsgemeinschaft und Griechenland (63/106/EWG), ABl. (EG) 1963 Nr. 26/294; Art. 1 des Beschlusses vom 23. 12. 1963 über den Abschluß eines Abkommens zur Gründung einer Assoziation zwischen der EWG und der Türkei (64/732/EWG), ABl. (EG) 1964 Nr. 217/3685; Art. 1 der Verordnung (EWG) Nr. 2214/78 des Rates vom 26. 9. 1978 über den

Beschränkung der Wirkungen der jeweiligen Ratsbeschlüsse entnommen werden; die Genehmigung des Abkommens erfolgte durch den Ratsbeschluß eben nur im Namen der Gemeinschaft und deshalb auch nur im Rahmen der gemeinschaftsrechtlichen Kompetenzen. Eine ausdrückliche Klarstellung sowie eine deutliche Beschränkung der Bindungswirkung des Ratsbeschlusses ergibt sich indes aus dem Zusatz „hinsichtlich des in ihre Zuständigkeit fallenden Teils“, wie er im Ratsbeschluß NR. 94/800/EG über den Abschluß der WTO-Übereinkünfte enthalten ist.

Auch eine derartige Klarstellung beim Abschluß gemischter Abkommen ist indes nicht neu. Bereits der Beschluß des Rates vom 24. 6. 1982 über den Abschluß des Übereinkommens zur Erhaltung der wandernden wildlebenden Tierarten (82/461/EWG) stellt in seinen Erwägungsgründen klar, daß der Abschluß des Abkommens durch die Gemeinschaft - unbeschadet der Rechtsakte, die sie später erläßt - keinerlei Erweiterung der ausschließlichen Zuständigkeiten der Gemeinschaft mit sich bringe. Diese Erklärung zeugt zum einen vom Beharren der Mitgliedstaaten auf der Grundprämisse, daß der Abschluß eines gemischten Abkommens zu keiner Verschiebung des primärrechtlichen Kompetenzgefüges zwischen der Gemeinschaft und den Mitgliedstaaten führen darf. Er stellt vor allem jedoch in Frage, ob der Abschluß des Abkommens durch Ratsbeschluß tatsächlich bewirkt, daß das Abkommen - wie der EuGH argumentiert - in seinem vollen Umfang als Handlung der Organe zu betrachten ist. Die Formulierung des Ratsbeschlusses Nr. 82/461/EWG spricht eher für die Auffassung, daß auch ohne klarstellende Formulierung gemäß Beschluß Nr. 94/800/EWG eine Genehmigung des Abkommens „im Namen der Gemeinschaft“ nur in den Grenzen der Gemeinschaftskompetenzen erfolgen kann und demgemäß auch erfolgt.

Die Formulierung „hinsichtlich des in ihre Zuständigkeit fallenden Teils“ läßt allerdings den genauen Umfang dieser Zuständigkeiten offen[295]. Deutlich ist aufgrund des zeitlichen und inhaltlichen Zusammenhangs allerdings der Bezug auf das *Gutachten 1/94* des Gerichtshofs, in dessen Licht der Beschluß Nr. 94/800/EG ausgelegt werden muß. Danach besitzt die Gemeinschaft auch für diejenigen Bereiche des Abkommens, für die zum Zeitpunkt des Abkommens-

---

Abschluß des Kooperationsabkommens zwischen der EWG und der Libanesischen Republik, ABl. (EG) 1978 L 267/2; Art. 1 des Beschlusses des Rates und der Kommission vom 24. 3. 1986 über den Abschluß des Dritten AKP-EWG-Abkommens (Lomé III) (86/125/EWG, EGKS), ABl. (EG) 1986 L 86/1; Art. 1 des Beschlusses des Rates vom 10. 12. 1979 über den Abschluß der multilateralen Abkommen, die im Zuge der Handelsverhandlungen von 1973 - 1979 ausgehandelt wurden (Tokyo-Runde GATT) (80/271/EWG), ABl. (EG) 1980 L 71/1; Art. 1 des Beschlusses des Rates vom 24. 6. 1982 über den Abschluß des Übereinkommens zur Erhaltung der wandernden wildlebenden Tierarten (82/461/EWG), ABl. (EG) 1982 L 210/10.

295 *Eeckhout*, CMLRev 34 (1997), S. 11 (19).

abschlusses noch eine Abschlußkompetenz der Mitgliedstaaten besteht, eine potentielle oder nicht ausschließliche Abschlußzuständigkeit[296]. Aufgrund der eindeutigen Formulierung des Art. 1 fallen Abkommensteile in geteilter Zuständigkeit jedoch nicht unter den Ratsbeschluß Nr. 94/800/EG; anderenfalls machte die Begrenzung des Beschlusses auf einen in die Zuständigkeit der Gemeinschaft fallenden *Teil* (Art. 1) bzw. *Bereiche* (Überschrift) des Abkommens keinen Sinn. Für eine Begrenzung der Wirkungen des Ratsbeschlusses auf die Bereiche ausschließlicher Außenkompetenz der Gemeinschaft sprechen auch die Ausführungen zu den Rechtsgrundlagen in den Erwägungsgründen 8 - 10 des Ratsbeschlusses. Die aufgeführten Rechtsgrundlagen begründen ausnahmslos ausschließliche Außenkompetenzen der Gemeinschaft auf der Grundlage primärrechtlicher Kompetenznormen und der Doktrin der stillschweigenden Außenkompetenzen. Art. 57 (ex-73 c) EGV wird dagegen in Erwägungsgrund 10 als Rechtsgrundlage ausgeschlossen, da bislang auf der Grundlage dieses Artikels noch kein gemeinschaftlicher Rechtsakt angenommen worden sei. Hierin folgt der Rat der Rechtsprechung des EuGH, daß ausschließliche stillschweigende Außenkompetenzen eine abschließende Harmonisierungsgesetzgebung der Gemeinschaft voraussetzen[297].

Aus dem Rahmen einer derartigen Argumentation fällt allerdings auf den ersten Blick der in Erwägungsgrund 9 enthaltene Hinweis auf die Verordnung (EG) Nr. 40/94 vom 20. Dezember 1993 über die Gemeinschaftsmarke[298]. Die Existenz dieser Verordnung rechtfertigt nach Ansicht des Rates den Rückgriff auf die Artikel 94 (ex-100) und 308 (ex-235) EGV als Rechtsgrundlage für den Ratsbeschluß. Der Erlaß der Verordnung der Gemeinschaftsmarke hat indes gerade nicht zu einer vollständigen Harmonisierung des Markenrechts geführt, die eine stillschweigende ausschließliche Außenkompetenz der Gemeinschaft in diesem Bereich begründete. Vielmehr stellt der Bereich des Markenrechts mit dem parallel neben den nationalen Rechten bestehenden Regime der Gemeinschaftsmarke einen Bereich paralleler Kompetenzen dar, in dem sowohl die Gemeinschaft als auch die Mitgliedstaaten für ihr jeweiliges Rechtsregime zuständig sind. Andererseits ergibt sich gerade aus diesem Status paralleler Rechtsregimes eine Außenkompetenz der Gemeinschaft für den durch das Gemeinschaftsregime geschaffenen Bereich. Der Hinweis auf die Verordnung über die Gemeinschaftsmarke eignet sich also nicht, um eine Ausweitung des Anwendungsbereiches des Ratsbeschlusses auf Bereiche potentieller Gemeinschaftskompetenzen zu begründen.

---

[296] EuGH, Gutachten 1/94 vom 15.11.1994 (*WTO*), Slg. 1994, I-5267 (5419), Rn. 104 f.

[297] Siehe EuGH, Gutachten 1/94 vom 15.11.1994 (*WTO*), Slg. 1994, I-5267 (5417), Rn. 102.

[298] ABl. (EG) 1994 L 11/1.

Die Gemeinschaft hat damit selbst die Wirkung des Zustimmungsaktes zu den WTO-Übereinkommen auf die in ihre ausschließliche Abschlußzuständigkeit fallenden Bereiche begrenzt.

9. Ergebnis

Auf der Grundlage der Grundsätze der Kompetenzverteilung zwischen der Gemeinschaft und ihren Mitgliedstaaten sind nur die Teile des TRIPs-Abkommens, die in die ausschließliche Abschlußzuständigkeit der Gemeinschaft fallen, als Teil der Gemeinschaftsrechtsordnung anzuerkennen. Die auf mitgliedstaatlichen Abschlußkompetenzen beruhenden Abkommensteile unterliegen nicht Art. 300 Abs. 7 EGV und werden daher nicht integrierender Bestandteil der Gemeinschaftsrechtsordnung. Die Auffassung wird bestätigt durch den Wortlaut des Ratsbeschlusses Nr. 84/800/EG.

Für Bereiche teilweiser und paralleler Gemeinschaftsregelung im Anwendungsbereich des TRIPs-Abkommens besitzt die Gemeinschaft zwar mangels vollständiger Harmonisierung keine ausschließliche Abschlußkompetenz. Dennoch bestimmt sich der interne Status der einschlägigen Abkommensbestimmung nach Kriterien des Gemeinschaftsrechts, soweit die Bestimmung im Hinblick auf die jeweilige gemeinschaftsrechtliche Regelung angewandt werden soll.

Daraus ergibt sich für das TRIPs-Abkommen folgende Verteilung der internen Anwendungskompetenz:

Die Gemeinschaft ist *ausschließlich* zuständig für die Anwendung des Abschnittes 4 des Teils III des TRIPs-Abkommens.

In den Bereichen, in dem die Gemeinschaft echte Gemeinschaftsrechte im Sinne eines Gemeinschaftsrechtsregimes geschaffen hat, sind die Gemeinschaft und die Mitgliedstaaten im Sinne einer *parallelen* Kompetenz gleichzeitig zuständig, und zwar jede Seite im Hinblick auf das ihr zuzuordnende Rechtsregime. Ein solcher Bereich paralleler Kompetenzen ist z.B. das Markenrecht mit dem Regime der Gemeinschaftsmarke[299].

In Gebieten, in denen bislang lediglich eine partielle Harmonisierung des Immaterialgüterrechts erfolgte, ist die Gemeinschaft *teilweise* zuständig. Beispiel für einen solchen Bereich des TRIPs-Abkommens ist das Gebiet des Urheberrechts[300]. Das Ausmaß der Gemeinschaftszuständigkeit bestimmt sich hier nach dem Harmonisierungsgrad. Für die Zwecke der Überprüfung eines Rechtsaktes

---

[299] Verordnung (EG) Nr. 40/94 über die Gemeinschaftsmarke, ABl. (EG) 1994 L 11/1.

[300] Aufgrund des fortgeschrittenen Harmonisierungsgesetzgebung könnte für einzelne Bereiche des Urheberrechts allerdings bereits eine ausschließliche Gemeinschaftskompetenz entstanden sein; *Wooldridge*, [1999] I.P.Q. 124 (129).

des Gemeinschaftsrechts am Maßstab einer TRIPs-Norm bestimmt sich deren unmittelbare Anwendbarkeit allerdings nach den Kriterien des Gemeinschaftsrechts.

In den Regelungsbereichen des TRIPs-Abkommens, in denen bislang keine Harmonisierung auf Gemeinschaftsebene stattgefunden hat, verbleibt es bei der ausschließlichen Abschluß- und Anwendungszuständigkeit der Mitgliedstaaten. Allerdings steht diese Zuständigkeit stets unter dem Vorbehalt einer künftigen Einschränkung durch gemeinschaftsweite Harmonisierung im Wege der Sekundärgesetzgebung.

C. Zuständigkeit des EuGH zur Auslegung des TRIPs-Abkommens im Vorabentscheidungsverfahren

I. Zweckmäßigkeit einer einheitlichen Auslegung des TRIPs-Abkommens in der Europäischen Gemeinschaft

Es ist unbestritten, daß eine einheitliche und beim Europäischen Gerichtshof konzentrierte Auslegung des TRIPs-Abkommens zweckmäßig wäre[301]. Sie gewährleistete die einheitliche Umsetzung des Abkommens in den internen Rechtsordnungen und auf völkerrechtlicher Ebene im Verhältnis zu den Vertragspartnern. Aus der Perspektive des Individualrechtsschutzes gewährleistete sie einen einheitlichen Rechtsschutz gegen Verletzungen des TRIPs-Abkommens im Wege des Vorabentscheidungsverfahrens.

Bloße Zweckmäßigkeit allein kann indes nicht ausreichen, um die Zuständigkeit zur Auslegung eines Abkommens beim Gerichtshof zu konzentrieren. Wie der Gerichtshof im *Gutachten 1/94* betont hat, kann ein Problem der Kompetenzverteilung nicht nach Maßgabe eventueller Schwierigkeiten geregelt werden, die bei der Durchführung des Abkommens auftreten können[302]. Die Annahme einer zentralen Auslegungszuständigkeit des Gerichtshofs setzt vielmehr die primär-

---

301 EuGH, Rs. C-53/96 - *Hermès International v. FHT Marketing Choice BV* -, Urteil des Gerichtshofes vom 16.6.1998, Slg. 1998, I-3603 (3648), Rn. 32, sowie EuGH, verb. Rs. C-300/98 – *Parfums Christian SA v. Tuk Consultancy BV* - und Rs. C-392/98 - *Assco Gerüste GmbH v. Wilhelm Layher GmbH & Co. KG* -, Urteil des Gerichtshofes vom 14.12.2000, Slg. 2000, I-11307 (11358), Rn. 37; vgl. auch *Groh/Wündisch*, GRUR Int. 2001, S. 497 (500). Die Effizienz einer solchen einheitliche Auslegung wird allerdings bezweifelt von GA *Cosmas;* EuGH, verb. Rs. C-300/98 – *Parfums Christian Dior SA v. Tuk Consultancy B*V – und Rs. C-392/98 –*Assco Gerüste GmbH und R. van Dijk v. Wilhelm Layher GmbH & Co KG und Layher BV* -, Schlußantrag vom 11.7.2000, Slg. 2000, I-11307 (11332), Rn. 65 ff.

302 EuGH, Gutachten 1/94 vom 15.11.1994 (*WTO*), Slg. 1994, I-5267 (5420), Rn. 107; siehe auch GA *Tesauro*, Rs. C-53/96, *Hermès International v. FHT Marketing Choice BV*, Schlußantrag vom 13.11.1997, Slg. 1998, I-3603 (3618), Rn. 19.

rechtliche Zulässigkeit und gemeinschaftsrechtlichen Notwendigkeit einer solchen Maßnahme voraus.

Ausgangspunkt einer Untersuchung müssen auch hier die primärrechtlichen Vorgaben des EG-Vertrages bilden. Nach Art. 220 EGV sichert der Gerichtshof die Wahrung des Rechts bei der Anwendung und Auslegung des EG-Vertrags. Gemäß Art. 234 b EGV entscheidet der Gerichtshof über die Gültigkeit und die Auslegung der Handlungen der Organe. Der Begriff der „Handlungen der Organe" ist dabei im gleichen Sinne wie bei Art. 300 EGV zu verstehen. Dabei entspricht es der ständigen Rechtsprechung des EuGH[303] und der ihm insoweit folgenden herrschenden Meinung[304], daß zu den Handlungen der Organe trotz ihrer konsensuellen Entstehung[305] auch für die Gemeinschaften verbindliche völkerrechtliche Verträge zählen können. Die Anwendungs- und Auslegungskompetenz des Europäischen Gerichtshofs erstreckt sich demnach grundsätzlich nur auf jene Rechtsnormen, die Teil der Gemeinschaftsrechtsordnung sind. Daraus folgt eine grundsätzliche Vermutung für eine Parallelität von Anwendungs- und Auslegungskompetenz.

Ausgehend von diesen Prämissen ist zunächst jede Vorlagefrage, die die Klärung des kompetenzrechtlichen Status einer Bestimmung eines gemischten Abkommens zum Gegenstand hat, ohne Zweifel zulässig. Jedenfalls um die Grenzlinie zwischen den Kompetenzbereichen der Gemeinschaft und der Mitgliedstaaten richtig bestimmen zu können, muß der EuGH ein gemischtes Abkommen in seinem Gesamtzusammenhang auslegen können[306]. Das Vorlagerecht bzw. die Vorlagepflicht nationaler Gerichte endet in diesen Fällen erst dann, wenn sich unzweifelhaft feststellen läßt, daß ein Bereich gerade nicht in die Gemeinschaftszuständigkeit fällt bzw. der Vorlagesachverhalt nicht unter Anwendung von Gemeinschaftsrecht zu lösen ist. In diesem Zusammenhang entfaltet die Rechtsprechung des EuGH ihre Bedeutung, es sei allein Aufgabe des vorlegenden Gerichts, die Erforderlichkeit einer Vorabentscheidung für den Erlaß eines Urteils zu beurteilen, und folglich sei der Gerichtshof in diesen

---

303 EuGH, Rs. 181/73 - *Haegeman* -, Urteil des Gerichtshofes vom 30.4.1974, Slg. 1974, S. 449 (460); EuGH, Rs. 104/81 - *Kupferberg* -, Urteil des Gerichtshofes vom 26.10.1982, Slg. 1982, S. 3641 (3659).

304 *Dauses/Dauses*, P. II, Rn. 16; *GTE/Krück*, 5. Aufl., Bd. 3, Art. 177 EGV, Rn. 26; *Rengeling/Middeke/Gellermann*, Rn. 365 mwN.

305 Hierzu *Kaddous*, S. 72.

306 *GTE/Tomuschat*, 5. Aufl., Bd. 5, Art. 228 EGV, Rn. 89; *Epiney*, EuZW 1999, S. 5 (8); *Wuermeling*, S. 247.

Fällen, wenn die vorgelegte Frage eine Bestimmung in seiner Auslegungsbefugnis betreffe, zu einer Entscheidung verpflichtet[307],.

Darüber hinaus bezieht sich indes die Auslegungsbefugnis des Gerichtshofs jeweils nur auf die von der Gemeinschaftszuständigkeit abgedeckten Teile eines gemischten Abkommens[308]. Hierbei handelt es sich, wie oben festgestellt, bei weitem nicht um sämtliche Regelungsbereiche des TRIPs-Abkommens. Trotz fortschreitender Harmonisierung verbleiben immer noch weite Teile im Regelungsbereich des TRIPs-Abkommens in mitgliedstaatlicher Zuständigkeit. Somit müßte grundsätzlich als Vorfrage eines jeden Vorabentscheidungsersuchens über eine gemischte Abkommensbestimmung der kompetenzrechtliche Status dieser Norm geklärt werden. Erlassen bliebe dies nur, wenn man mit einem Teil der Literatur[309] und der bisherigen, mit der Entscheidung *Parfums Christian Dior/Assco Gerüste* aufgegebenen Rechtsprechung des Gerichtshofs gemischte Abkommen grundsätzlich als Teil der Gemeinschaftsrechtsordnung betrachtete. Die dogmatischen Brüche dieses Ansatzes sind bereits oben dargestellt worden. Die Rechtsprechung des Gerichtshofes, wonach ein vom Rat im Namen der Gemeinschaft gemäß Art. 300 EGV geschlossenes Abkommen bezüglich der Gemeinschaft eine Handlung der Organe der Gemeinschaft im Sinne des Artikels 234 EGV darstellt[310], muß unter dem Vorbehalt der Gemeinschaftskompe-

---

[307] EuGH, Rs. C-533/96 - *Hermès International v. FHT Marketing Choice BV* -, Urteil des Gerichtshofes vom 16.6.1998, Slg. 1998, I-3603 (3648), Rn. 31; verb. Rs. C-297/88 und C-197/89 - *Massam Dzodzi v. Belgischer Staat* -, Urteil des Gerichtshofes vom 18.10.1990, Slg. 1990, I-3763 (3793), Rn. 34 f.; Rs. C-231/89 - *Krystyna Gmurzynska-Bscher v. Oberfinanzdirektion Köln* -, Urteil des Gerichtshofes vom 8.11.1990, Slg. 1990, I-4003 (4017), Rn. 19 f.

[308] So z.B. *GTE/Tomuschat*, 5. Aufl., Bd. 5, Art. 228 EGV, Rn. 89; *Ehlermann*, in: O'Keeffe/Schermers, S. 3 (18); *Schäfers*, GRUR Int. 1996, S. 763 (775); *Wuermeling*, S. 246 f. Grds. auch *Gaja*, Rivista di diritto internazionale 1988, S. 605 (606), der allerdings hierzu eine Ausnahme machen will, wenn die Auslegung signifikante Auswirkungen auf eine Gemeinschaftsnorm hat oder wenn vertragsbrüchiges Verhalten der Mitgliedstaaten negative Auswirkungen für die Gemeinschaft hat. A.A. unter Hinweis auf eine gemeinschaftsrechtliche Erforderlichkeit einer einheitlichen Auslegung auch *Eeckhout*, CMLRev 34 (1997), S. 11 (22); *Epiney*, EuZW 1999, S. 5 (9); *Hilf*, in: Hilf/Jacobs/Petersmann, S. 153 (166).

[309] Eine umfassende Auslegungskompetenz des Gerichtshofes bejahen konsequent die Stimmen in der Literatur, die gemischte Abkommen grundsätzlich insgesamt als Bestandteil der Gemeinschaftsordnung betrachten: *Bleckmann*, EuropaR, 6. Aufl., Rn. 1402; *Dauses/Arnold*, K.I, Rn. 80 f., 101; *Stein*, 187 f. *Kaddous* erachtet eine Differenzierung zwischen Verpflichtungen mit rein gemeinschaftsrechtlichem Charakter und solchen in geteilter Zuständigkeit für „artifiziell"; *Kaddous*, S. 78.

[310] EuGH, Rs. 181/73 - *R. & V. Haegeman v. Belgischer Staat* -, Urteil des Gerichtshofes vom 30.4.1974, Slg. 1974, S. 449 (460), Rn. 2/6; Rs. 12/86 - *Meryem Demirel v. Stadt*

tenz stehen. Handlung der Organe ist ein gemischtes Abkommen nur insoweit, „als es die Gemeinschaft betrifft", d.h. soweit die Gemeinschaft die Zuständigkeit zum Abschluß des Abkommens besitzt.

Genau wie bei der Frage nach dem internen Wirkungsmodus der Abkommensbestimmungen stößt eine exakte Zuordnung der Auslegungszuständigkeit zu einzelnen Abkommensbestimmungen jedoch an ihre Grenzen. Wie Generalanwalt *Tesauro* in der Rechtssache *Hermès* zu Recht festgestellt hat, ist eine Konstruktion, wonach der Gerichtshof nur zur Auslegung der Bestimmungen zuständig wäre, für die die Gemeinschaft die Abschlußzuständigkeit hätte, nicht aber auch der Vorschriften, für die weiterhin eine Abschlußzuständigkeit der Mitgliedstaaten bestünde, nur auf den ersten Blick einfach und klar[311]. Eine eindeutige Zuordnung erscheint aufgrund der vielfältigen Verknüpfungen sowohl zwischen mehreren Bestimmungen desselben Abkommens als auch wegen der Parallelität der Regelungssysteme in der Gemeinschaft und den Mitgliedstaaten als problematisch und teilweise als nicht möglich. Ein und dieselbe Abkommensbestimmung kann hier je nach Anwendungsfall eine unterschiedliche Auslegung durch den EuGH oder nationale Gerichte erfahren.

Diese Gemengelage läßt eine einheitliche Auslegung der Abkommensbestimmungen durch den Gerichtshof erstrebenswert erscheinen. Anders als bei der Frage nach dem internen Wirkungsstatus, die eine eindeutige Zuordnung zu einer Rechtsordnung erfordert, scheint eine umfassende Auslegungszuständigkeit des Gerichtshofes in Abweichung von Grundsätzen der Kompetenzverteilung auch nicht auf den ersten Blick ausgeschlossen. Im folgenden soll deswegen untersucht werden, ob unter Würdigung der Erforderlichkeit einer einheitlichen Auslegung und Anwendung des TRIPs-Abkommens und innerhalb der primärrechtlichen Vorgaben eine umfassende Auslegungsbefugnis des Europäischen Gerichtshofs für sämtliche Bestimmungen des TRIPs-Abkommens begründet werden kann.

II. Rechtsprechung des EuGH

1. vor *Hermès*

Die Rechtsprechung des Gerichtshofes zur Auslegungszuständigkeit bei gemischten Abkommen beruht neben der – restriktiv zu lesenden – Aussage, ein vom Rat im Namen der Gemeinschaft gemäß Art. 300 EGV geschlossenes Ab-

---

Schwäbisch Gmünd -, Urteil des Gerichtshofes vom 30.9.1987, Slg. 1987, S. 3719 (3750), Rn. 7; Rs. C-192/89 - *S. Z. Sevince v. Staatssecretaris van Justitie* -, Urteil des Gerichtshofes vom 20.9.1990, Slg. 1990, I-3461 (3500), Rn. 8 ff.

311 GA *Tesauro*, EuGH, Rs. C-53/96 - *Hermès International v. FHT Marketing Choice BV* -, Schlußantrag vom 13.11.1997, Slg. 1998, I-3603 (3619), Rn. 20.

kommen stelle bezüglich der Gemeinschaft eine Handlung der Organe im Sinne des Artikels 234 EGV dar, noch auf einer zweiten Argumentationslinie. Das Gericht betont die funktionelle Bedeutung des Verfahrens nach Art. 234 EGV bei der Sicherung der Einheitlichkeit des Gemeinschaftsrechts. Besonders deutlich wird dies in der Entscheidung *Kupferberg*: Wegen ihres gemeinschaftsrechtlichen Charakters könnten Bestimmungen aus von den Gemeinschaftsorganen geschlossenen Abkommen innerhalb der Gemeinschaft keine unterschiedlichen Regelungen entfalten, je nachdem, ob sie in der Praxis von den Gemeinschaftsorganen oder von den Mitgliedstaaten anzuwenden sind, und im letztgenannten Fall je nachdem, welche Wirkungen das Recht des jeweiligen Mitgliedstaats den von diesem abgeschlossenen internationalen Abkommen innerhalb der innerstaatlichen Rechtsordnung zuerkennt[312]. Es sei Sache des Gerichtshofs, im Rahmen seiner Zuständigkeit zur Auslegung der Bestimmungen von Abkommen deren einheitliche Anwendung innerhalb der gesamten Gemeinschaft sicherzustellen. Aus einer einheitlichen Anwendung eines Abkommens in der Gemeinschaft und den Mitgliedstaaten ergäben sich unbestreitbare Vorteile für die Effektivität der Abkommensbestimmungen.

Die Rechtsprechung des EuGH bis zur Entscheidung *Hermès* ist insgesamt eindeutig hinsichtlich der Aufgabe des Gerichtshofes, Abkommensbestimmungen mit dem Ziel einer einheitlichen Anwendung auszulegen[313]. Allerdings setzt auch diese Argumentation des EuGH voraus, daß die relevanten Abkommen als Akte der Gemeinschaftsorgane Bestandteil der Gemeinschaftsrechtsordnung sind und ihre Bestimmungen deshalb gemeinschaftsrechtlichen Charakter haben[314].

Bei dem in der Rechtssache *Kupferberg* streitgegenständlichen Freihandelsabkommen mit Portugal handelte es sich zudem gerade nicht um ein gemischtes Abkommen. Soweit der Gerichtshof hier auf die Anwendung der Abkommensbestimmungen durch die Mitgliedstaaten verweist, bezieht sich dies auf den Vollzug von Gemeinschaftsrecht durch die Mitgliedstaaten. Anders dagegen bei der Anwendung und Auslegung gemischter Abkommen: Hier erfolgt der Vollzug der Abkommensbestimmungen, für die die Gemeinschaft keine ausschließliche Zuständigkeit besitzt, durch die Mitgliedstaaten in eigener Zuständigkeit.

---

312 EuGH, Rs. 104/81 - *Hauptzollamt Mainz v. C. A. Kupferberg & Cie. KG a. A.* -, Urteil des Gerichtshofes vom 26.10.1982, Slg. 1982, S. 3641 (3662), Rn. 14.

313 Siehe auch EuGH, Rs. C-192/89 - *S. Z. Sevince v. Staatssecretaris von Justitie* -, Urteil des Gerichtshofes vom 20.9.1990, Slg. 1990, I-3461 (3500), Rn. 8 ff. und GA *Darmon* in EuGH, Rs. 12/86 - *Meryem Demirel v. Stadt Schwäbisch Gmünd* -, Schlußantrag vom 19.5.1987, Slg. 1987, S. 3719 (3740), Rn. 12.

314 So auch EuGH, Rs. 104/81 - *Hauptzollamt Mainz v. C. A. Kupferberg & Cie. KG a. A.* -, Urteil des Gerichtshofes vom 26.10.1982, Slg. 1982, S. 3641 (3662), Rn. 14: „wegen ihres gemeinschaftsrechtlichen Charakters“.

Die Übertragung der *ratio* in *Kupferberg* und *Sevince* auf Fälle gemischter Abkommen bedarf deswegen einer genaueren, den Bedingungen gemischter Abkommen angepaßten Überprüfung.

2. *Hermès International v. FHT Marketing Choice BV*

Eine neuartige Begründung der Zuständigkeit des EuGH zur Auslegung von gemischten Abkommen, konkret von Art. 50 Abs. 6 TRIPs, nahm der Gerichtshof in der Entscheidung *Hermès International v. FHT Marketing Choice BV* vom 16.6.1998 vor[315].

a. Entscheidung des Gerichtshofes

Der Gerichtshof sieht sich in der Rechtssache *Hermès* zuständig zur Auslegung von Art. 50 TRIPs, einer Bestimmung, die in die geteilte Anwendungszuständigkeit der Gemeinschaft und der Mitgliedstaaten fiel. Ungeachtet seiner bisherigen Rechtsprechung zur Auslegungszuständigkeit bei gemischten Abkommen fehlen indes Aussagen des Inhalts, bei dem TRIPs-Abkommen handele es sich um einen Akt der Gemeinschaftsorgane und damit um einen integrierenden Bestandteil der Gemeinschaftsordnung. Der EuGH stützt die Begründung seiner Auslegungszuständigkeit vielmehr auf zwei in diesem Zusammenhang neue Argumente, von denen eines formaler, das andere materieller Natur ist.

In formaler Hinsicht führt der Gerichtshof aus, es sei „allein Sache des nationalen Gerichts, das mit dem Rechtsstreit befaßt ist und die Verantwortung für die zu erlassende gerichtliche Entscheidung trägt, die Erforderlichkeit einer Vorabentscheidung für den Erlaß seines Urteils zu beurteilen. Folglich [sei] der Gerichtshof, wenn die vorgelegte Frage eine Vorschrift betreffe, zu deren Auslegung er befugt sei, grundsätzlich zu einer Entscheidung verpflichtet[316]." Diese Argumentation hat der Gerichtshof bereits in den Rechtssachen *Dzodzi*[317] und *Gmurzynska-Bscher*[318] zur Begründung seiner Zuständigkeit herangezogen. In

---

315 EuGH, Rs. C-533/96 - *Hermès International v. FHT Marketing Choice BV* -, Urteil des Gerichtshofes vom 16.6.1998, Slg. 1998, I-3603; EuGH, verb. Rs. C-300/98 – *Parfums Christian Dior SA v. Tuk Consultancy BV* - und Rs. C-392/98 - *Assco Gerüste GmbH v. Wilhelm Layher GmbH & Co. KG* -, Urteil des Gerichtshofes vom 14.12.2000, Slg. 2000, I-11307 (11357), Rn. 32 ff.

316 EuGH, Rs. C-533/96 - *Hermès International v. FHT Marketing Choice BV* -, Urteil des Gerichtshofes vom 16.6.1998, Slg. 1998, I-3603 (3648), Rn. 31.

317 EuGH, verb. Rs. C-297/88 und C-197/89 - *Massam Dzodzi v. Belgischer Staat* -, Urteil des Gerichtshofes vom 18.10.1990, Slg. 1990, I-3763 (3793), Rn. 34 f.

318 EuGH, Rs. C-231/89 - *Krystyna Gmurzynska-Bscher v. Oberfinanzdirektion Köln* -, Urteil des Gerichtshofes vom 8.11.1990, Slg. 1990, I-4003 (4017), Rn. 19 f.

diesen Fällen handelte es sich um Vorabentscheidungsersuchen über die Auslegung nationaler Vorschriften, die auf gemeinschaftsrechtliche Vorschriften verwiesen und so rein nationale Sachverhalte der Behandlung durch Gemeinschaftsrecht gleichstellten.

Von Bedeutung ist das materielle Argument des Gerichtshofes in der Rechtssache *Hermès*. Der Gerichtshof leitet seine Zuständigkeit zur Auslegung von Art. 50 Abs. 6 TRIPs aus der Relevanz ab, die eine Auslegung dieser Bestimmung im vorliegenden Fall für eine zukünftige Auslegung des Art. 99 der Verordnung (EG) Nr. 40/94 über die Gemeinschaftsmarke erlangen könnte[319]. Der Gerichtshof führt hierzu aus:

> „Zwar betrifft diese Vorschrift diejenigen Maßnahmen und die einschlägigen Verfahrensvorschriften, die im innerstaatlichen Recht eines Mitgliedstaats für die nationale Marke vorgesehen sind. Da jedoch die Gemeinschaft Partei des TRIPs-Abkommens ist und dieses Übereinkommen die Gemeinschaftsmarke betrifft, sind die in Artikel 99 der Verordnung Nr. 40/94 angesprochenen Gerichte verpflichtet, im Rahmen des Möglichen den Wortlaut und den Zweck des Artikel 50 TRIPs zu berücksichtigen, wenn sie bei der Anordnung einstweiliger Maßnahmen zum Schutz von Rechten aus der Gemeinschaftsmarke nationale Vorschriften anzuwenden haben..."[320].

Art. 50 Abs. 6 TRIPs sei im vorliegenden Fall sowohl auf Gemeinschaftsmarken als auch auf nationale Marken anwendbar. In diesen Fällen,

> „wenn eine Vorschrift sowohl auf dem nationalen Recht unterliegende als auch auf dem Gemeinschaftsrecht unterliegende Sachverhalte anwendbar [sei], [bestehe] ein klares Interesse der Gemeinschaft daran, daß diese Vorschrift unabhängig davon, unter welchen Voraussetzungen sie ange-

---

[319] EuGH, Rs. C-533/96 - *Hermès International v. FHT Marketing Choice BV* -, Urteil des Gerichtshofes vom 16.6.1998, Slg. 1998, I-3603 (3647), Rn. 25-28, 32.

Art. 99 Abs. I der Verordnung (EG) Nr. 40/94 des Rates vom 20. Dezember 11993 über die Gemeinschaftsmarke - Einstweilige Maßnahmen einschließlich Sicherheitsmaßnahmen -, ABl. (EG) 1994 L 11/1, bestimmt: „Bei den Gerichten eines Mitgliedstaats - einschließlich der Gemeinschaftsmarkengerichte - können in Bezug auf die Gemeinschaftsmarke oder die Anmeldung einer Gemeinschaftsmarke alle einstweiligen Maßnahmen einschließlich Sicherungsmaßnahmen beantragt werden, die in dem Recht dieses Staates für eine nationale Marke vorgesehen sind, auch wenn für die Entscheidung in der Hauptsache aufgrund dieser Verordnung ein Gemeinschaftsmarkengericht eines anderen Mitgliedstaates zuständig ist."

[320] EuGH, Rs. C-533/96 - *Hermès International v. FHT Marketing Choice BV* -, Urteil des Gerichtshofes vom 16.6.1998, Slg. 1998, I-3603 (3647), Rn. 28.

wandt werden soll, einheitlich ausgelegt werde, um in der Zukunft voneinander abweichende Regelungen zu verhindern“[321].

b. Würdigung

Die in der Entscheidung *Hermès* vorgenommene Begründung der Auslegungszuständigkeit erscheint problematisch.

Die formale Argumentation des Gerichtshofes in *Hermès* ist für sich genommen nicht geeignet, eine Zuständigkeit des Gerichtshofes zur Auslegung sämtlicher Bestimmungen des TRIPs-Abkommens zu begründen[322]. Die Auffassung des nationalen Gerichts über die Erforderlichkeit einer Vorabentscheidung entbindet den Gerichtshof nicht von der Beachtung der primärrechtlichen Vorgaben, die Art. 234 EGV an die Zulässigkeit eines Vorabentscheidungsersuchens stellt. Voraussetzung für die Zuständigkeit des EuGH zur Vorabentscheidung ist stets, daß die vorgelegte Frage eine Vorschrift des Gemeinschaftsrechts betrifft, „zu deren Auslegung der Gerichtshof befugt ist“[323]. Der Gerichtshof ist demgemäß nur dann für eine Vorabentscheidung zuständig, wenn das nationale Gericht die Auslegung des EG-Vertrages oder eine Entscheidung über die Gültigkeit oder Auslegung der Handlungen der Organe der Gemeinschaft und der EZB begehrt. Wenn jedoch gerade in Frage steht, ob die Bestimmung, um deren Auslegung ersucht wird, der Gemeinschaftsordnung zugehörig ist, kann der EuGH zwar über die Zugehörigkeit der vorgelegten Norm zur Gemeinschaftsrechtsordnung entscheiden. Das Vorabentscheidungsersuchen eines nationalen Gerichts kann den Gerichtshof jedoch nicht von der Überprüfung der Zuständigkeit zur Auslegung dieser Bestimmung entbinden. In diesen Fällen gestattet es die Aufgabenverteilung zwischen dem Gerichtshof und den innerstaatlichen Gerichten bei der Wahrung der Rechtseinheit dem Gerichtshof auch nicht, die Überprüfung der primärrechtlichen Vorgaben auf eine Mißbrauchsprüfung zu reduzieren.

Mit dem Argument, bei der Entscheidung über die Zuständigkeit zur Auslegung einer TRIPs-Bestimmungen müßten mögliche Auswirkungen auf die Auslegung sekundären Gemeinschaftsrechts berücksichtigt werden, beruft sich der Gerichtshof auf eine Rechtsprechung zum Anwendungsbereich des Art. 234 EGV, die in der Entscheidung *Dzodzi* ihren Ausgangspunkt fand[324]. Diese Rechtspre-

---

[321] EuGH, Rs. C-533/96 - *Hermès International v. FHT Marketing Choice BV* -, Urteil des Gerichtshofes vom 16.6.1998, Slg. 1998, I-3603 (3647), Rn. 32.

[322] Siehe auch *Betlem*, CMLRev 33 (1996), S. 137 (146).

[323] EuGH, Rs. C-533/96 - *Hermès International v. FHT Marketing Choice BV* -, Urteil des Gerichtshofes vom 16.6.1998, Slg. 1998, I-3603 (3648), Rn. 31.

[324] Verb. Rs. C-297/88 und C-197/89 - *Massam Dzodzi v. Belgischer Staat* -, Urteil des Gerichtshofes vom 18.10.1990, Slg. 1990, I-3765. Sie wurde bestätigt in: Rs. C-231/89 - *Krystyna Gmurzynska-Bscher v. Oberfinanzdirektion Köln* -, Slg. 1990, I-4003;

chung beinhaltet eine Ausdehnung des in Art. 234 EGV normierten Anwendungsbereiches des Vorabentscheidungsverfahrens. Der Gerichtshof erachtet sich in bestimmten Fällen für zuständig, eine Bestimmung des Gemeinschaftsrechts ausschließlich zum Zweck auszulegen, dem vorlegenden Gericht die korrekte Anwendung nationalen Rechts zu ermöglichen. Der Gerichtshof ist danach auch für die Entscheidung über Vorabentscheidungsersuchen zuständig, die Gemeinschaftsvorschriften in Fällen betreffen, in denen der Sachverhalt des Ausgangsverfahrens nicht unter das Gemeinschaftsrecht fällt, aber die genannten Vorschriften des Gemeinschaftsrechts entweder durch das nationale Recht oder aufgrund bloßer Vertragsbestimmungen für anwendbar erklärt wurden und die Auslegung einer nationalen Rechtsnorm mögliche Auswirkungen auf die Auslegung des primären oder sekundären Gemeinschaftsrechts hat. Dabei ist es für die Annahme der Zuständigkeit ausreichend, wenn das Gericht um die Auslegung einer gemeinschaftsrechtlichen Vorschrift ersucht wird, auf deren Inhalt das nationale Recht eines Mitgliedstaates verweist, um die auf einen rein internen Sachverhalt dieses Staates anwendbaren Vorschriften zu bestimmen[325]. Eine Zuständigkeit des Gerichtshofes ist allerdings nicht gegeben, wenn das allein anwendbare nationale Recht die entsprechende Bestimmung des Gemeinschaftsrechts nahezu wörtlich übernimmt und das nationale Gericht aufgrund dieser Rechtsvorschrift verpflichtet ist, die einschlägige Rechtsprechung des Gerichtshofs zu berücksichtigen, nicht aber, sie anzuwenden[326].

Begründet wird diese Ausdehnung des Anwendungsbereiches des Vorabentscheidungsverfahrens vom Gerichtshof wie folgt: Wenn sich die nationalen Rechtsvorschriften zur Regelung eines innerstaatlichen Sachverhalts nach den im Gemeinschaftsrecht getroffenen Regelungen richteten, um sicherzustellen,

---

Rs. C-346/93 - *Kleinwort Benson Ltd. v. City of Glasgow District Council* -, Urteil des Gerichtshofes vom 28.3.1995, Slg. 1995, I-615; Rs. C-28/95 - *A. Leur-Bloem v. Inspecteur der Belastingdienst/Ondernemingen Amsterdam 2* -, Urteil des Gerichtshofes vom 17.7.1997, Slg. 1997, I-4161; Rs. C-130/95 - *Bernd Giloy v. Hauptzollamt Frankfurt am Main-Ost* -, Urteil des Gerichtshofes vom 17.7.1997, Slg. 1997, I-4291.

325 So EuGH in den verb. Rs. C-297/88 und C-197/89 - *Massam Dzodzi v. Belgischer Staat* -, Urteil des Gerichtshofes vom 18.10.1990, Slg. 1990, I-3765 (3794) Rn. 41 f.; Rs. C-130/95 - *Giloy v. Hauptzollamt Frankfurt am Main-Ost* -, Urteil des Gerichtshofes vom 17.7.1997, Slg. 1997, I-4219 (4304), Rn. 27. Eine solche Konstellation liegt z.B. vor, wenn, wie in der Rechtssache *Giloy*, für die Regelung der Einfuhrumsatzsteuer gemäß § 21 Abs. 2 des deutschen Umsatzsteuergesetzes die Vorschriften für Zölle sinngemäß gelten, wenn also für Sachverhalte in nationaler Zuständigkeit auf den gemeinschaftsrechtlichen Zollkodex verwiesen wird. In der Rs. C-88/91 – *Federconsorzi* -, Slg. 1992, I-4039, Rn. 6-9, bejahte der EuGH sogar seine Zuständigkeit zur Auslegung von Gemeinschaftsbestimmungen, die aufgrund privatvertraglicher Vereinbarung Anwendung fanden.

326 So entschieden in der Rs. C-346/93 - *Kleinwort Benson Ltd v. City of Glasgow District Council* -, Urteil des Gerichtshofes vom 28.3.1995, Slg. 1995, I-615 (640), Rn. 20 ff.

daß in vergleichbaren Fällen ein einheitliches Verfahren angewandt werde, bestehe ein klares Interesse der Gemeinschaft daran, daß die aus dem Gemeinschaftsrecht übernommenen Bestimmungen und Begriffe, unabhängig davon, unter welchen Bedingungen sie angewandt werden sollen, einheitlich ausgelegt werden, um künftige Auslegungsunterschiede zu verhindern[327]. Zudem ergebe sich weder aus dem Wortlaut des Artikels 234 EGV noch aus dem Zweck des durch diesen Artikel eingeführten Verfahrens, daß die Verfasser des Vertrages solche Vorlagen von der Zuständigkeit des Gerichtshofes ausschließen wollten[328].

Der Gerichtshof war in der Entscheidung *Hermès* bestrebt, diese für die Anwendung nationalen Rechts entwickelte Rechtsprechung auf Fälle auszudehnen, in denen um Auslegung einer Bestimmung völkerrechtlichen Ursprungs in einem gemischten Abkommen ersucht wird, um die Reichweite einer nationalen Norm zu bestimmen. In Parallele zu seiner *Dzodzi*-Rechtsprechung hat der Gerichtshof hier seine Vorabentscheidungszuständigkeit bejaht, weil die Auslegung der völkerrechtlichen Norm in Zukunft und in anderen Sachverhalten Auswirkungen auf die Auslegung einer Norm des sekundären Gemeinschaftsrechts haben könnte.

Die Auswirkungen dieser Rechtsprechung sind bei einer Verallgemeinerung über den entschiedenen markenrechtlichen Einzelfall hinaus weitreichend. Für die Bejahung einer Auslegungszuständigkeit genügt die abstrakte Möglichkeit einer Relevanz für die Auslegung von Bestimmungen des EG-Sekundärrechts. Die Feststellung einer ausschließlichen oder im Hinblick auf den konkreten Fall ausgeübten Kompetenz der Gemeinschaft für den fraglichen Regelungsbereich ist nach dieser Rechtsprechung nicht mehr erforderlich. Es genügt vielmehr, daß die Gemeinschaft überhaupt rechtsetzend tätig geworden ist. Somit fallen auch die Bereiche eines gemischten Abkommens, für die aufgrund unvollständiger Harmonisierungsgesetzgebung lediglich parallele oder teilweise Gemeinschaftskompetenzen bestehen, in die Auslegungszuständigkeit des Gerichtshofs, sobald die Auslegung einer TRIPs-Norm abstrakt geeignet ist, Relevanz für die Auslegung einer Bestimmung des EG-Sekundärrechts zu entfalten. Für das Beispiel des Art. 50 TRIPs gilt folgendes: Art. 50 TRIPs regelt die Voraussetzungen, die ein nationales Verfahren des einstweiligen Rechtsschutzes zum Schutze von Rechten des geistigen Eigentums erfüllen muß. Als Verfahrensvorschrift gilt Art. 50 TRIPs nicht nur für Verfahren zum Schutz von Marken, sondern unspezifisch für alle vom TRIPs-Abkommen erfaßten Rechte des geistigen Eigen-

---

327 EuGH, Rs. C-130/95 - *Giloy v. Hauptzollamt Frankfurt am Main-Ost* -, Urteil des Gerichtshofes vom 17.7.1997, Slg. 1997, I-4219 (4304), Rn. 28.

328 EuGH, verb. Rs. C-297/88 und C-197/89 - *Massam Dzodzi v. Belgischer Staat* -, Urteil des Gerichtshofes vom 18.10.1990, Slg. 1990, I-3763 (3793), Rn. 36.

tums. Nach der Rechtsprechung des EuGH in *Hermès* besteht nun aufgrund der abstrakten Relevanz, die Art. 50 TRIPs für die Auslegung des Art. 99 der Verordnung (EG) Nr. 40/94 über die Gemeinschaftsmarke oder ähnliche Bestimmungen des Gemeinschaftsrechts erlangen kann, eine Auslegungskompetenz des Gerichtshofs auch in allen Fällen, in denen die TRIPs-Kompatibilität einer nationalen Norm im Verfahren des einstweiligen Rechtsschutzes in Frage steht. Dies gilt auch dann, wenn das konkrete Verfahren nicht dem Schutz einer nationalen Marke, sondern einem anderen vom TRIPs-Abkommen erfaßten Immaterialgüterrecht dient. Die Existenz einer dem Art. 99 der Verordnung (EG) Nr. 40/94 entsprechenden sekundärrechtlichen Verfahrensnorm zum Schutz dieses konkreten Immaterialgüterrechts ist zur Begründung der Auslegungskompetenz des Gerichtshofs nicht erforderlich.

Ohne zunächst auf die gegen diese Rechtsprechung vorgebrachte fundamentale Kritik unter dem Aspekt der eigenmächtigen Kompetenzausdehnung einzugehen[329], soll untersucht werden, inwiefern die Entscheidung *Hermès* tatsächlich eine Erweiterung der mit der Entscheidung *Dzodzi* eingeleiteten Rechtsprechung zum Anwendungsbereich des Art. 234 EGV darstellt. Die Fallkonstellation in *Hermès* unterscheidet sich in einem ganz wesentlichen Aspekt von der in den vorherigen Entscheidungen. In diesen Rechtssachen stand nie in Frage, daß der Ausgangsstreit unter Anwendung gemeinschaftsrechtlicher Normen entschieden werden würde[330]. Gegenstand des Vorabentscheidungsersuchens war jeweils eine Norm des primären oder sekundären Gemeinschaftsrechts, auf die durch die Norm des nationalen Rechts verwiesen oder die durch eine solche kopiert wurde. Dem Interesse der Gemeinschaft an einer einheitlichen Auslegung des Gemeinschaftsrechts entspricht in diesen Fällen der erklärte Wille des nationalen Gesetzgebers, interne Sachverhalte der im Gemeinschaftsrecht getroffenen Regelung zu unterwerfen.

Im Gegensatz dazu hat das vorlegende Gericht in der Rechtssache *Hermès* um die Auslegung von Art. 50 TRIPs zur Überprüfung einer nationalen Norm ge-

---

329 Siehe hierzu Teil 2, Kapitel C.III.1.a, S. 115. Gegen die Möglichkeit einer derartigen Ausdehnung des Anwendungsbereiches von Art. 234 EGV wenden sich vor allem GA *Darmon* in verb. Rs. C-297/88 und C-197/89 - *Massam Dzodzi v. Belgischer Staat* -, Schlußantrag vom 3.7.1990, Slg. 1990, I-3763 (3780), Rn. 8, 11, GA *Tesauro* in Rs. C-346/93 - *Kleinwort Benson* -, Schlußantrag vom 31.1.1995, Slg. 1995, I-615 (626), Rn. 19, Fn. 21 sowie Rn. 27 und in Rs. C-53/96 - *Hermès* -, Schlußantrag vom 13.11.1997, Slg. 1998, I-3603 (3620), Rn. 20, Fn 29. In der Literatur: *Betlem*, CMLRev 33 (1996), S. 137 (146); *Martin*, Rev. Jur. de Liège 98 (1991, 1), S. 189 (190); *Simon*, J.D.I. 1991, S. 455.

330 In der Rechtssache *Kleinwort Benson*, in der dies wegen der Bedingtheit der Verweisung nicht sichergestellt war, lehnte der Gerichtshof dementsprechend seine Auslegungszuständigkeit ab; EuGH, Rs. C-346/93, Urteil des Gerichtshofes vom 28.3.1995, Slg. 1995, I-615 (640), Rn. 21-25.

beten. Bei Art. 50 TRIPs handelt es sich um eine Abkommensbestimmung, deren Zugehörigkeit zur Gemeinschaftsordnung aufgrund des gemischtvertraglichen Charakters des TRIPs-Abkommens gerade in Frage steht, und die zumindest auch als dem nationalen Recht zugehörig betrachtet werden kann. Das in der Entscheidung *Giloy* entwickelte Kriterium, daß sich die auf den nationalen Sachverhalt anzuwendende innerstaatliche Norm nach den im Gemeinschaftsrecht getroffenen Regelungen richten muß, ist hier eindeutig nicht erfüllt. Vielmehr gilt im Falle des TRIPs-Abkommens, daß sich sowohl das nationale Recht bei der Regelung nationaler Sachverhalte als auch das Gemeinschaftsrecht in seinem Anwendungsbereich an die Vorgaben des TRIPs-Abkommens halten müssen. Die Anwendung der völkerrechtlichen Norm vollzieht sich grundsätzlich in zwei voneinander getrennten Rechtskreisen. Wechselwirkungen der jeweiligen Anwendung auf das andere Rechtssystem ergeben sich lediglich aufgrund des gemischtvertraglichen Charakters des TRIPs-Abkommens, das eine Geltung sowohl auf nationaler wie auch auf gemeinschaftlicher Ebene beansprucht. Sie sind jedoch kein Resultat einer von nationalen Gesetzgeber bewußt vorgenommen Anknüpfung des nationalen Rechts an die Regelungen des Gemeinschaftsrechts.

Insofern läßt sich die in den Entscheidungen *Dzodzi* und *Giloy* entwickelte Rechtsprechung, die zu einer Ausdehnung des Anwendungsbereiches des Vorabentscheidungsverfahrens führte, nicht ohne weiteres auf Bestimmungen gemischter Verträge übertragen[331]. Ein Vorabentscheidungsersuchen bezüglich einer TRIPs-Norm betrifft nicht ohne weiteres eine Gemeinschaftsvorschrift im Sinne des Art. 234 EGV. Aufgrund der unterschiedlichen Ausgangslage ist auch das Interesse der Gemeinschaft an einer einheitlichen Auslegung ein anderes. Es gründet nicht darauf, daß aus dem Gemeinschaftsrecht übernommene Bestimmungen und Begriffe eine einheitliche Auslegung erfahren, unabhängig davon, unter welchen Voraussetzungen sie angewandt werden sollen. Vielmehr muß es sich darauf beschränken, Unterschiede in der Auslegung einer völkerrechtlichen Norm zu verhindern, die Rückwirkungen auf die Auslegung von Gemeinschaftsrecht haben kann.

---

[331] So auch GA *Tesauro* in EuGH, Rs. C-533/96 - *Hermès International v. FHT Marketing Choice BV* -, Schlußantrag vom 13.11.1997, Slg. 1998, I-3603 (3620), Fn. 29; GA *Cosmas* in EuGH, verb. Rs. C-300/98 – *Parfums Christian Dior SA v. Tuk Consultancy BV* – und Rs. C-392/98 –*Assco Gerüste GmbH und R. van Dijk v. Wilhelm Layher GmbH & Co KG und Layher BV* -, Schlußantrag vom 11.7.2000, Slg. 2000, I-11307 (11322), Rn. 40, dort Fn. 31; *Wooldridge*, [1999] I.P.Q. 124 (127).

3. Parfums Christian Dior/Assco Gerüste

Die Entscheidung *Hermès* ließ wesentliche Fragen zum Status des TRIPs-Abkommens im Europäischen Gemeinschaftsrecht offen. Die Argumentation des Gerichtshofes stützte sich insbesondere einzelfallbezogen auf die möglichen Auswirkungen, die sich für die zukünftige Auslegung des Art. 99 der Verordnung (EG) Nr. 40/94 über die Gemeinschaftsmarke ergeben.

In der Folgesache *Parfums Christian Dior SA v. TUK Consultancy BV und Assco Gerüste v. Wilhelm Layher GmbH & Co. KG*[332] war der Gerichtshof deswegen gehalten, auf ausdrückliche Vorlagefrage über die eigene Zuständigkeit zur Auslegung von Art. 50 Abs. 6 TRIPs hinsichtlich anderer als markenrechtlicher Fallgestaltungen zu entscheiden.

a. Generalanwalt Cosmas und Entscheidung des Gerichtshofes

Generalanwalt *Cosmas* schlug in seinem Schlußantrag vom 11.7.2000 vor, hinsichtlich der Rs. C-392/98 – *Assco Gerüste* – eine Zuständigkeit des Gerichtshofs zur Auslegung von Art. 50 TRIPs aus Gründen des institutionellen Gleichgewichts zwischen der Gemeinschaft und den Mitgliedstaaten sowie zwischen dem Gerichtshof und den übrigen Gemeinschaftsorganen unter Berücksichtigung des Ziels der Einheitlichkeit in der Anwendung des TRIPs-Abkommens abzulehnen[333]. Zwar bestünde ein Gemeinschaftsinteresse an einer umfassenden Zuständigkeit des Gerichtshofs zur Auslegung von Bestimmungen gemischter Abkommen, auch wenn die Bestimmungen in Bereichen angewendet werden, in denen die Gemeinschaftszuständigkeit noch nicht ausgeübt worden ist, da hiermit das Gemeinschaftsrecht effizient angewendet sowie künftige Auslegungsunterschiede und Konflikte zwischen Bestimmungen des nationalen und des Gemeinschaftsrechte vermieden werden könnten. Das Gemeinschaftsinteresse könne im Fall gemischter Abkommen allerdings keinen Anziehungseffekt rechtfertigen, der das nationale Recht bzw. die Zuständigkeiten anderer Gemeinschaftsorgane vollständig aushöhlte. Eine zentralisierte und obligatorische Auslegung durch den EuGH in den Bereichen lediglich potentieller Gemeinschaftskompetenz bedeutet eine manifeste Verletzung der Kompetenzverteilung zwischen der Gemeinschaft und den Mitglied-

---

[332] EuGH, verb. Rs. C-300/98 – *Parfums Christian Dior SA v. Tuk Consultancy BV* – und Rs. C-392/98 –*Assco Gerüste GmbH und R. van Dijk v. Wilhelm Layher GmbH & Co KG und Layher BV* -, Urteil vom 14.12.2000, Slg. 2000, I-11307.

[333] GA *Cosmas*, EuGH, verb. Rs. C-300/98 – *Parfums Christian Dior SA v. Tuk Consultancy BV* – und Rs. C-392/98 – *Assco Gerüste GmbH und R. van Dijk v. Wilhelm Layher GmbH & Co KG und Layher BV* -, Schlußantrag vom 11.7.2000, Slg. 2000, I-11307 (11319, 11324, 11326), Rn. 31 ff., 44, 48.

staaten. Eine Verallgemeinerungsfähigkeit der Rechtsprechung des Gerichtshofs in der Rechtssache *Hermès* sah GA Cosmas nicht gegeben.

Der Gerichtshof folgt diesem Vorschlag indes nicht. Vielmehr dehnt er die in der Entscheidung *Hermès* gefundene Begründung seiner Auslegungszuständigkeit über den Bereich des Markenrechts hinaus aus[334]. Der Gerichtshof sei, wenn er gemäß Art. 234 EGV angerufen werde, dafür zuständig, die insoweit von der Gemeinschaft übernommenen Verpflichtungen zu bestimmen und hierzu die Bestimmungen des TRIPs-Abkommens auszulegen. Er sei namentlich für die Auslegung von Art. 50 TRIPs zuständig, um den Bedürfnissen der Gerichte der Mitgliedstaaten gerecht zu werden, soweit die nationalen Gerichte bei der Anordnung einstweiliger Maßnahmen zum Schutz von Rechten aus gemeinschaftsrechtlichen Vorschriften, die zum Anwendungsbereich des TRIPs-Abkommens gehören, ihre nationalen Vorschriften anzuwenden haben.

Zur Begründung dieser umfassenden Auslegungsbefugnis beruft sich der Gerichtshof auf das Bedürfnis, voneinander abweichende Auslegungen von Vorschriften wie Artikel 50 TRIPs, die sowohl auf dem innerstaatlichen Recht unterliegende als auch auf dem Gemeinschaftsrecht unterliegende Sachverhalte anwendbar sind, in der Zukunft zu verhindern[335]. Insoweit seien die Gemeinschaft und die Mitgliedstaaten zur engen Zusammenarbeit bei der Erfüllung eines gemischten Abkommens verpflichtet. Da Art. 50 TRIPs eine Verfahrensvorschrift ist, die für alle in ihren Geltungsbereich fallenden Sachverhalte in gleicher Weise gilt und sowohl auf dem innerstaatlichen Recht unterliegende als auch auf dem Gemeinschaftsrecht unterliegende Sachverhalte anwendbar sei, gebiete es diese Verpflichtung sowohl aus praktischen wie auch aus rechtlichen Gründen, daß die Stellen der Mitgliedstaaten sie einheitlich auslegen[336]. Nur der Gerichtshof, der nach Art. 234 EGV in Zusammenarbeit mit den Gerichten der Mitgliedstaaten tätig werde, sei in der Lage, eine einheitliche Auslegung des Abkommens zu gewährleisten.

---

334 EuGH, verb. Rs. C-300/98 – *Parfums Christian Dior SA v. Tuk Consultancy BV* - und Rs. C-392/98 - *Assco Gerüste GmbH v. Wilhelm Layher GmbH & Co. KG* -, Urteil des Gerichtshofes vom 14.12.2000, Slg. 2000, I-11307 (11357 f.), Rn. 34 ff.

335 Siehe auch EuGH, Rs. C-533/96 - *Hermès International v. FHT Marketing Choice BV* -, Urteil des Gerichtshofes vom 16.6.1998, Slg. 1998, I-3603 (3647), Rn. 32. Die Entscheidung *Parfums Christian Dior/Assco Gerüste* wurde bestätigt durch EuGH, Rs. C-89/99 – *Schieving-Nijstad vof u.a. v. Robert Groeneveld* -, Urteil des Gerichtshofes vom 13.9.2001, Slg. 2001, I-5851 (5887), Rn. 30 f.

336 EuGH, verb. Rs. C-300/98 – *Parfums Christian Dior SA v. Tuk Consultancy BV* - und Rs. C-392/98 - *Assco Gerüste GmbH v. Wilhelm Layher GmbH & Co. KG* -, Urteil des Gerichtshofes vom 14.12.2000, Slg. 2000, I-11307 (11358), Rn. 35 ff.

b. Würdigung

Der EuGH setzt in dieser Entscheidung seine Rechtsprechung in *Hermès* bei gleichzeitiger Beschränkung seiner Argumentation fort. Das formale Argument in Rn. 31 des Urteils *Hermès* fällt weg, ebenso das in Rn. 28 entwickelte Kriterium einer möglichen Relevanz der Auslegung von Art. 50 TRIPs auf die zukünftige Auslegung der Verordnung über die Gemeinschaftsmarke. Damit scheint der Gerichtshof die mangelnde Tragfähigkeit dieser Argumente anzuerkennen[337]. Der Gerichtshof stützt sich nunmehr allein auf den – in Rn. 32 der *Hermès*-Entscheidung bereits aufgeworfenen – Umstand, daß Art. 50 TRIPs sowohl auf gemeinschaftsrechtliche als auch auf innerstaatliche Sachverhalte anwendbar ist, auf die im *Gutachten 1/94* postulierte Pflicht der Gemeinschaft und der Mitgliedstaaten zur Zusammenarbeit bei der Durchführung des TRIPs-Abkommens sowie das Bedürfnis einer einheitlichen Auslegung der Abkommensbestimmung[338]. Der Gerichtshof korrigiert bzw. konkretisiert so die Reichweite der Entscheidung *Hermès*; eine wie auch immer geartete abstrakte Möglichkeit einer Relevanz für die Auslegung von Bestimmungen des Sekundärrecht kann zur Begründung der Auslegungszuständigkeit nicht mehr ausreichen, wenn nicht gleichzeitig eine doppelte Anwendbarkeit der auszulegenden Norm besteht.

Die Auslegungszuständigkeit des Gerichtshofes soll dann jedoch unabhängig vom konkreten Streitfall bestehen, d.h. auch wenn der EuGH zur Auslegung einer TRIPs-Bestimmung im Hinblick auf eine mitgliedstaatliche Regelung ersucht wird. Die Reichweite der Entscheidungen ist dabei nicht auf die Verfahrensvorschriften in Teil III des TRIPs-Abkommen begrenzt[339]. Die *ratio* in *Parfums Christian Dior/Assco Gerüste* ist gleichermaßen auf verfahrensrechtliche wie auch auf materiell-rechtliche Bestimmungen des TRIPs-Abkommens anwendbar, in deren Regelungsbereich gemeinschaftsrechtliche und mitgliedstaatliche Parallelregelungen existieren. Der EuGH ist somit z.B. auch zur Auslegung der markenrechtlichen Bestimmungen in Teil II des TRIPs-Abkommens berechtigt, auch wenn im konkreten Streitfall keine Gemeinschaftsmarke, sondern eine nationale Marke den Streitgegenstand bildet. Maßgeblich ist nämlich nicht die Eigenschaft der Norm als Verfahrensbestimmung, sondern der Umstand, daß aufgrund ihrer doppelten Anwendbarkeit auf nationale wie auch auf gemeinschaftsrechtliche Sachverhalte bei einer nicht

---

337 So auch *Groh/Wündisch*, GRUR Int. 2001, S. 497 (499).

338 EuGH, verb. Rs. C-300/98 – *Parfums Christian Dior SA v. Tuk Consultancy BV* - und Rs. C-392/98 - *Assco Gerüste GmbH v. Wilhelm Layher GmbH & Co. KG* -, Urteil des Gerichtshofes vom 14.12.2000, Slg. 2000, I-11307 (11358), Rn. 35 ff.

339 So aber *Hermes*, S. 94; *ders.*, EuR 2001, S. 253 (258).

beim EuGH konzentrierten Auslegung Auslegungsunterschiede entstehen könnten[340].

Für die Verfahrensvorschriften in Teil III des TRIPs-Abkommens sowie die materiell-rechtlichen Bestimmungen des Abkommens, denen innergemeinschaftlich Parallelregimes entgegenstehen, ermöglicht die Argumentation des Gerichtshofs eine relativ einfache Feststellung der Auslegungskompetenz des Gerichtshofs. Die bei der Anwendung des bisherigen Ansatzes des Gerichtshofs, die Auslegungszuständigkeit grundsätzlich von der Verteilung der Abschlußkompetenzen abhängig zu machen, auftretenden Schwierigkeiten bei der Feststellung der Kompetenzbestimmung werden zum größten Teil vermieden. Vermieden wird auch die Folge, daß die Zuständigkeit zur Auslegung derselben Bestimmung eines Abkommens je nach Sachlage bald dem Gemeinschaftsrichter, bald dem nationalen Gericht zustünde.

Im Umkehrschluß ergibt sich aus dieser *ratio* allerdings auch, daß die Entscheidungen keine grundsätzliche Klarstellung der Frage nach der Verteilung der Auslegungskompetenz bei gemischten Abkommen leistet[341]. Insbesondere erfassen sie nicht die Bereiche des TRIPs-Abkommen, in denen die Gemeinschaft nur partiell ihre interne Harmonisierungskompetenz ausgeübt hat

III. Kriterien für die Verteilung der Auslegungskompetenz bei Bestimmungen in gemischten Gemeinschaftsabkommen

Die Argumentation in den Rechtssachen *Hermès* und *Parfums Christian Dior/Assco Gerüste* ist unter zwei Aspekten zu überprüfen: zum einen auf ihre Tragfähigkeit für die Regelungsbereiche des TRIPs-Abkommens, denen gemeinschaftsintern reine Verfahrens- bzw. Parallelregelungen gegenüberstehen, und zum anderen auf ihre Verwertbarkeit für die Verteilung der Auslegungszuständigkeit in den restlichen Bereichen des TRIPs-Abkommens, die von der *ratio* der Entscheidungen nicht unmittelbar erfaßt sind.

1. Primärrechtliche Vorgaben

a. Eigenmächtige Kompetenzausweitung

Wenn wie hier davon ausgegangen wird, daß die Gemeinschaft und die Mitgliedstaaten in den Bereichen einer Parallelregelung je nach Anwendung auf einen Sachverhalt des Gemeinschaftsrechts oder des nationalen Rechts die

---

340 EuGH, verb. Rs. C-300/98 – *Parfums Christian Dior SA v. Tuk Consultancy BV* - und Rs. C-392/98 - *Assco Gerüste GmbH v. Wilhelm Layher GmbH & Co. KG* -, Urteil des Gerichtshofes vom 14.12.2000, Slg. 2000, I-11307 (11358), Rn. 35.

341 Vgl. *Hermes*, S. 94.

gleichzeitige Zuständigkeit zur internen Anwendung des TRIPs-Abkommens haben[342], führt die Rechtsprechung des EuGH zur Auslegungskompetenz bei Bestimmungen in gemischten Abkommen zu einer Erstreckung der Vorabentscheidungsbefugnis über den Bereich der ausschließlichen externen Abschluß- und internen Anwendungskompetenz hinaus. Ergebnis dieser Rechtsprechung ist ja gerade, daß die Auslegungszuständigkeit auch für Sachverhalte bejaht wird, die nicht dem Gemeinschaftsrecht unterliegen, d.h. auch für Bestimmungen, hinsichtlich derer die Gemeinschaft nicht die ausschließliche interne Anwendungskompetenz hat.

Maßstab für die Zulässigkeit einer Erstreckung der Vorabentscheidungsbefugnis des Gerichtshofs über Abkommensbereiche in ausschließlicher Gemeinschaftszuständigkeit hinaus ist aber die Prämisse, daß eine solche zu keiner Verschiebung der primärrechtlichen Kompetenzverteilung zwischen der Gemeinschaft und den Mitgliedstaaten führen darf. Der Gerichtshof ist bei der Beurteilung der Zulässigkeit eines Vorabentscheidungsersuchens an die primärrechtlichen Vorgaben der Artikel 220 und 234 EGV gebunden. Gegenstand des Vorabentscheidungsverfahrens kann nach Art. 234 EGV nur eine Bestimmung des Gemeinschaftsrechts sein. Damit ist die Auslegungszuständigkeit des Gerichtshofes grundsätzlich an die Reichweite der Anwendungskompetenz der Gemeinschaft gekoppelt[343].

Sobald der Gerichtshof sich deswegen nicht nur zur Klärung der Kompetenzfrage, sondern sich zur Auslegung der Norm zur Anwendung auf einen rein internen Sachverhalt bzw. (über den in *Hermès* und *Parfums Christian Dior/Assco Gerüste* entschiedenen Fall hinaus) hinsichtlich einer Abkommensnorm, die (noch) nicht in die ausschließliche Abschluß- und Anwendungskompetenz fällt, für zuständig erklärt, besteht hier die Gefahr einer eigenmächtigen Ausweitung der Kompetenzen des Gerichtshofes[344].

---

342 Vgl. oben, Teil 2, B.II.9.

343 Im Ergebnis auch *Groh/Wündisch*, EuZW 2001, S. 497 (499), wenn sie die Argumentation, mit der der EuGH seine Auslegungszuständigkeit von der Reichweite der Vertragsschlußkompetenz der Gemeinschaft abkoppeln will, als „nicht tragfähig" bezeichnen.

344 So bereits die in der Literatur gegen die Rechtsprechung in den Rechtssachen *Dzodzi* ff. vorgebrachte Kritik: GA *Darmon* in EuGH, verb. Rs. C-297/88 und C-197/89 - *Massam Dzodzi v. Belgischer Staat* -, Schlußantrag vom 3.7.1990, Slg. 1990, I-3763 (3780), Rn. 8 und 11; GA *Tesauro* in EuGH, Rs. C-346/93 - *Kleinwort Benson* -, Schlußantrag vom 31.1.1995, Slg. 1995, I-615 (626), Rn. 19, Fn. 21 sowie Rn. 27 und in EuGH, Rs. C-53/96 - *Hermès* -, Schlußantrag vom 13.11.1997, Slg. 1998, I-3603 (3620), Rn. 20, Fn. 29. Neben den Generalanwälten auch *Betlem*, CMLRev 33 (1996), S. 137 (146); *Martin*, Rev. Jur. de Liège 98 (1991, 1), S. 189 (190); *Simon*, J.D.I. 1991, S. 455. Differenzierend und unter Hinweis auf Erforderlichkeit einer einheitlichen Auslegung: *Arnull*, ELR 18 (1993),

b. Zweck des Vorabentscheidungsverfahrens

Eng verbunden mit der Gefahr einer eigenmächtigen Ausdehnung der Auslegungsbefugnis des Gerichtshofes sind Überlegungen zum Zweck des Vorabentscheidungsverfahrens nach Art. 234 EGV. Zweck des Vorabentscheidungsverfahrens ist die Gewährleistung der Einheitlichkeit der Auslegung und Anwendung des Gemeinschaftsrechts durch alle nationalen Gerichte in den Mitgliedstaaten[345]. Dieser Zweck erschließt sich aus den Wirkungen, die das Gemeinschaftsrecht in den Mitgliedstaaten zeitigt, sowie aus den Zielen und Aufgaben der Gemeinschaft: Soweit das Gemeinschaftsrecht in den Mitgliedstaaten von den nationalen Gerichten anzuwenden ist, besteht die dem Ziel der Integration zuwiderlaufende Gefahr der uneinheitlichen und unterschiedlichen Auslegung[346]. Das Vorabentscheidungsverfahren soll in dieser Situation einer Rechtszersplitterung entgegenwirken und zu einer Fortentwicklung des Gemeinschaftsrechts beitragen. Es soll den nationalen Richter bei der schwierigen Aufgabe, die sich aus dem Nebeneinander von nationalen und Gemeinschaftsrechtsordnung ergibt, unterstützen und dem Bürger eine zusätzliche Rechtsschutzmöglichkeit bieten. Der EuGH hat im Rahmen des Vorabentscheidungsverfahrens indes nicht nur seine Funktion bei der Integration der Gemeinschaft zu erfüllen, sondern ebenso eine Kontrollfunktion mit dem Ziel, die Rechtsordnungen der Mitgliedstaaten vor einer übermäßigen Ausdehnung des Gemeinschaftsrechts und der Gemeinschaftskompetenzen zu schützen[347]. Jegliche darüber hinausgehende Rolle des Gerichtshofs bedarf einer näheren Begründung.

2. Erforderlichkeit einer einheitlichen Auslegung des TRIPs-Abkommens

Die gemeinschaftsrechtliche Notwendigkeit einer Ausdehnung der Vorabentscheidungsbefugnis gemäß Art. 234 EGV auf Vorlagefragen, die sich auf Normen gemischter Abkommen in nicht-ausschließlicher Gemeinschaftszuständigkeit beziehen, wird überwiegend mit dem Hinweis auf die Erforderlichkeit einer einheitlichen Anwendung und Auslegung aller betreffenden Abkommensbestimmungen innerhalb der Gemeinschaft begründet[348]. Allerdings erfolgt hierbei

---

S. 129 (134 f.); *Bravo-Ferrer Delgado/La Casta Muñoa*, CMLRev 29 (1992), S. 152 (158 f.).

345 *GTE/Krück*, 4. Aufl., Bd. 3, Art. 177 EGV, Rn. 13; *Dauses*, Vorabentscheidungsverfahren, S. 46.

346 *Rengeling/Middeke/Gellermann*, Rn. 347; *Schermers/Waelbroeck*, S. 352, § 682.

347 Zur Kontrollfunktion des EuGH siehe *Kraußer*, S. 58.

348 EuGH, Rs. C-53/96 - *Hermès International v. FHT Marketing Choice BV* -, Urteil des Gerichtshofes vom 16.6.1998, Slg. 1998, I-3603 (3648), Rn. 32; EuGH, verb. Rs. C-300/98 – *Parfums Christian Dior SA v. Tuk Consultancy BV* - und Rs. C-392/98

häufig keine ausreichende Differenzierung bei der Anwendung der Rechtsprechung des Gerichtshofs auf den Sonderfall der gemischten Abkommen. Die pauschale Bezugnahme auf die Argumentation des Gerichtshofs in der Rechtssache *Kupferberg,* Vertragsbestimmungen könnten wegen ihres gemeinschaftsrechtlichen Charakters keine unterschiedlichen Rechtswirkungen entfalten, je nachdem, ob sie in der Praxis von der Gemeinschaft oder den Mitgliedstaaten anzuwenden sind[349], kann hierbei nicht ausreichen, da es sich in der Rechtssache *Kupferberg* gerade nicht um ein gemischtes Abkommen handelte.

Zu berücksichtigen ist bei der Überprüfung der Erforderlichkeit einer einheitlichen Auslegung vielmehr zweierlei:

Zum einen ist der Zweck des Vorabentscheidungsverfahrens, die Einheitlichkeit der Wirkungen des Gemeinschaftsrechts in den Mitgliedstaaten zu gewährleisten, *a priori* auf den Anwendungsbereich des Gemeinschaftsrechts beschränkt, so wie er in diesem und nur in diesem definiert wird[350]. Von Sachverhalten, die nicht in ihren Anwendungsbereich fallen, wird die Einheit des Gemeinschaftsrechts nicht betroffen. Wie bereits festgestellt, gründet sich das Interesse der Gemeinschaft an einer einheitlichen Auslegung des TRIPs-Abkommens nicht darauf, daß aus dem Gemeinschaftsrecht übernommene Begriffe unabhängig davon, unter welchen Voraussetzungen sie angewandt werden sollen, eine einheitliche Auslegung erfahren. Der Zweck ist vielmehr beschränkt auf das Interesse der Gemeinschaft, Unterschiede in der Auslegung einer Norm völkerrechtlichen Ursprungs, die Rückwirkungen auf die Auslegung von sekundärem Gemeinschaftsrecht haben kann, zu vermeiden. Dies bedeutet, daß eine unabhängige Anwendung des TRIPs-Abkommens in nationalen Zusammenhängen, solange sie den Anwendungsbereich des Gemeinschaftsrechts nicht betrifft, die Einheitlichkeit der Gemeinschaftsrechtsordnung nicht berührt und somit auch nicht zu einer Eröffnung des Anwendungsbereiches des Vorabentscheidungsverfahrens führen kann. Anderes kann nur dann gelten, wenn durch die gegebenen Berührungspunkte beider Rechtskreise auch die

---

- *Assco Gerüste GmbH v. Wilhelm Layher GmbH & Co. KG* -, Urteil des Gerichtshofes vom 14.12.2000, Slg. 2000, I-11307 (11358), Rn. 37 f.; ebenso GA *Tesauro* in Rs. C-53/96, Slg. 1998, I-3603 (3620), Rn. 20; ebenso Argumentation der Kommission in Rs. C-53/96 - *Hermès* -, Slg. 1998, I-3603 (3616), Rn. 16. Auch *Cremona*, in: O'Keeffe/Twomey, S. 225 (245); *Eeckhout*, CMLRev 34 (1997), S. 11 (22); *Epiney*, EuZW 1999, S. 5 (9); *Hilf*, in: Hilf/Jacobs/Petersmann, S. 153 (166); *MacLeod/-Hendry/Hyett*, S. 140.

349 So *GTE/Krück*, 4. Aufl., Bd. 3, Art. 177 EGV, Rn. 30.

350 GA *Darmon*, EuGH, verb. Rs. C-297/88 und C-197/89 - *Massam Dzodzi v. Belgischer Staat* -, Slg. 1990, I-3763 (3780), Rn. 8, 11. GA *Tesauro* schloß sich dieser Kritik an; Rs. C-346/93 - *Kleinwort Benson* -, Slg. 1995, I-615 (626), Rn. 19, Fn. 21, und Rn. 27, Fn. 34 sowie in Rs. C-53/96 - *Hermès* -, Slg. 1998, I-3603 (3620), Rn. 20, Fn. 29.

Einheitlichkeit der Anwendung innerhalb des Gemeinschaftssystems oder die Einheitlichkeit in der völkerrechtlichen Vertretung der Gemeinschaft beeinträchtigt wird und diesen Erfordernissen der Einheitlichkeit Vorrang gegenüber der aus der Kompetenzverteilung folgenden Auslegungsautonomie nationaler Rechtsordnungen zu geben ist.

Zum anderen ist grundsätzlich danach zu fragen, worauf sich der Anspruch der Gemeinschaft gründet, das Gemeinschaftsrecht zum Maßstab der einheitlichen Auslegung des TRIPs-Abkommens zu machen. Die Mitgliedstaaten und die Gemeinschaft sind im Außen- wie auch im Innenverhältnis als gleichrangige Vertragspartner eines gemischten Abkommens zu betrachten. Dies gilt um so mehr, wenn es sich um ein multilaterales Abkommen wie das TRIPs-Abkommen handelt. Schon aus pragmatischen Gründen liegt es allerdings nahe, das Gemeinschaftsrecht zum alleinigen Auslegungsmaßstab eines derartigen gemischten Abkommens zu erklären, wenn man denn von der Notwendigkeit einer einheitlichen Auslegung in der Gemeinschaft und den Mitgliedstaaten überzeugt ist. Eine einheitliche Auslegung nach Maßstäben des Gemeinschaftsrechts würde zudem dem dynamischen Charakter der Kompetenzverteilung im Regelungsbereich des TRIPs-Abkommens gerecht. Aus strukturellen Gründen naheliegend erscheint es andererseits auch, die Kompetenz zur einheitlichen Auslegung des TRIPs-Abkommens auf einer den Mitgliedstaaten und der Gemeinschaft übergeordneten Ebene anzusiedeln, die Einheitlichkeit also weder am Maßstab des Gemeinschaftsrechts noch an dem eines der nationalen Rechtssysteme auszurichten. Geeignetes Forum für eine an diesen Grundsätzen ausgerichtete Auslegung des TRIPs-Abkommens wäre das WTO-Streitbeilegungssystem[351].

Im folgenden sollen deswegen mögliche Argumente für die Erforderlichkeit einer einheitlichen Auslegung des TRIPs-Abkommens durch den EuGH auf ihre rechtliche Beachtlichkeit hin untersucht werden.

a. WTO-Abkommen als Gesamtpaket

Es wird vorgebracht, das Gesamtpaket der WTO-Abkommen erfordere eine an einheitlichen Kriterien orientierte Auslegung. Nur hierdurch könne das Risiko abweichender Auslegungen durch den Gerichtshof und die nationalen Gerichte in Fragen von großer Bedeutung wie zum Beispiel der unmittelbaren Wirkung vermieden werden[352]. Der Abschluß der WTO-Abkommen als Gesamtpaket (*single package approach*) zwingt indes nicht zu einer einheitlichen Auslegung

---

351 Dieser Aspekt wird in Teil 4 diskutiert.

352 So die Kommission in der Rs. C-53/96 - *Hermès* -, Slg. 1998, I-3603 (3616), Rn. 16. Auch *Hermes*, S. 100.

der gesamten multilateralen Abkommen[353]. Es handelt sich primär um eine besondere Gestaltung des völkerrechtlichen Abschlußverfahrens. Um so weniger ist der Verweis auf den *single package approach* geeignet, unterschiedliche Auslegungen innerhalb eines einzelnen Abkommens, die ihren Ursprung in Grundsätzen der innergemeinschaftlichen Kompetenzverteilung haben, zu verhindern.

b. Einheitliche Übereinkunft

Als weiteres Argument wird darauf verwiesen, das TRIPs-Abkommen sei eine einheitliche Übereinkunft zwischen der Gemeinschaft und den Mitgliedstaaten einerseits und Drittstaaten andererseits, so daß auch die interne Auslegung und Anwendung des Abkommens einheitlich sein müßten[354].

Dieses Argument ist in dieser Form auf alle gemischten Abkommen anwendbar. Es ist für gemischte Abkommen gerade charakteristisch, daß die Gemeinschaft und die Mitgliedstaaten als gemeinsame Vertragsparteien eine einheitliche Vertragsbindung gegenüber einem Drittstaat eingehen. Insofern führt das Argument der einheitlichen Übereinkunft nicht über die in der Rechtsprechung zu gemischten Verträgen vor der Entscheidung *Hermès* entwickelten Schlußfolgerungen hinaus.

Wesentlich ist bei der Betrachtung dieses Argumentes vor allem folgendes: Die Notwendigkeit einer einheitliche Auslegung kann nicht mit einem Schutzinteresse der Drittstaaten an der Erfüllung der vertraglichen Verpflichtungen durch die Gemeinschaftsseite sowie an einer umfassenden völkerrechtlichen Haftung, die nicht nach Kriterien der innerstaatlichen Kompetenzverteilung differenziert, begründet werden. Eine besondere legitime Erwartung der Drittstaaten bezüglich einer einheitlichen Umsetzung und Auslegung des Abkommens innerhalb der Gemeinschaft besteht nicht. Der völkerrechtliche Grundsatz, daß die Vertragsstaaten bei der Wahl der Art und Weise der innerstaatlichen Umsetzung frei sind, verhindert ein Einwirken legitimer Drittstaatsinteressen in den innerstaatlichen Rechtsraum. Argumente für die Notwendigkeit einer einheitlichen Auslegung des TRIPs-Abkommens durch den EuGH müssen ihren Ursprung deswegen stets im Gemeinschaftsrecht haben.

---

353 Siehe hierzu auch Teil 3, Kapitel E.I, S. 187.

354 So die Kommission in der Rs. C-53/96 - *Hermès* -, Slg. 1998, I-3603 (3616), Rn. 16.

c. Erforderlichkeit im Hinblick auf künftige WTO-Streitbeilegungsverfahren

Als weiteres Argument für eine Ausweitung der Auslegungszuständigkeit des Gerichtshofs wird vorgebracht, eine beim Europäischen Gerichtshof zentralisierte Auslegung sei mit Blick auf die Einleitung und Durchführung künftiger WTO-Streitbeilegungsverfahren erforderlich[355].

Eine gemeinschaftsweit einheitliche Auslegung des TRIPs-Abkommens ist sicherlich geeignet, eine Fragmentierung der Anwendungspraxis in den Mitgliedstaaten der Gemeinschaft zu verhindern und WTO-Streitbeilegungsverfahren mit der EG als einzigem Verfahrensbeteiligten auf Seiten der Gemeinschaft zu ermöglichen. Hierbei handelt es sich jedoch um einen reinen Verfahrensvorteil, der für sich genommen keine Erweiterung der Auslegungszuständigkeit des Gerichtshofs im Vorabentscheidungsverfahren rechtfertigen kann. Das Verhältnis des Gerichtshofs und des WTO-Streitbeilegungssystems bei der Auslegung und Überwachung der Umsetzung des TRIPs-Abkommens bedarf ohnehin einer eingehenderen Untersuchung, die in Teil 4 vorgenommen werden soll.

d. Rechtssicherheit

Dem Argument, eine beim EuGH zentralisierte Auslegung trage zur Rechtssicherheit bei, ist nur relativer Wert beizumessen. Ein Anspruch auf die Gewährung von Rechtssicherheit besteht nur innerhalb eines Kompetenzgefüges; er berechtigt nicht dazu, Auslegungszuständigkeiten an sich zu ziehen.

e. Umfassende völkerrechtliche Verantwortung der Gemeinschaft

Es ist unbestritten, daß hinsichtlich des TRIPs-Abkommens eine umfassende völkerrechtliche Verantwortung sowohl der Gemeinschaft als auch der Mitgliedstaaten nach außen besteht. Unabhängig davon, welchem Teil ein Verstoß gegen Abkommensbestimmungen anzulasten wäre, ist die Gemeinschaft aufgrund der gemeinschaftsrechtlichen Verbindlichkeit der nach Maßgabe des Art. 300 EGV geschlossenen Verträge für die Erfüllung der vertraglichen Pflichten völkerrechtlich verantwortlich. Nach verbreiteter Auffassung begründet allein schon diese umfassende Haftung der Gemeinschaft im Außenverhältnis die Erforderlichkeit einer einheitlichen Auslegung und Anwendung des TRIPs-Abkommens

---

355 *von Bogdandy*, CMLRev 36 (1999), S. 663 (668). *Groh/Wündisch* verweisen auf eine „Zielscheibenfunktion" des EuGH, die zu einer Verfahrenskonzentration und damit zu einer Vermeidung unnötiger Parallelverfahren sowie zu einer Reduzierung des Verteidigungsaufwands im Streitbeilegungsverfahren führen könnte; *Groh/Wündisch*, GRUR Int. 2001, S. 497 (501).

und damit eine Vorabentscheidungsbefugnis des Gerichtshofs[356]. Die Gemeinschaft habe ein legitimes und schützenswertes Interesse daran, nicht für die Zuwiderhandlungen eines oder mehrerer Mitgliedstaaten verantwortlich gemacht zu werden.

Hier ist zunächst zu berücksichtigen, daß Unterschiede in der Auslegung des Abkommens nicht notwendigerweise eine Nichterfüllung der vertraglichen Verpflichtungen bedeuten. Reine Auslegungsdifferenzen können somit schwerlich eine gesamtschuldnerische Haftung der Gemeinschaft und der Mitgliedstaaten im Außenverhältnis begründen. Im übrigen besteht auch ein Interesse der Mitgliedstaaten daran, nicht für WTO-widriges Verhalten der Gemeinschaft haftbar gemacht zu werden.

Eine Lösung dieses Haftungsproblems ist primär im Rahmen der Pflicht zur Zusammenarbeit zu suchen, der die Gemeinschaft wie auch die Mitgliedstaaten bei der Eingehung und Durchführung von gemischten Abkommen unterliegen. So wie die Gemeinschaft in Situationen, in denen sie die Nichteinhaltung des TRIPs-Abkommens durch Drittstaaten im Wege der *cross-retaliation* sanktionieren möchte, in den Bereichen der mitgliedstaatlichen Zuständigkeit auf deren Zusammenarbeit angewiesen ist, hat sie auch zur Vermeidung einer eigenen Haftung im Rahmen der Kooperationspflicht auf die Mitgliedstaaten einzuwirken. Es ist jedoch fraglich, ob die Pflicht zur Zusammenarbeit in Fällen, in denen ein Konsens nicht erzielt werden kann, auf eine die nationalen Gerichte bindende Letztentscheidungsbefugnis des Gerichtshofs über die Auslegung und Anwendung des Abkommens hinauslaufen kann. Zur Beantwortung dieser Frage ist die inhaltlich Ausgestaltung der Pflicht zur Zusammenarbeit näher zu untersuchen.

3. Pflicht zur Zusammenarbeit bei der internen Anwendung gemischter Abkommen

Die Gemeinschaft und die Mitgliedstaaten unterliegen nach der Rechtsprechung des Gerichtshofs im *Gutachten 1/94* nicht nur bei der Aushandlung und dem Abschluß, sondern auch bei der Anwendung gemischter Abkommen einer Pflicht zur engen Zusammenarbeit[357]. Diese Pflicht zur Zusammenarbeit ergibt sich aus der Notwendigkeit einer geschlossenen völkerrechtlichen Vertretung der Gemeinschaft. Im Falle des TRIPs-Abkommens ist sie nach Ansicht des

---

356 GA *Tesauro*, Rs. C-53/96 - *Hermès* -, Schlußantrag vom 13.10.1997, Slg. 1998, I-3603 (3620), Rn. 20. Siehe auch *Nolte*, CMLRev 25 (1988), S. 403 (409); *Groh/Wündisch*, GRUR Int. 2001, S. 497 (501); *Hermes*, S. 98; *Hilf*, in: Hilf/Jacobs/Petersmann, S. 153 (66); *Royla*, EuR 2001, S. 495 (516).

357 EuGH, Gutachten 1/94 vom 15.11.1994 (*WTO*), Slg. 1994, I-5267 (5420), Rn. 108.

Gerichtshofs um so zwingender wegen des zwischen den WTO-Übereinkünften bestehenden unauflöslichen Zusammenhangs und angesichts des Mechanismus der *cross-retaliation*.

Zudem hat der Gerichtshof in der Rechtssache *Demirel* die gemeinschaftsrechtliche Bedeutung der Pflicht der Mitgliedstaaten herausgestellt, ein gemischtes Abkommen (hier das Assoziierungsabkommen mit der Türkei) in seiner Gesamtheit zu beachten[358]. Die Mitgliedstaaten erfüllten, „indem sie dafür sorgen, daß die Verpflichtungen aus einem von den Gemeinschaftsorganen geschlossenen Abkommen eingehalten werden, im Rahmen der Gemeinschaftsordnung eine Pflicht gegenüber der Gemeinschaft, die die Verantwortung für eine ordnungsgemäße Durchführung des Abkommens übernommen hat"[359]. Spiegelbildlich besteht eine Verantwortung der Gemeinschaft für die Gesamtheit eines gemischten Abkommens. Allerdings muß diese Äußerung des Gerichtshofs gerade wegen der expliziten Bezugnahme auf die Rechtssache *Kupferberg* mit Vorsicht betrachtet werden: Die Pflicht zum koordinierten Vollzug eines Gemeinschaftsabkommens in den Mitgliedstaaten darf nicht mit einer gemeinschaftsrechtlichen Pflicht der Mitgliedstaaten bei der Anwendung eines gemischten Abkommens gleichgesetzt werden, soweit die Mitgliedstaaten im letzteren Fall im Bereich eigener Zuständigkeiten tätig werden. Zumindest auf die konkrete Ausgestaltung der den Mitgliedstaaten obliegenden Pflicht wird sich dies auswirken müssen.

Der Gerichtshof selbst beansprucht in der Entscheidung *Parfums Christian Dior/Assco Gerüste* für sich diese Funktion[360]. Nur der Gerichtshof, der nach Art. 234 EGV in Zusammenarbeit mit den Gerichten der Mitgliedstaaten tätig werde, sei in der Lage, die einheitliche Auslegung eines gemischten Abkommens zu gewährleisten.

Auch in der Literatur wird dem Gerichtshof vielfach diese Rolle zugeschrieben[361]. *Stein* stellt darauf ab, daß das Prinzip der Gemeinschaftstreue die Mitgliedstaaten verpflichte, hinsichtlich der Abkommensbestimmungen, die in ihren

---

358 Vgl. GA *Tesauro*, Rs. C-53/96 - *Hermès International v. FHT Marketing Choice BV* -, Schlußantrag vom 13.11.1997, Slg. 1998, I-3603 (3617), Rn. 18.

359 EuGH, Rs. 12/86 – *Meryem Demirel v. Stadt Schwäbisch Gmünd* -, Urteil des Gerichts hofes vom 30.9.1987, Slg. 1987, S. 3719 (3751), Rn. 11.

360 So auch EuGH, verb. Rs. C-300/98 – *Parfums Christian Dior SA v. Tuk Consultancy BV* - und Rs. C-392/98 - *Assco Gerüste GmbH v. Wilhelm Layher GmbH & Co. KG* -, Urteil des Gerichtshofes vom 14.12.2000, Slg. 2000, I-11307 (11358), Rn. 36, 38.

361 So z.B. *Eeckhout*, CMLRev 34 (1997), S. 11 (23); *Hilf*, in: Hilf/Jacobs/Petersmann, S. 153 (166); *Stein*, S. 188; *Nolte*, CMLRev 25 (1988), S. 403 (408). *Hilf*, *Stein* und *Nolte* berufen sich dabei jeweils auf die Pflicht zur Gemeinschaftstreue aus Art. 10 EGV. Auch GA *Tesauro*, EuGH, Rs. C-53/96 - *Hermès International v. FHT Marketing Choice BV* -, Schlußantrag vom 13.11.1997, Slg. 1998, I-3603 (3620), Rn. 21.

Kompetenzbereich gehören, eine gemeinsame Haltung einzunehmen[362]. Dies bedeute, daß auch dieser Teil des Abkommens in allen Mitgliedstaaten in gleicher Weise zur Anwendung kommen müsse, was allerdings nur dann gewährleistet sei, wenn es einen einheitlichen Rechtsschutz in bezug auf diesen Abkommensteil gebe. Für *Nolte* ist maßgeblich, daß die Mitgliedstaaten - wie der EuGH in der Rechtssache *Demirel* hervorgehoben hat - aufgrund Gemeinschaftsrechts verpflichtet sind, ihre Verpflichtungen aus einem gemischten Abkommen einzuhalten[363]. Mit ihrer Zustimmung zum Abschluß eines gemischten Abkommens hätten die Mitgliedstaaten auch die Existenz einer allgemeinen Pflicht zur koordinierten und einheitlichen Erfüllung der Abkommensverpflichtungen akzeptiert. Es bestehe ein rechtlich anerkanntes innergemeinschaftliches Interesse daran, im Fall von gemischten Abkommen gegenüber Drittstaaten als eine Partei auftreten zu können. In dieser Situation sei es eine selbstverständliche Aufgabe des Gerichtshofs, die Grenzen und Inhalte der gegenüber Drittstaaten eingegangenen Verpflichtungen zu bestimmen. Die Auslegung durch den EuGH stelle die einzige Möglichkeit dar, eine einheitliche Auslegung des Abkommens sicherzustellen. Auch wird darauf hingewiesen, daß unterschiedliche Auslegungen nationaler Gerichte negative Auswirkungen auf die rechtliche Position der Gemeinschaft gegenüber dritten Vertragsstaaten haben könnten.

Daß aufgrund der Pflicht zur Zusammenarbeit der Gemeinschaft und den Mitgliedstaaten gewisse Pflichten der Koordination bei der internen Umsetzung gemischter Abkommen obliegen, kann als gegeben vorausgesetzt werden. Fraglich ist jedoch, ob das Verfahren der Vorabentscheidung ein Mittel dieser Koordination darstellen darf. Wenn Generalanwalt *Tesauro* in *Hermès* darauf verweist, der Mechanismus der gerichtlichen Kontrolle durch den EuGH sei eine wesentliche Garantie der Solidaritätspflicht[364], geschieht dies nicht als Hinweis auf eine gerichtliche Überprüfbarkeit der Kooperationspflicht[365]. Vielmehr wird das Verfahren der Vorabentscheidung als originäre Methode der Zusammenarbeit beansprucht.

Eine umfassende Auslegungsbefugnis des Gerichtshofes würde jedoch auf eine die nationalen Gerichte bindende Letztentscheidungsbefugnis des Gerichtshofs über die Auslegung des Abkommens hinauslaufen. Eine Entscheidung des Gerichtshofes im Vorabentscheidungsverfahren begründet eine für die Mitglied-

---

362 *Stein*, S. 188.

363 *Nolte*, CMLRev 25 (1988), S. 403 (408).

364 GA *Tesauro*, EuGH, Rs. C-53/96 - *Hermès International v. FHT Marketing Choice BV* -, Schlußantrag vom 13.11.1997, Slg. 1998, I-3603 (3621), Rn. 21.

365 Zur Justiziabilität des Kohärenzgebotes in den Außenbeziehungen der Europäischen Union vgl. allgemein *Siems*, S. 169.

staaten verbindliche Auslegung der jeweiligen Abkommensbestimmung. Der Gerichtshof würde zumindest in indirekter Weise über die Vereinbarkeit der nationalen Umsetzungsgesetzgebung mit den Vorgaben des TRIPs-Abkommens entscheiden und somit in die Kompetenz der Mitgliedstaaten zur eigenverantwortlichen Umsetzung völkerrechtlicher Verpflichtungen eingreifen. Eine Vorabentscheidungsbefugnis setzte zudem eine Vorlageverpflichtung nationaler Gerichte voraus. Hiermit ist ein Verlust an Auslegungsautonomie nationaler Gerichte und somit an staatlicher Souveränität verbunden[366]. Es ist deswegen fraglich, ob die Pflicht zur Zusammenarbeit bei der internen Anwendung derart weittragende Konsequenzen haben kann, daß sie die Mitgliedstaaten zur Unterwerfung unter die Auslegungskompetenz des Gerichtshofes als Mittel der Zusammenarbeit zwingen kann.

a. Inhaltliche Ausgestaltung der Pflicht zur Zusammenarbeit

Hinsichtlich einer möglichen inhaltlichen Ausgestaltung der Pflicht zur Zusammenarbeit bei der internen Anwendung eines gemischten Abkommens hält sich der Gerichtshof bemerkenswert zurück[367]. Insoweit der Gerichtshof im *Gutachten 1/94* auf frühere eigene Beschlüsse und Gutachten verweist, dient dies nicht einer näheren inhaltlichen Definition der statuierten Kooperationspflicht. In seinem *Beschluß 1/78* beschränkt sich der EuGH auf den Hinweis, daß das von der IAEO geplante Euratom-Abkommen nur aufgrund einer engen Zusammenarbeit zwischen den Gemeinschaftsorganen und den Mitgliedstaaten bei der Aushandlung wie auch bei der Erfüllung der übernommenen Verpflichtungen in Kraft gesetzt werden könne. Der Vollzug eines derartigen gemischten Abkommens müsse demnach anhand der gleichen Grundsätze gelöst werden, nach denen sich auch die Kompetenzverteilung in bezug auf die Aushandlung und den Abschluß des Übereinkommens richte. Wenn dies erst einmal in Kraft sei, werde seine Anwendung eine enge Zusammenarbeit zwischen der Gemeinschaft und den Mitgliedstaaten erfordern[368]. Worauf sich diese Kooperationspflicht erstreckt, wird nicht näher ausgeführt. Der Gerichtshof betont in diesem Zusammenhang allerdings die Parallelität der Abschlußkompetenzen im Außenverhältnis und der internen Zuständigkeitsverteilung. Im Zentrum der Ausführungen des Gerichtshofs steht das Bemühen,

---

[366] Der Ansicht *Eeckhouts*, eine Ausdehnung der Auslegungsbefugnis verändere nicht die innergemeinschaftliche Kompetenzverteilung, kann deswegen nicht gefolgt werden; *Eeckhout*, CMLRev 34 (1997), S. 11 (23 f.).

[367] Siehe auch *Arnull*, in: Emiliou/O'Keeffe, S. 343 (357).

[368] EuGH, Beschluß 1/78 vom 14.11.1978 (*Entwurf der Internationalen Atomorganisation zu einem Übereinkommen über den Objektschutz von Kernmaterial, kerntechnischen Anlagen und Nukleartransporten*), Slg. 1978, S. 2151 (2180 f.), Rn. 34, 36.

für eine ordnungsgemäße und vollständige Umsetzung des Übereinkommens zu sorgen. Zusammenarbeit kann sich vor diesem Hintergrund auf eine gegenseitige informatorische Abstimmung bei der internen Umsetzung unter strikter Wahrung der Souveränität der Parteien beschränken. Hierfür spricht vor allem die Feststellung des Gerichtshofs, der Rat (und nicht der Gerichtshof selbst) habe für die Koordinierung der Tätigkeit der Mitgliedstaaten und derjenigen der Gemeinschaft Sorge zu tragen[369].

Im Sachverhalt, der dem *Gutachten 2/91* zugrundeliegt, war eine Zusammenarbeit der Gemeinschaft und der Mitgliedstaaten unumgänglich, da die Gemeinschaft das Abkommen Nr. 170 der internationalen Arbeitsorganisation (ILO) mangels Mitgliedseigenschaft in der ILO nicht selbst, sondern nur durch die Mitgliedstaaten abschließen konnte, der Regelungsgegenstand des geplanten Übereinkommens jedoch auch Bereiche ausschließlicher Gemeinschaftskompetenz umfaßte[370]. Die vom Gerichtshof festgestellte Kooperationspflicht bezog sich hier auf alle Maßnahmen der Gemeinschaft und der Mitgliedstaaten im völkerrechtlichen Vertragsschlußverfahren sowie auf die interne Durchführung des Übereinkommens. Auch hier fehlen jedoch weitergehende Ausführungen zu Ausmaß und Inhalt der Kooperationspflicht.

b. Kohärenzgebot (Art. 3 EUV)

Eine Pflicht zur Zusammenarbeit ergibt sich jedoch auch aus weiteren allgemeinen Geboten des Gemeinschaftsrechts. Hier könnten sich Anhaltspunkte für die Bestimmung der inhaltlichen Grenzen der spezifischen Pflicht zur Zusammenarbeit bei der internen Anwendung gemischter Abkommen finden lassen.

Eine Kooperationspflicht ergibt sich zum einen aufgrund der Kohärenzregel in Art. 3 EUV[371]. Danach sind der Rat und die Kommission für die Kohärenz aller von der Europäischen Union ergriffenen Maßnahmen im Rahmen der Außen-, Sicherheits-, Wirtschafts- und Entwicklungspolitik verantwortlich; sie stellen jeweils in ihrem Zuständigkeitsbereich die Durchführung der betroffenen Politiken sicher. Diese Verpflichtung gilt in den Bereichen, in denen mangels Außenkompetenz der EG die Mitgliedstaaten ihre Gemeinsame Außenpolitik auf der Grundlage des EU-Vertrages gestalten wollen. Diese ist im Kern intergouvernemental[372]. Das Kohärenzgebot hat demnach keine Änderung der den Organen

---

369 EuGH, Beschluß 1/78 vom 14.11.1978, Slg. 1978, S. 2151 (2180 f.), Rn. 36.

370 EuGH, Gutachten 2/91 vom 19.3.1991 (*Übereinkommen Nr. 170 der Internationalen Arbeitsorganisation über Sicherheit bei der Verwendung chemischer Stoffe bei der Arbeit*), Slg. 1993, I-1061 (1083), Rn. 37 f.

371 *GTE/Tomuschat*, 5. Aufl., Bd. 5, Art. 228 EGV, Rn. 25. Allgemein zum Kohärenzgebot nach Art. 3 EUV siehe *Siems*, S. 23, 26 ff.

372 *Oppermann*, 2. Aufl., Rn. 1675.

Kommission und Rat zugewiesenen Zuständigkeiten zur Folge. Die Politiken im Bereich der Außenbeziehungen sind vielmehr unter Berücksichtigung der jeweiligen Zuständigkeiten durchzuführen[373].

Bei der Aushandlung und Durchführung der Bereiche gemischter Abkommen, die in die geteilte Zuständigkeit der Gemeinschaft und der Mitgliedstaaten fallen, handeln die Mitgliedstaaten auf der Grundlage eigener Zuständigkeit. Insofern ist die Situation dem Anwendungsbereich des Art. 3 EUV vergleichbar, auch wenn die Mitgliedstaaten nicht in Form einer gemeinsamen Aktion auf der Grundlage des Titels V des EU-Vertrages handeln wollen. Aus dem Vergleich mit dem Kohärenzgebot des Art. 3 EUV könnte sich somit eine Beschränkung der Pflicht zur Zusammenarbeit auf die intergouvernementale Ebene ergeben.

c. Pflicht zur Gemeinschaftstreue (Art. 10 EGV)

Auch die Verpflichtung zur Gemeinschaftstreue in Art. 10 EGV ist Ausdruck eines allgemeinen Rechtsgrundsatzes, daß den Mitgliedstaaten und den Gemeinschaftsorganen gegenseitige Pflichten zur loyalen Zusammenarbeit obliegen[374]. Art. 10 EGV enthält das an die Mitgliedstaaten gerichtete Verbot, die praktische Wirksamkeit des Gemeinschaftsrechts zu beeinträchtigen.

Der Grundsatz der Gemeinschaftstreue in Art. 10 EGV ergibt sich aus der dem EG-Vertrag zugrundeliegenden Entscheidung, die Wahrung von Gemeinwohlinteressen verschiedenen Hoheitsträgern zuzuweisen[375]. Diese Zuweisung impliziert Konflikte zwischen den Hoheitsträgern, da ihre Kompetenzen und materiellen Regelungen in Kollision geraten können. Aus der Einrichtung der Gemeinschaft als eines neuen und auf Dauer eingerichteten Hoheitsträgers, dem mittels Kompetenzzuschreibung die Wahrung zahlreicher Gemeinwohlinteressen überantwortet ist, folgt das Gebot ihrer Funktionsfähigkeit, das u.a. eine effektive und einheitliche Anwendung des Gemeinschaftsrechts im innerstaatlichen Raum und eine Sicherung der Handlungsfähigkeit der Gemeinschaftsorgane und der faktischen Möglichkeit der Kompetenzausübung verlangt.

Für die Kooperationspflicht bei der Anwendung gemischter Verträge kann diese Begründung nicht unmittelbar nutzbar gemacht werden. Zwar ergeben sich auch hier Kompetenzkonflikte zwischen Hoheitsträgern. Die Pflicht zur Zusammenarbeit folgt hier jedoch mangels Souveränitätsübertragung lediglich aus der Notwendigkeit einer geschlossenen völkerrechtlichen Vertretung der Gemein-

---

373 *GTE/Jacqué*, 5. Aufl., Bd. 1, Art. C EUV, Rn. 9; *Siems*, S. 26.

374 Vgl. EuGH, Rs. 230/81 - *Luxemburg v. Parlament* - , Urteil des Gerichtshofes vom 10.2.1983, Slg. 1983, S. 255 (287).

375 *Grabitz/Hilf/von Bogdandy*, Bd. I, Art. 5 EGV, Rn. 7.

schaft[376]. Sie ist in ihrem Kern außenbezogen. Der Gestaltungs- und Auslegungsautonomie der Mitgliedstaaten steht hier nicht das Gemeinschaftsinteresse an der Wirksamkeit und Einheitlichkeit des Gemeinschaftsrechts, sondern das Interesse an der geschlossenen Vertretung nach außen gegenüber.

Dennoch führen beide Kooperationspflichten zu einer Verpflichtung der Mitgliedstaaten und der Gemeinschaft zu gegenseitiger loyaler Zusammenarbeit. Eine Analyse der Voraussetzungen und der Grenzen der Kooperationspflicht auf der Grundlage von Art. 10 EGV kann somit zur Absteckung der Außengrenzen einer Kooperationspflicht bei der Anwendung gemischter Verträge hilfreich sein.

Der Vertragstext des Art. 10 EGV enthält sich einer genauen Festlegung der Voraussetzungen wie auch des Inhalts der Pflicht zur Gemeinschaftstreue. Die Konfliktlösung im Einzelfall beruht auf einer Abwägung der widerstreitenden Rechtspositionen und Interessen; sie bleibt dem Gerichtshof überlassen[377]. In der Regel ist die Lösung im Spannungsfeld der gegenläufigen Prinzipien der Funktionsfähigkeit des Gemeinschaftsrechts auf der einen und der nationalen Gestaltungsautonomie auf der anderen Seite zu suchen. Sogar für die Kooperationspflicht im Anwendungsbereich des EG-Vertrages, also im Bereich übertragener Hoheitsrechte, gilt jedoch, daß die Lösungen dieser Konflikte in den Grenzen der bestehenden Kompetenzen zu suchen sind. Art. 10 EGV beschränkt den Anwendungsbereich der Pflicht zur Gemeinschaftstreue auf die Erfüllung der sich aus dem EGV oder aufgrund von Handlungen der Gemeinschaftsorgane ergebenden Verpflichtungen. Eine allgemeine Kooperationspflicht außerhalb des Anwendungsbereiches des EG-Vertrages wäre zudem mit dem in Art. 5 Abs. 1 EGV niedergelegten Grundsatz der begrenzten Ermächtigung nicht vereinbar. Auf der Grundlage von Art. 10 EGV entwickelte Kooperationspflichten müssen somit stets akzessorisch zu einer Gemeinschaftskompetenz oder einer gemeinschaftsrechtlichen Regelung sein[378]. Zwar intendiert Art. 10 EGV eine Verzahnung der beiden betroffenen Rechtskreise und verpflichtet die Mitgliedstaaten und die Gemeinschaft zu gegenseitiger Rücksichtnahme bei der Wahrnehmung ihrer Aufgaben. Art. 10 EGV kann jedoch nicht zur Begründung von Pflichten dienen, die nach Art und Umfang über den Integrationsstand substantiell hinausgreifen. Die Bestimmung kann auch nicht zur Begründung neuer Kompetenzen führen, da die Rechtsfolgen des Art. 10 EGV das ausdifferenzierte Pflichten- und Kompetenzgefüge des EGV nicht verändern dürfen[379]. Der in Art. 10 EGV statuierten Kooperationspflicht kommt daher eine eher präventive

---

[376] EuGH, Gutachten 1/94 vom 15.11.1994 (*WTO*), Slg. 1994, I-5267 (5420), Rn. 108.

[377] *Grabitz/Hilf/von Bogdandy*, Bd. I, Art. 5 EGV, Rn. 8.

[378] *Grabitz/Hilf/von Bogdandy*, Bd. I, Art. 5 EGV, Rn. 14.

[379] *Grabitz/Hilf/von Bogdandy*, Bd. I, Art. 5 EGV, Rn. 22.

Funktion zu. Bei ihrer Wahrnehmung ist allerdings auch die temporäre Dynamik der Kompetenzordnung zu berücksichtigen[380].

Als Ergebnis der bisherigen Untersuchung ist festzustellen, daß weder das Kohärenzgebot in Art. 3 EUV noch die Pflicht zur Gemeinschaftstreue in Art. 10 EGV die Mitgliedstaaten verpflichten, aus Erwägungen des Gemeinschaftsinteresses eigene Zuständigkeiten zu Gunsten der Gemeinschaft aufzugeben oder sich einer Letztentscheidungsbefugnis eines Gemeinschaftsorgans unterzuordnen.

d. Konsequenzen für die Pflicht zur Zusammenarbeit

Diese Ergebnisse sind auch bei der Betrachtung der hier interessierenden Pflicht zur Zusammenarbeit bei der Anwendung gemischter Abkommen zu berücksichtigen. Die Mitgliedstaaten begeben sich bei der Aushandlung und dem Abschluß gemischter Verträge in eine Gemeinschaft mit der EG, die zu gegenseitiger Rücksichtnahme bei der Förderung der mit dem gemischten Vertragsschluß gesetzten Ziele zwingt. Eine Übertragung von Hoheitsrechten ist hiermit allerdings nicht verbunden. Der Pflicht zur Zusammenarbeit kommt somit gerade in den Bereichen eine Bedeutung zu, in denen die Gemeinschaft und die Mitgliedstaaten sich in Souveränität gegenübertreten, wo also die Gemeinschaft nicht aufgrund übertragener Hoheitsbefugnisse eigenständige Entscheidungen treffen kann[381]. Es ist daher zunächst davon auszugehen, daß die Grenzen der Kooperationspflicht hier aufgrund der fehlenden Übertragung von Hoheitsrechten auf die Gemeinschaft und aufgrund des intergouvernementalen Charakters der Beziehungen noch enger gesteckt sind.

Bezüglich der inhaltlichen Ausgestaltung der Kooperationspflicht bedeutet dies:

Im Außenverhältnis ist die Gemeinschaft im Hinblick auf die Notwendigkeit einer einheitlichen völkerrechtlichen Vertretung gehalten, ihre Interessen sowie das gemeinsame Interesse an einem einheitlichem Auftreten auf der internationalen Bühne in Verhandlungen mit dem Rat zu vertreten. Fraglich ist hier, ob die Pflicht zur Zusammenarbeit eine Erfolgspflicht auferlegt, ob also ein gemeinsames Vorgehen der Gemeinschaft und der Mitgliedstaaten erzwungen werden kann. Auch hierzu hat der Gerichtshof in seinen relevanten Entscheidungen keine Aussage getroffen. *MacLeod/Hendry/Hyett* gehen vor allem unter Berufung auf die bisherige Praxis des Rates davon aus, daß die Parteien in Bereichen geteilter Zuständigkeit lediglich gehalten sind, sich um einen gemeinsamen Standpunkt zu bemühen[382]. Als Argument wird darauf verwiesen, daß meh-

---

380 Zu diesem Aspekt siehe nächstes Kapitel C.III.3.e, S. 133.

381 *Neuwahl*, CMLRev 33 (1996), S. 667 (678).

382 *MacLeod/Hendry/Hyett*, S. 149; auch: *Neuwahl*, CMLRev 33 (1996), S. 667 (678).

rere informelle Koordinationsvereinbarungen zwischen dem Rat und der Kommission für Mitgliedstaaten, z.B. bezüglich der Vertretung in der FAO, die Möglichkeit vorsähen, eigenständige nationale Interessen zu vertreten, falls kein gemeinsamer Standpunkt erreicht werden kann[383]. Eine stärkere Gewichtung des Zwangs zur Gemeinsamkeit sehen *MacLeod/Hendry/Hyett* nur bei Abkommen, deren Regelungsgegenstand zum überwiegenden Teil in die ausschließliche Zuständigkeit der Gemeinschaft fällt, z.B. wenn der verbleibenden mitgliedstaatlichen Kompetenz nur eine untergeordnete oder subsidiäre Rolle zukommt, oder wenn die Teilnahme aller oder zumindest der meisten Mitgliedstaaten notwendig ist, um der Gemeinschaft eine volle und effektive Teilnahme an dem Übereinkommen zu ermöglichen, z.B. wenn Stimmrechte der Gemeinschaft oder finanzielle Beiträge an die Beteiligung der Mitgliedstaaten geknüpft sind[384]. Dies ist im Fall des TRIPs-Abkommens nicht gegeben. Eine Rolle spiele zudem der Regelungsgegenstand des Übereinkommens: Die Bedeutung eines koordinierten Vorgehens sei in jedem Fall größer bei gemischten Abkommen mit essentiell bilateralem Charakter, als bei multilateralen Übereinkünften z.B. im Rahmen der UN[385].

Für die WTO erfolgt eine interne Abstimmung der Positionen von Gemeinschaft und Mitgliedstaaten im nach Art. 133 Abs. 2 EGV vorgesehenen „Art. 133-Ausschuß" in Brüssel sowie in regelmäßigen EU-Koordinierungstreffen in Genf. In den WTO-Außenbeziehungen wird der Kommission auch in Fragen des TRIPs-Abkommens regelmäßig die Verhandlungsführung überlassen. Selbst im Rat für TRIPs sind eigenständige Beiträge der Mitgliedstaaten unüblich. Demnach tritt die Gemeinschaft auch in Bereichen geteilter Zuständigkeit gegenüber den übrigen WTO-Mitgliedern de facto als alleiniger Akteur auf. Grundlage für dieses geschlossene Auftreten nach außen ist jedoch nach dem Verständnis der Mitgliedstaaten lediglich eine implizite Übereinkunft, nicht aber eine rechtliche Verpflichtung. Insofern beruhen auch die für das WTO-Außenverhältnis entwickelten Grundsätze der Zusammenarbeit auf dem Konsensprinzip unter Beachtung der Souveränität der Parteien und der innergemeinschaftlichen Kompetenzverteilung[386].

Nur eine Auslegung der Kooperationspflicht als Verhaltenspflicht berücksichtigt in hinreichendem Maße, daß den Mitgliedstaaten in den Bereichen gemischter Abkommen, die in die geteilte Zuständigkeit fallen, eine originäre und vollwer-

---

383 Beispiele finden sich insbesondere hinsichtlich der Partizipation in internationalen Organisationen wie FAO und ILO. Vgl. *MacLeod/Hendry/Hyett*, S. 171 ff.; *Neuwahl*, CMLRev 33 (1966), S. 667 (680); *Hilpold*, S. 134, dort Fn. 323.

384 *MacLeod/Hendry/Hyett*, S. 150.

385 *MacLeod/Hendry/Hyett*, S. 150, Fn. 41.

386 Siehe auch *Cremona*, in: O'Keeffe/Twomey, S. 225 (241).

tige Zuständigkeit verbleibt. Zwar stehen auch diese Bereiche nach dem *Gutachten 1/94* des Gerichtshofs nicht außerhalb des Gemeinschaftsrechts. Der Einfluß des Gemeinschaftsrechts auf die Wahrnehmung der Kompetenzen muß hier jedoch beschränkt sein; den Mitgliedstaaten muß eine Letztentscheidungsbefugnis im eigenen Kompetenzbereich verbleiben. Eine Formulierung der Kooperationspflicht als Erfolgspflicht würde die Mitgliedstaaten dieser Letztentscheidungsbefugnis als Ausdruck der staatlichen Souveränität berauben.

Wenn jedoch selbst im Außenverhältnis die Pflicht zur Zusammenarbeit den Mitgliedstaaten keine Erfolgs-, sondern lediglich eine Bemühenspflicht auferlegt, muß dies erst recht für die Kooperation bei der internen Umsetzung der Abkommensbestimmungen gelten.

Bei der internen Anwendung eines gemischten Abkommens sind die Parteien an konstitutionelle Vorgaben gebunden. Eine Übertragung von Zuständigkeiten aus Erwägungen der Koordination und Kooperation erscheint, selbst wenn sie von den Mitgliedstaaten gewünscht wäre, ausgeschlossen. Koordination kann hier nur im Vorfeld der Umsetzung der Abkommen, d.h. im politischen Bereich stattfinden. Vorstellbar sind insbesondere Maßnahmen wie die Koordination der inhaltlichen Gestaltung von Umsetzungsgesetzgebung, gegenseitige Information oder die Vereinbarung eines gemeinsamen Zeitplanes[387].

Die Anerkennung einer Auslegungskompetenz des Gerichtshofes hinsichtlich aller Bestimmungen eines gemischten Abkommens beschränkte sich als Maßnahme allerdings nicht auf diesen präventiven Bereich der Kooperation. Sie setzte eine Vorlageverpflichtung nationaler Gerichte voraus. Eine umfassende Zuständigkeit des Gerichtshofs zur Auslegung des TRIPs-Abkommens im Rahmen des Vorabentscheidungsverfahrens kann mit einer freiwilligen Verhaltenspflicht deswegen nicht begründet werden.

Somit kann die Pflicht zur Zusammenarbeit bei der Anwendung gemischter Abkommen schon wegen ihrer begrenzten inhaltlichen Reichweite nicht zur Begründung einer umfassenden Auslegungsbefugnis des Gerichtshofs herangezogen werden. Für einen Einsatz des Verfahrens der Vorabentscheidung nach Art. 234 EGV als Mittel der Kooperation fehlt es an einer Rechtsgrundlage im EG-Vertrag.

Eine Rolle des Gerichtshofes als Koordinator bei der Anwendung und Auslegung des TRIPs-Abkommens wäre aber auch unter Berücksichtigung ihrer Anwendungsvoraussetzungen nicht von der Pflicht zur Zusammenarbeit gedeckt.

---

387 Zu Konsultations- und Informationspflichten der Mitgliedstaaten im internen Kompetenzgefüge vgl. z.B. EuGH, Rs. 186/85 – *Kommission v. Belgien* -, Urteil des Gerichtshofes vom 7.5.1987, Slg. 1987, S. 2029 (2057); EuGH, Rs. 54/81 – *Fromme v. Bundes anstalt für landwirtschaftliche Marktordnung* -, Urteil des Gerichtshofes vom 6.5.1982, Slg. 1982, S. 1449 (1463).

So wie die Gestaltungsautonomie der Mitgliedstaaten im gemeinschaftsinternen Kompetenzgefüge in der Abwägung nach Art. 10 EGV dem Gemeinschaftsinteresse an der Wirksamkeit ihrer Bestimmungen nur dann zu weichen hat, wenn der gemeinschaftsrechtliche Regelungserfolg nicht nur behindert, sondern in „qualifizierter Weise“ beeinträchtigt oder sogar vereitelt wird[388], kann auch die Pflicht zur Zusammenarbeit bei der Umsetzung gemischter Abkommen die Auslegungsautonomie der Mitgliedstaaten nur dann begrenzen, wenn eine dezentralisierte Auslegung des TRIPs-Abkommens die einheitliche völkerrechtliche Vertretung der Gemeinschaft vereiteln würde[389].

Im Regelungsbereich des TRIPs-Abkommens kann zwar bei einer konsequenten Berücksichtigung der Kompetenzverteilung die Situation auftreten, daß für ein und dieselbe Abkommensbestimmung je nach Anwendungsfall eine Vorlagepflicht im Vorabentscheidungsverfahren besteht oder nicht. Gerade in Bereichen paralleler Regelungen wie dem Markenrecht mit der Verordnung (EG) Nr. 40/94 über die Gemeinschaftsmarke kann die Zuständigkeit des Gerichtshofs zur Auslegung je nach Sachlage wechseln. Besondere nationale Auslegungen können sich in dieser Situation auch auf die Anwendung der Abkommensbestimmungen im Gemeinschaftskontext auswirken[390].

Beeinträchtigt wird dadurch allerdings nicht die Einheitlichkeit des Gemeinschaftsrechts, sondern des TRIPs-Abkommens, das wiederum nur in Teilen Bestandteil der Gemeinschaftsrechtsordnung ist. Ob hierdurch die Einheitlichkeit der völkerrechtlichen Vertretung der Gemeinschaft in qualifiziertem Maße beeinträchtigt oder weitgehend vereitelt wird, ist fraglich. Völkerrechtlich ist lediglich maßgeblich, daß sowohl die Gemeinschaft und als auch die Mitgliedstaaten ihre jeweiligen Vertragsverpflichtungen erfüllen. Eine zwischen der Gemeinschaft und den Mitgliedstaaten variierende Auslegung der TRIPs-Bestimmungen begründet nicht notwendig eine Verletzung der im Außenverhältnis übernommenen Vertragsverpflichtungen. Dementsprechend besteht zwar durchaus ein legitimes Gemeinschaftsinteresse an einer Koordination in der Umsetzung. Eine einheitliche Abkommensauslegung würde die Verhandlungsposition der Gemeinschaft gegenüber Drittstaaten verbessern und der Auslegung des TRIPs-Abkommens auch weltweit zu einer größeren Einheitlichkeit verhelfen. Auch kann das Fehlen einer Auslegung unter Umständen dazu führen, daß Ergebnisse, die im Außenverhältnis aufgrund der Pflicht zur Zusammenarbeit bei

---

388 *Siems*, S. 121.

389 Siehe auch *Gaja*, Rivista di diritto internazionale 1988, S. 605 (606).

390 Sog. „*risk of spill-over*“. Hierauf weisen GA *Tesauro*, EuGH, Rs. C-53/96 - *Hermès International v. FHT Marketing Choice BV* -, Schlußantrag vom 13.11.1997, Slg. 1998, I-3603 (3619), Rn. 20, sowie *Eeckhout*, CMLRev 34 (1997), S. 11 (23) hin. *Tesauro* bezeichnet die sich daraus ergebende Situation als „paradox“.

der Aushandlung und Vereinbarung der betreffenden Abkommensbestimmungen erzielt worden sind, im internen Rechtsraum der Gemeinschaft durch Auslegungsdiskrepanzen beeinträchtigt oder auch zunichte gemacht werden. Ob dadurch allerdings, wie Generalanwalt *Tesauro* behauptet, die Durchführung einer Koordinierung bei der Anwendung der Abkommensbestimmungen zu einer bloßen Chimäre wird[391], ist fraglich.

Generalanwalt *Cosmas* weist zu Recht darauf hin, daß die einheitliche Anwendung eines völkerrechtlichen Abkommens in der Gemeinschaft und den Mitgliedstaaten, auch wenn sie ein legitimes Gemeinschaftsinteresse darstellen sollte, keine absolute Geltung beanspruchen kann[392]. So monistisch der Ansatz der Gemeinschaft auch sei, ergebe sich daraus nicht von selbst, daß die interne Anwendung eines Abkommens ein größeres Ausmaß an Einheitlichkeit beanspruchen könne als das Recht in der Gemeinschaft, das aufgrund der Kompetenzverteilung ausschließlich Gemeinschaftsrecht oder nationales Recht oder beides sein könne.

Die Fragmentarisierung der Auslegungszuständigkeit ist deshalb eine unvermeidbare Folge des Abschlusses des TRIPs-Abkommens als gemischtes Abkommen. Zwar sind Gemeinschaft und Mitgliedstaaten verpflichtet, sich bei der internen Anwendung der Abkommensbestimmungen um eine gemeinsame Position zu bemühen. Eine Vorlageverpflichtung und somit eine umfassende Zuständigkeit des Gerichtshofs zur Auslegung des TRIPs-Abkommens kann sich aus der Pflicht zur Zusammenarbeit, der die Gemeinschaft und die Mitgliedstaaten bei der internen Anwendung eines gemischten Abkommens unterliegen, jedoch nicht ergeben.

e. Sonderproblem: Dynamischer Charakter des Kompetenzgefüges

Noch keine Berücksichtigung hat bislang der dynamische Charakter des Kompetenzgefüges gefunden. Die Pflicht zur Zusammenarbeit verpflichtet die Mitgliedstaaten, bei der Anwendung und Auslegung des TRIPs-Abkommens auch auf die Interessen der Gemeinschaft Rücksicht zu nehmen. Die Gemeinschaftsrechtsordnung wie auch die Rechtsordnungen der Mitgliedstaaten sind –wegen der potentiellen Gemeinschaftskompetenz und der Möglichkeit paralleler Regelungssysteme – vielfältig miteinander verknüpft. Der Gerichtshof ist aufgrund der umfassenden Harmonisierungskompetenz der Gemeinschaft potentiell für

---

391 GA *Tesauro*, EuGH, Rs. C-53/96 - *Hermès International v. FHT Marketing Choice BV* -, Schlußantrag vom 13.11.1997, Slg. 1998, I-3603 (3621), Rn. 21.

392 GA *Cosmas*, EuGH, verb. Rs. C-300/98 – *Parfums Christian Dior SA v. Tuk Consultancy BV* – und Rs. C-392/98 –*Assco Gerüste GmbH und R. van Dijk v. Wilhelm Layher GmbH & Co KG und Layher BV* -, Schlußantrag vom 11.7.2000, Slg. 2000, I-11307 (11331), Rn. 61.

die Auslegung des gesamten TRIPs-Abkommens zuständig. Eine Aussage zur Auslegungszuständigkeit der Gemeinschaft in einem konkreten Fall kann sich deswegen immer nur auf eine Momentaufnahme beschränken. Auf dieser Grundlage bejahte Generalanwalt *Tesauro* in seinem Schlußantrag in der Rechtssache *Hermès* eine Zuständigkeit des Gerichtshofs zur Auslegung von Art. 50 TRIPs, einer Bestimmung, hinsichtlich derer die Gemeinschaftsorgane zum Zeitpunkt der Entscheidung ihre Harmonisierungszuständigkeit noch nicht ausgeübt hatten[393] und hinsichtlich derer somit lediglich eine potentielle Anwendungskompetenz der Gemeinschaft bestand[394]. Allerdings könne sich ein Bedürfnis nach einheitlicher Anwendung und Auslegung nicht aus dem Wunsch ergeben, künftige unterschiedliche Auslegungen zu verhindern, auch nicht in Zusammenhang mit der potentiellen Gemeinschaftszuständigkeit. Auch nach Ansicht der Kommission in *Hermès* besteht zwischen Abschlußzuständigkeit und Auslegungszuständigkeit keine vollkommene Parallelität; die Auslegungszuständigkeit könne auch aus potentiellen Befugnissen der Gemeinschaft abgeleitet werden[395].

Auch unter Berücksichtigung des dynamischen Charakters der Kompetenzverteilung und der Existenz von Bestimmungen wie Art. 50 TRIPs, die sowohl auf gemeinschaftsrechtliche wie auch auf innerstaatliche Sachverhalte Anwendung finden, läßt sich die Pflicht zur Zusammenarbeit bei der Anwendung gemischter Abkommen allerdings nicht zur Begründung einer umfassenden Auslegungsbefugnis heranziehen. Wegen der Verknüpfung der Abschluß- und Anwendungskompetenz mit dem Ausmaß der internen Harmonisierung ist hier für die inhaltliche Ausgestaltung der Kooperationspflicht unmittelbar auf die Grundsätze zurückzugreifen, die im Rahmen der Pflicht zur Gemeinschaftstreue nach Art. 10 EGV für den Bereich konkurrierender Kompetenzen entwickelt wurden.

Art. 10 EGV i. V. mit der jeweiligen Gemeinschaftskompetenz kann dort durchaus auch dann die mitgliedstaatliche Kompetenzausübung beschränken, wenn die Gemeinschaft ihre potentielle Regelungsbefugnis noch nicht wahrgenommen hat. In der Rechtsprechung des Gerichtshofes sind hierzu Maßstäbe vor allem für den Fall entwickelt worden, daß eine konkurrierende Kompetenz zu einem festgelegten Zeitpunkt in eine ausschließliche Gemeinschaftskompetenz übergeht. Auch dann beschränken sich die konkreten Pflichten jedoch hinsichtlich des völkerrechtlichen Handelns der Mitgliedstaaten auf Koordinierungspflichten in internationalen Verhandlungen, auf Behinderungsverbote, Unterstützungs-

---

393 Siehe EuGH, Gutachten 1/94 (*WTO*), Slg. 1994, I-5267 (5419), Rn. 104.

394 GA *Tesauro*, EuGH, Rs. C-533/96 - *Hermès International v. FHT Marketing Choice BV*-, Schlußantrag vom 13.11.1997, Slg. 1998, I-3606 (3619), Rn. 20.

395 Kommission in EuGH, Rs. C-533/96 - *Hermès International v. FHT Marketing Choice BV* -, Schlußantrag vom 13.11.1997, Slg. 1998, I-3606 (3615), Rn. 16.

pflichten zur Sicherstellung der späteren Teilnahme der Gemeinschaft an einem internationalen Abkommen oder Stillhalteverpflichtungen[396]. Im Bereich der internen Rechtsetzung können die Mitgliedstaaten verpflichtet sein, bei nationalen Rechtsetzungsvorhaben auf gemeinschaftliche Rechtsetzungsprojekte Rücksicht zu nehmen, sofern der Erlaß der nationalen Maßnahme die Durchführung der sich abzeichnenden und hinreichend konkretisierten Gemeinschaftspolitik tangiert[397]. Auch diese Rücksichtnahme konkretisiert sich jedoch ausschließlich in Konsultations- und unter ganz besonderen Voraussetzungen in Stillhalteverpflichtungen[398]. Letztere setzen voraus, daß eine nationale Maßnahme den Abschluß des gemeinschaftlichen Rechtsetzungsprozesses oder die spätere Umsetzung des Rechtsaktes erheblich beeinträchtigte. Maßgeblich ist, daß diese Verpflichtungen zwar die Gestaltungsautonomie der Mitgliedstaaten begrenzen. Diese Begrenzung korrespondiert allerdings nicht mit einem Kompetenzgewinn auf Seiten der Gemeinschaft, solange diese ihre potentiellen Zuständigkeiten nicht tatsächlich ausgeübt hat.

Zur Begründung der Einschränkung der mitgliedstaatlichen Kompetenzausübung wird auf den Übergangscharakter der Zuständigkeiten verwiesen[399]. Dieser Übergangscharakter fehlt indes in den Bereichen schlichter konkurrierender Kompetenzen, in dem die Möglichkeit einer Überleitung in ausschließliche Gemeinschaftszuständigkeit noch nicht konkretisiert und terminiert ist. Der Umfang der Treuepflichten der Mitgliedstaaten gegenüber der Gemeinschaft muß hier deshalb noch geringer sein[400].

Eine Verpflichtung der Mitgliedstaaten zur Vorlage im Vorabentscheidungsverfahren geht qualitativ über Konsultations-, Informations- und sogar Stillhalteverpflichtungen hinaus. Eine umfassende Auslegungsbefugnis des Gerichtshofes auch im Bereich nicht-ausschließlicher Gemeinschaftskompetenzen führte zu einer aktiven Verlagerung des Kompetenzgefüges zu Lasten der Mitgliedstaaten. Eine Letztentscheidungsbefugnis des Gerichtshofs würde über den tatsächlichen Integrationsstand im Bereich des Immaterialgüterrechts substantiell hinausgreifen.

Auch die Tatsache, daß die Gemeinschaft für alle Bereiche des TRIPs-Abkommens eine potentielle Abschluß- und Anwendungszuständigkeit besitzt, kann danach unter dem Aspekt einer Kooperationspflicht keine umfassende Auslegungszuständigkeit begründen. Der Wunsch, künftige unterschiedliche Ausle-

---

[396] *Grabitz/Hilf/von Bogdandy*, Bd. I, Art. 5 EGV, Rn. 68 f.

[397] *Grabitz/Hilf/von Bogdandy*, Bd. I, Art. 5 EGV, Rn. 73.

[398] *GTE/Zuleeg*, 5. Aufl., Bd. 1, Art. 5 EGV, Rn. 7.

[399] Siehe u.a. EuGH, verb. Rs. 3,4,6/76 – *Kramer* -, Urteil des Gerichtshofes vom 14.7.1976, Slg. 1976, S. 1279 (1312), Rn. 40.

[400] *Grabitz/Hilf/von Bogdandy*, Bd. I, Art. 5 EGV, Rn. 69.

gungen des TRIPs-Abkommens zu vermeiden, muß deshalb rechtlich unbeachtlich bleiben.

f. Pflichten des nationalen Richters bei der Anwendung des TRIPs-Abkommens

Aus der Pflicht zur Zusammenarbeit bei der internen Anwendung des TRIPs-Abkommens folgen allerdings gewisse Verpflichtungen des nationalen Richters unterhalb der Ebene der Vorlageverpflichtung. Angesichts der besonderen Bedeutung von Entscheidungen des EuGH zu völkerrechtlichen Abkommensbestimmungen dürfen nationale Gerichte einschlägige Auslegungen des TRIPs-Abkommens durch den EuGH nicht ignorieren, auch wenn sie im engeren Sinne nicht daran gebunden sind[401]. Über diese Berücksichtigungspflicht kann eine Koordination der Auslegung von TRIPs-Bestimmungen innerhalb der Grenzen des Kompetenzgefüges erfolgen.

4. Institutionelles Gleichgewicht zwischen dem Gerichtshof und anderen Gemeinschaftsorganen

Zuletzt würde eine umfassende Zuständigkeit des Gerichtshofes zur Auslegung des TRIPs-Abkommens auch das institutionelle Gleichgewicht zwischen dem Gerichtshof und den anderen Gemeinschaftsorganen beeinträchtigen[402]. GA *Cosmas* weist in seinem Schlußantrag in der Rechtssache *Parfums Christian Dior/Assco Gerüste* darauf hin, daß der Gerichtshof im *Gutachten 1/94* eine umfassende Abschluß- und damit Auslegungskompetenz der Gemeinschaft auf der Grundlage der internen Harmonisierungskompetenzen mit dem Hinweis auf unterschiedliche Verfahrensvorschriften abgelehnt habe. Dann sollte er jedoch auch sich selbst eine Zuständigkeit auf dieser Grundlage nicht gestatten. Eine Auslegung des TRIPs-Abkommens auf der Grundlage noch nicht ausgeübter Gemeinschaftskompetenzen bände nicht nur die nationalen Gerichte, sondern auch die Gemeinschaftsorgane und hätte somit unvermeidbare Auswirkungen auf den Ermessensspielraum der zuständigen Gemeinschaftsorgane bei noch zu treffenden Harmonisierungsentscheidungen. Eine Auslegung durch den EuGH vor jeder legislativen Initiative der Gemeinschaft beschränkte somit die künftige

---

[401] GA *Cosmas,* EuGH, verb. Rs. C-300/98 – *Parfums Christian Dior SA v. Tuk Consultancy BV* – und Rs. C-392/98 –*Assco Gerüste GmbH und R. van Dijk v. Wilhelm Layher GmbH & Co KG und Layher BV* -, Schlußantrag vom 11.7.2000, Slg. 2000, I-11307 (11334 f.), Rn. 71, 75.

[402] So zu Recht GA *Cosmas* in EuGH, verb. Rs. C-300/98 – *Parfums Christian Dior SA v. Tuk Consultancy BV* – und Rs. C-392/98 –*Assco Gerüste GmbH und R. van Dijk v. Wilhelm Layher GmbH & Co KG und Layher BV* -, Schlußantrag vom 11.7.2000, Slg. 2000, I-11307 (11325), Rn. 46 ff.

Ausübung der potentiellen Gemeinschaftskompetenz, statt ihr zu größerer Wirksamkeit zu verhelfen. Selbst der dynamische Charakter der Kompetenzverteilung gestattet dem EuGH nicht, eine solche legislative Initiative zu übernehmen. Auch im Verhältnis zu den übrigen Gemeinschaftsorganen würde deswegen eine umfassende Vorabentscheidungsbefugnis des Gerichtshofs über den tatsächlichen Integrationsstand im Bereich des Immaterialgüterrechts substantiell hinausgreifen.

IV. Ergebnis

Eine Auslegung von Bestimmungen gemischter Abkommen wie des TRIPs-Abkommens durch den EuGH kann grundsätzlich nur insoweit erfolgen, wie diese durch Ausübung der internen Gemeinschaftskompetenz Bestandteil der Gemeinschaftsrechtsordnung geworden sind. Bestimmungen des TRIPs-Abkommens können somit nur dann vom Gerichtshof ausgelegt werden, wenn sie in Bereichen angewandt werden, in denen die Gemeinschaft eine ursprüngliche oder aufgrund von Harmonisierungstätigkeit im Sinne der *AETR*-Rechtsprechung erworbene Zuständigkeit besitzt. Damit sind die Bereiche ausschließlicher, paralleler und teilweiser Gemeinschaftskompetenz erfaßt, in den beiden letzten Bereichen allerdings nur für Anwendungsfälle im Hinblick auf eine gemeinschaftsrechtliche Regelung. Ansonsten verbleibt es bei einer Auslegungszuständigkeit der nationalen Gerichte. Die lediglich potentielle Zuständigkeit der Gemeinschaft für sämtliche Regelungsbereiche des TRIPs-Abkommens kann keine Kompetenzverlagerung zu Lasten der Mitgliedstaaten rechtfertigen, auch wenn die Bereiche geteilter Zuständigkeit grundsätzlich nicht außerhalb der Gemeinschaftsrechtsordnung stehen.

Die in der Rechtssache *Hermès* entwickelte und in *Parfums Christian Dior/Assco Gerüste* konkretisierte Rechtsprechung, nach der der Gerichtshof unabhängig vom konkreten Anwendungsfall zuständig ist für die Auslegung derjenigen Normen aus gemischten Verträgen, die sowohl auf dem innerstaatlichen Recht als auch auf dem Gemeinschaftsrecht unterliegende Sachverhalte anwendbar sind, ist abzulehnen. Eine Auslegungszuständigkeit des Gerichtshofs ist hier nur dann zu bejahen, wenn die fragliche Norm im Hinblick auf einen dem Gemeinschaftsrecht unterliegenden Sachverhalt Relevanz erlangt.

Auch eine darüber hinausgehende umfassende Zuständigkeit des Gerichtshofs zur Auslegung sämtlicher Bestimmungen des TRIPs-Abkommens kann nicht begründet werden. Zwar besteht ein legitimes Gemeinschaftsinteresse an einer einheitlichen Auslegung des TRIPs-Abkommens. Dieses kann jedoch keine absolute Geltung beanspruchen, die die eingangs geäußerten Bedenken gegen eine Ausweitung der Auslegungszuständigkeit des Gerichtshofes aufwiegen würde. Auch die Pflicht zur Zusammenarbeit, der Mitgliedstaaten und Gemeinschaft bei der internen Anwendung gemischter Abkommen unterliegen, kann keine Verpflichtung nationaler Gerichte zur Vorlage vor den EuGH rechtfertigen, da diese über den bestehenden Integrationsstand im Bereich des Immaterialgüterrechts substantiell hinausgreifen würde. Kooperation hat innerhalb der Grenzen des bestehenden Kompetenzgefüges zu erfolgen. So obliegen dem nationalen Richter gewisse Verpflichtungen der Zusammenarbeit bei der Auslegung von in seinen Zuständigkeitsbereich fallenden Abkommensbestimmungen. Aus der Kompetenzverteilung resultierende unvermeidbare Differenzen in der Anwendung und Auslegung ein und derselben Abkommensbestimmung müssen jedoch hingenommen werden.

D. Pflicht zur TRIPs-konformen Auslegung

Selbst bei einer Ablehnung der unmittelbaren Wirkung des TRIPs-Abkommens in der Gemeinschaftsordnung ist eine Berücksichtigung der Abkommensbestimmungen keineswegs ausgeschlossen. Neben dem Institut der mittelbaren Wirkung des WTO-Rechts nach der Fediol- und Nakajima-Doktrin[403] erlaubt das Institut der TRIPs-konformen Auslegung eine Berücksichtigung des TRIPs-Abkommens im innergemeinschaftlichen Rechtsraum[404].

Der EuGH hat in ständiger Rechtsprechung das Institut der gemeinschaftsabkommenkonformen Auslegung entwickelt[405]. Danach haben die Gemeinschaftsorgane mitgliedstaatliches und sekundäres Gemeinschaftsrecht – soweit möglich – in Übereinstimmung mit den Vorschriften von Gemeinschaftsabkommen auszulegen. Rechtsgrundlage für dieses Auslegungsinstitut ist der Vorrang von Gemeinschaftsabkommen über Bestimmungen des gemeinschaftlichen Sekundärrechts und des mitgliedstaatlichen Rechts[406]. Zu den zu Auslegungs-

---

403 Hierzu siehe Teil 3, C.II.1, S. 151

404 Siehe hierzu *v. Bogdandy*, NJW 1999, S. 2088 (2089); *Cheyne*, in: Dashwood/Hillion, S. 254 (265 f.); *Groh*, EuZW 2001, S. 657 (662); *Hermes*, S. 346 ff.

405 EuGH, Rs. C-286/90 - *Poulsen und Diva Navigation* -, Urteil des Gerichtshofes vom 24.11.1992, Slg. 1992, I-6019 (6052), Rn. 9, und Rs. C-61/94 - *Kommission v. Deutschland (International Dairy Agreement)* -, Urteil des Gerichtshofes vom 10.9.1996, Slg. 1996, I-3989. In *Poulsen und Diva Navigation* hatte der Gerichtshof entschieden, daß Art. 6 der Verordnung (EG) Nr. 3094/86 über die technische Maßnahmen zur Erhaltung der Fischbestände in Übereinstimmung mit den einschlägigen völkerrechtlichen Übereinkommen wie UNCLOS auszulegen sei.

406 EuGH, Rs. C-61/94 - *Kommission v. Deutschland (International Dairy Agreement)* -, Urteil des Gerichtshofes vom 10.9.1996, Slg. 1996, I-3989 (4020), Rn. 52. *Cheyne* weist auf die Inkonsequenz hin, einerseits das Institut der gemeinschaftsabkommenkonformen Auslegung auf den Vorrang des Gemeinschaftsrechts zu stützen, andererseits aber mit der Einschränkung „soweit als möglich" einen tatsächlichen Vorrang über Sekundärrecht vermittels unmittelbarer Anwendbarkeit auszuschließen; *Cheyne*, in: Dashwood/Hillion, S. 254 (265).

zwecken herangezogenen Abkommen gehörten hierbei schon früh – ohne weitere Begründung - auch Bestimmungen des GATT 1947[407].

Mit den Entscheidungen *Hermès* und *Parfums Christian Dior/Assco Gerüste* hat der EuGH seine Praxis der GATT-konformen Auslegung auf das TRIPs-Abkommen als WTO-Übereinkunft übertragen[408]. Zwar enthält die Rechtssache *Hermès* keine ausdrückliche entsprechende Aussage des Gerichtshofes. Generalanwalt *Tesauro* hatte indes ausgeführt, daß selbst bei einer Ablehnung der unmittelbaren Anwendbarkeit von Art. 50 TRIPs die Vorlagefrage zur Auslegung dieser Bestimmung nicht bedeutungslos werde[409]. Zum einen könnten dem EuGH auch solche Bestimmungen im Vorabentscheidungsverfahren zur Auslegung vorgelegt werden, denen die unmittelbare Wirkung fehle. Zum anderen verweist er auf das Institut der gemeinschaftsabkommenkonformen Auslegung, das nicht nur auf die Auslegung sekundären Gemeinschaftsrechts, sondern auch auf jene nationaler Bestimmungen Anwendung finde. Indem der Gerichtshof eine unmittelbare Wirkung von Art. 50 TRIPs ablehnte, im Anschluß daran jedoch Art. 50 TRIPs auslegte, um die relevanten niederländischen Verfahrensvorschriften auslegen zu können[410], hat er sich die Position von Generalanwalt *Tesauro* zu eigen gemacht[411]. Eine Fortsetzung dieser Rechtsprechung erfolgte in der Rechtssache *Parfums Christian Dior/Assco Gerüste*[412].

---

407 EuGH, Rs. C-70/94 – *Fritz Werner Industrie-Ausrüstungen GmbH v. BRD* -, Urteil des Gerichtshofes vom 17.10.1995, Slg. 1995, I-3189 (3225), Rn. 23, und EuGH, Rs. C-83/94 – *Strafverfahren gegen Peter Leifer u.a.* -, Urteil des Gerichtshofes vom 17.10.1995, Slg. 1995, I-3231 (3247), Rn. 24 (Art. XI GATT 1947).

408 In der Rechtssache C-183/95 – *Affish* – ist der Gerichtshof auf Ausführungen von Generalanwalt Cosmas zur Frage der WTO-konformen Auslegung in seiner Entscheidung nicht eingegangen; EuGH, Rs. C-183/95 – *Affish* BV *v. Rijksdienst voor de keuring van Vee en Vlees* -, Urteil des Gerichtshofes vom 17.7.1997, Slg. 1997, I-4315 (4372), Rn. 28.

409 GA *Tesauro*, EuGH, Rs. C-533/96 - *Hermès International v. FHT Marketing Choice BV* -, Schlußantrag vom 13.11.1997, Slg. 1998, I-3606 (3633), Rn. 38.

410 EuGH, Rs. C-533/96 - *Hermès International v. FHT Marketing Choice BV* -, Urteil des Gerichtshofes vom 16.6.1998, Slg. 1998, I-3606 (3650), Rn. 35 ff.

411 Siehe auch *Hermes*, S. 348.

412 EuGH, verb. Rs. C-300/98 – *Parfums Christian Dior SA v. Tuk Consultancy BV* - und Rs. C-392/98 - *Assco Gerüste GmbH v. Wilhelm Layher GmbH & Co. KG* -, Urteil des Gerichtshofes vom 14.12.2000, Slg. 2000, I-11307 (11360), Rn. 47.

I. Inhalt der Pflicht

Eine Präzisierung des Inhaltes der Pflicht zur TRIPs-konformen Auslegung findet sich in der Entscheidung *Schieving-Nijstad*[413]. Ausgehend von der – die Entscheidung *Parfums Christian Dior/Assco Gerüste* bestätigenden – Feststellung, es sei mangels einer gemeinschaftsrechtlichen Regelung auf dem Gebiet des einstweiligen Rechtsschutzes, d.h. im Regelungsbereich von Art. 50 TRIPs, Sache der innerstaatlichen Rechtsordnung jedes Mitgliedstaats, die Verfahrensmodalitäten für gerichtliche Rechtsbehelfe zum Schutz der Rechte des geistigen Eigentums zu regeln, die Gerichte der Mitgliedstaaten seien aber in einem Bereich, auf den das TRIPs-Abkommen anwendbar sei und in dem die Gemeinschaft bereits Rechtsvorschriften erlassen habe, nach dem Gemeinschaftsrecht verpflichtet, bei der Anwendung ihrer nationalen Rechtsvorschriften im Rahmen der Anordnung einstweiliger Maßnahmen zum Schutz von Rechten, die zu diesem Bereich gehören, soweit wie möglich den Wortlaut und den Zweck von Art. 50 TRIPs zu berücksichtigen[414], legt der Gerichtshof Kriterien für eine solche TRIPs-konforme Auslegung fest:

Etwaige Lücken in Art. 50 TRIPs sind durch die einschlägigen nationalen Vorschriften zu schließen, sofern das entsprechende Problem nicht bereits durch eine gemeinschaftsrechtliche Bestimmung geregelt wird[415]. Dabei ist jedoch zu berücksichtigen, daß Art. 50 TRIPs Ausdruck einer Abwägung der widerstreitenden Interessen bzw. Rechte und Pflichten des Inhabers von Rechten des geistigen Eigentums einerseits und des Antragsgegners im einstweiligen Rechtsschutzverfahren andererseits ist. Die zur Lückenfüllung herangezogenen nationalen Vorschriften sind deswegen nach Möglichkeit so zu interpretieren, daß ein Ausgleich zwischen diesen Interessen gewährleistet ist[416] . Der EuGH beruft sich hierzu auf die Präambel und Art. 41 Abs. 1 und 2 TRIPs, in denen dieser Interessenausgleich zwischen Schutzinteresse des Rechtsinhabers und dem Interesse des Antragstellers an zügigen und effektiven Rechtsschutzverfahren angelegt ist.

Diese Kriterien werden es den nationalen Gerichten künftig ermöglichen, zahlreiche Auslegungsfragen zu Art. 50 TRIPs selbständig zu beantworten[417].

---

413 EuGH, Rs. C-89/99 – *Schieving-Nijstad vof u.a. v. Robert Groeneveld* -, Urteil des Gerichtshofes vom 13.9.2001, Slg. 2001, I-5851.

414 EuGH, Rs. C-89/99 – *Schieving-Nijstad vof u.a. v. Robert Groeneveld* -, Urteil des Gerichtshofes vom 13.9.2001, Slg. 2001, I-5851 (5888), Rn. 34 ff.

415 EuGH, Rs. C-89/99 – *Schieving-Nijstad vof u.a. v. Robert Groeneveld* -, Urteil des Gerichtshofes vom 13.9.2001, Slg. 2001, I-5851 (5887, 5896), Rn. 33 f. und 68.

416 EuGH, Rs. C-89/99 – *Schieving-Nijstad vof u.a. v. Robert Groeneveld* -, Urteil des Gerichtshofes vom 13.9.2001, Slg. 2001, I-5851 (5888, 5892), Rn. 37 ff., 54.

417 So auch *Groh*, EuZW 2001, S. 657 (662).

II. Reichweite der Pflicht

Dabei hält die Argumentation der Gerichtshofes den nationalen Gerichten deutlich vor Augen, daß sie die Rechte und Pflichten der Verfahrensparteien (und damit den subjektiv-rechtlichen Charakter der Bestimmungen des TRIPs-Abkommens) auch dann zu berücksichtigen haben, wenn sich die Rechtsinhaber nicht unmittelbar auf diese Rechte berufen können[418]. Dennoch ist die Pflicht zur TRIPs-konformen Auslegung kein vollwertiger Ersatz für eine unmittelbare Anwendbarkeit der Abkommensbestimmungen[419].

Zum einen findet sie ihre Grenzen dort, wo der auf den Sachverhalt anzuwendende Rechtsakt in seinem Bedeutungsgehalt eindeutig ist und mit einer Bestimmung des TRIPs-Abkommens in Konflikt steht[420].

Zum anderen unterliegt auch die Rechtsprechung zum Pflicht zur gemeinschaftsabkommenskonformen Auslegung bei gemischten Abkommen dem Kompetenzvorbehalt und ist somit in ihrer Reichweite begrenzt. Da sie ihre Rechtsgrundlage im Vorrang des Gemeinschaftsrecht vor Akten des gemeinschaftlichen Sekundärrechts sowie nationalen Gesetzen findet, kann die Pflicht zur konformen Auslegung nur hinsichtlich derjenigen Bestimmungen gemischter Abkommen bestehen, die Bestandteil der Gemeinschaftsordnung sind und somit diesen Vorrang beanspruchen können. Der EuGH hat diesem Umstand in der Rechtssache *Parfums Christian Dior/Assco Gerüste* Rechnung getragen, indem er – auf der Grundlage seiner Ausführungen zur Verteilung der internen Anwendungskompetenz - die Pflicht zur TRIPs-konformen Auslegung lediglich für den Bereich berief, auf den das TRIPs-Abkommen anwendbar ist und in dem die Gemeinschaft bereits Rechtsvorschriften erlassen hat[421].

Unter Heranziehung der hier vertretenen Kriterien zur Verteilung der internen Anwendungskompetenz besteht eine gemeinschaftsrechtliche Pflicht zur TRIPs-konformen Auslegung stets im Hinblick auf die Auslegung von Sekundärakten des Gemeinschaftsrecht, im Hinblick auf nationale Rechtsakte aber nur dann, wenn die Gemeinschaft im maßgeblichen Bereich durch umfassende interne Gesetzgebung die ausschließliche Anschluß- und Anwendungskompetenz erlangt hat.

In den verbleibenden Bereichen rein nationaler Anwendungskompetenz kann sich eine Pflicht zur TRIPs-konformen Auslegung aus mitgliedstaatlichen

---

418 *Groh*, EuZW 2001, S. 657 (662).

419 So auch *Groh*, EuZW 2001, S. 657 (662); *Hermes*, S. 349.

420 *Hermes*, S. 349.

421 EuGH, verb. Rs. C-300/98 – *Parfums Christian Dior SA v. Tuk Consultancy BV* - und Rs. C-392/98 - *Assco Gerüste GmbH v. Wilhelm Layher GmbH & Co. KG* -, Urteil des Gerichtshofes vom 14.12.2000, Slg. 2000, I-11307 (11360), Rn. 47.

Grundsätzen zur völkerrechtskonformen Auslegung ergeben[422]. Darüber hinaus darf der nationale Richter aufgrund der gemeinschaftsrechtlichen Pflicht zur Zusammenarbeit bei der internen Anwendung gemischter Abkommen einschlägige Auslegungen des TRIPs-Abkommens nicht ignorieren[423].

---

422 Für die Bundesrepublik siehe *Geiger*, S. 210.

423 Siehe hierzu Teil 2, C.III.3.f, S. 136.

Teil 3:
Die unmittelbare Anwendbarkeit des TRIPs-Abkommens in der Rechtsordnung der Europäischen Gemeinschaft

Als Ergebnis der vorangegangenen Untersuchung bestimmt sich die unmittelbare Anwendbarkeit des TRIPs-Abkommens nur für diejenigen Teile des TRIPs-Abkommens, für die eine ausschließliche Abschlußkompetenz besteht, abschließend nach den Kriterien des Gemeinschaftsrechts. Für Bereiche teilweiser und paralleler Gemeinschaftsregelung im Anwendungsbereich des TRIPs-Abkommens besitzt die Gemeinschaft zwar mangels vollständiger Harmonisierung keine ausschließliche Abschlußkompetenz. Dennoch entscheidet auch hier das Gemeinschaftsrecht über den interne Status einer Abkommensbestimmung, soweit diese im Hinblick auf die jeweilige gemeinschaftsrechtliche Regelung angewandt werden soll. Im übrigen besitzen die Mitgliedstaaten die Anwendungskompetenz. Zu berücksichtigen ist allerdings auch, daß die Gemeinschaft für sämtliche Regelungsbereiche des TRIPs-Abkommens die Harmonisierungskompetenz besitzt. Sobald diese durch Erlaß von Gemeinschaftsgesetzgebung ausgeübt wurde, werden auch die entsprechenden Abkommensteile Bestandteil der Gemeinschaftsordnung.

Im folgenden soll deshalb das TRIPs-Abkommen in seiner Gesamtheit daraufhin untersucht werden, ob es nach den Kriterien des Gemeinschaftsrechts in der Gemeinschaftsordnung unmittelbar anwendbar ist. Inwiefern das zu ermittelnde Ergebnis im konkreten Anwendungsfall für eine spezifische TRIPs-Norm Geltung beanspruchen kann, hängt dann von den Umständen dieses Anwendungsfalles ab.

A. Völkervertragsrechtliche Vorgaben im TRIPs-Abkommen

So wie Vertragsparteien eines völkerrechtlichen Abkommens bereits bei Abschluß des Vertrags explizit festlegen können, daß die Einführung des völkerrechtlichen Abkommens in die interne Rechtsordnung nicht vollzogen werden soll[424], können sie auch die Möglichkeit einer unmittelbaren Anwendbarkeit des Abkommens durch Vereinbarung ausschließen.

---

[424] *Buchs*, S. 42; *Tomuschat*, in: FS Constantinesco, S. 801 (809); *Zuleeg*, ZaöRV 35 (1975), S. 341 (352 ff.). Siehe auch EuGH, Rs. 104/81 - *Hauptzollamt Mainz v. C.A. Kupferberg & Cie. KG a.A.* -, Urteil des Gerichtshofes vom 26.10.1982, Slg. 1982, S. 3641 (3663), Rn. 17: „Nach den Grundsätzen des Völkerrechts bleibt es den Gemeinschaftsorganen, die für das Aushandeln und den Abschluß eines Abkommens mit einem dritten Land zuständig sind, unbenommen, mit diesem Land zu vereinbaren, welche Wirkungen die Bestimmungen des Abkommens in der internen Rechtsordnung der Vertragsparteien haben sollen."

Über eine generelle Verpflichtung der WTO-Mitglieder zur Umsetzung der Abkommensbestimmungen in nationales Recht hinaus enthalten Art. XVI WTO-Abkommen und Art. 1 Abs. 1 TRIPs allerdings keine konkreten Vorgaben für die Modalitäten des innerstaatlichen Vollzugs. Zwar wurde ein Vorschlag der Schweiz, die unmittelbare Anwendbarkeit in den Abkommen positiv festzuschreiben, in den Verhandlungen der Uruguay-Runde abgelehnt[425]. Daraus kann jedoch nicht im Umkehrschluß gefolgert werden, daß die Vertragsparteien sich auf eine Ablehnung der unmittelbaren Anwendbarkeit einigten, sondern nur, daß sie dies nicht explizit regeln wollten[426].

Der Abkommenstext des TRIPs-Abkommens im speziellen bleibt hinsichtlich der Frage der unmittelbaren Anwendbarkeit neutral[427]. Art. 1 Abs. 1 Satz 3 TRIPs überläßt es den Mitgliedern, „die geeignete Methode für die Umsetzung des Abkommens in ihr eigenes Rechtssystem und in ihre Rechtspraxis festzulegen". Da damit die Entscheidung über den Status des Abkommens in den internen Rechtsordnungen bewußt den souveränen Mitgliedern und ihren verfassungsrechtlichen Regelungen überlassen werden, kann aus Art. 1 Abs. 1 Satz 3 TRIPs zumindest gefolgert werden, daß das TRIPs-Abkommen keinen völkervertraglichen Ausschluß der unmittelbaren Wirkung anordnet.

B. Ratsbeschluß Nr. 94/800/EG vom 22. Dezember 1994

Der „Beschluß des Rates vom 22. Dezember 1994 über den Abschluß der Übereinkünfte im Rahmen der multilateralen Verhandlungen der Uruguay-Runde (1986 – 1994) im Namen der Europäischen Gemeinschaft in bezug auf die in ihre Zuständigkeit fallenden Bereiche (94/800/EG)"[428] führt in seinem 11. Erwägungsgrund aus:

> „Das Übereinkommen zur Errichtung der Welthandelsorganisation einschließlich seiner Anhänge ist nicht so angelegt, daß es unmittelbar vor den Rechtsprechungsorganen der Gemeinschaft und der Mitgliedstaaten angeführt werden kann."

---

425 GATT Doc. MTN.GNG/NG 8/W/67 vom 24. Januar 1990; siehe *Drexl*, FS Fikentscher, S. 822 (823), Fn 8.

426 In *United States – Sections 301-310 of the Trade Act 1974,* (WT/DS152/R), Panelbericht vom 27.1.2000, para 7.72, stellte das Panel lediglich fest, daß weder das WTO-Abkommen noch GATT bislang von den WTO-Organen als Rechtsordnung ausgelegt worden sei, der unmittelbare Wirkung zukomme.

427 *Drexl*, GRUR Int. 1994, S. 777 (785.); *Katzenberger*, GRUR Int. 1995, S. 447 (459); *Staehelin*, S. 144.

428 ABl. (EG) 1994 L 336/1.

Dieser Erwägungsgrund beruht auf einem entsprechenden Vorschlag der Kommission[429]. Die Kommission begründete ihr Bestreben, die unmittelbare Anwendbarkeit der Abkommen auszuschließen, mit dem Verweis auf die entsprechende Praxis einer Reihe von Handelspartnern, insbesondere der USA, und dem anderenfalls zu befürchtenden erheblichen Ungleichgewicht bei der tatsächlichen Umsetzung der Verpflichtungen.

Somit könnte die unmittelbare Anwendbarkeit des TRIPs-Abkommens für die Gemeinschaftsordnung durch Ratsbeschluß generell ausgeschlossen sein. Es ist jedoch fraglich, ob ein Akt des sekundären Gemeinschaftsrechts diese angestrebte Rechtswirkung tatsächlich erzielen kann. In der Literatur wird dies überwiegend abgelehnt[430].

Ausgangspunkt der Betrachtung muß Art. 300 Abs. 7 EGV bilden. Danach sind die nach Maßgabe des Art. 300 EGV geschlossenen Abkommen für die Organe der Gemeinschaft und die Mitgliedstaaten verbindlich. Zwar äußert sich Art. 300 Abs. 7 EGV nicht unmittelbar zu der Frage, welche Wirkung der Vertragsabschluß über die Bindung der Gemeinschaft hinaus hat. Nach ständiger Rechtsprechung des EuGH werden völkerrechtliche Abkommen mit Drittstaaten mit ihrem völkerrechtlichen Inkrafttreten jedoch integrierender Bestandteil des Gemeinschaftsrechts[431]. Nach der h. M. enthält Art. 300 Abs. 7 EGV deshalb einen

---

[429] Vorschlag der Kommission für einen Beschluß des Rates über die Annahme der Ergebnisse der multilateralen Handelsverhandlungen im Rahmen der Uruguay-Runde vom 15. April 1994, KOM (94) 143 endg., S. 5 a.

[430] *Dauses/Arnold*, K.1, Rn. 60; *Drexl*, in: FS Fikentscher, S. 822 (831); *ders.*, in: Beier/Schricker, IIC Studies 18, S. 18 (40 f.); *Gaja*, Rivista di diritto internazionale 1995, S. 407 (408 f.); *Grabitz/Hilf/Vedder*, Bd. II, Art. 228 EGV, Rn. 40, 47 mwN; *Meng*, in: FS Bernhardt, S. 1063 (1070, 1072); *Mengozzi*, in: Bourgeois, S. 115 (128); *Pescatore*, in: Jacobs/Roberts, S. 171 (180). Auch GA *Saggio* in EuGH, Rs. C-149/96 - *Portugal v. Rat* -, Schlußantrag vom 25.2.1999, Slg. 1999, I-8395 (8410), Rn. 20; GA *Tesauro* in EuGH, Rs. C-53/96 - *Hermès International v. FHT Marketing Choice BV* -, Schlußantrag vom 13.11.1997, Slg. 1998, I-3603 (3622), Rn. 23 ff.; GA *Cosmas*, EuGH, Rs. C-183/95 - *Affish BV v. Rijksdienst voor de keuring van Vee en Vlees* -, Schlußantrag vom 10.12.1996, Slg. 1997, I-4315 (4357), Rn. 127; GA *Rozés*, EuGH, Rs. 270/80 - *Polydor Ldt. und RSO Records Inc. V. Harlequin Records Shop Ltd. und Simons Records Ltd.* -, Schlußantrag vom 9.2.1982, Slg. 1982, S. 329 (353). Hinsichtlich der Rechtswirkungen des Erwägungsgrundes unklar dagegen GA *Elmer* in EuGH, verb. Rs. C-364/95 und C-365/95 - *T. Port GmbH & Co. v. Hauptzollamt Hamburg-Jonas* -, Schlußantrag vom 24.6.1997, Slg. 1998, I-1023 (1032), Rn. 28.

A.A.: *GTE/Tomuschat*, 5. Aufl., Bd. 5, Art. 228 EGV, Rn. 71; *Schäfers*, GRUR Int. 1996, S. 763 (774 f.).

[431] EuGH, Rs. 181/73 - *R. & V. Haegeman v. Belgischer Staat* -, Urteil des Gerichtshofes vom 30.4.1974, Slg. 1974, S. 449 (460), Rn. 2/6; EuGH, Rs. 104/81 - *Hauptzollamt Mainz v. C.A. Kupferberg & Cie. KG a.A.* -, Urteil des Gerichtshofes vom 26.10.1982, Slg. 1982, S. 3641 (3662), Rn. 13; EuGH, Rs. 12/86 - *Meryem Demirel v. Stadt*

primärrechtlichen Anwendungsbefehl, Abkommen innerhalb der Gemeinschaft auch unmittelbar auszuführen[432]. Ein Zustimmungsakt des Rates ist für die interne Wirksamkeit eines Abkommens nicht erforderlich. Wenn der Umsetzungsbefehl jedoch primärrechtlicher Natur ist, können seine Rechtsfolgen durch einen Akt des Sekundärrechts nicht ausgeschlossen werden[433]. Die Bestimmung des internen Wirkungsmodus eines Gemeinschaftsabkommens obliegt allein dem Gerichtshof[434].

Die Argumente, die gegen den primärrechtlichen Charakter des Umsetzungsbefehls angeführt werden, überzeugen dagegen nicht. Nach *Tomuschat* soll die Festlegung der Vollzugsmodalitäten in die Eigenkompetenz einer jeden Vertragspartei fallen. Es entbehrte deswegen der inneren Rechtfertigung, allein eine vertragliche Regelung zuzulassen und Art. 300 EGV starr in dem Sinne zu lesen, daß allein der Weg über die Vertragsvorschriften selbst gewählt werden müßte. Der Genehmigungsbeschluß Nr. 94/800/EG des Rates sei vielmehr Beispiel für einen völkervertraglichen Ausschluß bestimmter Vollzugsmodalitäten[435]. *Tomuschat* versäumt es hier jedoch, zwischen einem konsensualen Ausschluß bestimmter Vollzugsmodalitäten im Vertragswerk selber und der einseitigen Festlegung durch ein Mitglied, wie sie durch den Ratsbeschluß Nr. 94/800/EG erfolgte, zu differenzieren. Im letzteren Fall ist das Mitglied an seine verfassungsmäßige Ordnung gebunden. Insofern darüber hinaus in der Literatur ein

---

Schwäbisch Gmünd -, Urteil des Gerichtshofs vom 30.9.1987, Slg. 1987, S. 3747 (3750), Rn. 7; EuGH, Gutachten 1/76 vom 26.4.1977 *(Stillegungsfonds für die Binnenschiffahrt)*, Slg. 1977, S. 741 (757). Nachweise zustimmender Meinungen in der Literatur bei *GTE/Tomuschat*, 5. Aufl., Bd. 5, Art. 228 EGV, Rn. 57, Fn. 87.

432 *Dauses/Arnold*, K.I, Rn. 59 f.; *Drexl*, in: FS Fikentscher, S. 822 (831); *ders.*, in: Beier/Schricker, IIC Studies 18, S. 18 (41); *Grabitz/Hilf/Vedder*, Bd. II, Art. 228 EGV, Rn. 40, 46; *Meng*, in: FS Bernhardt, S. 1063 (1070 und Fn. 35).

433 Bestimmungen völkervertragsrechtlichen Ursprungs sind in der Hierarchie der Rechtsquellen des Gemeinschaftsrechts zwischen den Normen des Primärrechts und des Sekundärrechts einzuordnen; *Dauses/Arnold*, K.I, Rn. 62; *GTE/Tomuschat*, 5. Aufl., Bd. 5, Art. 228 EGV, Rn. 74 mwN; *Grabitz/Hilf/Vedder*, Bd. II, Art. 228 EGV, Rn. 53.

434 Vor diesem Hintergrund muß auch ein Vorschlag für eine Vertragsrevision im Rahmen der Regierungskonferenz von Amsterdam 1997 gesehen werden, die unmittelbare Anwendbarkeit von Abkommensbestimmungen in den Bereichen Dienstleistungen, Direktinvestitionen und geistiges Eigentum durch primärrechtliche Anordnung im EGV ausdrücklich auszuschließen. Der Entwurf eines neuen Art. 113 a Abs. 3 EGV sah hierzu folgende Regelung vor: „3. Agreements resulting from those negotiations shall be concluded by the Council, acting on a proposal by the Commission and after consulting the European Parliament. They shall not have direct effect.“ Conference of the Representatives of the Governments of the Member States, Dec. 1996, CONF/2500/96, S. 79; abgedruckt bei *Cremona*, in: O'Keeffe/Twomey, S. 225 (233).

435 *GTE/Tomuschat*, 5. Aufl., Bd. 5, Art. 228 EGV, Rn. 69, 71.

Bindung an den 11. Erwägungsgrund des Ratsbeschlusses befürwortet wird, erfolgt dies eher aus Zweckmäßigkeitserwägungen[436].

Abgesehen von der Tatsache der primärrechtlichen Natur des Anwendungsbefehls könnte der Ratsbeschluß allerdings auch in seiner konkreten Ausgestaltung nicht die erwünschte Rechtsfolge herbeiführen. Die entsprechende Passage findet sich nicht im operativen Teil des Ratsbeschlusses, sondern in seiner Präambel. Präambelbestimmungen in Sekundärakten des Gemeinschaftsrechts entfalten in der Regel keine eigenständige Rechtswirkung, sondern enthalten lediglich für die Auslegung der operativen Bestimmungen relevante Erklärungen[437]. Allein diese Tatsache mindert die rechtliche Relevanz des 11. Erwägungsgrundes erheblich[438].

Als politische Absichtserklärung ohne konstitutive Wirkung hat im übrigen auch der EuGH den 11. Erwägungsgrund des Ratsbeschlusses vom 22. Dezember 1994 behandelt. In der Entscheidung *Portugal v. Rat* nimmt der Gerichtshof auf den Ratsbeschluß lediglich zur Bestätigung seiner eigenen Auslegung des Abkommens Bezug, ohne eine mögliche Bindungswirkung zu diskutieren[439]. Dies entspricht der ständigen Rechtsprechung des Gerichtshofs, der dem sekundärrechtlichen Abschlußakt nie eine Bedeutung zugemessen hat[440]. Auch in der Rechtssache *Kupferberg* wurde die Möglichkeit eines Ausschlusses der unmittelbaren Wirkung nur über eine völkervertragsrechtliche Vereinbarung, nicht jedoch durch EG-Sekundärakt angenommen. Wenn die Frage der internen Wirkung nicht im Abkommen selbst geregelt ist, haben danach vielmehr die zuständigen Gerichte über diese Frage zu entscheiden[441].

Gegen eine Bindungswirkung spricht zuletzt auch noch eine Erwägung im systematischen Zusammenhang der WTO-Abkommen. Das plurilaterale WTO-

---

436 So z.B. *Schäfers*, GRUR Int. 1996, S. 763 (774 f.), der darauf hinweist, daß bei einer Beachtung der eindeutigen Aussage des Rates der innergemeinschaftliche Vollzug des Abkommens stärker nach einheitlichen Vorgaben gesteuert werden kann, als wenn er dezentral den Gerichten überlassen bliebe.

437 *Dauses/Bleckmann/Pieper*, B.I, Rn. 17 mit Beispielen aus der Rechtsprechung des EuGH. Entsprechendes gilt für Präambeln völkerrechtlicher Abkommen; *Treviranus*, Preamble, EPIL, Vol III (1997), S. 1097 (1098).

438 GA *Tesauro*, EuGH, Rs. C-53/96, Slg. 1998, I-3603, GA Rn 24; *Gaja*, Rivista di diritto internazionale 1995, S. 407 (408).

439 EuGH, Rs. C-149/96 - *Portugal v. Rat* -, Urteil des Gerichtshofes vom 23.11.1999, Slg. 1999, I-8395 (8439), Rn. 48.

440 Siehe z.B. EuGH, Rs. 270/80 - *Polydor Ldt. und RSO Records Inc. V. Harlequin Records Shop Ltd. und Simons Records Ltd.* -, Urteil des Gerichtshofes vom 9.2.1982, Slg. 1982, S. 329 (346).

441 EuGH, Rs. 104/81 - *Hauptzollamt Mainz v. C.A. Kupferberg & Cie. KG a.A.* -, Urteil des Gerichtshofes vom 26.10.1982, Slg. 1982, S. 3641 (3663), Rn. 17.

Abkommen über das öffentliche Beschaffungswesen enthält in seinem Art. XX:2 eine völkervertragliche Anordnung der unmittelbaren Anwendbarkeit der Abkommensbestimmungen[442]. Der vom Rat in Ratsbeschluß Nr. 94/800/EG postulierte Ausschluß der unmittelbaren Wirkung bezieht sich dagegen auf alle, auch die plurilateralen Übereinkommen der Uruguay-Runde. Daß die Gemeinschaft mittels eines sekundärrechtlichen Erwägungsgrundes eine positive völkervertragsrechtliche Verpflichtung aufheben kann, ist – auch unter dem Aspekt, daß Art. XVI Abs. 5 WTO-Abkommen keine Vorbehalte erlaubt – ausgeschlossen.

Dem 11. Erwägungsgrund des Ratsbeschlusses Nr.94/800/EG kann danach allenfalls deklaratorische Wirkung hinsichtlich der Frage der unmittelbaren Anwendbarkeit zukommen. Er enthält eine Aussage politischen Charakters, die sich nicht als rechtlich zutreffend erweisen muß und der in keinem Fall rechtlich bindende Wirkung zukommen kann[443]. Als Erklärung sekundärrechtlichen Charakters kann der – zugestandenerweise ausdrückliche - Wille des Rates und der Kommission auch nur mittelbar für die Analyse der völkerrechtlichen Struktur und Zwecksetzung der Übereinkommen der Uruguay-Runde herangezogen werden.

---

[442] Art. XX:2 des Agreement on Government Procurement (GPA) lautet: „Each Party shall provide non-discriminatory, timely, transparent and effective procedures enabling suppliers to challenge alleged breaches of the Agreement arising in the context of procurements in which they have, or have had, an interest.“ Die unmittelbare Anwendbarkeit des Abkommens wurde von den Parteien, vor allem auch der EG, in den Verhandlungen nur widerstrebend akzeptiert. So hat die EG einer Reihe von Staaten den unbedingten Zugang zum nationalen Verfahren verweigert, solange diese Staaten keine gleichwertigen Zugeständnisse beim Marktzugang machten. Die Entscheidung, auch privaten Parteien die Überprüfung von Abkommensverletzungen zu gestatten, wurde jedoch nach ausgedehnter Diskussion bewußt getroffen; *Didier*, S. 419 f.; *ders.*, in: Hoekman/Mavroidis, S. 125 (138).

[443] *Dauses/Arnold*, K.I, Rn. 60; *Gaja*, Rivista di diritto internazionale 1995, S. 407 (408 f.); GA *Saggio*, EuGH, Rs. C-149/96 - *Portugal v. Rat* -, Schlußantrag vom 24.2.1999, Slg. 1999, I-8395 (8410), Rn. 20. Nach *Didier* handelt es sich um einen Versuch von Kommission und Rat, die potentiellen Auswirkungen der Abkommen der Uruguay-Runde herunterspielen; *Didier*, in: Hoekman/Mavroidis, S. 125 (138).

C. Rechtsprechung des EuGH

I. Zur unmittelbaren Anwendbarkeit völkerrechtlicher Verträge im Gemeinschaftsrecht

Für den Bereich gemischter Abkommen, der in die Zuständigkeit der Gemeinschaft fällt, ist die unmittelbare Anwendbarkeit der Abkommensbestimmungen nach Kriterien des Gemeinschaftsrechts zu bestimmen.

Ausgangspunkt der Untersuchung ist die Feststellung, daß die Gemeinschaftsrechtsordnung gemäß Art. 300 EGV ein integrationsoffenes System bildet, das eine unmittelbare Anwendbarkeit völkerrechtlicher Verträge grundsätzlich zuläßt[444]. Unter der Voraussetzung, daß Gemeinschaftsabkommen im Verfahren nach Art. 300 EGV und innerhalb der Abschlußkompetenz der Gemeinschaft geschlossen worden sind, sind sie „integrierender Bestandteil des Gemeinschaftsrechts“ geworden[445]. Sie beanspruchen somit Geltung für die Gemeinschaftsorgane.

Dennoch kommt nicht jeder völkervertragsrechtlichen Bestimmung automatisch unmittelbare Wirkung innerhalb der Gemeinschaftsrechtsordnung in dem Sinne zu, daß ein Bürger oder ein Mitgliedstaat sich auf sie in internen Rechtsanwendungsverfahren berufen kann. Vielmehr muß die interne Rechtsordnung unter Berücksichtigung ihrer verfassungsrechtlichen Postulate betreffend Rechtsstaatlichkeit, vor allem Rechtsklarheit und Rechtssicherheit, bestimmen, ob sich eine Vertragsvorschrift zum unmittelbaren Vollzug eignet[446]. Der Europäische Gerichtshof hat hierfür in ständiger Rechtsprechung Kriterien aufgestellt. Danach ist die unmittelbare Anwendbarkeit von völkervertragsrechtlichen Bestimmungen in zwei Stufen zu prüfen[447].

In einer ersten Stufe nimmt der EuGH eine Würdigung des Gesamtcharakters des betreffenden Gesamtwerks vor. Rechtsnatur und Systematik des Abkommens müssen eine unmittelbare Anwendbarkeit der Abkommensbestimmungen

---

444 Siehe auch *Pescatore*, in: Jacobs/Roberts, S. 171 (180).

445 U.a. EuGH, Rs. 181/73 - *R. & V. Haegeman v. Belgischer Staat* -, Urteil des Gerichtshofs vom 30.4.1974, Slg. 1974, S. 449 (460), Rn. 2/6; EuGH, Rs. 104/81 - *Hauptzollamt Mainz v. C.A. Kupferberg & Cie. KG a.A.* -, Urteil des Gerichtshofes vom 26.10.1982, Slg. 1982, S. 3641 (3662), Rn. 13; EuGH, Rs. 12/86 - *Meryem Demirel v. Stadt Schwäbisch Gmünd* -, Urteil des Gerichtshofs vom 30.9.1987, Slg. 1987, S. 3747 (3750), Rn. 7; EuGH, Gutachten 1/76 vom 26.4.1977 *(Stillegungsfonds für die Binnenschiffahrt)*, Slg. 1977, S. 741 (757). Nachweise zustimmender Meinungen in der Literatur bei GTE/Tomuschat, 5. Aufl., Bd. 5, Art. 228 EGV, Rn. 57, Fn. 87.

446 *GTE/Tomuschat*, 5. Aufl., Bd. 5, Art. 228 EGV, Rn. 63.

447 *GTE/Tomuschat*, 5. Aufl., Bd. 5, Art. 228 EGV, Rn. 63 ff.; *Grabitz/Hilf/Vedder*, Bd. II, Art. 228 EGV, Rn. 49 f.

in der Gemeinschaftsrechtsordnung erlauben[448]. Hierzu sind „Sinn, Aufbau und Wortlaut" bzw. „Sinn, Zweck und Zusammenhang" des Abkommens zu untersuchen.

Nur wenn weder Rechtsnatur noch Systematik des Abkommens generell einer unmittelbaren Anwendbarkeit in der Gemeinschaftsordnung entgegenstehen, ist nach der Rechtsprechung des EuGH in einer zweiten Stufe die Konkretheit der fraglichen Norm zu prüfen[449]. Hierzu kann auf die zur unmittelbaren Anwendbarkeit des Gemeinschaftsrechts entwickelten Kriterien zurückgegriffen werden. Unmittelbar anwendbar sind danach Normen, die inhaltlich bestimmt sind und die kein stillschweigender oder ausdrücklicher Vorbehalt trifft[450]. Dabei wird die Norm wiederum sowohl im Hinblick auf Sinn und Zweck des Abkommens als auch auf seinen Zusammenhang hin untersucht[451]. Im Rahmen dieser – spezifisch gemeinschaftsrechtlichen – Prüfung stellt der EuGH entscheidend auf den Zweck eines Abkommens ab und kann insoweit Unterschiede in der Regelungsintensität im Vergleich zum Gemeinschaftsrecht berücksichtigen[452].

Zusammenfassend gilt nach der Rechtsprechung des EuGH in *Demirel*:

> „Eine Bestimmung eines von der Gemeinschaft mit Drittländern geschlossenen Abkommens ist als unmittelbar anwendbar anzusehen, wenn sie unter Berücksichtigung ihres Wortlauts und im Hinblick auf den Sinn und Zweck des Abkommens eine klare und unbedingte Verpflichtung enthält,

---

[448] EuGH, Verb. Rs. 21-24/72 - *International Fruit Company NV u. a. v. Produktschap voor groeten en fruit* -, Urteil des Gerichtshofes vom 12.12.1972, Slg. 1972, S. 1219 (1228); EuGH, Rs. 9/73 - *Carl Schlüter v. Hauptzollamt Lörrach*-, Urteil des Gerichtshofes vom 24.10.1973, Slg. 1973, S. 1135 (1157); EuGH, Rs. 87/75 - *Bresciani v. Amministrazione Italiana delle Finanze* -, Urteil des Gerichtshofes vom 5.2.1976, Slg. 1976, S. 129 (139); EuGH, Rs. 270/80 - *Polydor Ldt. und RSO Records Inc. V. Harlequin Records Shop Ltd. und Simons Records Ltd.* -, Urteil des Gerichtshofes vom 9.2.1982, Slg. 1982, S. 329 (346).

[449] Gegen diese Prüfungsreihenfolge spricht sich *Pescatore* aus. Abkomme seien stets komplexe Instrumente, die oft eine Mischung verschiedenster Zielsetzungen, Grundsätze und spezieller Regelungen vereinigen müßten. Eine Prüfung, die von einer Betrachtung des Abkommens in seiner Gesamtheit ausgeht, könne deshalb leicht zu unangemessenen Lösungen führen. *Pescatore* schlägt anstelle dessen eine Prüfungsreihenfolge entsprechend Art. 31 WVK vor, die vom Wortlaut der fraglichen Abkommensbestimmung ausgeht; *Pescatore*, in: Jacobs/Roberts, S. 171 (192).

[450] *Grabitz/Hilf/Vedder*, Bd. II, Art. 228 EGV, Rn. 50; EuGH, Rs. 26/62 -*Van Gend & Loos*-, Urteil des Gerichtshofes vom 5.2.1963, Slg. 1963, S. 1 (24 f.); EuGH, Rs. 28/67 – *Molkereizentrale* -, Urteil des Gerichtshofes vom 3.4.1968, Slg. 1968, S. 216.

[451] EuGH, Rs. 104/81 - *Hauptzollamt Mainz v. C.A. Kupferberg & Cie. KG a.A.* -, Urteil des Gerichtshofes vom 26.10.1982, Slg. 1982, S. 3641 (3665).

[452] *Grabitz/Hilf/Vedder*, Bd. II, Art. 228 EGV, Rn. 50; *GTE/Tomuschat*, 5. Aufl., Bd. 5, Art. 228 EGV, Rn. 58, mit Nachweis der Rspr.

deren Erfüllung oder deren Wirkungen nicht vom Erlaß eines weiteren Aktes abhängen.[453]"

II. Zur unmittelbaren Anwendbarkeit von GATT/WTO im Gemeinschaftsrecht

Bei der Untersuchung, ob das TRIPs-Abkommen im Recht der Europäischen Gemeinschaft unmittelbar anwendbar ist, stellt sich die Problematik, daß der Europäische Gerichtshof in ständiger Rechtsprechung zum GATT 1947 eine unmittelbare Anwendbarkeit dieses Abkommens bereits auf der ersten Prüfungsstufe pauschal abgelehnt hat und auch bezüglich des neuen GATT 1994 im Rahmen der WTO von dieser Rechtsprechung nicht abgerückt ist.

1. Rechtsprechung zu GATT 1947

Hinsichtlich des GATT 1947 hat der EuGH eine unmittelbare Anwendbarkeit innerhalb der Gemeinschaftsrechtsordnung in ständiger Rechtsprechung grundsätzlich verneint.

a. International Fruit Company

Im Grundsatzurteil *International Fruit Company NV u. a. v. Produktschap voor groeten en fruit*, einem Vorlageverfahren nach Art. 234 EGV, hatte der EuGH darüber zu entscheiden, ob der Begriff der „Gültigkeit der Handlungen der Organe der Gemeinschaft" in Art. 234 EGV auch die Gültigkeit nach anderem internationalen Recht als dem Gemeinschaftsrecht umfaßt, und ob bei Bejahung dieser Frage die Verordnungen (EWG) Nr. 459/70, 565/70 und 686/70 wegen Verstoßes gegen Art. XI des GATT 1947 ungültig sind[454].

Der Gerichtshof stellte in seinen Entscheidungsgründen zunächst fest, daß die Gemeinschaft im Wege der Sukzession an die Bestimmungen des GATT 1947 gebunden ist, soweit sie aufgrund des EWG-Vertrages früher von den Mitgliedstaaten im Anwendungsbereich des GATT 1947 ausgeübte Befugnisse übernommen habe[455]. Die Bestimmungen des GATT 1947 begründeten indes kein Recht der Gemeinschaftsangehörigen, sich vor Gericht auf sie zu berufen, um

---

[453] EuGH, Rs. 12/86 - *Meryem Demirel v. Stadt Schwäbisch Gmünd* -, Urteil des Gerichtshofs vom 30.9.1987, Slg. 1987, S. 3747 (3752), Rn. 14.

[454] EuGH, verb. Rs. 21-24/72 - *International Fruit Company NV u. a. v. Produktschap voor groeten en fruit* -, Urteil des Gerichtshofs vom 12.12.1972, Slg. 1972, S. 1219.

[455] EuGH, verb. Rs 21–24/72, Slg. 1972, S. 1219 (1228), Rn. 18.

die Gültigkeit einer Handlung der Gemeinschaft in Frage zu stellen. Dies ergäben Sinn, Aufbau und Wortlaut des Abkommens. Danach gelte:

> „Dieses Abkommen, das nach seiner Präambel „auf der Grundlage der Gegenseitigkeit und zum gemeinsamen Nutzen" ausgehandelt wurde, ist durch die große Geschmeidigkeit seiner Bestimmungen gekennzeichnet: Dies gilt insbesondere für die Vorschriften über die Abweichung von den allgemeinen Regeln, über Maßnahmen, die bei außergewöhnlichen Schwierigkeiten getroffen werden können, und über die Regelung von Meinungsverschiedenheiten zwischen den Vertragsparteien"[456].

So könne jede Vertragspartei gemäß Art. XXII GATT 1947 Konsultationen über jede Angelegenheit führen. Hinsichtlich des Systems der Streitbeilegung kritisiert der Gerichtshof insbesondere die Ermächtigung von Vertragsparteien, gegenüber anderen Vertragsparteien die Anwendung sämtlicher sich aus dem Abkommen ergebenden Zugeständnisse oder sonstiger Verpflichtungen auszusetzen, die Möglichkeit, im Falle einer solchen Aussetzung vom Vertrag zurückzutreten, sowie die Safeguard-Klausel des Art. XIX GATT 1947[457].

Diese Rechtsprechung setzte der EuGH in einer Reihe von Entscheidungen, jeweils unter formelhafter Wiederholung der Begründung in *International Fruit*, fort[458].

b. Deutschland v. Rat (Bananen)

Auch in der Entscheidung *Deutschland v. Rat (Bananen)* vom Oktober 1994 behält der EuGH diese Linie seiner Rechtsprechung konsequent bei, erweitert

---

456 EuGH, verb. Rs. 21-24/72, Slg. 1972, S. 1219 (1228), Rn. 21.

457 EuGH, verb. Rs. 21-24/72, Slg. 1972, S. 1219 (1229), Rn. 25/26.

458 EuGH, Rs. 9/73 - *Carl Schlüter v. Hauptzollamt Lörrach*-, Urteil des Gerichtshofes vom 24.10.1973, Slg. 1973, S. 1135; EuGH, Rs. 38/75 - *Zollagent der NV Nederlandse Spoorwegen v. Inspektor der Einfuhrzölle und Verbrauchssteuern* -, Urteil des Gerichtshofes vom 19. 11. 1975, Slg. 1975, S. 1439; EuGH, Rs. 112/80 - *Firma Anton Dürbeck v. Hauptzollamt Frankfurt-Main Flughafen* -, Urteil des Gerichtshofes vom 5.5.1981, Slg. 1981, S. 1095; EuGH, Rs. 266/81 - *SIOT* -, Urteil des Gerichtshofes vom 16.3.1983, Slg. 1983, S. 731; EuGH, Verb. Rs. 267-269/811 - *SPI v. SAMI* -, Urteil des Gerichtshofes vom 16.3.1983, Slg. 1983, S. 801; EuGH, Verb. Rs. 290, 291/81 - *Singer/Geigy v. Amministrazione delle finanze dello Stato* -, Urteil des Gerichtshofes vom 16.3.1983, Slg. 1983, S. 847; EuGH, Rs. C-465/93 - *Atlanta Fruchthandelsgesellschaft mbH u.a. v. Bundesamt für Ernährung und Forstwirtschaft* -, Urteil des Gerichtshofes vom 9.11.1995, Slg. 1995, I-3799; EuGH, Rs. C-469/93 - *Amministrazione delle finanze dello Stato v. Chiquita Italia SpA* -, Urteil des Gerichtshofes vom 12. Dezember 1995, Slg. 1995, I-4533 (4566), Rn. 24-29.

sie allerdings um eine Fallgestaltung[459]. Anläßlich der von Deutschland begehrten Überprüfung der Verordnung Nr. 404/93 über die gemeinsame Marktorganisation für Bananen[460] am Maßstab des GATT 1947 urteilte der Gerichtshof, auch ein Mitgliedstaat der Gemeinschaft könne sich nicht auf die Bestimmungen des GATT berufen, um die Rechtmäßigkeit bestimmter Vorschriften einer Verordnung zu bestreiten. Die unmittelbare Anwendbarkeit des GATT 1947 wird somit nicht nur im Hinblick auf die Geltendmachung subjektiver Rechte durch Private ausgeschlossen, sondern auch im Sinne eines objektiven Rechtmäßigkeitsmaßstabes für das Gemeinschaftsrecht.

Zur Begründung beruft sich der Gerichtshof zunächst auf die traditionelle Rechtsprechung, wonach für die Beurteilung der Bedeutung des GATT in der Gemeinschaftsrechtsordnung auf Sinn, Aufbau und Wortlaut des Abkommens abzustellen sei und das GATT 1947 danach durch die große Flexibilität seiner Bestimmungen gekennzeichnet sei[461]. Die verschiedenen genannten Besonderheiten – wie die Möglichkeit von Konsultationen oder die Aussetzung von Verpflichtungen – ließen zudem erkennen, daß die Vorschriften des GATT keinen unbedingten Charakter hätten. Dies sei aber Voraussetzung für eine unmittelbare Anwendbarkeit der Bestimmungen in den internen Rechtsordnungen der Vertragsparteien[462].

In späteren Entscheidungen entwickelte der Gerichtshof allerdings zwei Fallgestaltungen, in denen eine Berufung Privater und der Mitgliedstaaten auf Vorschriften des GATT 1947 nicht ausgeschlossen ist und in denen den WTO-Übereinkünften vermittels eines besonderen Umsetzungsverhaltens der Gemeinschaft eine „mittelbare“ Wirkung zukommt.

c. Fediol

In der Fallgestaltung *Fediol* genießen die WTO-Übereinkünfte eine mittelbare Wirkung im Gemeinschaftsrecht, wenn eine zugrunde liegende Gemeinschaftshandlung ausdrücklich auf spezielle Bestimmungen der WTO-Übereinkünfte verweist:

In der Rechtssache *Vereinigung der Ölmühlenindustrie der EWG (Fediol) v. Kommission* aus dem Jahre 1989 gestand der EuGH Gemeinschaftsbürgern ei-

---

[459] EuGH, Rs. C-280/93 - *Bundesrepublik Deutschland v. Rat* -, Urteil des Gerichtshofes vom 5. Oktober 1994, Slg. 1994, I-4973.

[460] VO (EWG) Nr. 404/93 des Rates vom 13. Februar 1993 über eine gemeinsame Marktordnung für Bananen (ABl. (EG) 1993 L 47/1). Im folgenden: GMO Bananen.

[461] EuGH, Rs. C-280/93 - *Bundesrepublik Deutschland v. Rat* -, Slg. 1994, I-4973 (5072), Rn. 105–108.

[462] EuGH, Rs. C-280/93, Slg. 1994, I-4973 (5072), Rn. 110.

nen Anspruch auf das Einschreiten der Gemeinschaft gegen Drittstaaten gemäß der Verordnung Nr. 2641/84 (Neues Handelspolitisches Instrument) zu, soweit sie die Verletzung von GATT 1947-Vorschriften dartun können[463]. Nach Ansicht des Gerichts erlaubt der ausdrückliche Verweis in der EG-Verordnung auf das Völkerrecht, nach dem sich das Vorliegen einer unerlaubten Handelspraktik beurteilt, die Anwendung von hinreichend bestimmt formulierten Vorschriften des GATT[464]. Der Verordnungsgeber kann also durch Verweisung, d.h. durch einen bewußten Willensakt, auch die Regeln des GATT zum Maßstab der innergemeinschaftlichen Legalität erheben.

Im übrigen wurde darauf hingewiesen, daß das GATT 1947 zwar durch die große Flexibilität seiner Regeln gekennzeichnet sei, diese Beurteilung den Gerichtshof aber nicht daran hindere, die Regeln des GATT 1947 im Hinblick auf einen bestimmten Fall auszulegen und anzuwenden, um zu prüfen, ob gewissen Handelspraktiken als unvereinbar mit diesen Regeln anzusehen seien[465]. Weiterhin sei auch der Umstand, daß das GATT 1947 ein besonderes Verfahren zur Beilegung von Streitigkeiten zwischen Vertragsparteien vorsehe, nicht geeignet, die Auslegungsbefugnis des Gerichtshofes auszuschließen. Die Tatsache allein, daß die Vertragsparteien einen besonderen institutionellen Rahmen für Konsultationen und Verhandlungen untereinander über die Durchführung des Abkommens geschaffen haben, reiche nicht aus, jegliche Anwendung des Abkommens durch die Gerichte auszuschließen.

Wegen dieser letzten Ausführungen bewertete die Literatur diese Entscheidung unter anderem als ersten Schritt, mit der die frühere globale Ablehnung des GATT als rechtlicher Parameter für das Handeln der Gemeinschaftsorgane durch eine Einzelfallbetrachtung abgelöst werden sollte, sowie als eine Distanzierung vom traditionellen, aus der Entscheidung *International Fruit* herrührenden Kriterium eines Streitbeilegungssystems[466].

---

463 EuGH, Rs. 70/87 -*Vereinigung der Ölmühlenindustrie der EWG (Fediol) v. Kommission*-, Urteil des Gerichtshofes vom 22. 6.1989, Slg. 1989, S. 1781. Auch weiterhin ist der Fall *Fediol* insbesondere für die Anwendung der Handelshemmnisverordnung (Verordnung (EG) Nr. 3286/94 des Rates vom 22. Dezember 1994, ABl. (EG) 1994 L 349/71) als Nachfolgeinstrument des NHI relevant.

464 EuGH, Rs. 70/87, Slg. 1989, S. 1781 (1830), Rn. 19.

465 EuGH, Rs. 70/87, Slg. 1989, S. 1781 (1831), Rn. 20.

466 So *GTE/Tomuschat*, 5. Aufl., Bd. 5, Art. 228 EGV, Rn. 64.

d. Nakajima

In der Fallgestaltung *Nakajima* ergibt sich eine mittelbare Wirkung, wenn die Gemeinschaft eine bestimmte im Rahmen des GATT bzw. der WTO übernommene Verpflichtung umsetzt:

In der Rechtssache *Nakajima All Precision Co. Ltd. v. Rat* versuchte sich ein Importeur von Druckern aus Japan gegen die Verhängung eines Antidumping-Zolls mit der Behauptung zu wehren, die Antidumping-Grundverordnung Nr. 3651/88 verstoße gegen den Antidumping Code der Tokyo-Runde (1979)[467]. Im Rahmen der Rechtmäßigkeitsprüfung ließ der EuGH die Inzidentkontrolle der EG-Verordnung am Maßstab des GATT-Rechts zu, da die Antidumping-Grundverordnung zur Umsetzung von Art. VI GATT und des Antidumping Code ergangen sei, wie sich aus den Begründungserwägungen der Verordnung ergebe[468]. Unter Berufung auf die Entscheidung in der Rechtssache *Kupferberg*[469] folgt für den EuGH daraus, daß die Gemeinschaft zu gewährleisten habe, daß die Bestimmungen des GATT und der dazu erlassenen Durchführungsvorschriften eingehalten werden[470]. Die Inzidentkontrolle von Gemeinschaftsrechtsakten am Maßstab des GATT ist nach dieser Entscheidung möglich, wenn der Gemeinschaftsrechtsakt der Umsetzung einer spezifischen GATT-Bestimmung dienen soll[471].

Im übrigen unterschied der EuGH die Inzidentkontrolle begrifflich von der unmittelbaren Anwendbarkeit[472]. Die Klägerin berufe sich nicht auf die unmittelbare Wirkung der Vorschriften, sondern stelle inzidenter gemäß Art. 241 EG-Vertrag die Gültigkeit der neuen Grundverordnung in Frage, indem sie sich auf einen der Gründe für die in Art. 230 EWG-Vertrag genannte Rechtmäßigkeitskontrolle berufe.

---

467 EuGH, Rs. C-69/89 - *Nakajima All Precision Co. Ltd. v. Rat* -, Urteil des Gerichtshofes vom 7.5.1991, Slg. 1991, I-2069.

468 EuGH, Rs. C-69/89 - *Nakajima All Precision Co. Ltd. v. Rat* -, Slg. 1991, I-2069 (2178), Rn. 30.

469 EuGH, Rs. 104/81 - *Hauptzollamt Mainz v. C.A. Kupferberg & Cie. KG a.A.* -, Urteil des Gerichtshofs vom 26.10.1982, Slg. 1982, S. 3641 (3662), Rn. 11.

470 EuGH, Rs. C-69/89 - *Nakajima All Precision Co. Ltd. v. Rat* -, Slg. 1991, I-2069 (2178), Rn. 31.

471 Siehe auch EuGH, Rs. C-188/88 - *NMB (Deutschland) GmbH v. Kommission* -, Urteil des Gerichtshofes vom 10.3.1992, Slg. 1992, I-1689 (1735), Rn. 23.

472 EuGH, Rs. C-69/89 - *Nakajima All Precision Co. Ltd. v. Rat* -, Slg. 1991, I-2069 (2178), Rn. 28.

2. Fazit für die Rechtsprechung zu GATT 1947

Der Gerichtshof stuft das GATT 1947 insgesamt als Instrument der Handelsdiplomatie ein, das zwar als völkerrechtlicher Vertrag die Gemeinschaft rechtlich bindet, dessen Einhaltung aber weder auf Initiative von Privaten noch der Mitgliedstaaten vor den Gerichten der Europäischen Gemeinschaft überprüft werden kann[473]. Eine Ausnahme besteht nur dann, wenn der zu überprüfende Gemeinschaftsakt ausdrücklich auf spezifische Bestimmungen des GATT 1947 verweist (*Fediol*) oder der Gemeinschaftsrechtsakt der Umsetzung spezifischer GATT-Bestimmungen dient (*Nakajima*). Mit dieser Rechtsprechung wird den Gesetzgebungsorganen der Gemeinschaft selbst die Entscheidung überlassen, ob sie sich hinsichtlich der Einhaltung völkerrechtlicher Verträge der Kontrolle der Gerichte in der Gemeinschaft unterwerfen wollen[474].

Für das TRIPs-Abkommen wird unter Bezugnahme auf die Doktrin in *Nakajima* in der Literatur vertreten, die EG-Rechtsetzungsorgane hätten die Voraussetzungen für die Inzidentkontrolle jeglichen sekundärrechtlichen Gemeinschaftsakts des Immaterialgüterrechts am Maßstab des TRIPs-Abkommens geschaffen[475]. Der Gemeinschaftsgesetzgeber habe seine Absicht zum Ausdruck gebracht, sich in Abweichung von der sonstigen Rechtsprechung zum internen Status der WTO-Übereinkünfte ganz allgemein an die Vorgaben des TRIPs-Abkommens zum geistigen Eigentum halten zu wollen. Hierzu wird auf einen Erwägungsgrund der Verordnung Nr. 3288/94 zur Anpassung der Gemeinschaftsmarken-Verordnung an die Vorgaben des TRIPs-Abkommens verwiesen, worin es heißt: „Um sicherzustellen, daß alle einschlägigen Rechtsvorschriften der Gemeinschaft mit dem TRIPs-Abkommen in Einklang stehen, muß die Gemeinschaft bestimmte Maßnahmen in bezug auf die geltenden Gemeinschaftsakte über den Schutz der Rechte des geistigen Eigentums treffen.[476]" Ob aus diesen Erwägungsgründen allerdings eine derart weitgehende Erstreckung der *Nakajima*-Doktrin gefolgert werden kann, ist fraglich. Zwar hat der Gerichtshof seine Rechtsprechung aus *Fediol* und *Nakajima* in der Entscheidungen *Portugal v. Rat* auf die WTO-Abkommen ausgedehnt[477]. Spezifisch zur Umsetzung der TRIPs-

---

473 *Drexl*, in: FS Fikentscher, S. 822 (827).

474 *Drexl*, in: FS Fikentscher, S. 822 (828).

475 So *Drexl*, in: FS Fikentscher, S. 822 (829 f.); *ders.*, in: Beier/Schricker, IIC Studies 18, S. 18 (46 f.).

476 Verordnung vom 22.12.1994, ABl. (EG) 1994 L 349/83. Eine identische Formulierung findet sich in der Entscheidung des Rates vom 22.12.1994 über die Ausdehnung des Rechtsschutzes der Topographien von Halbleitererzeugnissen auf Personen aus einem Mitgliedstaat der Welthandelsorganisation; ABl. (EG) 1994 L 349/201.

477 EuGH, Rs. C-149/96 - *Portugal v. Rat* -, Urteil des Gerichtshofes vom 23.11.1999, Slg. 1999, I-8395 (8439), Rn. 49.

Verpflichtungen erlassenes Sekundärrecht kann danach am Maßstab des TRIPs-Abkommens überprüft werden. Dennoch kann eine Berufung auf die *Fediol/Nakajima*-Doktrin immer nur in den Grenzen des spezifischen Gemeinschaftsrechtsaktes erfolgen, d.h. soweit der Gemeinschaftsgesetzgeber sich ausdrücklich auf spezifische WTO-Verpflichtungen bezieht. Ein allgemeines Bekenntnis zur „Einhaltung verschiedener internationaler Verpflichtungen" reicht als Indiz hierzu nicht aus[478]. Etwas anderes ergibt sich auch nicht aus dem oben zitierten Erwägungsgrund der Verordnung Nr. 3288/94. Eine Berufung auf das TRIPs-Abkommen in Fällen nicht erfolgter Umsetzung oder eines bewußten Abweichens von den eingegangenen völkerrechtlichen Verpflichtungen bleibt weiterhin ausgeschlossen. Dies macht die Rechtsprechung in *Fediol* und *Nakajima* zu keinem gleichwertigen Ersatz für eine unmittelbare Anwendbarkeit der Abkommensbestimmungen[479].

3. Rechtsprechung zu GATT 1994/WTO

Die Rechtsprechung des Gerichtshofs zur unmittelbaren Anwendbarkeit von GATT 1947 in der Gemeinschaftsrechtsordnung stieß auf zum Teil heftige Kritik. Dies gilt insbesondere für die Entscheidung in der Rechtssache *Deutschland v. Rat*, nach der GATT 1947 nicht einmal als objektiver Rechtmäßigkeitsmaßstab für Gemeinschaftsgesetzgebung herangezogen werden kann[480]. Verbreitet wurde allerdings die Erwartung geäußert, der EuGH werde seine Rechtsprechung zur unmittelbaren Anwendbarkeit im Hinblick auf das reformierte GATT 1994 und die WTO-Übereinkünfte allgemein revidieren[481].

a. Portugal v. Rat

Der EuGH hat zunächst verschiedene Gelegenheiten, zu der Frage der unmittelbaren Anwendbarkeit der WTO-Abkommen und des GATT 1994 Stellung zu

---

478 *Berrisch/Kamann*, EWS 2000, S. 89 (96), unter Verweis auf EuGH, Rs. C-280/93 – *Deutschland v. Rat* -, Slg. 1994, I-483 (497). Der 3. Erwägungsgrund der VO (EWG) Nr. 404/93 des Rates vom 13. Februar 1993 über eine gemeinsame Marktorganisation für Bananen (ABl.(EG) 1993 L 47/1) enthielt ein solches Bekenntnis.

479 Ein Beispiel für die Überprüfung eines Aktes des sekundären Gemeinschaftsrechts, hier der Richtlinie 94/44/EG des Europäischen Parlementes und des Rates vom 6.6.1998 über den rechtlichen Schutz biotechnologischer Erfindungen (ABl. L 213, S. 13), am Maßstab des TRIPs-Abkommens findet sich in EuGH, Rs. C-377/98 – *Niederlande v. Parlament und Rat* -, Urteil des Gerichtshofes vom 9.10.2001, Slg. 2001, I-7079 (7165), Rn. 54 ff.

480 Siehe z.B. *GTE/Tomuschat*, 5. Aufl., Bd. 5, Art. 228 EGV, Rn. 65; *Drexl*, GRUR Int. 1994, S. 777 (785); *Everling*, CMLRev 33 (996), S. 401 (421).

481 Siehe nur GA *Tesauro*, EuGH, Rs. C-53/96 - *Hermès International v. FHT Marketing Choice BV* -, Schlußantrag vom 13.11.1997, Slg. 1998, I-3603 (3628), Rn. 30.

nehmen, nicht genutzt[482]. Nicht mehr vermeiden ließ sich letztlich eine Stellungnahme zu der Frage der unmittelbaren Anwendbarkeit in der Rechtssache *Portugiesische Republik v. Rat*[483].

Die portugiesische Regierung klagte in diesem Verfahren auf Nichtigkeitserklärung eines Ratsbeschlusses vom 26. 2. 1996 über den Abschluß zweier Vereinbarungen zwischen der Europäischen Gemeinschaft einerseits und Pakistan und Indien andererseits über den Marktzugang für Textilwaren[484]. Diese mit Unterstützung des WTO-Textilausschusses ausgehandelten Vereinbarungen verstießen nach Ansicht Portugals gegen bestimmte Vorschriften und Grundsätze der WTO, insbesondere des GATT 1994, des Übereinkommens über Textilwaren und Bekleidung (ATC) und des Übereinkommens über Einfuhrlizenzverfahren. Portugal argumentierte, es sei im Lichte der EuGH-Rechtsprechung in den Rechtssachen *Fediol* und *Nakajima* befugt, sich vor dem Gerichtshof auf diese Vorschriften und Grundsätze zu berufen, da die Vereinbarungen nach Abschluß der Uruguay-Runde zum Zwecke der Anwendung des GATT 1994 und des ATC ausgehandelt worden seien[485]. Außerdem wiesen die WTO-Übereinkünfte bedeutende Unterschiede gegenüber dem GATT 1947 auf, insbesondere weil sie das Streitbeilegungssystem weitgehend umgestaltet hätten. Generalanwalt *Saggio* sprach sich im Verfahren dafür aus, die Klage eines Mitgliedstaates gemäß Art. 230 EGV auf Überprüfung der Rechtmäßigkeit eines Gemeinschaftsrechtsaktes am Maßstab der WTO-Abkommen grundsätzlich zuzulassen[486].

Der EuGH erkannte in seiner Entscheidung zwar an, daß sich die WTO-Übereinkünfte insbesondere aufgrund der Stärkung der Schutzregelung und des

---

[482] EuGH, Rs. C-53/96 - *Hermès International v. FHT Marketing Choice BV* -, Urteil des Gerichtshofes vom 16.6.1998, Slg. 1998, I-3603 (3650), Rn. 35; EuGH, verb. Rs. C-364/95 und C-365/95 - *T. Port GmbH & Co. v. Hauptzollamt Hamburg-Jonas* -, Urteil des Gerichtshofs vom 10. 3. 1998, Slg. 1998, I-1023; EuGH, Rs. C-183/95 - *Affish BV v. Rijksdienst voor de keuring van Vee en Vlees* -, Urteil des Gerichtshofes vom 17.7.1977, Slg. 1997, I-4315.

[483] EuGH, Rs. C-149/96 - *Portugal v. Rat* -, Urteil des Gerichtshofes vom 23.11.1999, Slg. 1999, I-8395. Besprechungen dieser Entscheidung bei *Desmedt*, LIEI 27 (2000), S. 93; *Trachtman*, EJIL 10 (1999), S. 655; *Zonnekeyn*, [2000] Int.T.L.R. 42.

[484] Beschluß 96/386/EG des Rates vom 26. Februar 1996 über den Abschluß von Vereinbarungen zwischen der Europäischen Gemeinschaft und der Islamischen Republik Pakistan sowie zwischen der Europäischen Gemeinschaft und der Republik Indien über den Marktzugang für Textilwaren, ABl. (EG) 1996 L 153/47.

[485] EuGH, Rs. C-149/96 - *Portugal v. Rat* -, Urteil des Gerichtshofes vom 23.11. 1999, Slg. 1999, I-8395 (8435), Rn. 28 f.

[486] GA *Saggio*, EuGH, Rs. C-149/96, Schlußantrag des Generalanwalts vom 25.2.1999, Slg. 1999, I-8395 (8414), Rn. 24.

Streitbeilegungsmechanismus erheblich vom GATT 1947 unterschieden. Gleichwohl lehnte der EuGH eine unmittelbare Anwendbarkeit der WTO-Abkommen zum Zweck einer objektiven Rechtmäßigkeitsüberprüfung ab. Zum einen räume auch das mit diesen Übereinkünften geschaffene System der Streitbeilegung der Verhandlung zwischen den Mitgliedern einen hohen Stellenwert ein[487]. Hierzu verweist der Gerichtshof auf die in Art. 22 Abs. 2 DSU vorgesehene Möglichkeit einvernehmlich zu verhandelnder Kompensationsleistungen als vorübergehenden Ersatz für die Umsetzung von WTO-Streitbeilegungsentscheidungen. Zum anderen beruhten die Abkommen maßgeblich auf dem Prinzip von Verhandlungen auf der Grundlage der Gegenseitigkeit und zum gemeinsamen Nutzen[488]. Insofern seien die Abkommen nicht mit den Abkommen vergleichbar, die Grundlage der Entscheidung *Kupferberg* waren und die eine gewisse Asymmetrie in den Verpflichtungen oder besondere Integrationsbeziehungen mit der Gemeinschaft begründeten. Der Aspekt der Gegenseitigkeit der Verpflichtungen müsse auch bei der internen Umsetzung der Abkommen eine Rolle spielen. Einige der wichtigsten Handelspartner der Gemeinschaft lehnten eine unmittelbare Anwendbarkeit der Abkommen ab. Ein solcher Mangel an Gegenseitigkeit bei der Anwendung der WTO-Übereinkünfte könne zu einem Ungleichgewicht führen. Mit der unmittelbaren Anwendbarkeit würde den Legislativ- und Exekutivorganen der Gemeinschaft der Spielraum genommen, über den die entsprechenden Organe der Handelspartner der Gemeinschaft verfügen. Insgesamt gehörten die WTO-Übereinkünfte wegen ihrer Natur und ihrer Struktur grundsätzlich nicht zu den Vorschriften, an denen der Gerichtshof die Rechtmäßigkeit von Handlungen der Gemeinschaftsorgane messe[489].

Die Entscheidung *Portugal v. Rat* setzt damit die Rechtsprechung des EuGH zur unmittelbaren Anwendbarkeit des GATT 1947 für die WTO-Abkommen mit GATT 1994 mit gleichem Ergebnis, allerdings modifizierter Begründung fort. Maßgebliches Argument für die Ablehnung der unmittelbaren Anwendbarkeit sind nunmehr die in Art. 22 Abs. 2 DSU vorgesehene Möglichkeit, die Ausräumung einer Vertragsverletzung zumindest vorübergehend durch Kompensationsleistungen zu ersetzen, sowie Erwägungen der Gegenseitigkeit in der internen Umsetzung der Abkommensverpflichtungen.

b. Wertung

Auffallend ist die Knappheit der Argumentation, mit der der EuGH die unmittelbare Anwendbarkeit des GATT 1947 bzw. der WTO-Abkommen ausschloß.

---

487 EuGH, Rs. C-149/96, Slg. 1999, I-8395 (8436), Rn. 36 ff.

488 EuGH, Rs. C-149/96, Slg. 1999, I-8395 (8437), Rn. 41 ff.

489 EuGH, Rs. C-149/96, Slg. 1999, I-8395 (8439), Rn. 47.

Eine differenzierte rechtliche Analyse der WTO-Bestimmungen nahm der EuGH auch in der Entscheidung *Portugal v. Rat* nicht vor. Erkennbar kam es dem Gerichtshof darauf an, die unmittelbare Anwendbarkeit der Abkommen pauschal und ohne Prüfung des Einzelfalles auszuschließen. Tatsächlich traf der EuGH hier primär eine politisch motivierte Entscheidung, mit der den politischen Institutionen in der Gemeinschaft ein möglichst weiter Handlungsspielraum gelassen werden soll[490]. Hoffnungen auf ein Abrücken von dieser Rechtsprechung in der näheren Zukunft hat der Gerichtshof eine deutliche Absage erteilt, indem er zuletzt ein Vorabentscheidungsersuchen um die unmittelbare Anwendbarkeit von Art. I und XIII GATT 1994 durch Beschluß im Verfahren nach Art. 104 § 3 VerfO EuGH, also ohne mündliche Verhandlung, entschied[491].

Ob diese starre Haltung indes tatsächlich der Rechtsnatur der WTO-Verpflichtungen sowie den Interessen der beteiligten Parteien entspricht, ist fraglich. Die Rechtsprechung des Gerichtshofes ist deswegen in der Literatur intensiv diskutiert worden[492]. Eine generelle Darstellung und Aufarbeitung dieser Diskussion soll an dieser Stelle jedoch vermieden werden.

4. Übertragbarkeit auf das TRIPs-Abkommen

Während der Gerichtshof in der Rechtssache *Hermès*[493] noch eine Stellungnahme zur unmittelbare Anwendbarkeit des TRIPs-Abkommens in der Gemeinschaftsordnung vermied, hat er in der Entscheidung *Parfums Christian Dior/Assco Gerüste* vom 14.12.2000 die in *Portugal v. Rat* entwickelte Rechtsprechung ausdrücklich auch für auf das TRIPs-Abkommen anwendbar erklärt[494]. Auch die Bestimmungen des TRIPs-Abkommens begründeten für den

---

490 Vgl. *Kuilwijk*, S. 159, zur GATT 1947-Rechtsprechung des EuGH.

491 EuGH, Rs. C-307/99 – *OGT Fruchthandelsgesellschaft mbH v. Hauptzollamt Hamburg-St. Annen* -, Beschluß des Gerichtshofes vom 2.5.2001, Slg. 2001, I-3161, mit kritischer Anmerkung *Stieglitz*, EuZW 2001, S. 529 (530).

492 U. a. *Berkey*, EJIL 9 (1998), S. 626; *Brand*, Northwestern Journal of Intl. Law & Business, Vol. 17, No. 2/3 (1996/97), S. 556; *Castillo de la Torre*, JWT, Vol. 29, No. 1 (1995), S. 53; *Drexl*, in: FS Fikentscher, S. 822; *Eeckhout*, CMLRev 34 (1997), S. 11; *Everling*, CMLRev 33 (1996), S. 401 (421); *Kuilwijk*, S. 122 ff.; *Lee/Kennedy*, JWT, Vol. 30, No. 1 (1996), S. 67; *Meng*, in: FS Bernhardt, S. 1063; *Moncayo von Hase*, in: Correa/Yusuf, S. 93; *Montana i Mora*, JWT, Vol. 30, No. 5 (1996), S. 42; *Ott*, S. 129 ff., 168; *Staehelin*, AJP 1996, S. 1488; *Trachtman*, EJIL 10 (1999), S. 655.

493 EuGH, Rs. C-53/96 – *Hermès International v. FHT Marketing Choice BV* -, Urteil des Gerichtshofes vom 16.6.1998, Slg. 1998, I-3603 (3647), Rn. 25.

494 EuGH, verb. Rs. C-300/98 – *Parfums Christian Dior SA v. Tuk Consultancy BV* - und Rs. C-392/98 - *Assco Gerüste GmbH v. Wilhelm Layher GmbH & Co. KG* -, Urteil des Gerichtshofes vom 14.12.2000, Slg. 2000, I-11307 (11360), Rn. 43 f. Eine weitere Bestätigung erfolgte in den Rechtssachen C-89/99 – *Schieving-Nijstad vof u.a. v. Robert*

Einzelnen keine Rechte, auf die er sich nach dem Gemeinschaftsrecht unmittelbar vor den Gerichten berufen könnte. Eine Auseinandersetzung mit den besonderen Charakteristika des TRIPs-Abkommens nimmt der Gerichtshof nicht vor.

Unter Berücksichtigung dieser Charakteristika könnte das TRIPs-Abkommen jedoch hinsichtlich der Frage seiner unmittelbaren Anwendbarkeit eine differenzierte Betrachtung erfordern. Ausgangspunkt soll hier die folgende perspektivische Äußerung sein:

> „In view of the differences between GATT, GATS and TRIPs a separate analysis of their „spirit, general scheme or terms“ for the purpose of determining whether or not they are directly effective seems fully justified. In particular as regards TRIPs such an analysis could lead to entirely different conclusions, compared to the GATT case law. When one bears in mind that the granting of direct effect is tantamount to acknowledging that the provisions in issue create rights and obligations to be enforced by the courts, the TRIPs agreement would appear to be eminently apt for direct effect.[495]“

Der Schwerpunkt der folgenden Untersuchung der unmittelbaren Anwendbarkeit des TRIPs-Abkommens in der Gemeinschaftsordnung wird deshalb auf der spezifischen Situation des TRIPs-Abkommens liegen. Ausgehend von der Rechtsprechung des EuGH zur unmittelbaren Anwendbarkeit völkerrechtlicher Verträge wird untersucht werden, inwiefern Rechtsnatur, Zwecksetzung und Systematik des TRIPs-Abkommens eine unmittelbare Anwendbarkeit seiner justiziablen Bestimmungen erlauben. Dabei ist auch die Einbindung des TRIPs-Abkommens in den Regelungszusammenhang der WTO zu berücksichtigen. Inzident wird auch eine Auseinandersetzung mit der Rechtsprechung des EuGH zur unmittelbaren Anwendbarkeit des GATT 1994 in der WTO erfolgen.

D. Rechtsnatur und Systematik des TRIPs-Abkommens

I. Das TRIPs-Abkommen als einzigartiger Bestandteil des WTO-Systems

Das TRIPs-Abkommen wird weithin als einzigartiger, aber integraler Bestandteil des Systems der WTO-Abkommen mit einem Charakter *sui generis* be-

---

Groeneveld -, Urteil des Gerichtshofes vom 13.9.2001, Slg. 2001, I-5851 (5892), Rn. 53, und C-377/98 – *Niederlande v. Parlament und Rat* -, Urteil des Gerichtshofes vom 9.10.2001, Slg. 2001, I-7079 (7164), Rn. 52.

495 *Eeckhout*, CMLRev 34 (1997), S. 11 (32 f.).

zeichnet[496]. Besonders seine materiell-rechtlichen Regelungen führen neuartige rechtliche Prinzipien und Aspekte in das multilaterale Welthandelssystem ein.

Neuartig ist zunächst die Inkorporation bestehender internationaler Konventionen über den Schutz geistigen Eigentums in das TRIPs-Abkommen. In den Verbandstaaten, deren Verfassungsrecht eine unmittelbare Anwendbarkeit völkervertragsrechtlicher Bestimmungen grundsätzlich zuläßt, sind die justiziablen Bestimmungen der Konventionen auch unmittelbar anwendbar. Es liegt nahe, dies auch für die in das TRIPs-Abkommen inkorporierten Bestimmungen zu bejahen.

Die Vertragsparteien des TRIPs-Abkommens betonen im 4. Erwägungsgrund der Präambel ausdrücklich, daß Rechte des geistigen Eigentums private Rechte seien. Mit dieser Anerkennung könnte im Rahmen des TRIPs-Abkommens ein Paradigmenwechsel innerhalb des WTO-Systems herbeigeführt worden sein. Wenn das TRIPs-Abkommen tatsächlich Bestimmungen des Privatrechts enthält, die private subjektive Rechte schaffen, so könnten sich hierin Elemente einer internationalen Privatrechtsordnung abzeichnen[497].

Zudem begründet das TRIPs-Abkommen nicht nur negative Verpflichtungen der Mitgliedstaaten, wie zum Beispiel im Rahmen des GATT das Verbot nicht-tarifärer Handelshemmnisse[498]. Es verpflichtet seine Mitgliedstaaten vielmehr in positivem Sinne auf die Einhaltung von materiellen und prozeduralen Mindeststandards im Schutz geistigen Eigentums. In den Grenzen dieser Mindeststandards bewirkt das TRIPs-Abkommen eine weltweite Harmonisierung des Schutzes geistigen Eigentums.

Aufgrund dieser im System der multilateralen Handelsabkommen einzigartigen Charakteristika könnte das TRIPs-Abkommen eine Sonderstellung einnehmen, die auch hinsichtlich der Frage der unmittelbaren Anwendbarkeit eine eigenständige Behandlung rechtfertigt, wenn nicht sogar erforderlich macht.

---

496 *India - Patent Protection for Pharmaceutical and Agricultural Chemical Products*, Panelbericht vom 5.9.1997 (WT/DS50/R), Tz. 7.19: „The entire text of [TRIPs] ... was newly negotiated and occupies a relatively self-contained, *sui generis* status in the WTO Agreement." In der Literatur siehe *Drexl*, in: Beier/Schricker, IIC Studies 18, S. 18 (47); *Helfer*, HarvJIL, Vol. 39, No. 2 (1998), S. 357 (387); *ILA/Petersmann/Abbott*, First Report 1994, S. 253 (258).

497 So *Drexl*, in: FS Fikentscher, S. 822 (851).

498 Diesen Aspekt betont *Petersmann*, in: FS Jackson, S. 111 (113).

II. Inkorporation bestehender Konventionen zum Schutze des geistigen Eigentums

Für eine unmittelbare Anwendbarkeit des TRIPs-Abkommens kann zunächst sein Verhältnis zu bestehenden immaterialgüterrechtlichen Konventionen sprechen.

1. „Paris / Bern-plus"-Ansatz

Das TRIPs-Abkommen verfolgt einen sogenannten „Paris / Bern-plus"-Ansatz. Es inkorporiert die materiell-rechtlichen Vorschriften der Pariser Verbandsübereinkunft (PVÜ)[499] und der Revidierten Berner Übereinkunft (RBÜ)[500] und ergänzt diese durch die Einführung zusätzlicher Schutzelemente.

Damit erkennen die Parteien an, daß die PVÜ in der Stockholmer Fassung von 1967 und die RBÜ in ihrer Pariser Fassung von 1971 grundsätzlich einen angemessenen Standard des internationalen Schutzes im Urheberrecht und gewerblichen Rechtsschutz normieren, der aufgrund der zahlreichen Vertragsstaaten dieser Konventionen auch weithin anerkannt ist[501]. Nach Art. 2 Abs. 2 TRIPs gelten zudem die nach der PVÜ, der RBÜ, dem Rom-Abkommen[502] und dem IPIC-Vertrag[503] bestehenden Verpflichtungen der Mitglieder untereinander fort.

Die Methode der Inkorporation ist zu unterscheiden von einer Verpflichtung der Mitglieder zum Beitritt zu PVÜ und RBÜ. Ein derartiges Vorgehen wurde während der Verhandlungen der Uruguay-Runde von der EG[504] und Japan[505] vorgeschlagen. Es wäre jedoch mit dem Nachteil verbunden gewesen, daß der Anwendungsbereich des neuen WTO-Streitbeilegungssystems für immaterialgüterrechtliche Streitigkeiten nicht eröffnet worden wäre[506]. Die Inkorporation der materiell-rechtlichen Bestimmungen der PVÜ und RBÜ macht

---

[499] Pariser Verbandsübereinkunft zum Schutze des gewerblichen Eigentums (PVÜ) vom 20.3.1883, zuletzt revidiert in Stockholm am 14.7.1967; BGBl. 1964 II S. 1218, geändert durch Beschluß vom 2.10.1979, BGBl. 1984 II S. 799.

[500] Berner Übereinkunft zum Schutz von Werken der Literatur und Kunst (RBÜ) (Pariser Fassung) vom 9.9.1886, zuletzt revidiert in Paris am 24.7.1971; BGBl. 1973 II S. 1071; geändert durch Beschluß vom 2.10.1979, BGBl. 1985 II S. 81.

[501] *Faupel*, GRUR Int. 1990, S. 255 (262); *Katzenberger*, GRUR Int. 1995, S. 447 (456).

[502] Vom 28.10.1961; BGBl. 1965 II S. 1245.

[503] IPIC-Vertrag (Treaty on Intellectual Property in Respect of Integrated Circuits) vom 26.5.1989 (Washington), GRUR Int. 1989, S. 772.

[504] GATT-Doc. MTN.GNG/NG11/W/26, S. 5.

[505] GATT-Doc. MTN.GNG/NG11/W/17/Add.1, S. 5 f.

[506] *Drexl*, Entwicklungsmöglichkeiten, S. 329 f.

diese für die Mitglieder des TRIPs-Abkommens verbindlich, führt sie jedoch zur gleichen Zeit in den Kontext des WTO-Systems ein.

Für die PVÜ bestimmt Art. 2 Abs. 1 TRIPs, daß die Mitglieder in bezug auf die Teile II, III und IV des TRIPs die Artikel 1 bis 12 sowie Artikel 19 der Pariser Verbandsübereinkunft (1967) befolgen. Damit sind alle materiell-rechtlichen Bestimmungen der PVÜ einschließlich der besonderen Bestimmungen für Entwicklungsländer erfaßt. Für die RBÜ ergibt sich die Inkorporation aus Art. 9 Abs. 1 Satz 1 TRIPs[507]. Danach befolgen die Mitglieder die Artikel 1 bis 21 der Berner Übereinkunft in der Pariser Fassung von 1971 und den Anhang dazu. Ausgeklammert bleiben nach Art. 9 Abs. 1 Satz 2 TRIPs die in Art. 6bis RBÜ geregelten Urheberpersönlichkeitsrechte (*moral rights*)[508].

Durch die Inkorporation werden die materiell-rechtlichen Bestimmungen der RBÜ und der PVÜ für die Vertragsparteien des TRIPs-Abkommens auf höchstmöglichem Niveau verbindlich, ohne daß diese diesen Konventionen formell angehören[509]. Das TRIPs-Abkommen kopiert sozusagen die materiell-rechtlichen Konventionsbestimmungen und transferiert sie in das WTO-System. Eine Verpflichtung zum Beitritt ist mit der Inkorporation nicht verbunden. Da eine Verletzung der Konventionsbestimmung nunmehr jedoch gleichzeitig auch eine Verletzung des TRIPs-Abkommens bedeutet, besteht für diejenigen Staaten, die den Konventionen bislang noch nicht angehörten, ein starker Anreiz zum Betritt. Der Sache nach erfolgte demnach zugleich eine Revision der Konventionen[510].

Die materiell-rechtlichen Bestimmungen der Konventionen werden somit Bestandteil des Immaterialgüterrechtsschutzsystems des TRIPs-Abkommens. Aus diesem Umstand können sich Antworten oder zumindest Indizien für die Frage nach der unmittelbaren Anwendbarkeit des TRIPs-Abkommens ergeben. Dabei ist auch zu berücksichtigen, daß die nationalen Rechtssysteme ihr Verhältnis zu

---

507 Es fällt auf, daß die Inkorporationsbestimmungen innerhalb des TRIPs-Abkommens unterschiedlich positioniert sind. Während Art. 9 TRIPs am Anfang des 1. Abschnittes (Urheberrecht und verwandte Schutzrechte) des Teiles II steht, findet sich die Inkorporierung der PVÜ in Art. 2 TRIPs unter den allgemeinen Bestimmungen und Grundprinzipien. Die PVÜ regelt zahlreiche Aspekte des gewerblichen Rechtsschutzes, die an verschiedene Stellen im TRIPs-Abkommens erfaßt werden. Somit war es erforderlich, die Inkorporationsnorm sozusagen als allgemeinen Teil „vor die Klammer" zu ziehen. Darin ist jedoch kein Unterschied in Inkorporationstechnik und -umfang begründet. Insofern mißverständlich *Staehelin*, S. 27.

508 Zu der Frage der *moral rights* im Verhandlungsprozeß siehe *Stewart/Ross/Wasserman*, Negotiating History, Vol. II, S. 2241 (2288). Eine Einbeziehung der *moral rights* in das TRIPs-Abkommen stieß auf vehementen Widerstand von Seiten der USA.

509 Vgl. *Fezer*, 2. Aufl., Int. MarkenR, Rn. 29; *Katzenberger*, GRUR Int. 1995, S. 447 (456); *Staehelin*, S. 27.

510 *Staehelin*, S. 27.

der Revidierten Berner Übereinkunft und der Pariser Verbandsübereinkunft über einen langen Zeitraum hin klären konnten. Dementsprechend findet sich diesbezüglich in den Verbandsstaaten eine gefestigte Position in Rechtsprechung und Literatur.

2. Unmittelbare Anwendbarkeit des Konventionsrechts

In den Verbandsstaaten, deren Verfassungsrecht eine unmittelbare Anwendbarkeit völkervertragsrechtlicher Bestimmungen grundsätzlich zuläßt, sind die wichtigsten Bestandteile der PVÜ und der RBÜ, d.h. die Vorschriften über Mindeststandards und Inländerbehandlung, auch unmittelbar anwendbar[511]. Die Revidierte Berner Übereinkunft und die Pariser Verbandsübereinkunft sind nach übereinstimmender Ansicht völkerrechtliche Konventionen zugunsten privater Personen[512]. Sie enthalten nicht nur völkerrechtliche Verpflichtungen der Vertragsstaaten, sondern zugleich privatrechtliche Rechtssätze. Der Privatrechtsbezug dieser Konventionen ergibt sich nicht nur aus einer faktischen Wirkung der Vertragsbestimmungen auf das Verhalten von Individuen im internationalen Rechtsverkehr. In dieser Form entfalten auch die klassischen Handelsabkommen wie das GATT Auswirkungen auf den Privatrechtsverkehr. Private Importeure und Exporteure richten sich in ihrem Verhalten auf dem Markt an den Vorgaben der Handelsabkommen aus. Die Immaterialgüterrechtskonventionen gehen in ihrer Zielsetzung und Wirkung jedoch über diese faktischen Wirkungen hinaus. Sie zielen unmittelbar auf die Begründung und Förderung privater Rechtspositionen. Es handelt sich somit um völkerrechtliche Verträge privatrechtsgestaltenden Charakters. Es ist ein Kennzeichen derartiger Konventionen, daß die beteiligten Vertragsstaaten hierbei weniger als Rechtssubjekte der Völkerrechtsgemeinschaft denn als rechtsbildende, rechtsetzende Faktoren auftreten[513]. Aufgrund ihres privatrechtsetzenden Charakters wird diesen Konventionen regelmäßig unmittelbare Anwendbarkeit zuerkannt.

---

511 Dies gilt z.B. für Deutschland, Belgien, Griechenland, Spanien, Schweiz. *Busse/Starck*, 6. Aufl., Vorb. PVÜ, Rn. 1; *Fezer*, 2. Aufl., Int. MarkenR, Rn. 37 (PVÜ); *Fikentscher*, in: FS Steindorff, S. 1175 (1187) mwN; *Nordemann/Vinck/Hertin*, Einl., Rn. 21; *Ricketson*, S. 131, Rn. 4.3 sowie S. 826, Rn. 14.81 (RBÜ); *Schricker/Katzenberger*, 2. Aufl., vor §§ 120 ff., Rn. 116; *Staehelin*, S. 141. Siehe auch BGHZ 11, 135 (138) - öffentliche Schallplattenvorführung – (RBÜ). Für Griechenland: Entscheidung des Appellationshofes Athen, Nr. 6381/1976, GRUR Int. 1978, S. 209.

512 *Correa*, [1997] 8 EIPR 435 (436); *Drexl*, Entwicklungsmöglichkeiten, S. 29; *Fikentscher*, in: FS Steindorff, S. 1175 (1189) mwN; *Geller*, IntLawyer, Vol. 29, No. 1 (1995), S. 99 (104); *Ricketson*, S. 129 f., Rn. 4.2; *Saenger*, S. 13 (zur RBÜ); *Schricker/Katzenberger*, 2. Aufl., vor §§ 120 ff., Rn. 116 f.; *Troller*, S. 179.

513 *Saenger*, S. 14.

Es liegt nahe, die unmittelbare Anwendbarkeit der in das TRIPs-Abkommen übernommenen sowie der im Rahmen des „Paris / Bern-plus“ Ansatzes hinzugefügten Bestimmungen ebenso zu bejahen[514]. Es wäre ein grundsätzlicher Widerspruch, einerseits in der Initiative des TRIPs-Abkommens auf eine Beseitigung der Unzulänglichkeiten im bestehenden – in einer Vielzahl von Mitgliedstaaten unmittelbar anwendbaren – Konventionsrecht zu drängen, andererseits aber infolge der Inkorporation eine unmittelbare Anwendbarkeit der in das TRIPs-Abkommen übernommenen Bestimmungen generell auszuschließen[515]. Damit würde das Ziel des TRIPs-Abkommens, den Schutzstandard im Immaterialgüterrecht anzuheben, konterkariert.

3. Inkorporation ohne Wesensänderung

Der Schluß, auch für das TRIPs-Abkommen eine unmittelbare Anwendbarkeit zuzulassen, beruht allerdings auf der Grundannahme, daß die entsprechenden Konventionsbestimmungen ohne Wesensänderung in das TRIPs-Abkommen übernommen worden sind, daß sie also zwar ihren Geltungsgrund geändert haben, in Grundstruktur, Adressatenkreis und Zielsetzung aber mit den Bestimmungen der RBÜ und PVÜ deckungsgleich sind. Für diese Grundannahme spricht die gewählte Technik der Inkorporation. Es könnte sich hierbei um ein rein gesetzestechnisches Instrument handeln, das mit keiner Inhaltsänderung der übernommenen Normen verbunden ist[516]. Diese Auffassung bleibt jedoch, auch mit Blick auf den weiteren Regelungszusammenhang des TRIPs-Abkommens, nicht unbestritten. Es wird vorgebracht, das TRIPs-Abkommen begründe, anders als PVÜ und RBÜ, gerade keine privatrechtlichen Rechtsbeziehungen, sondern sei vielmehr ein traditionelles, an die Mitgliedsstaaten gerichtetes Regime des Völkerrechts[517]. Die Inkorporation der Konventionsbestimmungen sei somit mit einer Wesensänderung verbunden gewesen, die eine unmittelbare Anwendbarkeit der Normen verbiete.

Im folgenden sollen deswegen die Charakteristika des materiell-rechtlichen Schutzsystems des TRIPs-Abkommens untersucht werden. Hierbei wird insbesondere zu berücksichtigen sein, inwiefern das TRIPs-Abkommen hinsichtlich Zielsetzung, Grundstruktur und Adressatenkreis mit dem Schutzsystem von PVÜ und RBÜ vergleichbar ist. Bei einer Entsprechung liegt es unter materiell-

---

514 So *Cottier*, S. 111 (121); *Drexl*, Entwicklungsmöglichkeiten, S. 26; *Katzenberger*, GRUR Int. 1995, S. 447 (459); *Schricker/Katzenberger*, 2. Aufl., vor §§ 120 ff., Rn. 116.

515 Vgl. auch *Ott*, S. 241.

516 So *Drexl*, GRUR Int. 1994, S. 777 (787); *Staehelin*, S. 141.

517 Gegen eine privatrechtsetzende Natur des TRIPs-Abkommens sprechen sich vor allem aus: *Correa*, [1997] 8 EIPR 435 (436); *Geller*, IntLawyer, Vol. 29, No. 1 (1995), S. 99 (103 f.); *ders.*, [1990] 11 EIPR 423 ff.; *Ullrich*, GRUR Int. 1995, S. 623 (639).

rechtlicher Betrachtungsweise nahe, auch für die relevanten Bestimmungen des TRIPs-Abkommens die unmittelbare Anwendbarkeit zu bejahen.

III. Begründung privater Rechte

Laut dem 4. Erwägungsgrund der Präambel zum TRIPs-Abkommen erkennen die vertragschließenden Staaten an, „daß Rechte am geistigen Eigentum private Rechte sind"[518].

Dieser Erwägungsgrund wird regelmäßig als Beleg der völkervertraglichen Anerkennung eines privatrechtlichen Charakters des TRIPs-Abkommens herangezogen[519]. Allerdings entsprach dies nicht unmittelbar der Intention der Parteien in den Verhandlungen der Uruguay-Runde. Der Erwägungsgrund wurde gegen Ende der Verhandlungen in die Präambel des TRIPs-Abkommens eingefügt, um zu betonen, daß Staaten nicht generell von Amts wegen verpflichtet sind, gegen Verletzungen des geistigen Eigentums einzuschreiten, sondern daß solche Angelegenheiten grundsätzlich von den betroffenen privaten Parteien selbst verfolgt werden sollten[520]. Dennoch berührt die plakative Feststellung, Rechte des geistigen Eigentums seien private Rechte, unmittelbar den materiellen Regelungsgehalt des Abkommens. Sie bezieht private Parteien in den Regelungskontext des TRIPs-Abkommens ein.

Es handelt sich hier um eine im System der WTO einzigartige Feststellung. Wo sich, wie im Agreement on Safeguards[521], im Anti-Dumping Agreement[522] oder

---

[518] Eine Präambelbestimmung eines völkerrechtlichen Abkommens begründet als solche grundsätzlich keine eigenständige rechtliche Wirkung. Sie ist jedoch von erheblicher Bedeutung für die Ermittlung der Intention des Vertrages. Nach Art. 31 Abs. 2 WVK ist die Präambel als Kontext der Vertragsbestimmungen zur Auslegung heranzuziehen. Sie gibt zudem Auskunft über den Willen der Vertragsparteien. Siehe *Treviranus*, Preamble, EPIL, Vol. III (1997), S. 1097 (1098).

[519] So z.B. *Drexl*, GRUR Int. 1994, S. 777 (785); *Eeckhout*, CMLRev 34 (1997), S. 11 (33); *Staehelin*, AJP 1996, S. 1488 (1492).

[520] *Gervais*, S. 37, Rn. 2.09.

[521] Art. 3 des WTO Agreement on Safeguards: „This investigation shall include ... appropriate means in which importers, exporters and other interested parties could present evidence..., including the opportunity .... to submit their views, *inter alia*, as to whether or not the application of a safeguard measure would be in the *public interest*." (Eigene Hervorhebung).

[522] Art. 6.12 des WTO Agreement on Implementation of Article VI of the General Agreement on Tariffs and Trade 1994 (Anti-Dumping Agreement): „The authorities shall provide opportunities for industrial users and for *representative consumer organizations* ... to provide information ..." (Eigene Hervorhebung).

im Agreement on Government Procurement[523], an anderer Stelle eine direkte Bezugnahme auf rechtliche Interessen Privater findet, beschränkt sich deren Berücksichtigung auf die Möglichkeit der Stellungnahme in einem Verfahren.

1. Unterschiede im Regelungsgegenstand zu GATT und GATS

Das GATT 1994 und das GATS richten sich ausschließlich an die vertragschließenden souveränen Staaten als Adressaten der begründeten Vergünstigungen und Verpflichtungen. Die Abkommen enthalten materielle und verfahrensrechtliche Rahmenbedingungen für die Liberalisierung des zwischenstaatlichen Handels mit Waren und Dienstleistungen[524]. Diese Liberalisierung soll primär durch die Abschaffung oder den Abbau von Zöllen und Abgaben gleicher Wirkung sowie durch das Verbot nicht-tarifärer Handelshemmnisse bewirkt werden[525]. Die natürlichen Akteure des Austausches an Waren und Dienstleistungen werden vom Regelungsbereich der Abkommen nicht erfaßt[526].

a. Wesen der Rechte des geistigen Eigentums

Das TRIPs-Abkommen regelt dagegen handelsbezogenen Aspekte der Rechte des geistigen Eigentums. Es begründet Standards im Schutz von Urheberrecht und verwandten Schutzrechten, Marken, geographischen Angaben, gewerblichen Mustern und Modellen, Patenten, Layout-Designs integrierter Schaltkreise,

---

523 Art. XX:2 des WTO Agreement on Government Procurement: „Each Party shall provide non-discriminatory, timely, transparent and effective procedures enabling *suppliers* to challenge breaches of the Agreement arising in the context of procurements in which they have, or have had, an interest." (Eigene Hervorhebung).

524 Zu den Rahmenregelungen des GATS siehe *Koehler*, S. 87 f. Zu den Grundprinzipien des GATT siehe *Herdegen*, 2. Aufl., § 7, Rn. 20 ff.; *WTO Secretariat*, S. 38 ff.

525 Erwägungsgrund 3 der Präambel zum GATT.

526 *Fikentscher*, in: Beier/Schricker, IIC Studies 11, S. 99 (120); *Staehelin*, S. 145. Vgl. auch *India – Patent Protection for Pharmaceutical and Agricultural Chemical Products*, Panelbericht vom 5.9.1997 (WT/DS50/R), Tz. 7.19: „We note that the disciplines formed under GATT 1947 were primarily directed at the treatment of goods of other countries, while rules under the TRIPs Agreement mainly deal with the treatment of nationals of other WTO Members."

Allerdings hat das Panel in *United States – Sections 301 – 310 of the Trade Act of 1974* festgestellt, daß „it would be entirely wrong to consider that the position of the individual is of no relevance to the GATT/WTO legal matrix." Private Interessen seien von Belang, da diese die Profiteure der durch GATT eröffneten multilateralen Handelsordnung seien. Deswegen müsse man von einem „principle of indirect effect" der WTO-Ordnung sprechen; *United States – Sections 301 – 310 of the Trade Act of 1974* (WT/DS152/R), Panelbericht vom 27.1.2000, paras 7.73 – 7.77.

beim Schutz nicht offenbarter Informationen und bei der Kontrolle wettbewerbswidriger Praktiken in vertraglichen Lizenzen.

Rechte des geistigen Eigentums sind ihrer Natur nach private Rechte. Als Rechtsinhaber kommen jeweils nur Individuen in Betracht. Aus materiell-rechtlicher Perspektive weisen die vom TRIPs-Abkommen erfaßten Schutzrechte des geistigen Eigentums trotz aller Unterschiede in Geltungsgrund und Ausgestaltung folgende gemeinsame Charakteristika auf:

Rechte des geistigen Eigentums sind subjektive Ausschließlichkeitsrechte[527]. Dem Schutzrechtsinhaber steht ein subjektives Ausschließlichkeitsrecht an der Nutzung seines geistigen Eigentums zu. Zudem hat der Schutzrechtsinhaber ein negatives Abwehrrecht gegen Eingriffe Dritter in den Schutzbereich seines Rechtes. Die Rechte bestehen *erga omnes*, sind also absolute Rechte[528]. Der Charakter der Rechte des geistigen Eigentums als absolute Ausschließlichkeitsrechte ist von begrenzter Dauer. Die Existenz der Rechte bestimmt sich nach der gesetzlich festgelegten Schutzrechtsdauer. Mit Ablauf des geschützten Zeitraumes steht der Schutzrechtsgegenstand der Allgemeinheit zur unbeschränkten Nutzung zur Verfügung[529].

Als subjektive Ausschließlichkeitsrechte an einem immateriellen Gut, die einen erheblichen Vermögenswert darstellen können, erfüllen Rechte des geistigen Eigentums die Kriterien von Eigentumsrechten[530]. Sie stehen unter dem Eigentumsschutz der nationalen Verfassungen der Mitgliedstaaten sowie unter dem gemeinschaftsrechtlichen Verfassungsschutz der EG[531]. Das Eigentum knüpft hierbei nicht an einen körperlichen Schutzgegenstand, sondern an eine geistige Leistung, ein Werk oder ein Patent, oder die Funktion der Marke als Instrument der ökonomischen Betätigung an.

Immaterialgüterrechte finden ihren Geltungsgrund immer zumindest auch in individualrechtlichen Erwägungen. Im Urheberrecht und für die verwandten

---

527 *Busse/Starck*, 6. Aufl., Einf., Rn. 4; *Fezer*, 2. Aufl., Einl. MarkenG, Rn. 22, § 14, Rn. 9 ff.; *Schricker/Schricker*, 1. Aufl., Einleitung, Rn. 18; *Stewart/Sandison*, S. 4, Rn. 1.08.

528 Eine Einschränkung gilt allerdings für das US-amerikanische Copyright-System, das die urheberrechtlichen Befugnisse unter dem Vorbehalt des „fair use" zugesteht und somit eine angemessene Benutzung durch andere Personen zuläßt; *Buck*, S. 40.

529 *Stewart/Sandison*, S. 4, Rn. 1.07.

530 *Stewart/Sandison*, S. 4, Rn. 1.06.

531 Zum Schutz im deutschen Verfassungsrecht siehe *Fezer*, 2. Aufl., Einl. MarkenG, Rn. 22 ff. (Marken); *Schricker/Schricker*, 1. Aufl., Einleitung, Rn. 12; *Schricker/Melichar*, 1. Aufl., UrheberG, vor §§ 45 ff., Rn. 7 ff. (Urheberrecht). Siehe auch BVerfGE 51, 193 (216 ff.) - Weinbergsrolle -. Zum Schutz im System der europäischen Grundrechte siehe *Frowein/Peukert*, EMRK-Kommentar, 2. Aufl., Art. 1 des 1. ZP EMRK, Rn. 6; *von Milczewski*, S. 51, 127.

Schutzrechte ist dies für die kontinentaleuropäischen Länder das naturrechtliche Postulat des geistigen Eigentums des Urhebers an seinem Werk[532]. Im Common Law-Rechtskreis, in dem der Schwerpunkt des Urheberrechtsschutzes auf der negativen Ausschlußfunktion liegt[533], ist der Geltungsgrund des Urheberrechts ökonomisch motiviert. Geschützt werden soll die vom Urheber getätigte Investition in sein Werk[534]. Der Geltungsgrund des Markenschutzes findet sich im Interesse des Markeninhabers an einem Schutz des Bündels der ökonomischen Funktionen einer Marke[535] auf dem Markt[536]. Auch der Patentschutz, d.h. die Gewährung ausschließlicher Rechte an Erfindungen, dient vor allem unmittelbar dem Interesse Einzelner, die mit einer Neuerung verbundenen wirtschaftlichen Vorteile auswerten zu können[537]. Auch die verbleibenden, im TRIPs-Abkommen geregelten Bereiche des Immaterialgüterrechts - geographische Herkunftsangaben[538], gewerbliche Muster und Modelle, Layout-Designs integrierter Schaltkreise und Schutz nicht offenbarter Informationen - finden ihren Geltungsgrund (zumindest auch) in Individualinteressen.

b. Privatrechtliche Bestimmungen im TRIPs-Abkommen

Die Bestimmungen des TRIPs-Abkommens lassen sich in drei Kategorien einteilen[539]. In Bestimmungen institutioneller Art wird der Rahmen für die multilaterale Verwaltung und Fortentwicklung des Abkommens abgesteckt[540]. Einige

---

532 *Schricker/Schricker*, 1. Aufl., Einleitung, Rn. 11; *Stewart/Sandison*, S. 6, Rn. 1.13 f.

533 *Cornish*, Rn. 1-04; *Stewart/Sandison*, S. 8, Rn. 1.17.

534 *Stewart/Sandison*, S. 8, Rn. 1.17.

535 Zu den Markenfunktionen siehe *Fezer*, 2. Aufl., Einl. MarkenG, Rn. 30 ff.

536 Zum Schutzgrund der Marke im deutschen Verfassungsrecht: BVerfGE 51, 196 (216 ff.) - Weinbergsrolle -.

537 *Bernhardt/Kraßer*, S. 23. Seinen Geltungsgrund findet der Patentrechtsschutz in einem naturrechtlichen Verständnis einer geistigen Schöpfung als Eigentum des Menschen, der Belohnung des Erfinders für einen der Allgemeinheit geleisteten Dienst oder dem Interesse der Allgemeinheit am technischen Fortschritt, der durch die Garantie eines Schutzes von Erfindungen gefördert werde. Diese Patentrechtstheorien stehen in keinem Ausschließlichkeitsverhältnis, sondern ergänzen einander.

538 Allerdings wurden die Bestimmungen über geographische Herkunftsangaben zum großen Teil als Verwaltungsvorschriften oder staatlich regulierte Ettikettierungsvorschriften umgesetzt; vgl. Antworten in TRIPs Review nach Art. 24 Abs. 2 TRIPs über Anwendung der Bestimmungen über geographische Herkunftsangaben, WTO-Dok. IP/C/13 (14.5.1998) sowie IP/C/13/Add.1 (11.8.1998) (Fragebogen des TRIPs-Rates) sowie WTO-Dokumentenserie IP/C/W/117 (Antworten der Mitglieder).

539 Hierzu vgl. *Staehelin*, S. 144.

540 Z.B. Art. 63 Abs. 2, Art. 64 Abs. 3, Art. 68 TRIPs (Aufgaben des Rates für TRIPs).

dieser Bestimmungen enthalten Verpflichtungen zur dynamischen Fortentwicklung des TRIPs-Abkommens[541].

Andere Bestimmungen wiederum legen ausschließlich Rechte und Pflichten für die Mitglieder fest. Hierzu zählen unter anderem die Übergangsbestimmungen in Art. 65 TRIPs sowie die Kooperationspflicht in Art. 69 TRIPs.

Den Hauptteil des Abkommens nehmen indes Regelungen des materiellen Schutzumfanges von Rechten des geistigen Eigentums ein. Diese Bestimmungen zur Regelung des materiellen Schutzumfanges weisen Unterschiede in der Regelungsdichte auf. Hierin entspricht das TRIPs-Abkommen der Ausgestaltung der traditionellen Konventionen zum Schutze des geistigen Eigentums[542]. Während einige Bestimmungen ihren Tatbestand abschließend regeln, überlassen andere die Regelung der Ausübung oder die Anordnung von Beschränkungen dem nationalen Recht. Wieder andere Bestimmungen stellen es dem nationalen Gesetzgeber frei, ob er überhaupt ein entsprechendes Recht gewähren will.

Die Bestimmungen des TRIPs-Abkommens zur Regelung des Schutzumfangs wenden sich zum Teil an die Mitgliedstaaten, indem sie sie ermächtigen und verpflichten, formell- oder materiell-rechtliche Regelungen aufzustellen, welche die Rechte von Privaten und die Pflichten von Behörden betreffen. Ein Beispiel für derartige ausführungsbedürftige Bestimmungen ist Art. 15 Abs. 3 Satz 1 TRIPs, wonach die Mitgliedstaaten die Eintragung einer Marke von ihrem Gebrauch abhängig machen können[543]. Aufgrund ihrer Ausführungsbedürftigkeit enthalten diese Bestimmungen keine hinreichend bestimmten und unbedingten Verpflichtungen, die sie zu einer unmittelbaren Anwendbarkeit im subjektiven Sinne geeignet machen würden.

Besonders zahlreich sind jedoch diejenigen TRIPs-Normen, die unmittelbar die Rechte und Pflichten von Privaten betreffen, und die aufgrund der Präzision ihrer Formulierung keiner Ausführung mehr bedürfen. Diese Bestimmungen sind in der üblichen Form privatrechtlicher Rechtssätze formuliert[544]. Hierzu zählen zum einen diejenigen Bestimmungen, die eine Definition des jeweiligen

---

541 Z.B. Art. 24 TRIPs (weitergehende Verhandlungen im Bereich geographische Herkunftsangaben), Art. 71 (periodische Überprüfung; Anpassung an höhere Schutzstandards aus anderen multilateralen Übereinkünften).

542 Zum Konventionsrecht siehe *Nordemann/Vinck/Hertin*, Einl., Rn. 24; *Buck*, S. 46; *Christians*, S. 120 f.; *Troller*, S. 31 ff. *Ricketson*, S. 142, Rn. 4.22, unterscheidet zwischen „conventional rules“, in denen unbedingte und präzise Mindeststandards enthalten sind, und „rules of referral“, die die Ausgestaltung der Norm den Mitgliedern überlassen.

543 Siehe auch Art. 14 Abs. 6 S. 1, Art. 15 Abs. 1 Satz 3 und 4, Abs. 5 Satz 2, Art. 17, Art. 21, Art. 22 Abs. 2, Art. 23 Abs. 1, Art. 25 Abs. 1, Art. 26 Abs. 2, Art. 27 Abs. 2 und 3, Art. 29, Art. 30 TRIPs.

544 Siehe *Schricker/Katzenberger*, 2. Aufl., vor §§ 120 ff., Rn. 117.

Schutzgegenstandes vornehmen: Art. 10 Abs. 1 und 2 TRIPs (Definition von Computerprogrammen als literarische Werke), Art. 15 Abs. 1 Satz 2 TRIPs (Definition der Marke), Art. 27 Abs. 1 TRIPs (Patentierbare Gegenstände). Unmittelbare Auswirkung auf den materiellen Gehalt des privaten Rechts an geistigem Eigentum haben auch die Bestimmungen über die Schutzdauer des jeweiligen Rechtes (Art. 12, Art. 14 Abs. 5, Art. 18, Art. 26 Abs. 3, Art. 33, Art. 38 TRIPs). Daneben stehen weitere Bestimmungen, die schon ihrem Wortlaut nach den Inhabern des Rechtes am geistigen Eigentum aus dem Schutztitel besondere Rechte zuerkennen wollen[545]. Dazu gehören Art. 11 (Vermietrechte für Computerprogramme und Filmwerke), Art. 14 Abs. 1 bis 4 S. 1, Abs. 6 S. 2 (Rechte von ausübenden Künstlern, Herstellern von Tonträgern und Sendeunternehmen), Art. 16 Abs. 1, 2 und 3 TRIPs (Rechte aus der Marke), Art. 26 Abs. 1 (Verbietungsrecht des Inhabers geschützter Muster), Art. 28 Abs. 1 und 2 (Rechte aus dem Patent), Art. 39 Abs. 2 (Verbietungsrecht zum Schutz nicht offenbarter Informationen). Weitere Bestimmungen sind zwar ihrem Wortlaut nach an die Mitgliedstaaten gerichtet, verpflichten diese jedoch zu einem unbedingten Mindeststandard in der Behandlung von Immaterialgüterrechten (Art. 22 Abs. 3, Art. 23 Abs. 2 und Abs. 3 Satz 1, Art. 36, Art. 39 Abs. 3 TRIPs). In diese Kategorie eines verpflichtenden Mindestschutzes fallen auch die Grundsätze der Inländerbehandlung (Art. 3 TRIPs) sowie der Meistbegünstigung (Art. 4 TRIPs). Sie verleihen dem individuellen Rechtsinhaber unbedingte Rechte auf Nichtdiskriminierung in der internen Rechtsordnung.

Zahlreiche Bestimmungen des TRIPs-Abkommens regeln somit unmittelbar und direkt die Existenz und den Schutzumfang von Rechten des geistigen Eigentums. Diese Rechte sind ihrer Natur nach private Rechte; die entsprechenden Regelungen sind Normen privatrechtlichen Charakters. Das TRIPs-Abkommen setzt in diesen materiell-rechtlichen Bestimmungen die Konditionen, unter denen ein Schutzrechtsinhaber diese Rechte zu eigenen ökonomischen Zwecken ausnutzen kann.

Als unbedingte und hinreichend bestimmte, in den Formen privater Rechtssätze formulierte Bestimmungen sind diese Normen des TRIPs-Abkommens unter dem Aspekt der sprachlichen Eignung ohne weiteres dazu geeignet, daß sich Rechtsinhaber zum Schutz von Immaterialgüterrechten in nationalen Rechtsanwendungsverfahren unmittelbar auf sie berufen.

---

[545] Z. B. Art. 16 Abs. 1 Satz 1 TRIPs: „Dem Inhaber einer eingetragenen Marke steht das *ausschließliche Recht* zu, Dritten zu verbieten, ohne seine Zustimmung im geschäftlichen Verkehr identische oder ähnliche Zeichen für Waren oder Dienstleistungen ... zu benutzen."

Immaterialgüterrechte sind subjektiv-rechtliche Instrumente zur Gewährleistung privater Planungsfreiheit und ökonomischer Betätigung auf dem Markt[546]. Das TRIPs-Abkommen begründet somit ökonomische Freiheitsrechte des Individuums gegenüber dem Staat. In dieser Hinsicht unterscheidet sich das TRIPs-Abkommen ganz wesentlich von den übrigen multilateralen WTO-Abkommen, dem GATT 1994 und dem GATS. Im Unterschied zu GATT und GATS stellt das TRIPs-Abkommen nicht die Rechte und Pflichten von Staaten in den Mittelpunkt, sondern die Rechte des einzelnen, der von der Natur der Immaterialgüterrechte als einziger Rechtsinhaber in Frage kommt[547].

c. Bestimmungen über die Rechtsdurchsetzung

Für die Differenzierung ist auch der Umstand wesentlich, daß das TRIPs-Abkommen nicht nur materielle Mindeststandards des Immaterialgüterrechts mit privatrechtlichem Charakter enthält, sondern in seinem Teil III auch die Verpflichtung begründet, diese in den nationalen Rechtsordnungen effektiv zu schützen. Art. 41 TRIPs verpflichtet die Mitglieder zum wirksamen Vorgehen gegen Verletzungen der unter das TRIPs-Abkommen fallenden Rechte, zur Gewährleistung von Verfahrensgerechtigkeit, grundlegender Verfahrensgarantien sowie zur gerichtlichen Nachprüfbarkeit von Entscheidungen.

Die Verpflichtung zur internen Gewährleistung der Einhaltung der Vorschriften ersetzt dabei nicht die Relevanz der Frage nach der unmittelbaren Anwendbarkeit. Das in den nationalen Verfahren anwendbare materielle Recht sowie das Verfahrensrecht sind jeweils die TRIPs-Verpflichtungen, wie sie von den Mitgliedern in nationales Recht umgesetzt worden sind. Während die in Teil III enthaltenen Verpflichtungen dafür Sorge tragen, daß die privaten Rechtsinhaber ihr durch nationale Gesetze gewährleistetes geistiges Eigentum in nationalen Zivil- und Verwaltungsverfahren durchsetzen können, trägt das Instrument der unmittelbaren Anwendbarkeit dafür Sorge, daß die in den nationalen Verfahren anzuwenden Standards stets den internationalen Verpflichtungen genügen.

Daß das Erfordernis einer besonderen internen Gewährleistung der Einhaltung der Vorschriften dennoch für die Frage der Eignung eines Abkommens zur unmittelbaren Anwendung Relevanz hat, wurde auch von GA *Gulmann* in *Deutschland v. Rat* anerkannt, auch wenn hiermit wohl zunächst die Frage der Gewährleistung der Abkommenstreue gegenüber den anderen Vertragsparteien angesprochen wurde[548]. Wenn ein internationales Abkommen jedoch dafür

---

546 *Fezer*, 2. Aufl., Einl. MarkenG, Rn. 26.

547 *Ott*, S. 241.

548 GA *Gulmann*, EuGH, Rs. C-280/93 - *Deutschland v. Rat* -, Schlußantrag vom 8.6.1994, Slg. 1994, I-4973 (5021), Rn. 129.

Sorge trägt, daß die geregelten privaten Rechte auch in nationalen Verfahren effektiv geschützt werden, verstärkt dies den individualschützenden Charakter des Abkommens erheblich[549]. Teil III des TRIPs-Abkommens enthält die völkerrechtliche Anerkennung des Rechtsschutzinteresses der durch das Abkommen begünstigen privaten Rechtsinhaber an einem effektiven Schutz der im TRIPs-Abkommen begründeten materiellen Rechte.

Zu berücksichtigen ist allerdings, daß zumindest ein großer Teil der Rechtsdurchsetzungsverpflichtungen in Teil III des TRIPs-Abkommens selbst zur unmittelbaren Anwendbarkeit nicht geeignet sein wird[550]. Anders als materielle Rechte lassen sich prozessuale Rechte erst geltend machen, wenn das nationale Recht das entsprechende Verfahren überhaupt vorsieht. Eine unmittelbare Anwendbarkeit der prozessualen Mindeststandards kommt danach allenfalls dort in Betracht, wo das nationale Recht ein bestimmtes, vom TRIPs-Abkommen gefordertes Verfahren bereits kennt, und das TRIPs-Abkommen lediglich bestimmte Verfahrensregeln oder Rechtsfolgen vorschreibt. Wenn die entsprechenden TRIPs-Bestimmungen justiziabel sind, ist eine unmittelbare Anwendung der prozessualen Mindeststandards aber auch nicht ausgeschlossen[551].

d. Bedeutung des Handelsbezuges („trade-related aspects") des TRIPs-Abkommens

Gegen eine Qualifizierung des TRIPs-Abkommens als privatrechtsetzendes Abkommen könnte allerdings die Tatsache sprechen, daß das TRIPs-Abkommen ausweislich seiner Bezeichnung „handelsbezogene Aspekte des geistigen Eigentums" regeln möchte. Die Betonung der „trade-related aspects" der Immaterialgüterrechte könnte das TRIPs-Abkommen in die Nähe des GATT als klassischem, zwischenstaatlichen Handelsabkommen rücken.

Der in der Minister-Erklärung von Punta del Este[552] geforderte und im Titel des TRIPs-Abkommens niedergelegte Handelsbezug der Rechte des geistigen Eigentums erfuhr in den Verhandlungen der Uruguay-Runde verschiedene Deutungen. Zu Beginn der Verhandlungen der Uruguay-Runde war der Begriff von

---

549 Vgl. *Petersmann,* in: FS Bernhardt, S. 1087 (1098).

550 *Dreier*, GRUR Int. 1996, S. 205 (215); *Wooldridge*, [1997] I.P.Q. 210 (211).

551 Dementsprechend hat GA *Tesauro* die unmittelbare Anwendbarkeit von Art. 50 Abs. 6 TRIPs in der Rs. *Hermès* bejaht; EuGH, Rs. C-53/96 - *Hermès International v. FHT Marketing Choice BV* -, Schlußantrag vom 13.11.1997, Slg. 1998, I-3603 (3632), Rn. 36. Die Bundesregierung geht in ihrer Denkschrift zum Vertragsgesetz dagegen davon aus, daß die Vorschriften in Teil III TRIPs als ausschließlich an die Mitgliedstaaten gerichtete Bestimmungen generell nicht zur unmittelbaren Anwendbarkeit geeignet sind; BT-Drucks. 12/7655 (neu), S. 335 (347).

552 Ministererklärung von Punta del Este vom 20.9.1986, GATT, 33 BISD 19, 45 (1987).

besonderer Bedeutung für die Auslegung des formalen Verhandlungsmandats, d.h. für die Bejahung der Befassungskompetenz des GATT[553]. Fraglich ist jedoch, ob dieser nominelle Handelsbezug des TRIPs-Abkommens auch rechtssystematische Bedeutung für die Auslegung und Anwendung seiner Regelungen hat.

Vor allem die Entwicklungsländer sahen im Handelsbezug eine Beschränkung des formalen Verhandlungsmandates auf einen bestimmten Ausschnitt der Immaterialgüterrechte[554]. Die Immaterialgüterrechte sollten nur insoweit zum Gegenstand der Verhandlungen und Regelungen gemacht werden, als jeweils ein unmittelbarer Handelsbezug gegeben war. Dieser lag insbesondere bei den geplanten Bestimmungen über Markenpiraterie und Fälschungen vor.

Diejenigen Staaten, die auf einer engen Auslegung und somit einer strengen Verknüpfung mit der Gewährleistung des freien Warenverkehrs beharrten, konnten sich in den Verhandlungen jedoch nicht durchsetzen. Das TRIPs-Abkommen folgt insbesondere mit der Einbeziehung von materiell-rechtlichen Mindeststandards einem vor allem von den USA vertretenen weiten Verständnis des Handelsbezugs von Rechten des geistigen Eigentums. Danach ergibt sich der Handelsbezug des Immaterialgüterrechtsschutzes bereits aus seiner ökonomischen Bedeutung für den Rechtsinhaber[555]. Unzureichender Immaterialgüterrechtsschutz gefährde die zu der Hervorbringung geistiger Güter erforderlichen Investitionen, benachteilige ihren Schöpfer im Wettbewerb mit dem Nachahmer und sei somit bereits als solcher geeignet, Handelsstörungen zu verursachen. Danach gibt es kaum eine Frage des Immaterialgüterrechtsschutzes, die keinen Handelsbezug hat.

Nach diesem Verständnis kommt dem Topos des Handelsbezugs der Immaterialgüterrechte im Rahmen des TRIPs-Abkommens lediglich als Anlaß der Regelungen eine Bedeutung zu[556]. Er stellte eine historische Notwendigkeit dar, um in den Verhandlungen der Uruguay-Runde den Brückenschlag vom Charakter des GATT als Handelsabkommen hin zu einer Einbeziehung auch der Immaterialgüterrechte als Faktoren der modernen Weltwirtschaft zu ermöglichen. Die Handelsbezogenheit der Immaterialgüterrechte läßt sich nicht auf bestimmte Aspekte der materiellen Rechtsgewährleistung beschränken, da ihre grundsätzliche Handelsrelevanz für den freien Welthandel in ihrem Charakter als Ausschließlichkeitsrechte begründet ist[557]. Die Aufnahme der „trade-related aspects“

---

553 *Christians*, S. 228; *Staehelin*, S. 20.

554 Angeführt von den sog. Hardlinern Indien, Brasilien und Ägypten; siehe *Christians*, S. 245; *Faupel*, GRUR Int. 1990, S. 255 (257, 260).

555 *Christians*, S. 244; *Faupel*, GRUR Int. 1990, S. 255 (257, 260).

556 *Christians*, S. 244.

557 *Christians*, S. 29 f.

in den Titel des TRIPs-Abkommens bedeutet die nominelle Anerkennung dieser grundsätzlichen Handelsrelevanz der Immaterialgüterrechte. Die Ausgestaltung der immaterialgüterrechtlichen Bestimmungen des TRIPs-Abkommens wird durch die „handelsbezogenen Aspekte" allerdings nicht in rechtssystematisch bedeutsamer Weise beeinflußt. Eine materiell-rechtlich relevante Modifizierung der entsprechenden Bestimmungen ist damit nicht verbunden.

e. Zwischenergebnis

Regelungsgegenstand des TRIPs-Abkommens sind private Rechte. Zu deren Schutz formuliert das Abkommen Normen privatrechtlichen Charakters. Das Abkommen enthält zudem die Verpflichtung, die erfaßten privaten Rechte in den nationalen Rechtsordnungen effektiv zu schützen.

Der materiell-rechtliche Gehalt einer Norm läßt allerdings keine unmittelbaren Rückschlüsse auf ihren Geltungsgrund zu. So steht außer Frage, daß der Geltungsgrund des TRIPs-Abkommens im Völkerrecht liegt, die Mitgliedstaaten demnach grundsätzlich verpflichtet sind, dem subjektiv-rechtlichen Gehalt der TRIPs-Bestimmungen durch nationale Umsetzungsakte Geltung im nationalen Recht zu verschaffen.

2. Orientierung der Grundsätze der Meistbegünstigung und der Inländerbehandlung

Für eine differenzierende Betrachtung spricht auch die Orientierung der Grundsätze der Meistbegünstigung und der Inländerbehandlung im TRIPs-Abkommen. GATT 1994, GATS und TRIPs-Abkommen haben gemeinsam, daß ihr Schutzsystem auf den Nichtdiskriminierungsgrundsätzen der Meistbegünstigung[558] und der Inländerbehandlung[559] aufbaut. Der Grundsatz der Inländerbehandlung hat sowohl im internationalen Immaterialgüterrecht als auch in internationalen Handelsabkommen eine lange Tradition[560]. Das Prinzip der Meistbegünstigung dagegen ist ein Novum auf dem Gebiet des internationalen Immaterialgüterrechts. Es hat seinen Ursprung in den internationalen Handelsabkommen und bildet dort eines der systemtragenden Prinzipien. Insofern ist Art. 4 TRIPs, der den Grundsatz der Meistbegünstigung in den Schutz des geistigen Eigentums durch multilaterale Abkommen einführt, ein spezifisches Erbe der Integration des Rege-

---

[558] Art. I Abs. 1 GATT, Art. II GATS, Art. 4 TRIPs.

[559] Art. III Abs. 4 GATT, Art. XVII GATS, Art. 1 Abs. 3 Satz 1 TRIPs.

[560] Zu den immaterialgüterrechtlichen Abkommen siehe *Stewart/Sandison*, S. 38, Rn. 3.17. Für das GATT siehe *Jackson*, World Trade, S. 250; *Senti*, S. 182 ff. Zur Bedeutung des Inländerbehandlungsgrundsatzes im GATS siehe *Koehler*, S. 128 ff.

lungsbereiches des geistigen Eigentums in den GATT-Kontext[561]. Allerdings wurde der Grundsatz der Meistbegünstigung im TRIPs-Abkommen den Bedingungen des geistigen Eigentums angepaßt. Nach Art. 4 TRIPs werden in bezug auf den Schutz des geistigen Eigentums die Vorteile, Vergünstigungen, Sonderrechte und Befreiungen, die von einem Mitglied den Angehörigen eines anderen Landes gewährt werden, sofort und bedingungslos den Angehörigen aller anderen Mitglieder gewährt. Der Meistbegünstigungsgrundsatz des TRIPs-Abkommen bietet somit ausländischen Rechtsinhabern Schutz vor willkürlicher und ungerechtfertigter Benachteiligung gegenüber anderen Ausländern. Bewirkt wird hiermit eine automatische Steigerung des Schutzniveaus auf das höchste einem Ausländer gewährte Niveau. Die Spannungsfelder, die durch diesem Automatismus ausgelöst werden, insbesondere eine mögliche Stagnation der Fortentwicklung des Immaterialgüterrechtsschutzes infolge des ausgelösten Trittbrettfahrereffektes, sollen durch die Ausnahmen begrenzt werden, die in Art. 4 Satz 2 TRIPs vorgesehen sind[562].

Auch wenn die multilateralen Handelsabkommen in Rahmen der WTO - GATT, GATS und TRIPs - demnach grundsätzlich in ähnlicher Weise auf den Grundsätzen der Inländerbehandlung und der Meistbegünstigung beruhen, unterscheiden sie sich in der Orientierung dieser Grundsätze in GATT und GATS einerseits und TRIPs andererseits[563]. Die Ausrichtung des TRIPs-Abkommens auf die Gewährung privater Rechte äußert sich auch in der personenbezogenen Anknüpfung der Grundsätze der Meistbegünstigung und der Inländerbehandlung:

Die Verpflichtung zur Meistbegünstigung (Art. 4 TRIPs) und zur Inländerbehandlung (Art. 1 Abs. 3 Satz 1 TRIPs) im Rahmen des TRIPs-Abkommen ergibt sich aus einem Vergleich der Behandlung von Schutzrechtsinhabern. Objekt dieses Vergleiches sind natürliche oder juristische Personen; Anknüpfungspunkt ist grundsätzlich die Staatsangehörigkeit[564]. Der entsprechende Vergleich im Rahmen des Meistbegünstigungsgrundsatzes gemäß Art. I Abs. 1 GATT und des Grundsatzes der Inländerbehandlung nach Art. III Abs. 4 GATT bezieht sich dagegen auf die Behandlung von Waren. Das GATS wiederum knüpft in seiner Verpflichtung zur Meistbegünstigung (Art. II GATS) und zur Inländerbehand-

---

561 *Katzenberger*, GRUR Int. 1995, S. 447 (461); *Schäfers*, GRUR Int. 1996, S. 763 (771).

562 Hierzu siehe insbesondere *Katzenberger*, GRUR Int. 1995, S. 447 (461 ff.).

563 *Drexl*, in: Beier/Schricker, IIC Studies 18, S. 18 (48); *Fikentscher*, in: Beier/Schricker, IIC Studies 11, S. 99 (121 f.); *Staehelin*, S. 21 f.

564 *Staehelin*, S. 22. Im Falle separater Zollgebiete, die Mitglied der WTO sind, bedeutet der Begriff „Angehörige" natürliche oder juristische Personen mit Wohnsitz oder einer wirklichen und tatsächlichen gewerblichen oder Handelsniederlassung in diesem Zollgebiet; Fn. 1 TRIPs.

lung (Art. XVII GATS) an die Dienstleistung und den Dienstleistungserbringer an.

IV. Weltweite Harmonisierung von materiell-rechtlichen und prozeduralen Mindeststandards

Die materiell-rechtliche Mindeststandards zum Schutz des geistigen Eigentums in Teil II des TRIPs-Abkommens wie auch die verfahrensrechtlichen Bestimmungen in Teil III des TRIPs-Abkommens sind für alle Mitglieder des TRIPs-Abkommens verbindlich. Diese materiell-rechtlichen und prozeduralen Bestimmungen könnten eine weltweite Harmonisierung grundlegender Standards im Schutze des geistigen Eigentums begründen. Im TRIPs-Abkommen könnten sich Elemente einer internationalen Privatrechtsordnung abzeichnen. Andererseits können sich aus der tatsächlichen Reichweite der Harmonisierung aber auch Beschränkungen für die Wirkungsweise des TRIPs-Abkommens ergeben, aus denen sich Rückschlüsse auf die Eignung des TRIPs-Abkommens zur unmittelbaren Anwendbarkeit ziehen ließen.

1. Harmonisierungswirkung des TRIPs-Abkommens

In der Literatur wird das TRIPs-Abkommen zum Teil als großes Harmonisierungswerk gepriesen. Es handele sich hierbei um den „first effort at positive harmonisation of national legislation“[565]. Das TRIPs-Abkommen bewirke eine umfassende weltweite Harmonisierung der grundlegenden Standards im Immaterialgüterrechtsschutz[566]. In Verbindung mit dem Regelungsgehalt der privaten Rechte wird diese Harmonisierungswirkung in der Literatur herangezogen, um das TRIPs-Abkommen von herkömmlichen völkerrechtlichen Abkommen rein zwischenstaatlichen Anwendungsbereiches zu unterscheiden. Das TRIPs-Abkommen begründe vielmehr Rechtsbeziehungen des internationalen Privatrechts, in denen sich Elemente einer internationalen Privatrechtsordnung abzeichneten[567]. Aus dieser besonderen Ausrichtung des Abkommens bedinge sich eine unmittelbare Anwendbarkeit seiner Bestimmungen[568].

Andere streiten dem TRIPs-Abkommen die Eigenschaft als privatrechtsbegründendes Harmonisierungswerk jedoch ab. Die Bestimmungen des Abkommens seien ausschließlich an die Mitgliedstaaten gerichtet und begründeten somit lediglich zwischenstaatliche Beziehungen im klassischen völkerrechtlichen

---

565 *Abbott*, JBL 1998, S. 413 (428).

566 *Eeckhout*, CMLRev 34 (1997), S. 11 (32).

567 *Drexl*, in: FS Fikentscher, S. 882 (851); *Evans*, JWIP, Vol. 2, No. 5 (1999), S. 707 (714).

568 So im Ergebnis *Drexl*, in: FS Fikentscher, S. 822 (838 ff).

Sinne[569]. Die Bestimmungen des TRIPs-Abkommens über Mindeststandards stellten lediglich die völkerrechtlichen Rahmenbedingungen eines weltweit einheitlichen Immaterialgüterrechtsschutzes auf, der von den einzelnen Mitgliedstaaten ausgefüllt und präzisiert werden müsse. Dementsprechend begründe das TRIPs-Abkommen nicht schon für sich eine private Ordnung des Immaterialgüterrechtsschutzes, sondern stelle hierfür lediglich die völkerrechtlichen Vorgaben auf.

Völkerrechtliche Übereinkommen können unbestritten eine rechtsvereinheitlichende oder rechtsangleichende Wirkung auf innerstaatlicher Ebene entfalten. Unter den verschiedenen Methoden der Rechtsvereinheitlichung durch völkerrechtliche Abkommen ist jedoch zu differenzieren[570]. Völkerrechtliche Verträge können auf die Begründung von internationalem Einheitsrecht gerichtet sein. Internationales Einheitsrecht liegt vor, wenn Rechtssätze geschaffen werden, bei denen die Einheitlichkeit der Geltung zu einem besonderen Rechtszweck erhoben wurde und wenn die Rechtssätze in mindestens zwei Staaten einheitlich gelten[571]. Die entstandenen Regeln gelten einheitlich, d.h. sie erfassen nationale und internationale Sachverhalte gleichermaßen. Wenn die Bestimmungen derartiger Abkommen zusätzlich einen privatrechtlichen Charakter haben, können derartige Verträge Rechtsbeziehungen des internationalen Privatrechts begründen[572].

Der Harmonisierungszweck eines völkerrechtlichen Vertrages kann aber auch beschränkt sein. Eine Beschränkung kann sich zum einen aus der sachlichen Reichweite der Vertragsbestimmungen ergeben, zum anderen kann der subjektive Anwendungsbereich der Vertragsbestimmungen auf bestimmte internationale Sachverhalte begrenzt sein. Wenn ein Abkommen kein strenges Einheitsrecht schafft, handelt es sich lediglich um Rechtsangleichung und nicht um

---

569 *Correa*, [1997] 8 EIPR 435 (436); *Geller*, IntLawyer, Vol. 29, No. 1 (1995), S. 99 (103 f.); *Ullrich*, GRUR Int. 1995, S. 623 (637).

570 Zu den Methoden der Rechtsvereinheitlichung und -angleichung durch völkerrechtliche Übereinkommen siehe *Kropholler*, S. 94 ff., 167 ff.

571 *Kropholler*, S. 2 ff.

572 Beispiel für derartige Verträge sind die Genfer Scheck- und Wechselrechtskonventionen vom 16.8.1933 (RGBl. II S. 537) und das Europäische Patentübereinkommen (Übereinkommen über die Erteilung europäischer Patente, EPÜ) vom 3. Oktober 1973 (abgedruckt in GRUR Int. 1974, S. 79 ff.). Das (noch nicht in Kraft getretene) Gemeinschaftspatentübereinkommen (Übereinkommen über das europäische Patent für den gemeinsamen Markt, GPÜ) vom 15. Dezember 1989 (ABl. (EG)1989 L 401/10) begründet dagegen ein neben dem nationalen Recht stehendes, das nationale Recht nicht ersetzendes Schutzsystem. Insofern kann hier nicht von Einheitsrecht im strengen Sinne gesprochen werden. Zum EPÜ siehe *Bernhardt/Kraßer*, 4. Aufl., S. 65 f.

Rechtsvereinheitlichung im engeren Sinne[573]. Derartigen Abkommen mit begrenztem Anwendungsbereich wohnt allerdings häufig eine rechtsvereinheitlichende Tendenz inne, die auf innerstaatlicher Ebene zu einer Harmonisierung über den Anwendungsbereich des völkerrechtlichen Abkommens hinaus führt[574]. Derartige Auswirkungen sind jedoch lediglich faktische innerstaatliche Nebenfolge des Abkommens. Aus ihnen dürfen keine Rückschlüsse auf die Rechtsnatur des Abkommens gezogen werden.

a. Konzept der Mindeststandards

Gemäß Art. 1 Abs. 1 Satz 2 TRIPs dürfen die Mitglieder in ihr Recht einen umfassenderen Schutz als den durch das TRIPs-Abkommen geforderten aufnehmen, vorausgesetzt, dieser Schutz läuft dem TRIPs-Abkommen nicht zuwider. Sie sind dazu aber nicht verpflichtet. Das TRIPs-Abkommen begründet damit sowohl in seinen materiell-rechtlichen wie auch in den prozeduralen Bestimmungen lediglich Mindeststandards.

Der Terminus der Mindestrechte entstammt dem Konventionsrecht. Er war dem alten GATT 1947 fremd. Nach dem Recht der immaterialgüterrechtlichen Konventionen bedeutet der Begriff der Mindestrechte materielle Schutzstandards, die dem konventionsgeschützten Schutzrechtsinhaber eingeräumt werden[575]. Sie sollen ein möglichst einheitliches Schutzniveau gewähren und ein internationales Schutzrechtsgefälle verhindern[576]. Die besonderen Rechte der immaterialgüterrechtlichen Konventionen werden auch als „ius conventionis" bezeichnet[577]. Ihnen ist eigen, daß sie von den nationalen Rechtsordnungen nicht eingeschränkt werden dürfen. Eine Änderung kann allein durch die Revision des völkerrechtlichen Vertrages bewirkt werden[578].

Die Normierung von Mindestrechten ergänzt den Grundsatz der Inländerbehandlung[579]. Dieser schreibt lediglich eine Gleichbehandlung ausländischer mit inländischen Schutzrechten vor. Er legt jedoch kein adäquates Schutzniveau fest. Solange das nationale Recht in seinen Schutzstandards über das durch das Abkommen gebotene Mindestmaß hinausgeht, können die Rechtsinhaber die

---

[573] *Kropholler*, S. 167.

[574] *Drexl*, Entwicklungsmöglichkeiten, S. 110; *Kropholler*, S. 168; *Buck*, S. 60.

[575] Art. 5 Abs. 1 RBÜ spricht von „in dieser Übereinkunft besonders gewährten Rechten", Art. 2 Abs.1 S. 1 PVÜ von den „in dieser Übereinkunft besonders vorgesehenen Rechten".

[576] *Buck*, S. 53.

[577] *Nordemann/Vinck/Hertin*, Einl., Rn. 31; *Ricketson*, S. 142, Rn. 4.22.

[578] *Buck*, S. 54.

[579] Art. 3 Abs. 1 TRIPs; Art. 5 Abs. 1 RBÜ; Art. 2 Abs. 1 Satz 1 PVÜ.

Rechtswohltat des internen Rechts beanspruchen. Die Gewährung materiellrechtlicher und prozeduraler Mindeststandards erlangt jedoch dann praktische Relevanz, wenn der durch die Mindeststandards gewährte Schutz weiter reicht als der nationale Rechtsschutz[580].

Die Gewährung materieller und prozeduraler Mindeststandards folgt aus der Erkenntnis, daß der Schutz von Immaterialgüterrechten zur Gewährleistung des freien Warenhandels ein internationales Mindestmaß an Schutz erfordert[581]. Die Verhandlungen zum TRIPs-Abkommen waren dementsprechend von Beginn an auf die Formulierung verbindlicher Mindeststandards gerichtet[582]. Dem TRIPs-Abkommen liegt jedoch ebenso die Annahme zugrunde, zu hohe nationale Schutzstandards im Immaterialgüterrecht könnten in die Errichtung von Handelsbarrieren münden und somit eine Bedrohung der Freiheit des Warenverkehrs darstellen[583]. Ausgehend vom Verhandlungsmandat der Uruguay-Runde, handelsbezogene Aspekte des geistigen Eigentums zu regeln, wurde demnach angedacht, die Mindestschutzpolitik der immaterialgüterrechtlichen Konventionen durch einen Maximalschutz zur Schutz der Freiheit des Warenverkehrs zu begrenzen[584]. Ein schutzbeschränkendes Prinzip des Maximalschutzes in Form einer festen Obergrenze des nationalen Schutzniveaus enthält das TRIPs-Abkommen jedoch nicht. Das TRIPs-Abkommen erkennt zwar im 1. Erwägungsgrund der Präambel und in Art. 8 Abs. 2 TRIPs die Gefahr eines überzogenen Schutzniveaus für den freien Warenhandel an. Bei den entsprechenden Bestimmungen handelt es sich jedoch nur um Auslegungsgrundsätze. Gemäß Art. 1 Abs. 1 Satz 2 TRIPs dürfen die Mitglieder aufbauend auf dem vertraglichen Mindestschutz demnach das nach ihrem Ermessen richtige Schutzniveau wählen. Hierbei und bei der Umsetzung der ausfüllungsbedürftigen Bestimmun-

---

580 *Drexl*, Entwicklungsmöglichkeiten, S. 109; *Fezer*, 2. Aufl., Art. 2 PVÜ, Rn. 2; *Evans*, JWIP, Vol. 2, No. 5 (1999), S. 707 (713).

581 Siehe auch TRIPs, Präambel, 1. Erwägungsgrund: „Die Mitglieder - von dem Wunsch geleitet, Verzerrungen und Behinderungen des internationalen Handels zu verringern, und unter Berücksichtigung der Notwendigkeit, einen wirksamen und effektiven Schutz der Rechte des geistigen Eigentums zu fördern"; und 2. Erwägungsgrund: „in der Erkenntnis, daß es zu diesem Zweck neuer Regeln und Disziplinen bedarf im Hinblick auf ... b) die Aufstellung angemessener Normen und Grundsätze betreffend die Verfügbarkeit, den Umfang und die Ausübung handelsbezogener Rechte des geistigen Eigentums".

582 *Correa*, [1997] 8 EIPR 425 (426).

583 Siehe Präambel, 1. Erwägungsgrund: „daß die Maßnahmen und Verfahren zur Durchsetzung der Rechte des geistigen Eigentums nicht selbst zu Schranken des rechtmäßigen Handels werden...". Zum Verständnis unzureichenden Immaterialgüterrechtsschutzes als Handelsstörung siehe *Christians*, S. 205 ff., 219 ff.; *Drexl*, Entwicklungsmöglichkeiten, S. 360; *von Lewinski*, GRUR Int. 1996, S. 630 (631).

584 *Drexl* diskutiert verschiedene Varianten eines möglichen Maximalschutzes; Entwicklungsmöglichkeiten, S. 360 f.

gen des TRIPs-Abkommens können nationale Erwägungen des öffentlichen Interesses Eingang finden[585]. Das TRIPs-Abkommen erkennt im 5. Erwägungsgrund seiner Präambel an, daß die dem öffentlichen Interesse dienenden grundsätzlichen Ziele („underlying public policy objectives") der Systeme der einzelnen Länder für den Schutz des geistigen Eigentums, einschließlich der entwicklungs- und technologiepolitischen Ziele, unterschiedlich sein können. Den Mitgliedern verbleibt also ein Spielraum für unterschiedliche Zielsetzungen ihrer Wirtschafts- und Gesellschaftsordnung.

Die Statuierung von Mindeststandards bewirkt eine tendenzielle Anhebung des Immaterialgüterrechtsschutzes in Staaten, die ein niedriges Schutzniveau aufweisen[586]. Sie führt jedoch vor allem zu einer internationalen Harmonisierung der Mindeststandards im Immaterialgüterrechtsschutz. Da das TRIPs-Abkommen kein strenges Einheitsrecht, sondern nur Mindestsätze schafft, handelt es sich hier um Rechtsangleichung und nicht um Rechtsvereinheitlichung im engeren Sinne. Die Regelungsdichte des TRIPs-Abkommens hat in Folge des „Paris / Bern-plus" Ansatzes gegenüber den inkorporierten Fassungen von PVÜ und RBÜ allerdings zugenommen.

b. Fremdenrechtliche Regelung

Zu der Beschränkung der Harmonisierungswirkung des TRIPs-Abkommens auf die Schaffung von Mindeststandards tritt die Beschränkung des Anwendungsbereiches auf internationale Sachverhalte. Der Grundsatz der Inländerbehandlung und die gewährten Mindestrechte begründen lediglich international angeglichenes Fremdenrecht[587].

Die Ansicht, das TRIPs-Abkommen bezwecke nicht lediglich die Sicherung angemessenen Fremdenschutzes, sondern lege die Mitgliedstaaten auf ein für In- und Ausländer gleichermaßen verbindliches und umfassendes Schutzsystem fest[588], entspricht nicht dem Willen der Vertragsparteien. So hat z.B. die EG in

---

585 Siehe TRIPs, Präambel, 5. Erwägungsgrund, und Art. 7 und 8 TRIPs.

586 *Staehelin*, S. 25. Allerdings kann sie in Staaten mit einem hohen bisher gewährten nationalen Schutzniveau auch zu einer Absenkung des Schutzniveaus führen; so *Nordemann/Vinck/Hertin*, RA Art. 4, Rn. 2 unter Bezugnahme auf das österreichische Urheberrechtsgesetz (1972).

587 *Helfer*, HarvJIL, Vol. 39, No. 2 (1998), S. 357 (367); *Katzenberger*, in: Beier/Schricker, IIC Studies 18, S. 59 (70).

588 *Ullrich*, GRUR Int. 1995, S. 623 (638). So auch *Drexl* zu Beginn der Uruguay-Verhandlungen unter Berufung auf das Verhandlungsmandat. Zweck einer Regelung des geistigen Eigentums im Rahmen des GATT müsse die Abstimmung der Schutzvorschriften auf die Behandlung des internationalen Warenhandels sein. Eine rein fremdenrechtliche Regelung sei hier nicht ausreichend, da auch das Schutzrecht des Inländers stets in Konflikt

ihren Verhandlungsrichtlinien zur Uruguay-Runde von 1988 klargestellt, daß Ergebnis der Verhandlungen zwar auch materielle Schutzstandards sein sollten, diese jedoch nicht zu einer Harmonisierung nationalen Rechts führen dürften[589]. Deswegen verpflichtet zwar Art. 1 Abs. 1 Satz 1 TRIPs die Mitglieder zur uneingeschränkten Anwendung der Bestimmungen des Übereinkommens. Art. 1 Abs. 3 Satz 1 TRIPs konkretisiert diese Anwendungspflicht jedoch für die Frage des Adressatenkreises der auf Individuen anwendbaren Bestimmungen. Danach gewähren die Mitglieder die im TRIPs-Abkommen festgelegte Behandlung den Angehörigen der anderen Mitglieder. Für den Grundsatz der Inländerbehandlung (Art. 3 Abs. 1 TRIPs) versteht sich der auf Ausländer beschränkte Anwendungsbereich von selbst.

Auch in dieser Hinsicht entspricht das TRIPs-Abkommen den Konventionen zum Schutze des geistigen Eigentums. Daß die Revidierte Berner Übereinkunft eine ausschließlich fremdenrechtliche Regelung darstellt, ergibt sich aus Art. 5 Abs. 1 RBÜ[590] und ist in der Literatur unbestritten[591]. Nach Art. 2 Abs. 1 PVÜ genießen die Angehörigen der Verbandsländer in allen übrigen Ländern des Verbandes die Vorteile, welche die betreffenden Gesetze den Inländern gewähren (Inländerbehandlung), dies soll jedoch unbeschadet der durch die PVÜ besonders vorgesehenen Rechte geschehen[592]. Durch diesen Vorbehalt wird dem verbandsangehörigen Ausländer ein Mindestschutz eingeräumt. Die herrschende Meinung begrenzt deswegen auch den Mindestschutz der PVÜ auf einen fremdenrechtlichen Anwendungsbereich[593].

---

mit dem internationalen Warenhandel treten könne; *Drexl*, Entwicklungsmöglichkeiten, S. 321.

589 GATT-Doc. MTG.GNG/NG11/W/26 (7. Juli 1988), abgedruckt in: Beier/Schricker, IIC Studies 11, S. 321 (324).

590 Art. 5 Abs. 1 RBÜ: „Die Urheber genießen für die Werke, für die sie durch diese Übereinkunft geschützt sind, in allen Verbandsländern *mit Ausnahme des Ursprungslandes des Werkes* die Rechte..." (Eigene Hervorhebung).

591 *Buck*, S. 56; *Drexl*, Entwicklungsmöglichkeiten, S. 108; *Fikentscher*, in: FS Steindorff, S. 1175 (1191); *Nordemann/Vinck/Hertin*, Einl., Rn. 23; *Schricker/Katzenberger*, 1. Aufl., vor §§ 120 ff., Rn. 68.

592 In der französischen Fassung: „le tout sans préjudice des droits spécialement prévus par la présente Convention".

593 *Burghardt*, GRUR Int. 1973, S. 600 (601); *Busse/Starck*, 6. Aufl., Art. 2 PVÜ, Rn. 1; *Drexl*, Entwicklungsmöglichkeiten, S. 108, Fn. 265; *Fezer*, 2. Aufl., Art. 2 PVÜ, Rn. 2 mwN.; *Buck*, S. 59. Unter Berufung darauf, daß Art. 2 Abs. 1 PVÜ das Heimatland des Rechtsinhabers nicht – wie in Art. 5 Abs. 1 RBÜ – ausdrücklich vom Anwendungsbereich der Mindestrechte ausnimmt, allerdings a.A.: BPatG, Beschluß des 9. Senats vom 16. Oktober 1972, GRUR Int. 1973, S. 602 f. Diese Meinung wurde auch in der französischen Lehre vertreten; *Roubier*, J. D. I. 1951, S. 676 (718 ff.). Ein Nachweis für einen derartigen, auf die Schaffung strengen Einheitsrechts gerichteten Willen der Vertragspar-

Auf die Bestimmungen des TRIPs-Abkommens über Mindestrechte und Inländerbehandlung können sich somit immer nur Rechtsinhaber außerhalb ihres Heimatstaates berufen. Der fremdenrechtliche Charakter des Abkommens führt von vornherein zu einer Einschränkung des Anwendungsbereiches einer eventuellen unmittelbaren Anwendbarkeit.

Allerdings hat das TRIPs-Abkommen in der Praxis eine rechtsvereinheitlichende Tendenz. Die Staaten werden freiwillig den Inlandsschutz dem fremdenrechtlichen Niveau anpassen oder haben dies bereits getan, um eine Inländerdiskriminierung zu vermeiden[594]. Dieses Vorgehen entspricht auch der bestehenden Praxis bei der Umsetzung des Konventionsrechts[595]. So führt die weltweite Harmonisierung des Fremdenschutzes in der Regel auch zu einer Vereinheitlichung des Inländerschutzes. Mit der Anpassung des Inländerschutzes folgen die Mitgliedstaaten jedoch keiner völkervertragsrechtlichen Verpflichtung. Insbesondere folgt eine derartige Verpflichtung nicht aus dem allgemeinen völkerrechtlichen Gleichbehandlungsgebot. Dieses bezieht sich nicht auf die Behandlung der eigenen Staatsangehörigen eines Staates und enthält kein Gebot der Gleichbehandlung von Individuen schlechthin[596].

2. Ergebnis

Das TRIPs-Abkommen führt zu einer Harmonisierung des Immaterialgüterrechtsschutzes. Diese ist allerdings in zweifacher Hinsicht beschränkt: Das TRIPs-Abkommen begründet lediglich ein Mindestschutzniveau, vom die Mitgliedstaaten nach oben abweichen können. Insofern bewirkt das TRIPs-Abkommen lediglich eine Rechtsangleichung, nicht jedoch eine Rechtsvereinheitlichung im Sinne der Schaffung strengen Einheitsrechts. Darüber hinaus ist der subjektive Anwendungsbereich des TRIPs-Abkommen auf den Schutz von Ausländern beschränkt.

In seinem Anwendungsbereich führt das TRIPs-Abkommen zu einer internationalen Vereinheitlichung von Rechtsnormen privatrechtlichen Charakters. Insofern ist zutreffend, daß das TRIPs-Abkommen einen „first effort at positive harmonization of national legislation" darstellt[597]. Aufgrund der beschränkten Harmonisierungswirkung verbleibt es jedoch bei einem „first effort". Inwiefern

---

teien findet sich in den Materialien zur PVÜ allerdings nicht; vgl. *Burghardt*, GRUR Int. 1973, S. 600 (601).

[594] *Helfer*, HarvJIL, Vol. 39, No. 2 (1998), S. 357 (367); *Reichman*, Vand. J. Transnatl. Law 22 (1989), S. 747 (846), Fn. 449.

[595] *Drexl*, Entwicklungsmöglichkeiten, S. 110; *Ricketson*, S. 206, Rn. 5.66.

[596] *Strupp-Schlochauer/Jaenicke*, 1. Bd., Gleichbehandlung, S. 690.

[597] So *Abbott*, JBL 1998, S. 413 (428).

man hierin Elemente einer globalen Privatrechtsordnung sehen kann, ist fraglich. Das TRIPs-Abkommen schafft kein umfassendes und einheitliches System privatrechtlicher Rechtsbeziehungen, wie es für eine Privatrechtsordnung maßgeblich ist.

Allerdings können diese Beschränkungen der Harmonisierungswirkung nicht als Argumente gegen eine Eignung des TRIPs-Abkommens zur unmittelbaren Anwendbarkeit dienen. Das Beispiel der immaterialgüterrechtlichen Konventionen RBÜ und PVÜ zeigt, daß auch Abkommen mit lediglich rechtsangleichender Wirkung unmittelbar anwendbar sein können. In den Grenzen seines Anwendungsbereiches zielt das TRIPs-Abkommen auf die Begründung und Förderung privater Rechtspositionen. Somit hat es einen privatrechtsetzenden und individualschützenden Charakter.

V. Ergebnis

Das TRIPs-Abkommen unterscheidet sich in Regelungsgehalt, Zielsetzung, Grundstruktur und Adressatenkreis wesentlich von den anderen multilateralen Übereinkommen im Rahmen der WTO, dem GATT und dem GATS. In der Gestaltung seines Schutzsystems lehnt es sich vielmehr an die rechtsvereinheitlichenden, privatrechtsgestaltenden immaterialgüterrechtlichen Konventionen an.

Mit der Inkorporation des Schutzsystems der Revidierten Berner Übereinkunft und der Pariser Verbandsübereinkunft in das TRIPs-Abkommen war keine Wesensänderung der materiell-rechtlichen Schutznormen verbunden. Das Schutzsystem des TRIPs-Abkommens entspricht in Zielsetzung, Grundstruktur und Adressatenkreis demjenigen der PVÜ und RBÜ:

- Regelungsgegenstand des TRIPs-Abkommens sind (auch) private subjektive Rechte.
- Das TRIPs-Abkommen bezweckt die Rechtsangleichung des Immaterialgüterrechtsschutzes in Form einer einheitliche Gestaltung des Schutzes und einer Anhebung des Mindestschutzniveaus.
- Dieses Ziel soll mit Hilfe der Prinzipien der Inländerbehandlung und der Meistbegünstigung und der Normierung von Mindestschutzniveaus erreicht werden. Hierzu formuliert das TRIPs-Abkommen Rechtssätze, die unmittelbar auf die Begründung und Förderung privater Rechtspositionen zielen und deswegen als privatrechtliche Normen qualifiziert werden können. Die Mitglieder sind zur Umsetzung der Bestimmungen in nationales Recht verpflichtet. Damit wird ein international einheitliches Niveau des Fremdenschutzes erreicht.

Auch das TRIPs-Abkommen ist demnach als völkerrechtlicher Vertrag zugunsten privater Rechtsträger zu qualifizieren. Dies macht es, wie das Beispiel der immaterialgüterrechtlichen Konventionen RBÜ und PVÜ zeigt, für eine unmittelbare Anwendbarkeit besonders geeignet.

Als Ergebnis der Analyse von Rechtsnatur und Systematik des TRIPs-Abkommens ist eine differenzierende Betrachtungsweise hinsichtlich der Frage nach der unmittelbaren Anwendbarkeit gerechtfertigt. Bei einer auf das TRIPs-Abkommen beschränkten Betrachtung ist für diejenigen Bestimmungen des TRIPs-Abkommens, die hinreichend bestimmt und unbedingt sind, eine unmittelbare Anwendbarkeit zuzulassen. Hierzu zählen insbesondere diejenigen Bestimmungen des TRIPs-Abkommens, die eine Definition des jeweiligen Schutzgegenstandes vornehmen[598] sowie die Bestimmungen über die Schutzdauer des jeweiligen Rechtes[599]. Daneben stehen weitere Bestimmungen, die schon ihrem Wortlaut nach den Inhabern des Rechtes am geistigen Eigentum aus dem Schutztitel besondere Rechte zuerkennen wollen[600].

E. Einbindung des TRIPs-Abkommens in den institutionellen Rahmen der WTO

Das TRIPs-Abkommen ist ein grundsätzlich eigenständiges multilaterales völkerrechtliches Abkommen, das jedoch als Annex 1C zum „Übereinkommen zur Errichtung der Welthandelsorganisation“[601] in den gemeinsamen institutionellen Rahmen der WTO eingebunden ist. Gemäß Art. II Abs. 2 des WTO-Abkommens ist das TRIPs-Abkommen ein integrierter Bestandteil des WTO-Abkommens und als solcher für alle Mitglieder verbindlich.

Das WTO-Abkommen betont eindeutig die Interdependenz der multilateralen Teilabkommen GATT, GATS und TRIPs und ihre Verknüpfung mit dem institutionellen Rahmen des WTO-Abkommens. Gemäß dem 4. Erwägungsgrund der

---

598 Z. B. Art. 10 TRIPs (Definition von Computerprogrammen als literarische Werke), Art. 15 Abs. 1 TRIPs (Definition der Marke), Art. 27 Abs. 1 TRIPs (Patentierbare Gegenstände).

599 Art. 12, Art. 14 Abs. 5, Art. 18, Art. 26 Abs. 3, Art. 33, Art. 38 TRIPs.

600 Art. 11 (Vermietrechte für Computerprogramme und Filmwerke), Art. 14 Abs. 1 bis 4 S. 1, Abs. 6 S. 2 (Rechte von ausübenden Künstlern, Herstellern von Tonträgern und Sendeunternehmen), Art. 16 Abs. 1, 2 und 3 TRIPs (Rechte aus der Marke), Art. 26 Abs. 1 (Verbietungsrecht des Inhabers geschützter Muster), Art. 28 Abs. 1 und 2 (Rechte aus dem Patent), Art. 39 Abs. 2 (Verbietungsrecht zum Schutz nicht offenbarter Informationen).

601 Marrakesh Agreement Establishing the World Trade Organization; im folgenden: WTO-Abkommen.

Präambel zum WTO-Abkommen sind die vertragschließenden Parteien entschlossen, „to develop an integrated, more viable and durable multilateral trading system, encompassing the GATT, the results of past liberalization efforts, and of all results of the Uruguay Round of Multilateral Trade Negotiations".

Aufgrund dieser Einbindung des TRIPs-Abkommens in den Verbund der WTO-Übereinkünfte kann sich eine Untersuchung der unmittelbaren Anwendbarkeit nicht auf die Analyse des TRIPs-Abkommens allein beschränken. Nur wenn das TRIPs-Abkommen sich für die Untersuchung der unmittelbaren Anwendbarkeit in formaler Hinsicht aus dem Verbund der WTO-Abkommen lösen läßt, ist eine differenzierte, TRIPs-spezifische Betrachtung gerechtfertigt. Im folgenden soll überprüft werden, ob die Verknüpfungen des TRIPs-Abkommens mit GATT und GATS es erfordern, sämtliche multilaterale WTO-Übereinkünfte hinsichtlich ihrer unmittelbaren Anwendbarkeit einheitlich zu behandeln.

I. „single package approach"

Als radikalste Innovation des WTO-Abkommens wird sein *single package approach* gepriesen[602]. Dies bedeutet zunächst, daß das WTO-Abkommen einschließlich seiner multilateralen Teilabkommen in der Uruguay-Runde als „Gesamtpaket" verhandelt wurde. So wurde der als „Dunkel Draft"[603] bekannt gewordene Vertragsentwurf, in dem der damalige Generaldirektor des GATT, Arthur Dunkel, alle bis Ende 1991 erreichten Verhandlungsergebnisse zusammenfaßte, den Verhandlungspartnern als „Gesamtpaket" zugeleitet mit der Vorgabe, es entweder tatsächlich als solches zu akzeptieren und damit die Uruguay-Runde zu einem Ende zu führen oder aber die darin vorgelegten Vorschläge als Grundlage der weiteren, „ergebnisorientierten" Verhandlungen zu nehmen[604]. Vor allem aber verpflichtet Art. II Abs. 2 des WTO-Abkommens alle Staaten, die Mitglied der WTO werden wollen, dem „Gesamtpaket" der dem WTO-Abkommen als Annex angefügten multilateralen Handelsabkommen beizutreten.

Fraglich ist jedoch, ob dieser *single package approach* Auswirkungen darauf hat, ob das TRIPs-Abkommen hinsichtlich der unmittelbaren Anwendbarkeit

---

602 *ILA/Petersmann/Abbott*, First Report 1994, S. 243 (244). Petersmann betont die konstitutionelle Bedeutung des *single package approach* bei der Begrenzung einzelstaatlicher Handelspolitik; *Petersmann*, GATT/WTO DS, S. 47.

603 Draft Final Act Embodying the Results of the Uruguay Round of Multilateral Trade Negotiations, GATT Doc. No. MTN.TNC/W/FA (20.12.1991); abgedruckt in *Stewart*, Negotiating History, Vol. III, S. 457.

604 *Koehler*, S. 80.

isoliert betrachtet werden kann. Die Bedeutung des *single package approach* liegt primär in folgenden Bereichen[605]:

Durch die in Art. II Abs. 2 des WTO-Abkommens enthaltene Verpflichtung, dem „Gesamtpaket" der dem WTO-Abkommen als Annex angefügten multilateralen Handelsabkommen beizutreten, wird die unter dem alten GATT bestehende Misere des „GATT à la carte" aufgehoben, in dem lediglich auf eine Minderheit der GATT-Mitgliedstaaten alle Vergünstigungen und Verpflichtungen der Übereinkommen der Tokyo-Runde anwendbar waren. Dies führte zu einer weltweiten Zersplitterung der Verpflichtungen. Unter dem WTO-Abkommen haben die Mitgliedstaaten nicht mehr die Möglichkeit, hinsichtlich der Mitgliedschaft zwischen den einzelnen multilateralen Teilabkommen (aufgeführt in Annex 1) zu wählen. Sie sind zudem an das integrierte Streitbeilegungssystem nach dem Dispute Settlement Understanding (Annex 2) und an den Trade Review Mechanism (Annex 3) gebunden. Lediglich die Mitgliedschaft in den vier plurilateralen Welthandelsabkommen (über den Handel mit Zivilluftfahrzeugen, über das öffentliche Beschaffungswesen, über Rindfleisch und über Milcherzeugnisse) (Annex 4) ist freigestellt.

Zum anderen soll mit dem *single package approach* die Praxis des *free riding* verhindert werden[606]. Unter dem alten GATT hatten zahlreiche Länder, insbesondere Entwicklungsländer, zwar aufgrund des Meistbegünstigungsgrundsatzes von den von anderen Staaten eingeräumten Vergünstigung profitiert, waren jedoch nicht in entsprechendem Umfang eigene Verpflichtungen zur Liberalisierung von tarifären Handelshemmnissen eingegangen. Diese Praxis wird durch die Pflicht, die WTO-Abkommen als Gesamtpaket zu zeichnen, verhindert.

Der *single package approach* im obigen Sinne dient unmittelbar der Erreichung eines Gleichklanges von Rechten und Pflichten auf internationaler Ebene. Die unmittelbare Anwendbarkeit eines völkerrechtlichen Abkommens ist dagegen eine Frage der innerstaatlichen Umsetzung.

Trotz dieses konzeptionellen Unterschiedes wird in der Literatur vertreten, alle WTO-Abkommen seien aufgrund des *single package approach* eine untrennbare Einheit und müßten auch in Fragen der innerstaatlichen Anwendbarkeit gleich behandelt werden[607]. Eigentliches Argument dieser These ist bei näherer Betrachtung jedoch die den WTO-Abkommen zugrundeliegende Handelskonzessionalität. Bei divergierenden Ergebnissen hinsichtlich der unmittelbaren Anwendbarkeit wird ein Ungleichgewicht der Verpflichtungen zwischen den

---

605 Siehe vor allem: *ILA/Petersmann/Abbott*, First Report 1994, S. 243 (245).

606 Zum Problem des *free riding*: *Jackson/Davey/Sykes*, S. 383.

607 *Ullrich*, GRUR Int. 1995, S. 623 (638).

Mitgliedstaaten und Schwierigkeiten bei der Rechtsdurchsetzung in Form der *cross-retaliation* befürchtet.

Bei einem richtigen Verständnis der Bedeutung des *single package approach* kann dieser jedoch kein Argument für eine notwendig einheitliche Behandlung der unmittelbaren Anwendbarkeit bieten. Es handelt sich um eine aus der Erfahrung der früheren WTO-Runden erwachsene Verhandlungstaktik, die sicherstellen sollte, daß zwischen den Mitgliedstaaten ein Gleichklang von Rechten und Pflichten auf völkerrechtlicher Ebene erreicht wird. Eine weitergehende innere Verknüpfung der verhandelten Teilabkommen hinsichtlich der innerstaatlichen Umsetzung war damit nicht bezweckt. Der *single package approach* entfaltet somit nur für den Verhandlungsprozeß und die Ratifizierung des WTO-Abkommens als „Gesamtpaket" seine Bedeutung. Die innerstaatliche Anwendung ist dagegen keine Frage des völkerrechtlichen Vertragsschlußverfahrens und kann somit nicht von der Verhandlungstaktik bestimmt werden.

II. Integriertes Welthandelssystem

Eine andere Frage ist, ob nicht die Bezeichnung des WTO-Systems als integriertes Welthandelssystem („integrated multilateral trading system", 4. Erwägungsgrund der Präambel zum WTO-Abkommen) eine Festlegung bezüglich des Gleichklanges der Umsetzung beinhaltet. Eine derartige normative Festsetzung im Vertragstext wäre grundsätzlich möglich. Fraglich ist jedoch, ob mit der Verwendung des Adjektivs „integrated" an dieser Stelle in der Präambel des WTO-Abkommens eine derartige Festlegung bezweckt wurde. Es bezieht sich vor allem auf die Verknüpfung der multilateralen Abkommen über das Streitbeilegungsverfahren (Annex 2) und den Handelspolitischen Überprüfungsmechanismus (Annex 3). „Integrated" ist jedoch nicht in dem Sinne zu lesen, daß eine einheitliche Behandlung der Abkommen hinsichtlich ihrer unmittelbaren Anwendbarkeit vorgeschrieben ist.

Die Verfolgung eines *single package approach* wie auch die Schaffung eines integrierten Welthandelssystems bezwecken einen Gleichklang und Mindestgehalt der Staatenpflichten auf völkerrechtlicher Ebene. Daraus allein läßt sich jedoch kein an die Mitgliedstaaten gerichtetes Verbot ableiten, auf innerstaatlicher Ebene durch die Anerkennung der unmittelbaren Anwendbarkeit einzelnen Vertragsteilen zu noch größerer Wirksamkeit zu verleihen.

III.Interdependenzen der multilateralen WTO-Übereinkommen über den Mechanismus der „cross-retaliation"

Einer isolierten Betrachtung des TRIPs-Abkommens hinsichtlich der unmittelbaren Anwendbarkeit könnte jedoch die im DSU vorgesehene Möglichkeit der abkommensübergreifenden Gegenmaßnahmen, sog. *cross-retaliation,* entgegenstehen. Relevanz erlangt dies in folgender Argumentation[608]: Gegen Verletzungen des TRIPs-Abkommens könne im Rahmen des Maßnahmeninstrumentariums des Art. 22 DSU nur im Wege der *cross-retaliation* (Art. 22 Abs. 3 (c) DSU) vorgegangen werden, da die Aussetzung von Zugeständnissen im Sinne von Art. 22 DSU im Anwendungsbereich des TRIPs-Abkommens nicht möglich sei. Die isolierte unmittelbare Anwendbarkeit des TRIPs-Abkommens könnte derartige abkommensübergreifende Maßnahmen verhindern[609].

Zur Überprüfung dieser Behauptung muß ermittelt werden, welche Rolle dem Mechanismus der Art. 21 ff. DSU bei der Verknüpfung der multilateralen WTO-Übereinkommen zukommt. Dabei ist vor allem auch zu klären, ob die Verletzung von TRIPs-Bestimmungen mit Gegenmaßnahmen im Rahmen des selben Abkommens beantwortet werden kann oder ob diesem völkerrechtliche oder innerstaatliche Hinderungsgründe entgegenstehen, die bewirken, daß auf eine Verletzung des TRIPs-Abkommens immer nur mit Gegenmaßnahmen unter einer anderen multilateralen WTO-Übereinkunft reagiert werden kann.

1. System der Rechtsdurchsetzung im Dispute Settlement Understanding

Die multilateralen WTO-Übereinkommen sind über die gemeinsame Anwendbarkeit der Vereinbarung über die Streitbeilegung (DSU) verbunden. Für das TRIPs-Abkommen ergibt sich die Anwendbarkeit des DSU aus der Verweisung in Art. 64 Abs. 1 TRIPs. Das DSU begründet als Ergänzung des Systems der Streitbeilegung in den Art. 21 ff. DSU einen Mechanismus zur Durchsetzung der Empfehlungen und Entscheidungen des Dispute Settlement Body (DSB)[610].

a. Gestuftes System von Gegenmaßnahmen

Herzstück der Bestimmungen über die Rechtsdurchsetzung ist Art. 22 DSU. Diese Norm ermächtigt das beschwerdeführende Mitglied dazu, Gegenmaßnahmen gegenüber einem anderen Mitglied zu ergreifen, wenn dieses seiner Pflicht zur Umsetzung des Ergebnisses des Streitbeilegungsverfahrens nicht nachkommt.

---

608 So *Bronckers*, CMLRev 31 (1994), S. 1245 (1260, 1277); *Dreyfuss/Lowenfeld*, VJIL 37 (1997), S. 275 (331); *Kuyper*, 91 ASIL Proc. 1997, S. 282 (285); *ders.*, in: Bourgeois, S. 87 (99); *Ullrich*, GRUR Int. 1995, S. 623 (638), Fn. 126.

609 So *Ullrich*, GRUR Int. 1995, S. 623 (638), Fn. 126.

610 Allgemein zu den Art. 21 ff. DSU: *Dreyfuss/Lowenfeld*, VJIL 37 (1997), S. 275 (324 ff.); *Reif/Florestal*, IntLawyer, Vol. 32, No. 3 (1998), S. 755 (757); *Renouf*, AFDI 1994, S. 776 (784 ff.).

Art. 22 DSU sieht ein abgestuftes System möglicher Gegenmaßnahmen vor. Nach Art. 22 Abs. 2 DSU hat das beschwerdeführende Mitglied zunächst Verhandlungen über eine einvernehmliche Ausgleichsregelung zu führen. Falls keine Übereinkunft über Ausgleichsmaßnahmen erzielt wird, kann das beschwerdeführende Mitglied nach Art. 22 Abs. 2 Satz 2 DSU vom Dispute Settlement Body die Ermächtigung zur Aussetzung von Zugeständnissen oder anderen Verpflichtungen gegenüber dem säumigen Mitglied verlangen. Die Ermächtigung ist gemäß Art. 22 Abs. 2, Abs. 6 DSU innerhalb von 30 Tagen nach Ablauf eines angemessenen Zeitraums zu erteilen, falls der Dispute Settlement Body nicht in positivem Konsens entscheidet, den Antrag abzulehnen.

Art. 22 Abs. 3 DSU regelt in einem wiederum abgestuften System, welche Grundsätze und Verfahren ein Mitglied bei der Entscheidung über die Aussetzung von Zugeständnissen oder sonstigen Verpflichtungen zu berücksichtigen hat: Grundsätzlich sind Gegenmaßnahmen im Sinne von Art. 22 Abs. 3 DSU im selben Sektor zu treffen, in dem das Panel oder die Berufungsinstanz eine Nichterfüllung vertraglicher Pflichten festgestellt hat (Art. 22 Abs. 3 (a) DSU). Nur wenn dies nicht möglich („practicable") oder wirksam („effective") ist, kann das Mitglied eigene Vertragsverpflichtungen in anderen Sektoren innerhalb desselben Abkommens aussetzen (Art. 22 Abs. 3 (b) DSU). Wenn auch dies nicht möglich oder wirksam ist, und die Umstände ernst genug sind, ermächtigt Art. 22 Abs. 3 (c) DSU zu abkommensübergreifenden Gegenmaßnahmen unter einem der anderen WTO-Abkommen (sog. *cross-retaliation*). In der Auswahl und Durchführung der Gegenmaßnahmen gegen Verletzungen der WTO-Abkommen sind die Mitglieder dabei an die Regeln und Verfahren des Dispute Settlement Understanding gebunden.

b. Voraussetzungen der Aussetzung von Verpflichtungen nach Art. 22 Abs. 3 DSU

Im völkerrechtlichen Rechtsdurchsetzungssystem des Art. 22 Abs. 3 DSU haben *a priori* die Kriterien des DSU über die rechtliche Möglichkeit einer Gegenmaßnahme zu entscheiden. Bei Erfüllung dieser Voraussetzungen und erfolgter Ermächtigung durch den Dispute Settlement Body genügt die Gegenmaßnahme den systeminternen Rechtmäßigkeitsanforderungen des Dispute Settlement Understanding. Im folgenden seinen diese Voraussetzungen kurz dargestellt:

Die Aussetzung von Vergünstigungen oder anderen Verpflichtungen gegenüber einem Mitglied muß in Antwort auf eine Verletzung eines der WTO-Abkommen durch dieses Mitglied und mit Ermächtigung durch den Dispute Settlement Body (Art. 22 Abs. 2 Satz 2 DSU) vorgenommen werden. Sie muß den Kriterien des Art. 22 Abs. 3 DSU entsprechen. Bei der Anwendung dieser Kriterien hat die aussetzende Partei nach Art. 22 Abs. 3 (d) DSU zusätzlich den Handel in dem Sektor oder unter dem verletzten Abkommen und die Bedeutung dieses Handels für sich sowie die weiteren wirtschaftlichen Konsequenzen der Aussetzung von Zugeständnissen und anderen Verpflichtungen zu berücksichtigen. Nach Art. 22 Abs. 4 DSU soll der Umfang einer Aussetzung dem Umfang der zunichte gemachten oder geschmälerten Vorteile entsprechen.

Ungeklärt ist hierbei allerdings, nach welchen Maßstäben der erforderliche oder erlaubte Umfang einer Aussetzung von TRIPs-Bestimmungen ermittelt werden kann. Die Aussetzung von Schutzbestimmungen des geistigen Eigentums beeinflußt nicht nur den grenzüberschreitenden Handel mit immaterialgüterrechtlich geschützten Waren, dessen Beeinträchtigung leichter zu ermitteln wäre. Sie betrifft vielmehr auch die wirtschaftliche Nutzung dieser Rechte innerhalb einer Rechtsordnung. Bei der Bestimmung des Ausmaßes der Aussetzung von TRIPs-Bestimmungen darf auch nicht nur auf die tatsächlichen Auswirkungen abgestellt werden, die sich für gegenwärtig mit Berechtigung des Rechtsinhabers und gegen Vergütung genutzte Immaterialgüterrechte ergeben. Zusätzlich müssen auch potentielle Auswirkungen berücksichtigt werden, die sich aus einer gesteigerten Rechtsnutzung als Folge der Schutzfreistellung ergeben. Mit der Aussetzung der Schutzbestimmungen können die entsprechenden Rechte ohne Vergütung des Rechtsinhabers und somit zu günstigeren Konditionen genutzt werden[611].

Das Kriterium der Verhältnismäßigkeit der gewählten Maßnahme kann gemäß Art. 22 Abs. 6 und 7 Satz 1 DSU in einem Schiedsverfahren überprüft werden[612].

Die Maßnahme muß gemäß Art. 22 Abs. 1 Satz 1 DSU eine vorübergehende sein[613]. Dies bedeutet zunächst, daß das Maßnahmen ergreifende Mitglied verpflichtet ist, die Aussetzung seiner eigenen Verpflichtungen aufzuheben, sobald das getroffene Mitglied die angegriffenen vertragswidrigen Maßnahmen beendet hat. Die Feststellung, ob die ergangene Panel-Entscheidung korrekt umgesetzt wurde und somit die Rechtfertigung für die Aussetzung der eigenen Verpflichtung entfallen ist, bleibt dabei in der Praxis häufig den WTO-Streitbeilegungsorganen vorbehalten. Eine Partei ist grundsätzlich nicht daran gehindert, eine WTO-widrige Maßnahme durch eine andere zu ersetzen, gegen die wiederum

---

611 Dies berücksichtigte auch Ecuador bei der Berechnung des Niveaus einer Aussetzung von TRIPs-Verpflichtungen: *European Communities - Regime for the Importation, Sale and Distribution of Bananas - Recourse to Arbitration by the European Communities under Article 22.6 of the DSU* (WT/DS27/ARB/ECU), Schiedsbericht vom 24.3.2000, vom DSB angenommen am 18.5.2000, S. 33, Tz. 160.

612 Zu den hierbei geltenden Parametern siehe die WTO-Schiedsentscheidung nach Art. 22 Abs. 6 DSU in *European Communities - Regime for the Importation, Sale and Distribution of Bananas - Recourse to Arbitration by the European Communities unter Art. 22.6 of the DSU* (WT/DS27/ARB), Schiedsbericht vom 9.4.1999, S. 34 ff.

613 Hierzu siehe auch Teil 3, Kapitel E.III.2.b, S. 198.

im Wege des Streitbeilegungsverfahrens vorgegangen werden kann (Art. 21 Abs. 5 DSU)[614].

c. Art. 22 DSU im System der völkerrechtlichen Gegenmaßnahmen

Unter den Voraussetzungen des Art. 22 Abs. 3 DSU kann ein beschwerdeführendes WTO-Mitglied in gerechtfertigter Weise seine Leistung verweigern und seine eigenen völkervertraglichen Verpflichtungen aus dem WTO-Abkommen in Teilen gegenüber einem vertragsbrüchigen anderen Mitglied aussetzen. Mit der Aussetzung verstößt das aussetzende Mitglied gegen die völkerrechtliche Pflicht des *pacta sunt servanda*[615]. Die Ermächtigung des Dispute Settlement Body zur Aussetzung hebt diese Pflicht zur Vertragstreue nicht auf, sie bietet jedoch die erforderliche Rechtfertigung der Gegenmaßnahme[616].

Bei den Maßnahmen im Sinne von Art. 22 Abs. 3 DSU handelt es sich demnach um eine Form der Repressalie im Sinne des Völkerrechts[617]. Bei Repressalien reagiert der von der Völkerrechtsverletzung betroffene Staat mittels eines Eingriffs in die Rechte des Verletzers, handelt also selbst an sich rechtswidrig[618]. Der Mechanismus der Aussetzung nach Art. 22 Abs. 2 Satz 2, Abs. 3 DSU ist insofern lex specialis zu Art. 60 Abs. 2 (b) WVK[619]. Nach Art. 60 Abs. 2 (b)

---

614 *Reif/Florestal*, IntLawyer, Vol. 32, No. 2 (1998), S. 755 (786); *Renouf*, AFDI 1994, S. 776 (789).

615 Art. 26 WVK. Zur völkergewohnheitsrechtlichen Geltung dieses Grundsatzes siehe *Lachs*, Pacta sunt servanda, EPIL, Vol. III (1997), S. 847 (849).

616 Dieser Aspekt wird in der Literatur zum Rechtsdurchsetzungsmechanismus des DSU häufig nicht hinreichend herausgestellt. Zutreffend aber *Hahn*, S. 226 (zu Art. XXIII:2 des GATT 1947); *Kuyper*, 91 ASIL Proc. 1997, S. 282 (284); *Weber/Moos*, EuZW 1999, S. 229 (235). Zu Art. 60 WVK siehe *Meng*, in: FS Bernhardt, S. 1063 (1076).

617 In diesem Zusammenhang ist der deutsche Sprachgebrauch verwirrend und unpräzise. Der englische Begriff der *cross-retaliation* wird vielfach unzutreffend als „Retorsionsmaßnahmen" übersetzt (siehe z.B. *Weber/Moos*, EuZW 1999, S. 229 (235)). Eine Retorsion ist eine Gegenmaßnahme als Antwort auf einen unfreundlichen Akt oder die Verletzung einer völkerrechtlichen Verpflichtung durch einen anderen Staat, die aber selbst nicht völkerrechtswidrig ist, also keine völkerrechtliche Verpflichtung verletzt; *Partsch*, Retorsion, EPIL, Inst. 9 (1986), S. 335.

618 Grundlegend zur Repressalie: *Partsch*, Reprisals, EPIL, Inst. 9 (1986), S. 330 ff. Der Entwurf der ILC zur Staatenverantwortlichkeit verwendet in Art. 47 - 50 statt dessen den weiteren Begriff der „countermeasure"; ILC Draft Articles on State Responsibility, Part I, II and III, Provisionally adopted by the ILC on first reading, 1996, abgedruckt in Die Friedens-Warte 72 (1997), S. 84 ff.

619 Wiener Übereinkommen über das Recht der Verträge (WVK) vom 23. Mai 1969, BGBl. 1985 II S. 926. Zur Qualifikation als Repressaliennorm: *Vitzthum/Schröder*, 6. Abschn., Rn. 103; a.A. *Simma*, ÖZöR 20 (1970), S. 5 (52 ff., 57), der Gegenmaßnahmen mit *sedes materiae* im Völkervertragsrecht aufgrund ihrer unterschiedlichen Zwecksetzung von

WVK berechtigt eine erhebliche Verletzung eines mehrseitigen Vertrages durch eine Vertragspartei eine andere durch die Vertragsverletzung besonders betroffene Partei, die Verletzung als Grund für die gänzliche oder teilweise Suspendierung des Vertrages im Verhältnis zwischen ihr und dem vertragsbrüchigen Staat geltend zu machen. Dieses Recht der Leistungsverweigerung ist Kehrseite des Prinzips der formellen Gegenseitigkeit völkervertragsrechtlicher Verpflichtungen. Es erlaubt dem Staat, demgegenüber das ursprüngliche Gleichgewicht der Verpflichtungen nicht eingehalten wird, dieses Gleichgewicht wiederherzustellen und/oder den vertragsbrüchigen Partner zur Erfüllung zu veranlassen[620].

Aus Art. 22 Abs. 3 DSU ergibt sich demnach als Rechtsfolge für das beschwerdeführende WTO-Mitglied, daß es in bestimmten, von den Voraussetzungen des Art. 22 DSU gezogenen Grenzen von seiner Vertragsbindung gegenüber dem vertragsbrüchigen Mitglied befreit wird. Die Aussetzung von Zugeständnissen oder anderen vertraglichen Verpflichtungen, die an sich einen Verstoß gegen die völkerrechtliche Pflicht zur Vertragstreue darstellt, ist in diesen Fällen gerechtfertigt.

2. Aussetzbarkeit von TRIPs-Verpflichtungen

Mit der Qualifikation des Mechanismus des Art. 22 Abs. 2 Satz 2, Abs. 3 DSU als Repressalie ist jedoch noch keine Aussage über die tatsächliche Aussetzbar-

---

Repressalien unterscheidet. Nach *Doehring*, ZaöRV (47) 1987, S. 44 (47) handelt es sich hierbei um eine rein terminologische Frage. Der Streit verliert an Relevanz in den Fällen, in denen der Vertrag, wie in Art. 22 DSU, nicht zur Beendigung der Vertragsverpflichtung, sondern nur zu ihrer vorübergehenden Aufhebung ermächtigt.

Der Vorrang vertragsspezifischer Regeln über die Beendigung oder Suspendierung eines Vertrages ergibt sich aus Art. 60 Abs. 4 WVK. Siehe auch ILC Final Draft zu Art. 60 WVK, abgedruckt bei *Wetzel/Rauschning*, S. 414: „*Paragraph 4* merely reserves the rights of the parties under any specific provision applicable in the event of a breach". Nach anderer Ansicht regelt Art. 60 Abs. 4 WVK, daß im Falle einer Beendigung oder Suspendierung des Vertrages diejenigen Vertragsbestimmungen, die bei einer Verletzung des Vertrages anwendbar sind, unberührt bleiben; *Vitzthum/Vitzthum*, 1. Abschn., Rn. 130. Der Vorrang vertragsspezifischer Regeln müßte sich nach dieser Auffassung aus Art. 57 (a) WVK ergeben. Danach kann ein Vertrag gegenüber allen oder einzelnen Vertragsparteien suspendiert werden, wenn die Vertragsbestimmungen dies vorsehen. Die Suspendierung kann sich auch auf einzelne Vertragsbestimmungen beschränken; siehe ILC Final Draft zu Art. 57 WVK, abgedruckt in *Wetze/Rauschningl*, S. 396. Grundsätzlich sind Vertragsstaaten frei, die Rechtsfolgen für völkerrechtswidrige Akte und entsprechende Durchsetzungsmechanismen abweichend von den Regeln des allgemeinen Völkerrechts festzulegen; siehe Art. 2 mit Art. 4 und 12 des ILC-Entwurfs zur Staatenverantwortlichkeit.

620 *Simma*, ÖZöR 20 (1970), S. 5 (20).

keit von Verpflichtungen aus dem TRIPs-Abkommen getroffen worden. Diese ist unter mehreren Aspekten fraglich:

Probleme können sich in Anbetracht des Erfordernisses des vorübergehenden Charakters einer Aussetzungsmaßnahme unter TRIPs ergeben. Die Rechte des geistigen Eigentums unterliegen zudem zumindest teilweise dem Schutz als Menschenrechte und Eigentumsrechte. Es ist zu prüfen, ob der materiell-rechtliche Gehalt der TRIPs-Bestimmung ihre Aussetzung zum Zwecke der Rechtsdurchsetzung erlaubt.

Allerdings gestattet Art. 22 DSU für das TRIPs-Abkommen ausdrücklich die Aussetzung von Verpflichtungen als Reaktion auf eine Vertragsverletzung. In Art. 22 Abs. 3 (f) (iii) und (g) (iii) DSU findet das TRIPs-Abkommen als mögliches Objekt für Gegenmaßnahmen explizit Erwähnung. Art. 22 Abs. 3 DSU differenziert hinsichtlich der Aussetzbarkeit von Vergünstigungen und Verpflichtungen insgesamt nicht zwischen den einzelnen multilateralen Abkommen. Das DSU ordnet demnach grundsätzlich eine unbeschränkte Durchsetzung des TRIPs-Abkommens mit den Mitteln der formellen Gegenseitigkeit an. Die Aussetzbarkeit gilt für alle TRIPs-Bestimmungen, auch für die Kernprinzipien wie Inländerbehandlung und Meistbegünstigung.

Wenn nach der obigen Ausgangsthese Gegenmaßnahmen als Reaktion auf Verletzungen des TRIPs-Abkommens durch einen anderen Staat jeweils nur als *cross-retaliation* im Sinne von Art. 22 Abs. 3 (c) DSU denkbar sein sollen, da die Aussetzung von Vertragsverpflichtungen aus dem TRIPs-Abkommen nicht möglich sei, muß deswegen auch überprüft werden, ob es sich hierbei um eine rechtlich zwingende oder aber um eine auf innen- und außenpolitischer Rücksichtnahme basierende Argumentation handelt. Insbesondere ist zu klären, ob hier nicht eine unzulässige Verquickung der völkerrechtlichen und innerstaatlichen Ebene erfolgt. Für die Frage nach der isolierten Betrachtbarkeit des TRIPs-Abkommens kann nur die rechtliche Möglichkeit der Aussetzung von Verpflichtungen aus dem TRIPs-Abkommen ausschlaggebend sein. Es ist somit zu prüfen, ob die WTO-Mitglieder aufgrund im Rahmen der WTO relevanter rechtlicher Kriterien gehindert sind, auf Verletzungen des TRIPs-Abkommens mit der Aussetzung eigener Verpflichtungen aus diesem Abkommen zu reagieren, und somit zu abkommensübergreifenden Maßnahmen gezwungen sind. Anderenfalls handelte es sich um faktische Konsequenzen einer rechtlichen Regelung, die zwar im Rahmen einer rechtspolitischen Argumentation zu berücksichtigen sind, aus denen jedoch keine zwingende Verknüpfung der WTO-Abkommen herzuleiten ist.

a. WTO-Schiedsentscheidung nach Art. 22 Abs. 6 DSU vom 2. März 2000 (WT/DS27/ARB/ECU)

Die Frage der Aussetzbarkeit von TRIPs-Verpflichtungen war Gegenstand der Entscheidung eines WTO-Schiedspanels im Verfahren *European Communities - Regime for the Importation, Sale and Distribution of Bananas - Recourse to Arbitration by the European Communities under Article 22.6 of the DSU* vom 2. März 2000[621]. Das Schiedspanel hatte hier zum erstem Mal in der Geschichte der WTO-Streitbeilegung in einer Streitigkeit über das Verfahren der *cross-retaliation* nach Art. 22 Abs. 3 DSU sowie über die grundsätzliche Möglichkeit der Aussetzung von TRIPs-Verpflichtungen zu entscheiden.

Hintergrund dieser Entscheidung war die fortgesetzte Weigerung der Europäischen Gemeinschaft, die Gemeinschaftsmarktordnung Bananen in Übereinstimmung mit dem WTO-Recht zu bringen. Am 8. November 1999 beantragte Ecuador vom DSB die Ermächtigung zur Aussetzung von Zugeständnissen oder anderen Verpflichtungen in Höhe von 450 Millionen US$ gegenüber 13 Mitgliedsstaaten der Europäischen Gemeinschaft[622]. Der Aussetzungsantrag war primär auf drei spezifizierte Bereiche des TRIPs-Abkommens gerichtet[623]: Im Dienstleistungsbereich beantragte Ecuador die Aussetzung eines Unterabschnitts der GATS-Liste der spezifischen Verpflichtungen[624]. Die Aussetzung von spezifischen Verpflichtungen im Bereich des Warenhandels unter GATT wurde dagegen nicht beantragt. Nach Darstellung Ecuadors wäre eine Aussetzung von Zugeständnissen in diesem Bereich des Warenhandels angesichts der wirtschaftlichen Situation Ecuadors und seiner Außenhandelsbilanz weder möglich noch wirksam gewesen. Am 9. November 1999 stellte die Europäische Gemeinschaft einen Antrag auf Schiedsentscheidung gemäß Art. 22 Abs. 6 DSU. Mit dem Antrag auf Aussetzung von Zugeständnissen in den Bereichen des geistigen Eigentums und der Dienstleistungen und somit einem anderen als dem verletzten Sektor habe Ecuador die Grundsätze und Verfahren des Art. 22 Abs. 3 DSU mißachtet.

Die Feststellungen des Schiedspanels zur Aussetzbarkeit von TRIPs-Verpflichtungen fallen knapp, aber eindeutig aus. Das Schiedspanel hält eine Aussetzung von Verpflichtungen aus dem TRIPs-Abkommen als grundsätzlich mit dem Abkommen vereinbar. Weder das TRIPs-Abkommen noch eines der anderen

---

[621] (WT/DS27/ARB/ECU), Schiedsbericht vom 24.3.2000, vom DSB angenommen am 18.5.2000.

[622] Alle Mitgliedstaaten mit Ausnahme von Dänemark und den Niederlanden.

[623] Abschnitt 1 (Urheberrecht und verwandte Rechte, Art. 14), Abschnitt 3 (Geographische Herkunftsangaben) und Abschnitt 4 (Gewerbliche Muster).

[624] GATS Schedule of Specific Commitments (BGBl. 1994 II S. 1521 (englisch), S. 1678 (deutsch)) : Großhandelsdienstleistungen (Wholesale trade services) (CPC 622).

WTO-Abkommen enthalte eine Bestimmung, wonach die Anwendung von Art. 22 DSU im Falle des TRIPs-Abkommens ausgeschlossen sei[625]. Daß TRIPs-Verpflichtungen ausgesetzt werden können, ergebe sich auch aus der ausdrücklichen Einbeziehung in Art. 22 Abs. 3 (f) (iii) und (g) (iii) DSU.

Nach Art. 2 Abs. 2 TRIPs dürfe das TRIPs-Abkommen zwar keine der inkorporierten immaterialgüterrechtlichen Konventionen einschränken. Dies gelte allerdings nur für die Teile I bis IV des Abkommens, nicht aber für die Bestimmungen über Streitbeilegung in Teil V. Art. 64 TRIPs wiederum erkläre die Bestimmungen des DSU für in vollem Umfang anwendbar. Eine den Ausnahmen in Art. 64 Abs. 2 und 3 TRIPs entsprechende ausdrückliche Ausnahme bestehe nicht.

Die Prüfung, ob Ecuador mit der Aussetzung von TRIPs-Verpflichtungen darüber hinaus internationale Verpflichtungen aus anderen Abkommen als dem TRIPs verletze, liege außerhalb der Zuständigkeit der WTO-Streitbeilegungsorgane[626].

Das Schiedspanel geht auch auf die Problematik ein, daß mit der Aussetzung von TRIPs-Verpflichtungen in private Rechte natürlicher oder juristischer Personen eingegriffen wird[627]. Es weist darauf hin, daß die privaten Rechtsträger aller Wahrscheinlichkeit nach an der Erfüllungsverweigerung durch die Europäische Gemeinschaft keinen Anteil hätten. Dies stellt nach seiner Auffassung allerdings keinen im Rahmen des DSU-Verfahrens beachtlichen Hinderungsgrund für eine Aussetzung von TRIPs-Bestimmungen dar. Die Aussetzung könne zwar rechtliche Probleme im nationalen Rechtssystem sowohl des aussetzenden als auch des von der Aussetzung betroffenen Mitglieds verursachen. Die Berücksichtigung bzw. Lösung dieser Probleme sei allerdings allein Aufgabe des aussetzenden Mitgliedes.

---

625 *European Communities - Regime for the Importation, Sale and Distribution of Bananas - Recourse to Arbitration by the European Communities under Article 22.6 of the DSU* (WT/DS27/ARB/ECU), Schiedsbericht vom 24.3.2000, vom DSB angenommen am 18.5.2000, S. 31, Tz. 151. Hierzu auch *Vranes*, EuZW 2001, S. 10.

626 *European Communities - Regime for the Importation, Sale and Distribution of Bananas - Recourse to Arbitration by the European Communities under Article 22.6 of the DSU* (WT/DS27/ARB/ECU), Schiedsbericht vom 24.3.2000, vom DSB angenommen am 18. 5.2000, S. 31, Tz. 152.

627 *European Communities - Regime for the Importation, Sale and Distribution of Bananas - Recourse to Arbitration by the European Communities under Article 22.6 of the DSU* (WT/DS27/ARB/ECU), Schiedsbericht vom 24.3.2000, vom DSB angenommen am 18. 5.2000, S. 33, Tz. 157.

b. Aussetzung von TRIPs-Verpflichtungen als vorübergehende Maßnahme

Aussetzungsmaßnahmen dürfen nach Art. 22 Abs. 1 Satz 1 DSU lediglich vorübergehenden Charakter haben. Im Fall der Aussetzung von TRIPs-Verpflichtungen wirf dies Probleme auf. Bei einer streng formalen Betrachtungsweise hindert zwar nichts ein beschwerdeführendes Mitglied daran, Verpflichtungen aus dem TRIPs-Abkommen für einen begrenzten Zeitraum auszusetzen und im Erfüllungsfall durch die andere Partei zur vollen Vertragsbindung zurückzukehren. Allerdings hat die Aussetzung von Verpflichtungen zum Schutze des geistigen Eigentums häufig faktisch eine dauerhafte Wirkung. In vielen Fällen wird die Rückkehr zur Vertragsbindung für die Angehörigen des von der Aussetzung betroffenen Mitgliedes keinen wirtschaftlichen Wert haben. Der Entzug des durch das TRIPs-Abkommen garantierten Schutzes ist dann faktisch dauerhaft, wenn während der Aussetzungsperiode das Substrat des geschützten Rechtes verloren geht[628]. Hierbei sind zwei Situationen zu unterschieden:

Die Gefahr der Beeinträchtigung oder des Verlustes privater Rechte besteht in verstärktem Maße im Falle der Aussetzung des Schutzes bereits gewährter Rechte des geistigen Eigentums. Wenn der aussetzende Staat keine entsprechenden Vorkehrungen trifft, fallen die Rechte in die *public domain*. Der Rechtsinhaber kann den Zugriff durch Konkurrenten aus anderen, von der Aussetzung nicht betroffenen Mitgliedern und somit den Verlust des wirtschaftlichen Substrats dann nicht verhindern. Die Zulässigkeit der Aussetzung von bereits gewährten Immaterialgüterrechten ist unter dem Aspekt der Dauerhaftigkeit derartiger Maßnahmen deshalb fraglich.

Die Nichtgewährung von Schutz *ex nunc* dagegen greift nicht in bereits gewährte wohlerworbene Rechte ein. Dem betroffenen Urheber, Erfinder etc. wird lediglich die rechtliche Anerkennung eines eigenen Werkes oder einer Erfindung verwehrt und damit deren wirtschaftlicher Wert geschmälert. Auch in diesen Fällen kann die Aussetzung von Verpflichtungen faktisch dauerhaft zu einem Verlust des wirtschaftlichen Substrats eines an sich schutzfähigen Rechtes führen. Die Nichtgewährung von Schutz für an sich schutzfähige, aber noch nicht erworbene Immaterialgüterrechte ist jedoch keine Maßnahme, die dauerhaft in bestehende wohlerworbene Rechte eingreift. Bei der Aussetzung *ex nunc* handelt es sich deswegen regelmäßig um das mildere Mittel im Sinne der Verhältnismäßigkeit.

Allerdings ist der endgültige Verlust des Immaterialgüterrechts auch bei einer Aussetzung bereits gewährter Rechte nicht zwingend. Interessant ist in diesem Zusammenhang das Lizenzmodell, das Ecuador zur Aussetzung von TRIPs-Verpflichtungen als Sanktion gegen die Europäische Gemeinschaft entwickelte,

---

[628] *Cottier*, in: Cameron/Campbell, S. 111 (119).

und das die Zustimmung des befaßten WTO-Schiedspanels fand[629]. Der von Ecuador gewählte Mechanismus sieht ein Lizenzsystem vor, in dem ausgesetzte Rechte nicht in die *public domain* fallen[630]. In Ecuador ansässige Unternehmen oder Individuen können vielmehr staatliche Lizenzen zur Schutzaussetzung innerhalb Ecuadors beantragen. Diese Lizenzen können jederzeit widerrufen werden. Mit dem Widerruf der Lizenz wird die Schutzaussetzung aufgehoben und der ursprüngliche Schutz wieder hergestellt. Durch das Lizenzsystem kann Ecuador die Schutzaussetzung hinsichtlich Menge, Wert und Zeit beschränken und kontrollieren. Dennoch lassen sich faktisch endgültige Wirkungen – wie z.B. der endgültige Verlust von Marktanteilen oder Vertriebswegen – nicht verhindern. Auch ist fraglich, ob das Lizenzsystem in der praktischen Anwendung den Anforderungen genügt.

Die faktischen Konsequenzen einer Aussetzung von Verpflichtungen aus dem TRIPs-Abkommen zwingen deshalb zu größter Vorsicht bei der Wahl dieser Sanktion[631]. Sie haben jedoch keine rechtliche Relevanz in dem Sinne, daß sie die Aussetzung von Verpflichtungen aus dem TRIPs-Abkommen als nicht lediglich temporäre Maßnahmen grundsätzlich verbieten. Zwar verbietet auch das allgemeine Völkerrecht Repressalien mit endgültigem Charakter[632]. Hierbei ist jedoch darauf abzustellen, ob die Maßnahme an sich als andauernde bezweckt ist. Schwerlich ausreichend kann sein, daß eine gewählte Sanktion lediglich faktisch andauernde Wirkungen zeitigt. Solche können sich auch im Falle der Aussetzung von Verpflichtungen aus dem GATT oder GATS ergeben. So trifft auch der durch eine Importbeschränkung erlittene Verlust an Handelschancen faktisch das individuelle Unternehmen und kann zu einer dauerhaften Beeinträchtigung wie zum Beispiel dem dauerhaften Verlust von Marktanteilen führen. Die Aussetzbarkeit von Verpflichtungen aus dem GATT wird dennoch unter dem Aspekt der temporären Begrenzung nicht bezweifelt. Entsprechendes muß für die Aussetzung von TRIPs-Verpflichtungen gelten. Faktisch dauerhafte Wirkungen der Aussetzung von Verpflichtungen aus dem TRIPs-Abkommen schließen demnach nicht aus, daß es sich hierbei um eine zeitweilige Maßnahme im Sinne von Art. 22 Abs. 1 Satz 1 DSU handelt.

---

[629] *European Communities - Regime for the Importation, Sale and Distribution of Bananas - Recourse to Arbitration by the European Communities under Article 22.6 of the DSU* (WT/DS27/ARB/ECU), Schiedsbericht vom 24.3.2000, vom DSB angenommen am 18.5.2000, S. 34, Tz. 161 ff., 164.

[630] (WT/DS27/ARB/ECU), Schiedsbericht vom 24.3.2000, S. 34, Tz. 161 ff.

[631] *Cottier*, in: Cameron/Campbell, S. 111 (119).

[632] So z.B. in Bezug auf Enteignungen als Repressalie: *Seidl-Hohenveldern*, NTIL 1962, S. 470 (473).

c. Schutz von Rechten des geistigen Eigentums als Menschenrechte

(1) Menschenrechtsschutz als Grund für ein Repressalienverbot

Der Aussetzung von TRIPs-Verpflichtungen als Mittel der Repressalie könnten weiterhin Erwägungen des Menschenrechtsschutzes entgegenstehen. Dabei geht es nicht unmittelbar um die Frage, inwiefern das Völkerrecht den Schutz von geistigem Eigentum garantiert. Die Qualifizierung der Maßnahmen nach Art. 22 DSU als Repressalien impliziert, daß bei Vorliegen der Voraussetzungen des Repressalienrechts auch ein Verstoß gegen völkerrechtliche Verpflichtungen gerechtfertigt ist. Die Ermächtigung zur Aussetzung einer vertraglichen Verpflichtung aus dem TRIPs-Abkommen beinhaltet somit grundsätzlich auch die Ermächtigung, gegen sonstige Normen des Völkerrechts zum Schutz des geistigen Eigentums zu verstoßen.

Ein Verbot der Aussetzbarkeit könnte sich jedoch aus dem menschen- und individualrechtlichen Gehalt der TRIPs-Bestimmungen ergeben. Immaterialgüterrechte unterfallen zumindest in Teilen dem menschenrechtlichen Schutz, auch wenn der genaue sachliche, personelle und räumliche Anwendungsbereich dieses Schutzes nicht eindeutig ist[633]. Die Aussetzung von TRIPs-Bestimmungen hat zum Resultat, daß den Angehörigen des Staates, demgegenüber die Bestimmungen ausgesetzt werden, der Schutz der Inländerbehandlung und/oder der Mindeststandards verwehrt wird. Unmittelbar betroffen von der Aussetzung ist nicht der vertragsbrüchige Staat, sondern der individuelle Schutzrechtsinhaber.

In der Völkerrechtslehre wird angenommen, Repressalien dürften nicht gegen menschenrechtliche Verpflichtungen eines Staates verstoßen. Dies gilt zum einen für solche Verpflichtungen, die als *ius cogens* (Art. 57 WVK) universellen Charakter haben. Darüber hinaus kann aber auch der Regelungsgehalt und –zweck einer Menschenrechtskonvention, deren Bestimmungen nicht den Status von *ius cogens* genießen, einer Aussetzung einer Verpflichtung zum Zwecke

---

633 Vgl. Art. 27 Abs. 2 der Allgemeinen Erklärung der Menschenrechte von 1948, GA Resolution 217 (III 1948) Universal Declaration of Human Rights, in: United Nations, General Assembly, Official Records third Session (Part I) Resolutions (Doc. A/810), 71; Art. 15 Abs. 1 lit. c des Internationalen Paktes über wirtschaftliche, soziale und kulturelle Rechte (IPWSKR) vom 19.12.1966. Zum sachlichen Umfang des sich daraus ergebenden immaterialgüterrechtlichen Schutzes vgl. *Buck*, S. 216 ff., 227; *Fikentscher*, Wirtschaftsrecht, Bd. I, S. 263; *Meng*, in: Sacerdoti, S. 57 (69).

Daneben kommt grundsätzlich ein Schutz der Rechte des geistigen Eigentums unter dem Aspekt eines Menschenrechts als Eigentum in Betracht. Dies läßt sich insbesondere über eine Konkordanz mit den nationalen Rechtsordnungen begründen, in denen der Eigentumsbegriff regelmäßig auch das geistige Eigentum erfaßt; vgl. *Dolzer*, S. 150. Allerdings enthalten die universalen Menschenrechtskonventionen keine bindende Garantie des Eigentums als Menschenrecht.

einer Repressalie entgegenstehen. Eine derartige Einschränkung der Aussetzbarkeit und damit des Repressalienrechts setzt allerdings eine entsprechende Normierung voraus, die zudem auf den Fall der Rechtsdurchsetzung im Fall des TRIPs-Abkommens anwendbar sein muß.

(2) Anwendbarkeit von Repressalienverboten des allgemeinen Völkerrechts

Eine Einschränkung der Aussetzbarkeit von TRIPs-Bestimmungen aufgrund ihres materiell-rechtlichen, individualschützenden Charakters könnte sich über Art. 22 Abs. 5 DSU ergeben. Danach genehmigt der Dispute Settlement Body die Aussetzung von Zugeständnissen oder anderen Verpflichtungen nicht, wenn ein erfaßtes Abkommen dies verbietet. Im Wege der Auslegung ließe sich argumentieren, daß der materiell-rechtliche Charakter der Bestimmungen des TRIPs-Abkommens einer Aussetzung dieser Verpflichtungen entgegenstehe. Art. 22 Abs. 5 DSU setzt jedoch - wenigstens was das TRIPs-Abkommen anlangt - für ein Verbot der Aussetzung eine eindeutige vertragliche Regelung voraus. Dies ergibt sich aus der Verweisung in Art. 64 TRIPs auf das DSU, wonach die Bestimmungen des DSU uneingeschränkt Anwendung finden, soweit nicht im TRIPs-Abkommen ausdrücklich etwas anderes vorgesehen ist. Hinsichtlich der Aussetzbarkeit von Verpflichtungen im Sinne von Art. 22 Abs. 3 DSU enthält das TRIPs-Abkommen keine derartigen ausdrücklichen Einschränkungen. Erwägungen, die zu einer Nichtaussetzbarkeit der TRIPs-Verpflichtung aufgrund der Rechtsnatur des TRIPs-Abkommens oder des materiell-rechtlichen Charakters der gewährten Rechte führen, sind im Rahmen von Art. 22 Abs. 5 DSU unbeachtlich.

Ein Repressalienverbot, das zu einem Verbot der Aussetzung von TRIPs-Verpflichtungen unter dem Aspekt eines menschenrechtlichen Gehaltes der Bestimmungen führen könnte, könnte sich weiterhin aus Art. 60 Abs. 5 WVK bzw. aus Völkergewohnheitsrecht ergeben. Art. 60 Abs. 5 WVK enthält wenigstens zum Teil die vertragsrechtliche Anerkennung der Auffassung, wonach das Recht auf einseitige Aussetzung von Vertragsverpflichtungen keine Anwendung findet auf rechtsetzende Verträge, die absolute und unbedingte Verpflichtungen enthalten und nicht auf dem Prinzip der Gegenseitigkeit beruhen[634]. Derartige völkerrechtliche Normen bestünden nicht so sehr zum Nutzen der Vertragsstaaten als vielmehr zum Nutzen der betroffenen Individuen. Dementsprechend dürften diese Rechte den unmittelbar betroffenen Individuen nicht deswegen entzogen werden, weil die Gegenseitigkeit nicht gewährleistet ist, also ihr eigener Staat nicht erfüllt. Unter Berufung auf den materiellen Regelungsgehalt und privatrechtsetzenden Charakter des TRIPs-Abkommens liegt der Gedanke nahe, das TRIPs-Abkommens als rechtsetzenden Vertrag im obigen Sinn zu qualifizieren.

---

[634] *Sinclair*, S. 190; siehe auch *Ballreich*, GRUR Int. 1983, S. 470 (473).

Für eine Anwendbarkeit des Art. 60 Abs. 5 WVK müßte es sich jedoch weiterhin um einen Vertrag humanitärer Art mit menschenrechtlichem Charakter handeln. Das TRIPs-Abkommen begründet indes selbst kein System des menschenrechtlichen Schutzes von Immaterialgüterrechten, sondern vertraglich vereinbarte Mindestpositionen im Fremdenschutz[635]. Auch die Annahme eines völkergewohnheitsrechtlichen Verbotes von Repressalien gegen „basic human rights"[636] scheidet aus diesen Gründen aus.

Auch bei der Qualifizierung des TRIPs-Abkommens als Vertrag im Sinne von Art. 60 Abs. 5 WVK oder der Annahme eines entsprechenden völkergewohnheitsrechtlichen Repressalienverbots ist jedoch fraglich, ob sich daraus eine Beschränkung des Repressalienrechts nach Art. 22 DSU herleiten ließe. Die Anwendung dieser Repressalienverbote im Kontext der Aussetzung von TRIPs-Bestimmungen setzt voraus, daß das WTO-Streitbeilegungs- und Sanktionensystem den Rückgriff auf die Regeln des allgemeinen Völkervertragsrechts und des Völkergewohnheitsrechts überhaupt erlaubt. Dabei braucht die Frage, ob es sich bei dem WTO-Streitbeilegungssystem um ein *self-contained régime* handelt, das sowohl die Vorschriften, welche die im Rahmen dieses Regimes vorgesehenen Rechte gewährleisten, als auch die Mittel für den Fall der Verletzung dieser Vorschriften abschließend regelt[637], hier nicht beantwortet zu werden[638]. Schon allein aufgrund des allgemeinen Spezialitätsgrundsatzes[639] ist davon auszugehen, daß das Dispute Settlement Understanding den Mechanismus zur Durchsetzung der Bestimmungen der WTO-Abkommen hinsichtlich der Voraussetzungen und Rechtsfolgen zunächst einmal abschließend ausgestaltet hat[640]. Davon geht auch Art. 23 DSU aus. Für eine abschließende Regelung hinsichtlich der Aussetzbarkeit von Bestimmungen der multilateralen Abkommen im

---

635 *Helfer*, HarvILJ, Vol. 39, No. 2 (1998), S. 357 (397); *Buck*, S. 250.

636 Hierzu *Doehring*, ZaöRV 47 (1987), S. 44 (47); *Vitzthum/Schröder*, 6. Abschn., Rn. 107; *Zemanek*, ZaöRV 47 (1987), S. 32 (39), sowie Art. 50 (d) des ILC-Entwurfes zur Staatenverantwortlichkeit.

637 Zur Problematik der *self-contained régimes* im Kontext der Rechtsdurchsetzung siehe *Vitzthum/Schröder*, 6. Abschn., Rn. 30.

638 Dies wird abgelehnt von *Hahn*, S. 282; *Meng*, in: FS Bernhardt, S. 1063 (1086); *Pauwelyn*, AJIL 94 (2000), S. 335 (341). Siehe auch *United States – Standards for Reformulated and Conventional Gasoline* (WT/DS2/ARB/R), Bericht des Appellate Body vom 29.4.1996, Rn. 17: "That direction [in Art. 3.2 DSU] reflects a measure of recognition that the [GATT] is not to be read in clinical isolation from public international law". Zur Ablehnung einer Qualifizierung des alten GATT 1947 als *self-contained régime* kommen *Mavroidis*, RIW 1991, S. 497 ff.; *Kuyper*, NYIL 25 (1994), S. 227 (252).

639 Vgl. Artikel 37 des ILC-Entwurfes zur Staatenverantwortlichkeit.

640 *Pauwelyn*, AJIL 94 (2000), S. 335 (341); *Reinisch*, RIW S. 449 (455).

speziellen spricht zudem der Wortlaut des Art. 22 Abs. 5 DSU, der eine Einschränkung der Repressalienbefugnis von einer entsprechenden Regelung in einem der WTO-Abkommen abhängig macht. Das Dispute Settlement Understanding erlaubt es somit nicht, Repressalienverbote des allgemeinen Völkervertragsrechts oder des Völkergewohnheitsrechts als zusätzliche Rechtmäßigkeitsvoraussetzung der Aussetzung von Verpflichtungen nach Art. 22 Abs. 3 DSU heranzuziehen.

Insgesamt ergeben sich somit aus dem menschenrechtlichen Schutz der Rechte des geistigen Eigentums keine WTO-rechtlich beachtlichen Beschränkungen der Möglichkeit, Verpflichtungen aus dem TRIPs-Abkommens im Rahmen einer Gegenmaßnahme nach Art. 22 Abs. 3 DSU auszusetzen.

d. Eigentumsschutz

Die Aussetzung von TRIPs-Bestimmungen zum Schutz geistigen Eigentums wirft weiterhin Probleme des Eigentumsschutzes auf. Der Entzug des immaterialgüterrechtlichen Schutzes stellt ein an sich schutzfähiges Recht gemeinfrei und wirkt dem Urheber, Erfinder etc. gegenüber dann als Enteignung. Verbreitet wird deswegen argumentiert, Sanktionen iSv Art. 22 Abs. 3 DSU seien im Anwendungsbereich des TRIPs-Abkommens nicht möglich, da zumindest die Aussetzung bestehender Rechte des geistigen Eigentums eine diskriminierende Enteignung darstelle[641]. Dabei bleibt aber häufig offen, ob es sich hierbei um einen Hinderungsgrund des Völkerrechts oder des innerstaatlichen Rechts handeln soll[642]. Andere weisen darauf hin, daß im Kontext des Rechtsdurchsetzungsmechanismus nach Art. 22 DSU zwar Probleme des Eigentumsschutzes auftreten können, es sich hierbei jedoch nicht um völkerrechtliche Schranken der Rechtsdurchsetzung handele[643].

---

641 *Bronckers*, CMLRev 31 (1994), S. 1245 (1260, 1277); *Dreyfuss/Lowenfeld*, VJIL 37 (1997), S. 275 (331); *Kuyper*, 91 ASIL Proc. 1997, S. 282 (285); *ders.*, in: Bourgeois, S. 87 (99); *Ullrich*, GRUR Int. 1995, S. 623 (638), Fn. 126.

642 Siehe z.B. *Dreyfuss/Lowenfeld*, VJIL 37 (1997), 275 (331): „would raise issues of expropriation"; *Kuyper*, in: Bourgeois, S. 87 (99): „retaliation within the TRIPs- Agreement might be impossible, as it might easily turn into selective or discriminatory expropriation".

643 *Cottier*, in: Cameron/Campbell, S. 111 (119): „From an international law perspective, it is difficult to see any limits.."; *Kuyper*, 91 ASIL Proc. 1997, S. 282 (285), Fn. 11: „..it amounts to discriminatory expropriation, which is prohibited by most national legal systems".

(1) Völkerrechtlicher Enteignungsschutz

Das Völkerrecht läßt Enteignungen grundsätzlich zu, sofern eine sofortige, angemessene und effektive Entschädigung geleistet wird[644]. Diese Entschädigungspflicht zählt zu den fremdenrechtlichen Mindeststandards des Völkerrechts[645]. Nach allgemeiner Ansicht enthält das Völkerrecht zudem keinen allgemeinverbindlichen Eigentumsbegriff[646]. Über die Einbeziehung von Rechten des geistigen Eigentums in einen völkerrechtlichen Eigentumsschutz und somit die Existenz eines Rechtes kann nicht das Völkerrecht selbst, sondern nur die jeweilige nationale Rechtsordnung entscheiden. Wenn aber dem nationalen Gesetzgeber die völlige Freiheit bei der Ausgestaltung der Eigentumsordnung belassen wird und keine Mindestanforderungen gestellt werden, ist folglich auf der Ebene des Völkerrechts ein Schutz des Eigentums gegenüber anderen Maßnahmen als jenen, die eine bereits erworbene Rechtsposition entziehen, nicht gewährleistet[647]. Es können somit nur solche geistigen Güter als Rechtspositionen enteignet werden, für die bereits ein Schutzrecht erworben wurde.

Für die Frage, ob sich aus einem völkerrechtlichen Enteignungsschutz eine Grenze der Aussetzbarkeit von TRIPs-Bestimmungen ergibt, bedeutet dies, daß eine derartige Einschränkung ohnehin nur für solche Gegenmaßnahmen in Betracht kommen, die darauf gerichtet sind, bereits bestehende, wohlerworbene Rechtspositionen zu entziehen. Ansonsten rechtfertigt der Repressaliencharakter der Maßnahmen nach Art. 22 DSU auch ein an sich völkerrechtswidriges Verhalten. Sofern die Aussetzung von TRIPs-Bestimmungen mit Wirkung *ex nunc* erfolgt, werden dadurch keine wohlerworbenen Rechte des geistigen Eigentums betroffen. Die Aussetzung verweigert lediglich den Angehörigen eines Staates die Entstehung eines Immaterialgüterrechts. Über die Zulässigkeit einer derartigen Maßnahme unter dem Aspekt des Eigentumsschutzes entscheidet nicht das Völkerrecht, sondern ausschließlich das nationale Recht. Insbesondere erlaubt die völkerrechtliche Eigentumsordnung den Nationalstaaten auch die Beschränkung der Aussetzungswirkung auf Angehörige eines einzelnen Staates. Insofern hierdurch anderweitige völkerrechtliche Verpflichtungen wie das Gebot der Gleichbehandlung vor allem in seiner Konkretisierung durch den Grundsatz der Meistbegünstigung verletzt werden, ist diese Verletzung aufgrund des Repressaliencharakters der Aussetzungsmaßnahme gerechtfertigt[648].

---

644 Sog. Hull-Formel, die gewohnheitsrechtliche Geltung beansprucht; *Dolzer*, S. 20 f.

645 Zu den Mindeststandards: *Verdross/Simma*, 3. Aufl., § 1213 f.; *Seidl-Hohenveldern*, 9. Aufl., Rn. 1172 ff.

646 *Dolzer*, S. 148, mwN in Fn. 21; *Christians*, S. 107; *Buck*, S. 229.

647 *Christians*, S. 107; *Buck*, S. 252.

648 Zum Gebot der Gleichbehandlung im Völkerrecht siehe *Strupp-Schlochauer/Jaenicke*, Bd. 1, Gleichbehandlung, S. 690 ff.

(2) Beschränkungen der Aussetzbarkeit durch nationales Recht

Im innerstaatlichen Recht wird die Aussetzung von Verpflichtungen aus dem TRIPs-Abkommen gegenüber den Angehörigen eines anderen WTO-Mitglieds häufig eine Enteignung darstellen, sofern das betreffende Immaterialgüterrecht durch nationales Recht geschützt ist. Die Rechtmäßigkeit einer solchen Enteignung ist von innerstaatlichen Kriterien abhängig. Die dadurch aufgeworfenen Probleme sollen hier nur kurz angerissen werden.

Immaterialgüterrechte unterliegen in den Mitgliedstaaten der Europäischen Gemeinschaft dem Eigentumsschutz der nationalen Verfassungen sowie dem gemeinschaftsrechtlichen Verfassungsschutz in der EG[649]. Sofern das nationale Recht wie in der BRD für die Enteignung einen Gesetzesvorbehalt vorsieht[650], könnte dieser unter Umständen in den Bestimmungen des DSU erfüllt sein, die die Aussetzung von TRIPs-Verpflichtungen gestatten, und die in innerstaatliches Recht überführt worden sind. Die Aussetzung der Verpflichtungen gegenüber den Angehörigen nur eines Staates wirkt diskriminierend. Allerdings wird mit der Aussetzung ein legitimes, außenwirtschaftliches Interesse des Staates an der Durchsetzung völkerrechtlicher Verpflichtungen verfolgt. Hierin kann ein sachlicher Grund für die Diskriminierung zu sehen sein.

Sofern das nationale Recht eine Aussetzung mit enteignender Wirkung gestattet, in diesem Falle jedoch zur Zahlung einer Entschädigung an die Schutzrechtsinhaber verpflichtet, entfällt zum großen Teil die wirtschaftliche Logik der Aussetzung. Sie trifft dann nicht nur die Angehörigen des Staates, der selbst WTO-widrig gehandelt hat, sondern auch den aussetzenden Staat selber. Insofern führt die Aussetzung der TRIPs-Verpflichtungen nur formal zu einer Wiederherstellung des außenwirtschaftlichen Gleichgewichts. Dieser Mechanismus tritt jedoch unabhängig von jeder Entschädigungsproblematik ein. Eine Aussetzung des Schutzes von Rechten des geistigen Eigentums gegenüber Angehörigen eines Drittstaates wird immer auch negative Rückwirkungen auf die nationale Wirtschaft haben. So sind zwar auch kurzfristige Gewinne der nationalen Wirtschaft aufgrund des durch das höhere Schutzniveau erlangten Wettbewerbsvorteils zu erwarten. Insgesamt führt die Aussetzung von Mindeststandards des Schutzes des geistigen Eigentums jedoch unter anderem zu einer Verschlechterung des Investitionsklimas im aussetzenden Staat. Die Aussetzung von TRIPs-

---

649 Zum Schutz im deutschen Verfassungsrecht siehe *Fezer*, 2. Aufl., Einl. MarkenG, Rn. 22 ff. (Marken); *Schricker/Schricker*, 2. Aufl., UrheberR, Einleitung, Rn. 12; *Schricker/Melichar*, 2. Aufl., UrheberG, vor §§ 45 ff., Rn. 7 ff. (Urheberrecht). Siehe auch BVerfGE 51, 193 (216 ff.) - Weinbergsrolle -. Zum Schutz im System der europäischen Grundrechte siehe *Frowein/Peukert*, EMRK-Kommentar, 2. Aufl., Art. 1 des 1. ZP EMRK, Rn. 6; *von Milczewski*, S. 51, 127.

650 Für die Rechtslage in der Bundesrepublik Deutschland siehe *Tomuschat*, ZaöRV (33) 1973, S. 179 (208).

Verpflichtungen steht somit nicht unbedingt im wirtschaftlichen Interesse eines Staates.

Im Fall der Europäischen Gemeinschaft steht zudem die Problematik der Kompetenzverteilung zwischen der Gemeinschaft und den Mitgliedstaaten bei der Ergreifung von Gegenmaßnahmen einer Entscheidung für die Aussetzung von TRIPs-Verpflichtungen entgegen[651]. So erscheint die Aussetzung von TRIPs-Verpflichtungen aus innerstaatlichen Gründen wenig wahrscheinlich.

(3) Beachtlichkeit innerstaatlichen Eigentumsschutzes iRv Art. 22 Abs. 3 DSU

Derartige innerstaatliche Hinderungsgründe können auch auf völkerrechtlicher Ebene im Rahmen des gestuften Sanktionsmechanismus nach Art. 22 Abs. 3 DSU Berücksichtigung finden. Nach Art. 22 Abs. 3 (b) und (c) ist das Ergreifen von sektor- oder abkommensübergreifenden Gegenmaßnahmen nur dann gestattet, wenn die Aussetzung von Verpflichtungen innerhalb desselben Sektors oder desselben Abkommens nicht möglich oder wirksam ist. Da im System des Art. 22 Abs. 3 DSU die sektoren- und übereinkommensübergreifenden Gegenmaßnahmen die Ausnahme bleiben sollen, sind an das Vorliegen ihrer Voraussetzungen demnach grundsätzlich strenge Anforderungen zu stellen[652].

Jedoch räumt das System des Art. 22 Abs. 3 DSU der aussetzungswilligen Partei einen gewissen, nach Art. 22 Abs. 7 Satz 3 DSU schiedsgerichtlich überprüfbaren Beurteilungsspielraum ein[653]. Aus Art. 22 Abs. 3 (d) ergibt sich, daß die Frage, ob die Aussetzung einer Verpflichtung innerhalb eines Sektors oder eines Abkommens möglich oder wirksam ist, nicht nach rein rechtlichen Kriterien beantwortet werden muß. Eine Aussetzung ist dann möglich, wenn sie in der Praxis sowie im konkreten Fall zur Erreichung des gewünschten Ziels zur Verfügung steht. Das Effektivitätskriterium berechtigt das aussetzende Mitglied zur Wahl derjenigen Maßnahme, die im Hinblick auf das angestrebte Ziel, nämlich das gegnerische Mitglied zur Ausräumung des WTO-widrigen Zustands zu bewegen, die stärksten Wirkungen zeitigt[654]. Zudem müssen nach dem Wortlaut

---

651 *Bronckers*, JWT, Vol. 29, No. 5 (1995), S. 73 (94).

652 WTO-Schiedsentscheidung, *European Communities - Regime for the Importation, Sale and Distribution of Bananas - Recourse to Arbitration by the European Communities under Art. 22.3 of the DSU* (WT/DS27/ARB), Schiedsbericht vom 9.4.1999, S. 6, Tz. 3.7.

653 WTO-Schiedsentscheidung, *European Communities - Regime for the Importation, Sale and Distribution of Bananas - Recourse to Arbitration by the European Communities under Art. 22.3 of the DSU* (WT/DS27/ARB), Schiedsbericht vom 9.4.1999, S. 6, Tz. 3.4.

654 *European Communities - Regime for the Importation, Sale and Distribution of Bananas - Recourse to Arbitration by the European Communities under Article 22.6 of the DSU* (WT/DS27/ARB/ECU), Schiedsbericht vom 24.3.2000, vom DSB angenommen am 18.5.2000, S. 18, Tz. 70 ff.

von Art. 22 Abs. 3 (c) DSU die Kriterien der Möglichkeit und Wirksamkeit nicht kumulativ, sondern nur alternativ geprüft werden. Die aussetzende Partei hat dabei wirtschaftliche Erwägungen wie das Ausmaß und die Bedeutung des Handels unter dem verletzten Sektor und die weiteren wirtschaftlichen Konsequenzen einer Aussetzung zu berücksichtigen (Art. 22 Abs. 3 (d) DSU). In diesem Kontext können auch innerstaatliche Hinderungsgründe wie Anforderungen des Eigentumsschutzes Berücksichtigung finden.

Diese Möglichkeit, innerstaatlichen Hinderungsgründen bei der Aussetzung von TRIPs-Verpflichtungen durch die Wahl abkommensübergreifender Gegenmaßnahmen auszuweichen, begründet jedoch keinen rechtlichen Zwang zur *cross-retaliation*. Das Sanktionensystem des Art. 22 Abs. 3 DSU ist in seinen Rechtmäßigkeitsanforderungen ausschließlich dem Völkerrecht verpflichtet. Insofern steht es bei einer völkerrechtlichen Betrachtung einer Partei ebenso frei, eine auf innerstaatliche Ebene rechtswidrige, jedoch völkerrechtskonforme Gegenmaßnahme zu ergreifen. Wie das WTO-Schiedspanel zu Recht festgestellt hat, ist die Berücksichtigung bzw. Lösung der Probleme, die sich durch die Aussetzung der TRIPs-Verpflichtungen in der nationalen Rechtsordnung ergeben, allein Aufgabe des aussetzenden Staates[655]. So werden WTO-Mitglieder zwar regelmäßig aus Rücksicht auf innerstaatliche Erwägungen eine Verletzung des TRIPs-Abkommens mit einer abkommensübergreifenden Gegenmaßnahme nach Art. 22 Abs. 3 (c) DSU beantworten. Diese Verknüpfung ist jedoch rein politischer und faktischer Natur.

e. Ergebnis: Aussetzbarkeit von TRIPs-Verpflichtungen

Insgesamt ergeben sich aus dem für die Rechtmäßigkeit einer Gegenmaßnahme nach Art. 22 Abs. 2 Satz 2, Abs. 3 DSU alleine maßgeblichen Völkerrecht keine Schranken der Aussetzbarkeit von TRIPs-Verpflichtungen. Auf eine Verletzung des TRIPs-Abkommens kann somit mit der in Art. 22 Abs. 3 (a) und (b) DSU als Normalfall vorgesehenen Aussetzung von Verpflichtungen aus dem selben Sektor oder dem selben Abkommen reagiert werden. WTO-Mitglieder können, wenn innerstaatliche Hinderungsgründe einer Aussetzung von TRIPs-Bestimmungen entgegenstehen, diese grundsätzlich im Rahmen von Art. 22 Abs. 3 (d) in ihre Entscheidung einfließen lassen und demgemäß freiwillig eine Maßnahme der *cross-retaliation* wählen. Ein rechtlicher Zwang zu übereinkommensübergreifenden Maßnahmen iSv Art. 22 Abs. 3 (c) DSU und damit eine zwingende Verknüpfung der multilateralen WTO-Abkommen über den gemeinsamen

---

655 *European Communities - Regime for the Importation, Sale and Distribution of Bananas - Recourse to Arbitration by the European Communities under Article 22.6 of the DSU* (WT/DS27/ARB/ECU), Schiedsbericht vom 24.3.2000, vom DSB angenommen am 18.5.2000, S. 33, Tz. 157.

Streitbeilegungs- und Rechtsdurchsetzungsmechanismus ergibt sich aus dieser Möglichkeit indes nicht.

3. Isolierte unmittelbare Anwendbarkeit und abkommensübergreifende Maßnahmen

Es verbleibt die Überprüfung des Argumentes, eine unmittelbare Anwendbarkeit des TRIPs-Abkommens würde das Ergreifen von Maßnahmen der *cross-retaliation* verhindern[656].

Unter dem Aspekt des materiell-rechtlichen Normcharakters der TRIPs-Bestimmungen hat die Anerkennung der unmittelbaren Anwendbarkeit von TRIPs-Bestimmungen keine Auswirkungen auf ihre Aussetzbarkeit zu Sanktionszwekken[657]. Die Aussetzung einer völkerrechtlichen Verpflichtung, die auch Individuen private Rechte gewährt, erfordert auf innerstaatlicher Ebene immer einen spezifischen nationalen Rechtsakt, der die einmal gewährten Vergünstigungen wieder zurücknimmt oder *ex nunc* aussetzt[658]. Dies gilt sowohl im Falle der Anerkennung der unmittelbaren Anwendbarkeit als auch bei Gewährung lediglich kraft innerstaatlichem Gesetz. Die Aussetzbarkeit von TRIPs-Bestimmungen zu Sanktionszwecken wird also nicht durch ihre Qualifikation als unmittelbar anwendbare Normen beeinflußt.

Die Tatsache, daß einer Aussetzung von TRIPs-Verpflichtungen innerstaatliche Hinderungsgründe entgegenstehen können, beeinträchtigt somit zwar faktisch die Sanktionseffizienz des WTO-Systems. Dies gilt jedoch völlig unabhängig von einer Anerkennung der unmittelbaren Anwendbarkeit der TRIPs-Normen. Aus dem Argument des Eigentumsschutzes und eventuellen Schwierigkeiten bei der Aussetzbarkeit der TRIPs-Bestimmungen lassen sich somit keine formalen Argumente gegen eine isolierte unmittelbare Anwendbarkeit des TRIPs-Abkommens ziehen.

IV. Ergebnis

Zwar ist das TRIPs-Abkommen mit GATT 1994 und GATS über den gemeinsamen institutionellen Rahmen der WTO verknüpft. Diese Verknüpfung zwingt jedoch nicht dazu, die multilateralen Handelsübereinkommen der WTO hinsichtlich der Frage der unmittelbaren Anwendbarkeit einheitlich zu behandeln.

---

656 So *Ullrich*, GRUR Int. 1995, S. 623 (638), Fn. 126.

657 *Drexl*, in: FS Fikentscher, S. 822 (835); *ders.*, in: Beier/Schricker, IIC Studies 18, S. 13 (54); *Meng*, in: FS Bernhardt, S. 1063 (1079); *Staehelin*, S. 148; siehe auch *Kunz-Hallstein*, in: Beier/Schricker, IIC Studies 11, S. 75 (90) zur Rechtslage unter der PVÜ.

658 *Tomuschat*, ZaöRV (33) 1973, S. 179 (208).

Das TRIPs-Abkommen läßt sich vielmehr in formaler Hinsicht für die Betrachtung der unmittelbaren Anwendbarkeit aus dem Verbund der WTO-Übereinkommen lösen. Eine unauflösbare Interdependenz der Abkommen ergibt sich insbesondere nicht aus der Möglichkeit nach Art. 22 Abs. 3 DSU, auf Verletzungen des TRIPs-Abkommens mit der Aussetzung von Bestimmungen aus anderen Abkommen zu reagieren. Ob eine Abkommensbestimmung in der internen Rechtsordnung unmittelbar anwendbar ist oder nicht, beeinflußt nicht ihre Aussetzbarkeit zu Sanktionszwecken.

F. Gegenseitigkeit

Zuletzt könnte die Beantwortung der Frage nach der unmittelbaren Anwendbarkeit des TRIPs-Abkommens von Erwägungen der Gegenseitigkeit abhängen. Auf diesen Aspekt der Fragestellung stellte der EuGH in seiner Entscheidung *Portugal v. Rat* vom 23.11.1999 ab, um damit eine unmittelbare Anwendbarkeit der WTO-Übereinkünfte insgesamt zu verneinen[659].

Zu differenzieren ist zwischen einer Gegenseitigkeit als ursprünglichem Gleichgewicht der Verpflichtungen und Gegenseitigkeit in der internen Umsetzung der Vertragsverpflichtungen.

I. Gegenseitigkeit als Gleichgewicht der Verpflichtungen

Die Gegenseitigkeit der Vertragsverpflichtungen bildet ein wesentliches Strukturprinzip des Völkerrechts[660]. Sie ist Motiv zur Eingehung völkervertragsrechtlicher Verpflichtungen[661]. Souveräne Staaten lassen sich grundsätzlich dann auf völkervertragliche Bindungen ein, wenn die eingegangenen Rechte und Pflichten reziprok sind. Dies gilt in besonderem Maße auch für die internationalen Handelsbeziehungen[662].

Auch mit den WTO-Übereinkünften sind die Mitglieder ausweislich der Prämbel des WTO-Abkommens „reciprocal and mutually advantageous arrangements directed to the substantial reduction of tariffs and other barriers to trade and to the elimination of discriminatory treatment in international trade relations“ eingegangen. Die gegenseitigen Verpflichtungen und Vergünsti-

---

[659] EuGH, Rs. C-149/96 - *Portugal v. Rat* -, Urteil des Gerichtshofes vom 23.11.1999, Slg. 1999, I-8395 (8438), Rn. 43 ff. Die Entscheidung wird u.a. besprochen von *Berrisch/Kamann*, EWS 2000, S. 89 ff.; *van den Broek*, JIEL 4 (2001), S. 411; *v. Danwitz*, JZ 2001, S. 721 (723 ff.); *Eeckhout*, JIEL 5 (2002), S. 91.

[660] *Verdross/Simma*, 3. Aufl., § 64.

[661] *Meessen*, JWTL, Vol. 21, No. 1 (1987), S. 67 (70).

[662] Vgl. hierzu *Petersmann*, in: FS Bernhardt, S. 1087 (1094 ff., 1104).

gungen der WTO-Übereinkünfte stellen eine sorgfältige und delikate Balance staatlicher Interessen dar[663]. Wie der Appellate Body in *Japan – Taxes on Alcoholic Beverages* feststellte: „The WTO Agreement is a treaty – the international equivalent of a contract. It is self-evident that in the exercise of their sovereignty, and in pursuit of their own respective national interests, the Members of the WTO have made a bargain. In exchange for the benefits they expect to derive as Members of the WTO, they have agreed to exercise their sovereignty according to the commitments they have made in the WTO Agreement."[664]

II. Gegenseitigkeit in der internen Umsetzung der Verpflichtungen

Allerdings spielt Gegenseitigkeit nicht nur bei der Aushandlung eines Vertrages, sondern auch bei seiner Durchführung eine Rolle[665]. Die Erwartung oder Verwirklichung gegenseitiger Vorteile wie der Beiderseitigkeit von Zugeständnissen läßt die Staaten dabei den überwiegenden Teil der Vertragsnormen ohne äußeren Zwang befolgen[666]. Nach den Regeln des Völkerrechts kann ein Vertragsstaat, dem gegenüber das Gleichgewicht der Verpflichtungen nicht eingehalten wird, jedoch auch seine eigene Leistung verweigern, um so das Gleichgewicht der Verpflichtungen wieder herzustellen und/oder den vertragsbrüchigen Partner zur Erfüllung zu veranlassen[667]. Die negative Reziprozität ist ein wichtiger Garant für eine effektive Durchsetzung völkervertraglicher Verpflichtungen[668].

Im Kontext der Frage nach der unmittelbaren Anwendbarkeit als Methode der innerstaatlichen Erfüllung der Abkommensverpflichtungen relevant ist nicht so sehr der Gedanke der Gegenseitigkeit der Vertragsverpflichtungen als Motiv der Vertragsbindung, sondern die Gegenseitigkeit in der internen Umsetzung der Verpflichtungen. Wenn ein Vertragsstaat durch private Kläger vor nationalen Gerichten zur Erfüllung eines Abkommens gezwungen werden kann, ohne daß dies in anderen Vertragsstaaten auch geschehen kann, kann dies faktisch ein Ungleichgewicht in der Erfüllung der übernommenen gegenseitigen Verpflichtungen zur Folge haben. Die Anerkennung der unmittelbaren Anwendbarkeit des

---

663 *Eeckhout*, CMLRev 34 (1997), S. 11 (37). Vertiefend hierzu *Senti*, S. 200 ff.

664 *Japan – Taxes on Alcoholic Beverages* (WT/[DS8/DS10/DS11]/AB/R), Bericht des Appellate Body vom 4.10.1996, vom DSB angenommen am 11.11.1997, Tz. 15.

665 *Verdross/Simma*, 3. Aufl., § 65.

666 Siehe hierzu grundlegend *Koh*, Yale LJ, Vol. 106, No. 8 (1997), S. 2559 ff.

667 Inadimplenti non est adinplendum; *Simma*, ÖZöR 20 (1970), S. 5 (20). Siehe auch Art. 60 WVK.

668 *Simma*, Reciprocity, EPIL, Inst. 7 (1984), S. 400 (403).

TRIPs-Abkommens in der Europäischen Gemeinschaft könnte deshalb von der Bedingung abhängig sein, daß auch die anderen Mitglieder der WTO eine unmittelbare Anwendbarkeit der Abkommensbestimmungen zulassen und somit eine vollständige Gegenseitigkeit in der internen Umsetzung besteht.

1. Status der WTO-Übereinkünfte in der Rechtsordnung anderer WTO-Mitglieder

Einige der wichtigsten Handelspartner der Gemeinschaft lehnen eine unmittelbare Anwendbarkeit der WTO-Übereinkünfte generell ab. In den USA wurde die unmittelbare Anwendbarkeit der Abkommen der Uruguay-Runde durch den Uruguay Round Agreements Act ausgeschlossen[669]. Nach US-amerikanischem Verfassungsrecht ist ein solcher Ausschluß möglich[670]. Die WTO-Abkommen können in den USA demnach nur zu Zwecken der völkerrechtskonformen Auslegung von nationalen Gerichten herangezogen werden. Diese Auslegung darf dabei jedoch nicht zu einem Widerspruch zum ausdrücklichen Willen des Kongresses führen[671]. Eine entsprechender Ausschluß der unmittelbaren Anwendbarkeit durch Legislativakt erfolgte auch in Kanada[672].

In Japan dagegen wurde die Frage der unmittelbaren Anwendbarkeit der WTO-Abkommen während des internen Vertragsschlußverfahrens nicht angesprochen und dementsprechend auch nicht ausgeschlossen[673]. Gemäß Art. 98 (2) der japanischen Verfassung haben völkerrechtliche Verträge in Japan bindende Wirkung. Die Entscheidung darüber, ob sie auch unmittelbar anwendbar sind, obliegt den nationalen Gerichten. Allerdings haben auch japanische Gerichte eine unmittelbare Anwendbarkeit des GATT 1947 mit summarischer Begründung abgelehnt[674].

---

669 Uruguay Round Agreements Act, Section 102 (c) (1), 19 USC s. 3512 (c)(1): „Effect of Agreement With Respect to Private Remedies.... No person other than the United States (A) shall have any cause of action or defense under any of the Uruguay Round Agreements..., or (B) may challenge, in any action brought under any provision of law, any action or inaction by any department, agency, or other instrumentality of the United States, any State, or any political subdivision of a State on the ground that such action or inaction is inconsistent with such agreement."

670 *American Law Institute*, Restatement of the Law Third, The Foreign Relations Law of the United States, Vol. I, § 111 (4).

671 Vgl. *Leebron*, in: Jackson/Sykes, S. 175 (212).

672 Section 5 und 6, WTO Act, Stats. Ca. 1994, c. 47. Siehe hierzu *Steger*, in: Jackson/Sykes, S. 243 (281).

673 Vgl. *Iwasawa*, in: Jackson/Sykes, S. 137 (156).

674 Siehe z.B. *Kyoto Necktie Case*, Entscheidung des Supreme Court vom 6.2.1990, 36 Shomu Geppo 2242 (2245); vgl. *Iwasawa*, in: Jackson/Sykes, S. 137 (153).

Auch die Schweiz als Beispiel eines kleineren Handelspartners schließt eine unmittelbare Anwendbarkeit der WTO-Abkommen nicht grundsätzlich aus, sondern befürwortet sie bezüglich des TRIPs-Abkommens sogar[675]. Allerdings hat das Schweizerische Bundesgericht in seinem Entscheid *Maison G. Sprl. C. Direction générale des douanes* die unmittelbare Anwendbarkeit der Normen des GATT 1947 mit summarischer Begründung verneint[676].

2. Umsetzungsgegenseitigkeit in der EuGH-Rechtsprechung

Der EuGH hat in mehreren Entscheidungen zu der Bedeutung der Gegenseitigkeit in der internen Anwendung von Abkommensbestimmungen für ihre unmittelbare Anwendbarkeit Stellung genommen.

In der Entscheidung *Kupferberg* führte der Gerichtshof aus, unter der Bedingung, daß ein Abkommen von den Parteien nach Treu und Glauben erfüllt werde, sei in dem Umstand, daß die Gerichte der einen Partei möglicherweise einigen Bestimmungen des Abkommens unmittelbare Geltung zuerkennen, während die Gerichte der anderen Partei diese unmittelbare Geltung möglicherweise ablehnten, für sich allein noch keine fehlende Gegenseitigkeit bei der Durchführung des Abkommens zu sehen[677]. Danach kann die unmittelbare Anwendbarkeit eines Abkommens unter Berufung auf mangelnde Gegenseitigkeit in der gerichtlichen Durchsetzbarkeit der Abkommensbestimmungen nur dann abgelehnt werden, wenn der anderen Partei eine Verletzung ihrer Vertragsverpflichtungen vorzuwerfen ist, sie z.B. nicht alle ihr in der nationalen Rechtsordnung zur Verfügung stehenden Möglichkeiten zur internen Umsetzung nutzt[678]. Die Nichtanerkennung der unmittelbaren Anwendbarkeit allein stellt indes keine Verletzung von Treu und Glauben bei der Erfüllung eines Abkommens dar.

In der Entscheidung *Portugal v. Rat* vom 23.11.1999 versuchte der EuGH allerdings, sich von dieser Rechtsprechung zu distanzieren. Die unmittelbare Anwendbarkeit der WTO-Abkommen wird hier wesentlich unter Berufung auf ein Ungleichgewicht in der internen Umsetzung der Übereinkünfte abgelehnt[679]. Da

---

675 Botschaft zur Genehmigung der GATT/WTO-Abkommen (Uruguay-Runde) (GATT-Botschaft 1) vom 19. September 1994, Bundesblatt 1994 IV 1, 287, 418 (24.10.1994).

676 BGE 112 Ib 193, 189 E. 3c; zur Bewertung für die Schweiz vgl. im übrigen *Cottier/Schefer*, in: Jackson/Sykes, S. 333 (349, 359 f.); *Staehelin*, AJP 1996, S. 1488 (1492).

677 EuGH, Rs. 104/81 - *Hauptzollamt Mainz v. C. A. Kupferberg & Cie. KG a.A.* -, Urteil vom 26.10.1982, Slg. 1982, S. 3641 (3663), Rn. 18.

678 Vgl. *Bourgeois*, MichLR, Vol. 82, No. 5 & 6 (1984), S. 1250 (1265).

679 EuGH, Rs. C-149/96 - *Portugal v. Rat* -, Urteil des Gerichtshofes vom 23.11.1999, Slg. 1999, I-8395 (8438), Rn. 43 ff.

einige der wichtigsten Handelspartner der Gemeinschaft eine unmittelbare Anwendbarkeit der Abkommen ablehnten, würde mit der unmittelbaren Anwendbarkeit den Legislativ- und Exekutivorganen der Gemeinschaft der Spielraum genommen, über den die entsprechenden Organe der Handelspartner verfügen. Anders als in der Entscheidung *Kupferberg* stellt der EuGH hier nicht mehr auf die tatsächliche Erfüllung der Vertragsverpflichtungen, sondern auf die Gegenseitigkeit einer bestimmten Erfüllungsmethode ab. Der Versuch, diese Abkehr von der Rechtsprechung in *Kupferberg* mit strukturellen Unterschieden in der Gegenseitigkeit der Verpflichtungen zwischen den WTO-Übereinkünften und Freihandelsabkommen, wie sie *Kupferberg* zugrunde lagen, zu begründen[680], überzeugt jedoch nicht[681].

Auch Stimmen in der Literatur wollen eine unmittelbare Anwendbarkeit von der Bedingung der Gegenseitigkeit abhängig machen, sie also nur dann zulassen, wenn die anderen WTO-Mitglieder ebenfalls eine unmittelbare Anwendbarkeit gestatten[682]. Dies bedeutet faktisch jedoch einen endgültigen und generellen Ausschluß der unmittelbaren Anwendbarkeit der WTO-Übereinkünfte, da eine einheitliche Position der WTO-Mitglieder schon allein aufgrund der unterschiedlichen verfassungsrechtlichen Voraussetzungen nicht zu erreichen sein wird[683]. Andere erkennen zwar das politische Interesse der Gemeinschaft an einer diplomatischen Flexibilität in der internen Umsetzung der WTO-Übereinkünfte an, sprechen dieser Erwägung jedoch die rechtliche Relevanz ab[684].

III. Funktionen der Umsetzungsgegenseitigkeit

Die Motivation des Gerichtshofes, die unmittelbare Anwendbarkeit der WTO-Übereinkünfte von der Gegenseitigkeit in der internen Umsetzung abhängig zu

---

680 EuGH, Rs. C-149/96 - *Portugal v. Rat* -, Urteil des Gerichtshofes vom 23.11.1999, Slg. 1999, I-8395 (8438), Rn. 42.

681 Siehe auch *Berrisch/Kamann*, EWS 2000, S. 89 (93).

682 GA *Tesauro*, EuGH, Rs. C-53/96 - *Hermès International v. FHT Marketing Choice BV* -, Schlußantrag vom 13.11.1997, Slg. 1998, I-3603 (3631), Rn. 35; *Kuyper*, in: Bourgeois, S. 87 (105); *Lee/Kennedy*, JWT, Vol. 30, No. 1 (1996), S. 67 (87 ff.); *Montana i Mora*, JWT, Vol. 30, No. 5 (1996), S. 42 (54 ff.); *Ullrich*, GRUR Int. 1995, S. 623 (638).

683 Insofern handelt es sich mehr um eine „Selbstblockade“ der Vertragsparteien (vgl. *v. Danwitz*, JZ 2001, S. 721 (728)) als um einen „wait-and-see-approach“ (vgl. *Berrisch/-Kamann*, EWS 2000, S. 89 (93)).

684 *Brand*, Northwestern Journal of Intl. Law & Business, Vol. 17, No. 2/3 (1996/97), S. 556 (601); *Cottier*, in: Cameron/Campbell, S. 111 (122); *Drexl*, in: FS Fikentscher, S. 822 (847); *Meng*, in: FS Bernhardt, S. 1063 (1085). Unentschieden *Eeckhout*, CMLRev 34 (1997), S. 11 (37 ff.). Spezifisch zu *Portugal v. Rat*: *Berrisch/Kamann*, EWS 2000, S. 89 (93); *v. Danwitz*, JZ 2001, S. 721 (728).

machen, ist eindeutig: Den Legislativ- und Exekutivorganen der Gemeinschaft soll der handelspolitische Spielraum verbleiben, über den auch die entsprechenden Organe der Handelspartner verfügen, deren Rechtsordnungen eine Überprüfung der Vertragserfüllung durch nationale Gerichte nicht zulassen.

1. Erhaltung der Sanktionseffizienz

Unter dem Aspekt der Gegenseitigkeit der Vertragserfüllung ist diese Haltung legitim, wenn zu befürchten ist, daß die Handelspartner ihrer Vertragsverpflichtungen nicht nachkommen, das WTO-System selbst keine effizienten Verfahren bereitstellt, in denen gegen eine mangelnde Vertragserfüllung vorgegangen werden könnte, und die Gemeinschaft deswegen darauf angewiesen ist, die Erfüllung der Vertragsverpflichtungen auf Basis der Gegenseitigkeit mit der Nichterfüllung eigener Verpflichtungen zu erzwingen. Selbst dann wäre ein grundsätzlicher Ausschluß der unmittelbaren Anwendbarkeit aus Gründen der Gegenseitigkeit jedoch nur zwingend erforderlich, wenn die unmittelbare Anwendbarkeit der Abkommensbestimmungen das Ergreifen derartiger Sanktionen verhindern würde.

Daß selbst die unmittelbare Anwendbarkeit von individualschützenden Bestimmungen des TRIPs-Abkommens Gegenmaßnahmen wie die Aussetzung eigener Verpflichtungen als Reaktion auf eine Abkommensverletzung nicht verhindert, wurde indes bereits dargestellt[685]. Die Zulassung der unmittelbaren Anwendbarkeit hat keine Auswirkungen auf die Aussetzbarkeit von TRIPs-Bestimmungen. Dies gilt *a maiore ad minus* auch für die Aussetzung von Bestimmungen aus den übrigen WTO-Übereinkünften, die keinen privatrechtsschützenden Charakter haben.

Im übrigen stellt das WTO-System eine Vielzahl effizienter Mechanismen zur Verfügung, in denen gegen eine mangelnde Vertragserfüllung durch andere Mitglieder vorgegangen werden kann. Neben dem WTO-Streitbeilegungsmechanismus mit seinen kurzen Fristen sind hier auch die Implementierungsmechanismen im Rat für TRIPs (Art. 71 TRIPs), im Allgemeinen Rat und im Handelspolitischen Überprüfungsmechanismus (Annex 3 des WTO-Abkommens) zu erwähnen. Zudem sind WTO-Mitglieder bei der Ergreifung von Maßnahmen zur Erzwingung der Vertragserfüllung an das spezielle Verfahren der Art. 21 und 22 DSU gebunden. Die Nichterfüllung von Vertragspflichten durch einen Drittstaat berechtigt nur in eng umgrenzten Fällen zur eigenen Nichterfüllung. Insofern stellen die Artikel 21 f. DSU *leges speciales* zu den Sanktionsmechanismen des allgemeinen Völkerrechts dar.

---

[685] Siehe Teil 3, Kapitel E.III.3, Seite 208. Vgl. auch *Drexl*, in: FS Fikentscher, S. 822 (835); *Meng*, in: FS Bernhardt, S. 1063 (1076, 1079); *Staehelin*, S. 148.

Unbeachtlich muß in diesem Fall auch sein, daß es schwierig sein kann, *a priori* festzulegen, bis zu welchem Punkt und in welchem Umfang ein tatsächliches Ungleichgewicht als fehlende Gegenseitigkeit bei der Durchführung des Abkommens als Ganzem zu betrachten ist[686]. Diese Feststellung muß dem WTO-Streitbeilegungssystem überlassen bleiben. Die unmittelbare Anwendbarkeit darf nicht als sozusagen prophylaktische Reaktion auf mögliche Umsetzungsdefizite in Drittstaaten versagt werden[687].

Für Zwecke der Erhaltung der eigenen Sanktionseffizienz ist es danach keineswegs erforderlich, einem möglichen Ungleichgewicht in der Umsetzung der Verpflichtungen mit dem generellen Ausschluß der unmittelbaren Anwendbarkeit entgegenzutreten. Die Anerkennung der unmittelbaren Anwendbarkeit hat keinerlei Auswirkungen auf die eigenen Handlungsoptionen gegenüber Vertragsverletzungen durch Drittstaaten.

2. Freiheit zum Vertragsbruch

Wenn aber die Berufung auf eine mangelnde Gegenseitigkeit in der internen Umsetzung keinerlei Funktion bei der aktiven Verteidigung des WTO-Rechts durch das Ergreifen von Handelssanktionen erfüllt, kann sie allein den Zweck haben, der Gemeinschaft selber die „Freiheit zum Vertragsbruch" zu bewahren[688]. Der politische Spielraum, den der Gerichtshof in *Portugal v. Rat* den Gemeinschaftsorganen bewahren will, ist die Möglichkeit, sich aus handelspolitischen Gründen selbst WTO-widrig zu verhalten. Es handelt sich um die selbe Motivation, die auch schon die Kommission und den Rat bei Abschluß der Uruguay-Übereinkünfte zum Versuch veranlaßte, die unmittelbare Anwendbarkeit in der Gemeinschaftsordnung durch Ratsbeschluß Nr. 94/800/EG vom 22. Dezember 1994 auszuschließen[689]. Befürchtet wird, daß Mitgliedstaaten der

686 Darauf beruft sich jedoch GA *Tesauro*, EuGH, Rs. C-53/96 - *Hermès International v. FHT Marketing Choice BV* -, Schlußantrag vom 13.11.1997, Slg. 1998, I-3603 (3630), Rn. 34.

687 Dies scheint aber *Tesauro* vorzuschlagen, wenn er darauf verweist, daß der Gerichtshof nur eine abstrakte Beurteilung des Erfüllungsgleichgewichts vornehmen könne; GA *Tesauro*, EuGH, Rs. C-53/96 - *Hermès International v. FHT Marketing Choice BV* -, Schlußantrag vom 13.11.1997, Slg. 1998, I-3603 (3631), Rn. 35.

688 Vgl. *v. Danwitz*, JZ 2001, S. 721 (728); *Drexl*, in: FS Fikentscher, S. 822 (835); *Mengozzi*, RMUE 4/1994, S. 165 (169 ff.). *Eeckhout* dagegen sieht das Hauptmotiv des Gerichtshofs für die Berufung der Gegenseitigkeit in „judicial restraint" und dem Willen, den politischen Organen der Gemeinschaft die Festlegung von Reichweite und Bedeutung der WTO-Bestimmungen zu überlassen; *Eeckhout*, JIEL 5 (2002), S. 91 (97).

689 ABl. (EG) 1994 L 336/1 und Vorschlag der Kommission für einen Beschluß des Rates über die Annahme der Ergebnisse der multilateralen Handelsverhandlungen im Rahmen der Uruguay-Runde vom 15. April 1994, KOM (94) endg., S. 5 a.

Gemeinschaft wie auch Private innergemeinschaftlich die Erfüllung der WTO-Verpflichtungen durch die Gemeinschaft einklagen und so der Gemeinschaft die Möglichkeit nehmen könnten, die Einleitung eines gegen sie gerichteten WTO-Streitbeilegungsverfahrens durch politischen Druck abzuwehren oder aber Entscheidungen im Streitbeilegungsverfahren unter Inkaufnahme von Sanktionen zu ignorieren bzw. auf eine für die Gemeinschaft günstigere Verhandlungslösung zu hoffen. Auch würde damit der Gemeinschaft die Option verwehrt, außerhalb des DSU-Verfahrens die Aussetzung von WTO-Verpflichtungen als Mittel der raschen Reaktion auf protektionistisches Verhalten eines Handelspartners einzusetzen. Dieser Optionsverlust wird als struktureller handelspolitischer Nachteil der Gemeinschaft betrachtet.

Daß das Motiv einer „Freiheit zum Vertragsbruch" angesichts der Umsetzungsverpflichtungen in Art. XVI WTO-Abkommen, Art. 1 Abs. 1 Satz 1 TRIPs keine WTO-rechtliche Legitimität beanspruchen kann, ist offensichtlich[690]. Im folgenden soll dennoch kurz die Stichhaltigkeit der handelspolitischen Motivation, eine „Freiheit zum Vertragsbruch" zu bewahren, für den Fall des TRIPs-Abkommens überprüft werden.

a. Freiheit zum Vertragsbruch als handelspolitische „policy choice"

Sie gründet sich in einer Angst vor den Folgen einseitiger Handelsliberalisierung. Zwar geht die Außenhandelstheorie nach wie vor davon aus, daß Freihandel unter dem Gesichtspunkt der globalen Wohlfahrt wie auch derjenigen eines einzelnen staatlichen Marktes gegenüber protektionistischen Außenhandelsregelungen vorteilhaft ist[691]. Diskutiert wird allerdings, ob auch eine einseitige Außenhandelsliberalisierung unter allen Bedingungen einem protektionistischen System vorzuziehen ist. Nach der klassischen Handelstheorie war Freihandel in jedem Fall gesamtwirtschaftlich sinnvoll und deswegen auch eine einseitige Öffnung der Wirtschaftsordnung im Interesse der Staaten[692]. Nach der heutigen politischen Ökonomie stellt die Liberalisierung für eine auf Machterhalt ausgerichtete Politik praktisch jedoch nur die zweitbeste Wahl dar, da sich in der realen Wirtschaftspolitik der Staaten weiterhin die Protektionsnachfrage gegenüber dem Liberalisierungsinteresse durchsetze und der politische Nutzen der Liberalisierung gemessen an den Kosten deswegen unsicherer sei[693]. Eine einseitige Marktöffnung könnte die übrigen Marktteilnehmer allzu leicht veranlassen,

---

[690] Zur Legitimation kraft Gemeinschaftsrechts siehe unten, Kap. F.III.2.d.

[691] Vgl. *Hilpold*, S. 233; *Meng*, in: FS Bernhardt, S. 1063 (1079); *Petersmann*, in: FS Bernhardt, S. 1087 (1101); *Trebilcock/Howse*, S. 7. Grundlegend *Frey*, S. 12 ff. Siehe auch Prämbel, GATT 1994.

[692] *Trebilcock/Howse*, S. 7.

[693] *Meng*, in: FS Bernhardt, S. 1063 (1080).

diese Marktöffnung zu nutzen und die eigene importkonkurrierende Industrie durch die Beibehaltung der Handelshemmnisse zu schützen. Da jeder Staat sich unabhängig vom anderen entscheiden müsse, werde die Wahl des Freihandels politisch entwertet, wenn die Gegenseite mit Protektionismus antworte und auf das Ausbleiben von Gegenmaßnahmen hoffe. In diesem instabilen Welthandelssystem böten multilaterale Handelsübereinkommen den Regierungen die Chance, der innerstaatlichen Protektionismusnachfrage durch die Berufung auf internationale Verpflichtungen auf der Grundlage der Gegenseitigkeit zu entkommen[694].

Aus diesen Gründen halten einige die einseitige Handelsliberalisierung in jedem Fall für ökonomisch unvorteilhaft[695]. Die Spielbedingungen würden entscheidend verändert, wenn einseitig das Recht auf unmittelbare Berufung auf die WTO-Bestimmungen eingeräumt würde; die Verhandlungspolitik der Mitglieder wäre dann nicht mehr planbar. Diese Argumentation führt zurück auf das handelspolitische Flexibilitätsargument, wonach Staaten sich die Möglichkeit bewahren müßten, auf protektionistisches Verhalten ihrer Handelspartner auf einem „level playing field" mit eben solchem Protektionismus zu antworten[696].

b. „rule-orientation" in den internationalen Handelsbeziehungen

Das politische Eigeninteresse der Regierungen, auf protektionistische Verhaltensweisen der anderen Vertragsparteien schnell mit gleicher Münze reagieren zu können, um den eigenen wirtschaftlichen Nachteil gering zu halten, besteht aber nur soweit, wie keine multilateral verbindliche Liberalisierungsverpflichtung existiert, welche verläßlichen Regelungen gehorcht, die auch eingehalten und widrigenfalls durchgesetzt werden können[697]. Sobald das multilaterale System jedoch selbst effektive Regeln aufstellt, nach denen das ursprüngliche Gleichgewicht der Verpflichtungen in einem unparteiischen Verfahren bewahrt werden kann, erscheinen der politische und wirtschaftliche Nutzen sowie das Risiko einer auch einseitigen Liberalisierung kalkulierbar.

---

694 *Meng*, in: FS Bernhardt, S. 1063 (1081); *Petersmann*, in: FS Bernhardt, S. 1087 (1103).

695 So z.B. *Hilpold*, S. 249.

696 Vgl. hierzu *Cottier/Schefer*, JIEL 1 (1998), S. 83 (110 ff.), die die Notwendigkeit einer außenhandelspolitischen Flexibilität allerdings nur für Handelsmächte wie die EG und die USA gegeben sehen. In kleineren Staaten wie der Schweiz könne die unmittelbare Anwendbarkeit von WTO-Verpflichtungen dagegen als Gegenpol zu protektionistischer Einflußnahme helfen, das interne vertikale Gewaltgleichgewicht zu bewahren.

697 *Meng*, in: FS Bernhardt, S. 1063 (1082); *Petersmann*, GATT/WTO DS, S. 52 f.; *Trebilcock/Howse*, S. 8, mwN. Siehe auch GA *Saggio* in EuGH, Rs. C-149/96 - *Portugal v. Rat* -, Schlußantrag vom 25.2.1999, Slg. 1999, I-8395 (88411 f.), Rn. 21 f.

Mit den Reformen des Welthandelssystems in der Uruguay-Runde, hier vor allem mit der Einführung des umfassenden, insbesondere zwingenden Streitbeilegungssystems nach dem DSU, sind derartige Regelungen eingeführt worden. Zweck dieser Reformen war es gerade, das Welthandelssystem durch das Recht zu stabilisieren und die Möglichkeiten einseitiger protektionistischer Maßnahmen einzudämmen. Die Gefahr, daß die Gegenseite auf eine einseitige Liberalisierung mit Protektionismus antwortet und auf das Ausbleiben von Gegenmaßnahmen hofft, ist damit zwar nicht vollständig ausgeräumt. Gegen ein solches Verhalten kann jedoch in effektiven Verfahren multilateral vorgegangen werden. Zudem werden die Verpflichtungen der Staaten in einer Reihe von Ausnahmevorschriften, über die nationale Erwägungen gegen eine hundertprozentige Liberalisierung Eingang in die rechtliche Beurteilung finden können, relativiert[698].

Bei einer Kosten-Nutzen-Analyse spricht unter diesen Umständen viel dafür, daß die Risiken einer einseitigen Liberalisierungsleistung durch den zu erwartenden Nutzen dieser Liberalisierung und den allgemeinen Stabilitätsgewinn in den internationalen Handelsbeziehungen aufgewogen werden. Die ökonomische Notwendigkeit einer Berufung auf diplomatische Flexibilität bei der Erfüllung der Vertragsverpflichtungen entfällt[699].

Darüber hinaus ist eine Haltung, die auf die Bewahrung der Freiheit zum Vertragsbruch abstellt, mit der generellen Entwicklung hin zu einer „rule-orientation" in den internationalen Handelsbeziehungen schwer in Einklang zu bringen. Zwar ist es ein Strukturmerkmal des klassischen Völkerrechts, daß die Beachtung des Grundsatzes *pacta sunt servanda* nicht immer strikt durchgesetzt werden kann und völkerrechtliche Verpflichtungen häufig gerade in Erwartung eines Befolgungsspielraums eingegangen werden. Auch besteht kein völkerrechtlicher Anspruch darauf, daß die Rechtsprechungsorgane in den internen Rechtsordnungen die internationalen Verpflichtungen unmittelbar anwenden[700]. Im Bereich des WTO-Rechts hat die Einführung umfassender und effektiver Implementierungsinstrumentarien die Geltung des Grundsatzes *pacta sunt servanda* allerdings verstärkt. Die Bewahrung einer Freiheit zum Vertragsbruch läuft deshalb konträr zu der in der Uruguay-Runde eingeleiteten Entwicklung einer zunehmenden Verrechtlichung der internationalen Handelsbeziehungen und der Abkehr von handelspolitischen Machtdemonstrationen.

---

698 Für das TRIPs-Abkommen siehe Art. 8 Abs. 1, Art. 73 TRIPs sowie 5. Erwägungsgrund der Präambel. Eine Art. XX GATT entsprechende Ausnahmevorschrift fehlt für das TRIPs-Abkommen allerdings.

699 Vgl. auch *Meng*, in: FS Bernhardt, S. 1063 (1085).

700 Insofern zutreffend GA *Gulmann*, EuGH, Rs. C-280/93 - *Deutschland v. Rat* -, Schlußantrag vom 8.6.1994, Slg. 1994, I-4973 (5021), Rn. 128.

c. Handelskonzessionalität der Immaterialgüterrechte: Der Fall des TRIPs-Abkommens

Die bislang dargestellten Modelle beruhen sämtlich auf einer handelspolitischen Betrachtungsweise, die grundlegend an der Idee reziproker Zugeständnisse im Marktzugang festhält. Der Fall des TRIPs-Abkommens könnte allerdings insgesamt eine differenzierte Betrachtungsweise erfordern.

Bei der Betrachtung des TRIPs-Abkommens darf nicht übersehen werden, daß es sich hierbei nicht primär um ein Instrument handelt, das den Marktzugang regeln soll. Schutzgarantien für Rechte des geistigen Eigentums erleichtern zwar den Marktzugang für relevante Produkte und Dienstleistungen[701]. Insofern wurden Immaterialgüterrechte in den Regelungszusammenhang der WTO durchaus auch mit dem Ziel aufgenommen, durch die Einrichtung von Schutzstandards neue Exportmärkte für immaterielle Güter zu eröffnen[702]. Die Lenkung des Marktzugangs ist jedoch nur Nebenfolge der Harmonisierung. Diese bezweckt das TRIPs-Abkommen mit der Errichtung von WTO-weit einheitlichen Mindeststandards im Immaterialgüterrechtsschutz. Außenhandelspolitisch ist nicht ein bestimmtes Schutzniveau entscheidend, sondern die globale Einheitlichkeit der rechtlichen Gegebenheiten.

Danach können die Mechanismen der Handelskonzessionalität zwar auch für den Bereich der Immaterialgüterrechte ihre protektionistische Funktion erfüllen. Wenn ein Staat einseitig die Einhaltung der vertraglich zugesicherten Schutzstandards verweigert, wird ein Schutzungleichgewicht begründet, das mittelbar zu handelspolitischen Vorteilen führen kann. Die handelspolitische Legitimität derartiger Maßnahmen ist im Bereich des TRIPs-Abkommens allerdings noch begrenzter als im Fall der Marktzugangsabkommen GATT 1994 und GATS.

These dieses Abschnittes ist deshalb, daß auch bei einer handelspolitischen Betrachtung das TRIPs-Abkommen grundsätzlich nicht der Handelskonzessionalität preisgegeben werden sollte[703]. Dem steht nicht entgegen, daß, wie oben dar-

---

701 Vgl. auch EuGH, Gutachten 1/94 vom 15.11.1994 (*WTO*), Slg. 1994, I-5267 (5405), Rn. 57. Immaterialgüterrechtsschutz kann aber auch ein Hindernis für die Einfuhr von Waren bilden, wenn der Rechtsinhaber von seinen Verbietungsrechten Gebrauch macht und damit Produkte oder Dienstleistungen ausländischer Herkunft benachteiligt werden. Auch schon früher nahmen jedoch multilaterale Handelsabkommen (wie in Art. XX (d) GATT 1947) Rechte des geistigen Eigentums von ihrem Anwendungsbereich aus und erkannten damit an, daß immaterielle Güter eines gewissen Schutzes durch Eigentumsrechte bedürfen, wenn sich überhaupt ein Markt für diese Güter entwickeln soll; vgl. *von Lewinski*, GRUR Int. 1996, S. 630 (631).

702 *von Lewinski*, GRUR Int. 1996, S. 630 (635, 641); *Stewart/Ross/Wasserman*, Negotiating History, Vol. II, S. 2241 (2253 f.).

703 Vgl. auch *Drexl*, in: FS Fikentscher, S. 822 (830); *Eeckhout*, CMLRev 34 (1997), S. 11 (33).

gestellt, das WTO-System die Aussetzung der immaterialgüterrechtlichen Verpflichtungen aus dem TRIPs-Abkommen nicht verbietet. Dieser Aspekt der Gegenseitigkeit ist notwendiger Ausfluß eines Rechtsdurchsetzungssystems zwischen souveränen Staaten und setzt vertragsbrüchiges Verhalten des anderen Mitgliedes voraus. Er ist zu differenzieren von der Frage, ob im Bereich des Immaterialgüterrechts die Bewahrung der Freiheit zum eigenen Vertragsbruch für die Europäische Gemeinschaft eine handelspolitisch legitime und notwendige Option darstellen kann.

Zunächst ist darauf hinzuweisen, daß für die immaterialgüterrechtlichen Konventionen die gegenseitige Anerkennung ihrer unmittelbaren Anwendbarkeit in allen Vertragsstaaten nie zur Bedingung gemacht wurde. Das daraus resultierende Ungleichgewicht in der Beachtung der Vertragsverpflichtungen ließ zwar den Ruf nach nationalen Durchsetzungsmechanismen und internationaler Streitbeilegung laut werden[704]. Es veranlaßte diejenigen Staaten, deren Verfassungsordnung eine unmittelbare Anwendbarkeit grundsätzlich zuließ, jedoch nicht dazu, diese unter Berufung auf das Fehlen der unmittelbaren Anwendbarkeit in anderen Staaten zu versagen. Darüber hinaus wird für die immaterialgüterrechtlichen Konventionen sogar diskutiert, ob ihre Rechtsnatur und Schutzstruktur selbst im Fall der Nichterfüllung durch einen Vertragspartner die Leistungsverweigerung gestatten[705].

In der Literatur ragen im wesentlichen zwei Ansätze heraus, die unter unterschiedlichem Vorzeichen jeweils die unmittelbare Anwendbarkeit der WTO-Übereinkünfte als handelspolitisch sinnvolle Entscheidung bejahen. Beide Ansätze haben ihre Schwächen im normativen Bereich, soweit ihre generelle Anwendbarkeit auf die Gesamtheit der WTO-Übereinkünfte in Frage steht. Anderes könnte aber für eine isolierte Betrachtung des TRIPs-Abkommens gelten.

(1) Der konstitutionelle Ansatz

Das Dilemma einer Regierung, die sich aufgrund innerstaatlicher Machtverteilung zu protektionistischem Verhalten gedrängt sieht, läßt sich nicht nur durch die Einführung effektiver internationaler Mechanismen zur Überwachung der Liberalisierungsverpflichtungen beheben. Auch private Akteure können als innerstaatliches Gegengewicht Freihandelsnachfrage begründen und somit Ausgleich zu der Protektionsnachfrage schaffen, die die Regierung zunächst zu protektionistischem Verhalten veranlaßte. Auf diese Funktion nationaler rechtlicher Kontrolle der Außenhandelsverpflichtungen weisen *Petersmann* und

---

704 Vgl. *Ricketson*, S. 826, Rn. 14.81.

705 Siehe hierzu *Beier*, GRUR Int. 1970, S. 229 (231); *Meessen*, JWTL, Vol. 21, No. 1 (1987), S. 67 (70); a.A. *Ballreich*, GRUR Int. 1983, S. 470 (471 ff.).

Tumlir hin[706]. Gerade im innergemeinschaftlichen Streit um die Gemeinschaftsordnung Bananen wurde deutlich, daß mit der Verweigerung der unmittelbaren Anwendbarkeit Marktteilnehmern mit einem Liberalisierungsinteresse der Rechtsschutz gegen eine protektionistische Außenhandelsmaßnahme verwehrt wurde[707].

Eine internationale Wirtschaftsverfassung setzt nach der Auffassung von Petersmann und Tumlir konstitutionelle Wirtschaftsfreiheiten als internationale Grundrechte voraus. Der grundrechtliche Charakter der Wirtschaftsfreiheiten und damit die Beachtlichkeit privater Interessen in den internationalen Handelsbeziehungen wird dabei aus einem Vergleich mit dem Europäischen Integrationsprozeß gewonnen. Die Anerkennung subjektiver Wirtschaftsfreiheiten der privaten Marktteilnehmer habe dort dazu geführt, daß eine machtorientierte Außengewalt durch verfassungsrechtlich abgesicherte Markt- und Grundfreiheiten ersetzt worden sei[708].

Allerdings läßt sich dieser Konstitutionalisierungsansatz für die WTO-Übereinkünfte allgemein normativ nicht begründen[709]. Aus GATT 1994 und GATS, die nicht private Rechte, sondern gegenseitige Handelskonzessionen schützen, ist eine internationale Grundfreiheit auf freien Marktzugang nicht abzuleiten. Regelungsgegenstand des TRIPs-Abkommens sind dagegen (auch) private subjektive Rechte. Das TRIPs-Abkommen wirkt durch die Begründung materieller wie auch prozeduraler Schutzstandards unmittelbar rechtsvereinheitlichend und privatrechtsgestaltend.

(2) Der ordnungspolitische Ansatz

Drexl geht auf die Frage der unmittelbaren Anwendbarkeit der WTO-Übereinkünfte unter ordnungspolitischem Vorzeichen ein[710]. Es gehe hier um das Schaffen der notwendigen Rahmenbedingungen für die marktliche Koordination der

---

706 *Petersmann*, in: FS Bernhardt, S. 1087 (1122); *ders.*, GATT/WTO DS, S. 4 ff., 35 ff., 237 ff.; *ders.*, EuZW 1997, S. 325 ff.; *Tumlir*, ORDO 34 (1983), S. 71 (82); *ders.*, in: Hilf/Jacobs/Petersmann, S. 1 (19 ff.). Im Ergebnis auch *Cottier/Schefer*, JIEL 1 (1998), S. 83 (112, 117).

707 Vgl. auch *Hilpold*, S. 282. Der Bananenstreit trifft dabei im Rahmen der Gegenmaßnahmen auch am Bananengeschäft unbeteiligte Exportunternehmen; siehe FAZ vom 4.8.2000, S. 15.

708 *Petersmann*, in: FS Bernhardt, S. 1087 (1121 f.); *ders.*, GATT/WTO DS, S. 27 ff. *Drexl* spricht hier von einem „internationalen *Van Gend en Loos*"; in: FS Fikentscher, S. 822 (832).

709 Ausführlich *Peers*, in: *de Búrca/Scott*, S. 111 (123 ff.). Auch *Drexl*, in: FS Fikentscher, S. 822 (834), unter Berufung auf mangelnde Eindeutigkeit der WTO-Übereinkünfte.

710 *Drexl*, in: FS Fikentscher, S. 822 (838 ff.).

wirtschaftlichen Entscheidungen Privater über die Grenzen hinweg. Die unmittelbare Anwendbarkeit erlaube es, globale Ordnungsentscheidungen gegen abweichende nationale Ordnungsvorstellungen durchzusetzen und garantiere dem einzelnen Marktteilnehmer so hinreichende Rechtssicherheit für gleichbleibende Spielregeln der Wirtschaft. Der Auftrag, über die unmittelbare Anwendbarkeit der WTO-Bestimmungen die Funktionsfähigkeit der Privatrechtsordnung zu schützen, soll sich dabei aus der ordnungspolitischen, auf die Aufrechterhaltung der Marktwirtschaft gerichteten Funktion des Gemeinschaftsrechts ergeben.

Wie auch der konstitutionelle Ansatz *Petersmanns* muß sich *Drexl* grundsätzlich entgegenhalten lassen, daß die internationale globale Privatrechtsordnung, der über die unmittelbare Anwendbarkeit Geltung verschafft werden soll, bislang allenfalls in Ansätzen besteht[711]. Drexl selbst erkennt dieses Problem, wenn er in den Regeln über den Freihandel in GATT 1994 und GATS und vor allem in den immaterialgüterrechtlichen Bestimmungen des TRIPs-Abkommens lediglich Elemente einer internationalen Privatrechtsordnung abgezeichnet sieht[712]. Aus rechtspolitischer Sicht maßgeblich ist hier jedoch die Feststellung, daß im Bereich des Immaterialgüterrechts die gemeinschaftsrechtlichen Ordnungsvorstellungen mit denen der WTO übereinstimmten[713]. Dies äußert sich auch darin, daß die Gemeinschaft bei der Formulierung der Mindeststandards des TRIPs-Abkommens in wesentlichen Bereichen das gemeinschaftsrechtliche Schutzniveau durchsetzen konnte.

(3) Stellungnahme

Sowohl *Petersmann* als auch *Drexl* legen mit überzeugenden Argumenten dar, daß eine unmittelbare Anwendbarkeit der WTO-Übereinkünfte handelspolitisch sinnvoll sein kann, wenn die Abkommensbestimmungen internationale Grundfreiheiten begründen bzw. einer internationalen Privatrechtsordnung Geltung verschaffen können. Beiden Ansätzen kann die mangelnde normative Begründung entgegengehalten werden. Wesentlich ist jedoch der Hinweis auf das individualrechtliche bzw. privatrechtliche Argument.

Der individualschützende und privatrechtsgestaltende Charakter des TRIPs-Abkommens sollte auch bei einer handelspolitischen Bewertung der unmittelbaren Anwendbarkeit überwiegen. Das staatliche Interesse an Flexibilität in den internationalen Handelsbeziehungen kann hier nicht ohne Rücksicht auf die Interessen der Objekte ausgeübt werden, deren Schutz das Abkommen bezweckt. Wenn man berücksichtigt, daß die Anerkennung der unmittelbaren Anwendbar-

---

711 Vgl. *Hilpold*, S. 283.

712 *Drexl*, in: FS Fikentscher, S. 822 (850).

713 *Drexl*, in: FS Fikentscher, S. 822 (848).

keit geeigneter Abkommensbestimmungen erhebliche Vorteile sowohl für die Umsetzungseffizienz des Abkommens wie auch für die Rechtsschutzsituation hat[714], sollte zumindest in den Abkommensbereichen, die private Rechte am geistigen Eigentum in den Mittelpunkt rücken und so Ansätze für eine privat- und individualrechtliche Ordnung bieten, die unmittelbare Anwendbarkeit erlaubt sein. Damit würde den durch das TRIPs-Abkommen geschützten privaten Rechtsinhabern die Möglichkeit gegeben, das gemeinsame Interesse an der Aufrechterhaltung eines international hohen Schutzstandards gegen protektionistische Verlockungen zu verteidigen.

Daß eine derartige isolierte Betrachtung des TRIPs-Abkommens grundsätzlich möglich ist, wurde oben dargelegt. Die materiell-rechtliche Natur des TRIPs-Abkommens bietet genügend Anhaltspunkte für eine Differenzierung. Das TRIPs-Abkommen unterscheidet sich in Regelungsgehalt, Zielsetzung, Grundstruktur und Adressatenkreis wesentlich von GATT und GATS. Es ist auf standard-setting sowie die Begründung einer stabilen Schutzstruktur ausgerichtet, nicht auf die gegenseitige Marktöffnung auf der Grundlage von Handelskonzessionen. Die Nichterfüllung von TRIPs-Verpflichtungen aus rein protektionistischen Interessen unterhöhlte die Stabilität dieser Schutzstruktur und die weltweite Geltung der mit dem Abkommen begründeten Mindeststandards im Schutz des geistigen Eigentums. Die Gemeinschaft negierte damit zudem den individualrechtlichen Charakter des Abkommens sowie seine, durch in weiten Teilen gleichlaufende innergemeinschaftliche Harmonisierungsbemühungen anerkannte, ordnungspolitische Bedeutung.

Das Bestreben, der Gemeinschaft (auch) im Bereich des Immaterialgüterrechts die Freiheit zum Vertragsbruch zu bewahren, kann somit nicht als handelspolitisch legitime „policy choice" bewertet werden. Dann entfällt jedoch zumindest für das TRIPs-Abkommen das Argument, eine einseitige Anerkennung der unmittelbaren Anwendbarkeit dürfe aus Gründen der Gegenseitigkeit in der internen Umsetzung nicht erfolgen.

d. Legitimation kraft Gemeinschaftsrechts

Der Versuch, der Gemeinschaft die Freiheit zum Vertragsbruch zu bewahren, ist zuletzt auch mit den Anordnungen des EG-Vertrages schwer vereinbar. Die primärrechtliche Grundentscheidung für eine einstufige Umsetzung völkerrechtlicher Abkommen mit Drittstaaten muß von den Gemeinschaftsorganen hingenommen werden. Gemeinschaftsabkommen mit Drittstaaten sind nach Art. 300 Abs. 7 EGV für die Organe der Gemeinschaft und die Mitgliedstaaten verbind-

---

[714] Siehe hierzu allein *Jackson*, AJIL 86 (1992), S. 310 (322).

lich. Diese Verbindlichkeit kann nicht im Einzelfall zur Disposition gestellt werden[715].

Vor allem aber wirft die Ablehnung der unmittelbaren Anwendbarkeit der WTO-Übereinkünfte Fragen der innergemeinschaftlichen Rücksichtnahme auf. Sie wird mit Rechtsschutzverweigerung und innergemeinschaftlichem Unfrieden erkauft[716].

Die Gemeinschaft ist auch bei der Ausübung ihrer Außenhandelsbefugnisse an das Recht gebunden[717]. Dies gilt zunächst für die Vereinbarkeit völkerrechtlicher Verpflichtungen mit dem Gemeinschaftsrecht, die in den Verfahren nach Art. 300 Abs. 6 und Art. 230 EGV überprüft werden kann. Nach der umfassenden Rechtswegklausel des Art. 230 EGV darf es aber auch darüber hinaus in der Gemeinschaft keine der gerichtlichen Nachprüfung verschlossenen Räume geben[718]. Angesichts der Bindungswirkung, die Gemeinschaftsabkommen für die Gemeinschaftsorgane entfalten, muß es grundsätzlich möglich sein, völkerrechtliche Verträge als Prüfungsmaßstab für die Rechtmäßigkeit von Sekundärakten des Gemeinschaftsrechts heranzuziehen[719]. Dies gilt vor allem für das Klagerecht der Mitgliedstaaten nach Art. 230 Abs. 2 EGV, die anders als natürliche oder juristische Personen keine unmittelbare und individuelle Betroffenheit darlegen müssen. Hiervon scheint auch GA *Gulmann* in *Deutschland v. Rat* auszugehen, um dann jedoch die objektive unmittelbare Anwendbarkeit der GATT-Bestimmungen aus GATT-spezifischen Gründen abzulehnen[720]. Daß diese Gründe vor allem hinsichtlich des TRIPs-Abkommens nicht tragfähig sind, wurde oben dargestellt.

Mit der Weigerung, die Bestimmungen der WTO-Übereinkünfte selbst als objektiven Maßstab der Rechtmäßigkeit von Gemeinschaftsakten heranzuziehen[721], entzieht der Gerichtshof den Bereich der handelspolitischen Gemeinschaftsmaß-

---

715 Siehe Teil 3, Kapitel B, Seite 144 ff.

716 *Cottier/Schefer*, JIEL 1 (1998), S. 83 (105).

717 *Dauses/Arnold*, K.I, Rn. 21; *GTE/Tomuschat*, 5. Aufl., Bd. 5, Art. 228 EGV, Rn. 84. Siehe auch EuGH, Rs. 294/83 – *Les Verts v. Europäisches Parlament* -, Slg. 1986, S. 1339 (1365), Rn. 23.

718 *GTE/Tomuschat*, 5. Aufl., Bd. 5, Art. 228 EGV, Rn. 84.

719 *Dauses/Arnold*, K.I, Rn. 99 ff.; *GTE/Tomuschat*, 5. Aufl., Bd. 5, Art. 228 EGV, Rn. 91; *Everling*, CMLRev 33 (1996), S. 401 (422); *Hahn/Schuster*, Rev. Gen. dr. int. publ. 1995, S. 367 (372 ff.); *MacLeod/Hendry/Hyett*, S. 140.

720 *GA Gulmann*, EuGH, Rs. C-280/93 - *Deutschland v. Rat* -, Schlußantrag vom 8.6.1994, Slg. 1994, I-4973 (5022 f.), Rn. 135, 137.

721 EuGH, Rs. C-280/93 - *Deutschland v. Rat* -, Urteil des Gerichtshofes vom 5.10.1994, Slg. 1994, I-4973; EuGH, Rs. C-149/96 - *Portugal v. Rat* -, Urteil des Gerichtshofes vom 23.11.1999, Slg. 1999, I-8395.

nahmen mit WTO-Relevanz vollständig der gerichtlichen Kontrolle. Die Nichtigkeitsklage nach Art. 230 Abs. 2 EGV ist jedoch das einzige Instrument, mit dem sich Mitgliedstaaten gegen gemeinschaftsrechtswidrige Rechtsakte verteidigen und die Einhaltung von Art. 300 Abs. 7 EGV erzwingen können. Zu Recht wird darauf hingewiesen, daß Art. 230 Abs. 2 EGV das institutionelle, rechtsstaatliche Gegengewicht zum Mehrheitsprinzip im Rat darstellt und jede Einschränkung der Rechtsschutzmöglichkeiten der Mitgliedstaaten das institutionelle Gleichgewicht in der Gemeinschaft stört[722]. Jede Beschränkung der gerichtlichen Überprüfbarkeit würde die rechtliche Verbindlichkeit der Gemeinschaftsabkommen nach Art. 300 Abs. 7 EGV mindern und die Erfüllung eines Teils der gemeinschaftlichen Verpflichtungen allein in die Hände der Gemeinschaftsorgane legen.

Der hierin begründete Schaden ist nicht auf die Geltung des Legalitätsprinzips in den Außenbeziehungen der Gemeinschaft begrenzt[723]. Er erstreckt sich wegen des gemischtvertraglichen Charakters des WTO-Abkommens einschließlich seiner Anhänge auch auf die Ebene der Beziehungen zwischen der Gemeinschaft und den Mitgliedstaaten. Zwar ist die Zuständigkeit für den Abschluß und die Umsetzung der Übereinkünfte der Uruguay-Runde zwischen der Gemeinschaft und den Mitgliedstaaten geteilt[724]. Auf völkerrechtlicher Ebene sind jedoch mangels Abgrenzung der Kompetenzbereiche sowohl die Gemeinschaft als auch die Mitgliedstaaten an die Gesamtheit der Bestimmungen des gemischten Abkommens gebunden. Die Nichterfüllung einer Vertragsverpflichtung durch die Gemeinschaft begründet damit stets auch die völkerrechtliche Verantwortlichkeit der Mitgliedstaaten für diesen Vertragsbruch. Als Folge der WTO-Widrigkeit können die Mitgliedstaaten Maßnahmen der *cross-retaliation* in Bereichen eigener Zuständigkeit ausgesetzt werden. Der EuGH hat auf diese Problematik im Gutachten *1/94* hingewiesen[725]. Auch bei der Durchführung des Abkommens bestehe deshalb eine Pflicht zur engen Zusammenarbeit zwischen der Gemeinschaft und den Mitgliedstaaten.

---

722 *Hahn/Schuster*, Rev. Gen. dr. int. publ. 1995, S. 367 (372 ff.).

723 Vgl. hierzu auch *Petersmann*, JIEL 1 (1998), S. 25 (29).

724 EuGH, Gutachten 1/94 vom 15.11.1994 (*WTO*), Slg. 1994, I-5267 (5419), Rn. 104.

725 EuGH, Gutachten 1/94 vom 15.11.1994 (*WTO*), Slg. 1994, I-5267 (5420), Rn. 108 f. Mit der Ermächtigung Ecuadors zur Aussetzung von TRIPs-Verpflichtungen gegenüber 13 Mitgliedstaaten der Gemeinschaft als Reaktion auf die Weigerung der Gemeinschaft, die Gemeinschaftsordnung Bananen WTO-konform zu gestalten, ist ein solcher Fall im übrigen bereits eingetreten; Ermächtigung durch den DSB erteilt am 18.5.2000; siehe auch WTO-Schiedsbericht in *European Communities – Regime for the Importation, Sale and Distribution of Bananas – Recourse to Arbitration by the European Communities under Article 22.6 of the DSU* (WT/DS27/ARB/ECU) vom 24.3.2000.

Wenn Bestimmungen aus den WTO-Übereinkünften jedoch nicht einmal als objektiver Rechtmäßigkeitsmaßstab herangezogen werden können, versagt der Gerichtshof den Mitgliedstaaten jegliche Möglichkeit, gegen einen WTO-widrigen Sekundärakt vor den Gemeinschaftsgerichten vorzugehen und so einer eigenen völkerrechtlichen Verantwortung auszuweichen. Dies wiegt um so schwerer, als die Mitgliedstaaten selbst der Gemeinschaft gegenüber zur Durchführungen von Gemeinschaftsabkommen verpflichtet sind und hierzu auch im Vertragsverletzungsverfahren nach Art. 226 EGV angehalten werden können[726]. Von den Mitgliedstaaten einerseits eine Garantie der Umsetzung von Gemeinschaftsabkommen einzufordern, die außerhalb ihres eigenen Kompetenzbereiches abgeschlossen wurden, andererseits aber ihre Rechtsschutzmöglichkeiten in Bereichen, die eigene Zuständigkeiten berühren, zu begrenzen, ist mit Erwägungen der gemeinschaftsinternen Pflicht zur Zusammenarbeit und der gegenseitigen Rücksichtnahme schwer in Einklang zu bringen[727].

Auch aus Gründen des innergemeinschaftlichen Kompetenzgefüges und der Grundsätze der Rechtsstaatlichkeit in der Gemeinschaft kann das „Recht zum Vertragsbruch“ deswegen keine legitime „policy choice“ sein. Wer sich wie die Gemeinschaft auf WTO-Ebene zudem für die Einhaltung der Abkommensverpflichtungen in Drittstaaten einsetzt, muß auch innerstaatlich die Konsequenzen einer primärrechtlichen Verpflichtung zur unmittelbaren Anwendbarkeit tragen.

G. Ergebnis

Die Versagung der unmittelbaren Anwendbarkeit des TRIPs-Abkommens in der Gemeinschaftsordnung ist bei einer juristischen wie auch einer handelspolitischen Betrachtung nicht zu rechtfertigen[728]. Mit der Übertragung seiner Rechtsprechung aus *Portugal v. Rat* auf das TRIPs-Abkommen mißachtet der Gerichtshof die *sui generis*-Natur dieses Abkommens und stellt sich in Widerspruch zu seiner eigenen Rechtsprechung, nach der völkerrechtliche Abkommen der Gemeinschaft mit Drittländern als unmittelbar anwendbar anzusehen sind, wenn sie klare, eindeutige und unbedingte Verpflichtungen enthalten,

---

726 EuGH, Rs. 12/86 - *Demirel* -, Urteil des Gerichtshofes vom 30.9.1987, Slg., 1987, S. 3719 (3751); EuGH, Rs. 104/81 - *Kupferberg* -, Urteil des Gerichtshofes vom 26.10.1982, Slg. 1982, S. 3641 (3662).

727 Siehe auch *Everling*, CMLRev 33 (1996), S. 401 (422 f.); *Hahn/Schuster*, Rev. Gen. dr. int. publ. 1995, S. 367 (373 f.); *Stieglitz*, EuZW 2001, S. 529 (531).

728 So auch *Cottier*, in: Cameron/Campbell, S. 111 (122); *Drexl*, in: FS Fikentscher, S. 822 (847); *Kuilwijk*, S. 159; *Meng*, in: FS Bernhardt, S. 1063 (1085).

deren Erfüllung oder deren Wirkung nicht vom Erlaß eines weiteren Aktes abhängen[729].

Die Untersuchung von Rechtsnatur und Systematik des TRIPs-Abkommens hat gezeigt, daß sich dieses in Regelungsgehalt, Zielsetzung, Grundstruktur und Adressatenkreis wesentlich von den anderen multilateralen Übereinkommen im Rahmen der WTO, dem GATT und dem GATS, unterscheidet. In der Gestaltung seines Schutzsystems lehnt es sich vielmehr an die rechtsvereinheitlichenden, privatrechtsgestaltenden immaterialgüterrechtlichen Konventionen an. Deren materiell-rechtlichen Bestimmungen wird in den Mitgliedstaaten der Gemeinschaft, die keinen allgemeinen Anwendungsvorbehalt kennen, unmittelbare Anwendbarkeit zugestanden. Adressaten des TRIPs-Abkommens sind nicht nur Staaten, sondern auch individuelle Inhaber von Rechten des geistigen Eigentums. Zu ihrem Schutz formuliert das TRIPs-Abkommen privatrechtliche Schutzbestimmungen. Eine Vielzahl dieser Bestimmungen sind präzise und unbedingt formuliert und somit für eine unmittelbare Anwendbarkeit geeignet.

Auch die Einbindung des TRIPs-Abkommens in den institutionellen Rahmen der WTO zwingt nicht dazu, GATT 1994, GATS und TRIPs hinsichtlich ihrer unmittelbaren Anwendbarkeit einheitlich zu behandeln. Die systematischen, abkommensunspezifischen Gründe, die vom EuGH gegen eine unmittelbare Anwendbarkeit ins Feld geführt wurden, sind zumindest für das TRIPs-Abkommen nicht nachvollziehbar. Das TRIPs-Abkommen stellt kein politisches Instrument der Handelspolitik dar, sondern einen völkerrechtlichen Vertrag zugunsten privater Personen. Mit der Versagung der unmittelbaren Anwendbarkeit des TRIPs-Abkommens zum Zwecke der Bewahrung einer „Freiheit zum Vertragsbruch“ mißachtet der Gerichtshof den individualschützenden und privatrechtsetzenden Charakter dieses Abkommens. Er verwehrt zur gleichen Zeit den Mitgliedstaaten der Gemeinschaft die einzige Möglichkeit, gegen WTO-widrige Sekundärakte gerichtlich vorzugehen und so einer gesamtschuldnerischen völkerrechtlichen Verantwortung auszuweichen.

Dementsprechend ist der Europäische Gerichtshof als Hüter des Gemeinschaftsrechts (und nicht der Gemeinschaftsinteressen[730]) grundsätzlich aufgefordert, die unmittelbare Anwendbarkeit des TRIPs-Abkommens anzuerkennen.

---

[729] EuGH, Rs. 12/86 – *Meryem Demirel v. Stadt Schwäbisch Gmünd* -, Urteil de Gerichtshofes vom 30.9.1987, Slg. 1987, S. 3747 (3752), Rn. 14. Diese Rechtsprechung bestätigte der Gerichtshof für das TRIPs-Abkommen in EuGH, verb. Rs. C-300/98 – *Parfums Christian Dior SA v. Tuk Consultancy BV* - und Rs. C-392/98 - *Assco Gerüste GmbH v. Wilhelm Layher GmbH & Co. KG* -, Urteil des Gerichtshofes vom 14.12.2000, Slg. 2000, I-11307 (11359), Rn. 42.

[730] So zu Recht *Hahn/Schuster*, Rev. Gen. dr. int. publ. 1995, S 367 (377).

Eine hiervon abweichende Bewertung ließe sich allenfalls noch auf die Folgen stützen, die sich aus einer unmittelbaren Anwendung des TRIPs-Abkommens durch den EuGH für die Effektivität und Funktionsfähigkeit des WTO-Streitbeilegungssystems ergeben könnten. Auf diese Folgen wird in Teil 4 eingegangen werden. Die Existenz eines besonderen Verfahrens für die Beilegung von Streitigkeiten in einem internationalen Abkommen zwingt allerdings auch nach der Rechtsprechung des EuGH isoliert gesehen nicht, jegliche Anwendung des Abkommens durch die Gemeinschaftsgerichte auszuschließen[731].

---

[731] EuGH, Rs. 70/87 -*Vereinigung der Ölmühlenindustrie der EWG (Fediol) v. Kommission*-, Urteil des Gerichtshofs vom 22.6.1989, Slg. 1989, S. 1781 (1831), Rn. 21. Siehe auch GA *Gulmann*, EuGH, Rs. C-280/93 - *Deutschland v. Rat* -, Schlußantrag vom 8.6.1994, Slg. 1994, I-4973 (5025), Rn. 143.

Teil 4:
Funktionale Interdependenzen zwischen dem WTO-Streitbeilegungssystem und dem EuGH bei der Anwendung und Auslegung des TRIPs-Abkommens

Die Annahme einer unmittelbaren Anwendbarkeit des TRIPs-Abkommens in der Rechtsordnung der Europäischen Gemeinschaft - oder als Minus hierzu die Annahme einer Zuständigkeit des Europäischen Gerichtshofes zur Auslegung des Abkommens im Vorabentscheidungsverfahren - wirft die zentrale Frage nach der Rollenverteilung zwischen dem WTO-Streitbeilegungssystem und nationalen Gerichten bei der Auslegung und Anwendung des TRIPs-Abkommens auf. Die unmittelbare Anwendbarkeit weist dem EuGH eine eigene Funktion bei der Durchsetzung der Abkommensbestimmungen zu. Die Multiplizität oder Parallelität verschiedener Fora der Streitbeilegung kann jedoch, auch wenn jedes Streitbeilegungssystem für sich betrachtet zur Durchsetzung der vertraglichen Verpflichtungen beiträgt, im Ergebnis die Effizienz eines oder beider Streitbeilegungsforen mindern. Dabei auftretende systemische Unvereinbarkeiten der Streitbeilegungssysteme könnten unter Umständen sogar einer unmittelbaren Anwendbarkeit des TRIPs-Abkommens in der Gemeinschaftsordnung entgegenstehen.

Im folgenden sollen bestehende Interdependenzen zwischen dem EuGH und dem WTO-Streitbeilegungssystem bei der Anwendung und Auslegung des TRIPs-Abkommens untersucht und Wege der Verknüpfung beider Streitbeilegungssysteme erkundet werden. Der EuGH soll dabei – trotz seiner (noch) begrenzten Zuständigkeit zur Anwendung des TRIPs-Abkommens – als Beispiel eines nationalen Gerichtes dienen. Damit wird auch dem dynamischen Charakter der Kompetenzverteilung innerhalb der Gemeinschaft Rechnung getragen.

A. Rolle der WTO-Streitbeilegungsorgane bei der Auslegung des TRIPs-Abkommens

Art. IX Absatz 2 des WTO-Abkommens sieht vor: „The Ministerial Conference and the General Council shall have the exclusive authority to adopt interpretations of this Agreement and of the Multilateral Trade Agreements. In case of an interpretation of a Multilateral Trade Agreement in Annex 1, they shall exercise their authority on the basis of a recommendation by the Council overseeing the functioning of the Agreement. The decision to adopt an interpretation shall be taken by a three-fourth majority of the Members.“

Dem ersten Anschein nach ist damit die ausschließliche institutionelle Zuständigkeit zur Auslegung des TRIPs-Abkommens innerhalb der WTO bei Ministerrat und Allgemeinem Rat angesiedelt[732]. Indes verbietet Art. IX WTO nicht die Auslegung der multilateralen Abkommen durch die Streitbeilegungsorgane der WTO. Nach Art. 3 Abs. 2 Satz 2 DSU ist es Aufgabe des WTO-Streitbeilegungsverfahrens, die Rechte und Pflichten der Mitglieder aus den unter die Vereinbarung fallenden Abkommen zu bewahren und die geltenden Bestimmungen dieser Übereinkommen im Einklang mit den herkömmlichen Regeln der Auslegung des Völkerrechts zu klären. Dies schließt auch die Befugnis zur Auslegung des TRIPs-Abkommens ein. Im Unterschied zu einer mit Zweidrittelmehrheit des Ministerrates oder des Allgemeinen Rates angenommenen Auslegungserklärung bindet die Fall-zu-Fall-Auslegung der WTO-Streitbeilegungsorgane allerdings nur die an dem Rechtsstreit beteiligten Parteien im Hinblick auf das Ausgangsverfahren. Vom DSB angenommene Panel- oder Appellate Body-Berichte begründen keine Präjudizwirkung[733].

Über die Beilegung individueller Streitfälle hinaus erfüllt das WTO-Streitbeilegungsverfahren indes gemäß Art. 3 Abs. 2 Satz 1 DSU auch eine zentrale Rolle „in providing security and predictability to the multilateral trading system". Rechtssicherheit, Rechtseinheit und Vorhersehbarkeit der Rechtsprechung sind Kernelemente eines Justizsystems und tragen maßgeblich zu dessen Legitimität und Akzeptanz bei[734]. Diese Rolle berechtigt und verpflichtet die WTO-Streitbeilegungsorgane, bei der Entscheidung individueller Fälle Schlußfolgerungen und Argumentationen der Panels und des Appellate Body in früheren Verfahren zu berücksichtigen[735]. Angenommene Panelberichte bilden einen wichtigen Teil des WTO-Acquis. Sie schaffen berechtigte Erwartungen unter den WTO-Mitgliedern und sollten deshalb nach Feststellung des Appellate Body in einem einschlägigen Panel-Verfahren Berücksichtigung finden[736]. In der Praxis sind derartige Bezugnahmen durch Panels und den Appellate Body häufig. Sie tragen

---

[732] Insgesamt skeptisch hinsichtlich der Möglichkeit einer Klärung der WTO-Bestimmungen im Verfahren nach Art. IX WTO äußert sich *Bronckers*, JIEL 2 (1999), S. 547 (551).

[733] *India – Patent Protection for Pharmaceutical and Agricultural Chemical Products – Complaint by the EC* (WT/DS79/R), Panelbericht vom 24.8.1998, vom DSB angenommen am 22.9.1998, Tz. 1.2. Dies ergibt sich auch aus einem Umkehrschluß zu Art. IX WTO-Abkommen.

[734] *Behboodi*, JWT, Vol. 32, No. 4 (1998), S. 55 (62 ff.). Siehe auch Brief von Julio Lacarte-Muró, Vorsitzender des Appellate Body, an Celso Lafer, Vorsitzender des DSB, vom 7.2.1996 anläßlich der Überreichung der Verfahrensordnung des Appellate Body, in: *Behboodi*, JWT, Vol. 32, No. 4 (1998), S. 55 (62).

[735] *India – Patent Protection for Pharmaceutical and Agricultural Chemical Products – Complaint by the EC* (WT/DS79/R), Panelbericht vom 24.8.1998, vom DSB angenommen am 22.9.1998, Tz. 1.2.

[736] *Japan - Taxes on Alcoholic Beverages* (WT/DS8/AB/R, WT/DS10/AB/R, WT/DS11/AB/R), Bericht des Appellate Body vom 4.10.1996, vom DSB angenommen am 1.11.1996, S. 14.

zu der Entstehung einer geordneten WTO-Rechtsprechung bei. Auch die verstärkte Teilnahme von WTO-Mitgliedern als Drittpartei im Streitbeilegungsverfahren beinhaltet eine Anerkenntnis der Bedeutung eines einzelnen Panelberichts für die Entwicklung einer über den individuellen Fall hinaus wirkenden WTO-Rechtsprechung.

Diese de facto-Präjudizwirkung insbesondere der Entscheidungen des Appellate Body nähert sich derjenigen der EuGH-Entscheidungen an. Auch Entscheidungen des EuGH entfalten nur im Hinblick auf das Ausgangsverfahren unmittelbar bindende Wirkung, begründen aber dennoch faktisch eine Leitfunktion oder Präjudizwirkung[737]. Eine Selbstbindung des EuGH wird durch diese Präjudizwirkung allerdings nicht erreicht.

B. Modelle der Verknüpfung nationaler und internationaler Streitbeilegung

Internationale und nationale Gerichte mit sich potentiell überschneidenden Zuständigkeiten können auf vielfache Weise miteinander verknüpft sein. Je stärker die Verknüpfung und damit die Rolle nationaler Gerichte bei der Durchsetzung internationalen Rechts, desto größer ist, wie das Beispiel der Europäischen Gemeinschaft zeigt, in der Regel der Schutz der Rechte und Interessen des Individuums gegenüber zwischenstaatlichen Interessen[738].

I. Ebenen der Verknüpfung

Aus theoretischer Sicht sind mehrere Ebenen der Verknüpfung internationaler und nationaler Streitbeilegungssysteme denkbar. *Hilf* identifiziert fünf Ebenen, die sich durch eine fortschreitende Einbeziehung des Individuums unterscheiden[739]:

Streitbeilegungssysteme des klassischen, zwischenstaatlichen Völkerrechts weisen in der Regel keinerlei Verknüpfung zu nationalen Streitbeilegungssystemen auf. Sie funktionieren als abgeschlossene Systeme, die einzig der Einheitlichkeit und den Kriterien ihres eigenen Systems verpflichtet sind. Aus diesem Grund kennt das klassische Völkerrecht auch kein generelles Verbot von Parallelver-

---

[737] *Dauses*, Vorabentscheidungsverfahren, S. 153. Siehe auch Art. 104 § 3 VerfO des EuGH (in der Änderungsfassung vom 15.5.1991, ABl. (EG) 1991 L 176/1). Danach kann der EuGH, wenn eine zur Vorabentscheidung vorgelegte Frage offensichtlich mit einer bereits entschiedenen Frage übereinstimmt, ggf. „durch Beschluß entscheiden, der mit Gründen zu versehen ist und auf das frühere Urteil verweist".

[738] *Hilf*, MichJIL 18 (1997), S. 321 (323).

[739] *Hilf*, MichJIL 18 (1997), S. 321 (330 ff.).

fahren auf nationaler und internationaler Ebene[740]. Diskrepanzen in der Auslegung gleichlautender Regeln auf internationaler und nationaler Ebene werden angesichts der unterschiedlichen Zielrichtungen der Streitbeilegungssysteme und mangels verfahrensrechtlicher Verknüpfungen in Kauf genommen[741].

Parallel oder alternativ zuständige Streitbeilegungssysteme werfen jedoch vielfältige Probleme auf und sind dementsprechend selten. Ein Beispiel alternativer Möglichkeiten der Streitbeilegung bietet das North American Free Trade Agreement (NAFTA) in seinem Kapitel 19. Art. 1904(5) i.V.m. Art. 1904 (11) des Abkommens eröffnet Parteien die Möglichkeit, abschließende Entscheidungen im Bereich des Antidumping-Rechts entweder durch die zuständigen nationalen Gerichte oder durch ein binational besetztes Schiedsgericht überprüfen zu lassen[742]. Ein Beispiel paralleler Streitbeilegungssysteme bietet das plurilaterale WTO-Abkommen über das Öffentliche Beschaffungswesen. Eine Überprüfung von Abkommensverletzungen kann hier sowohl in innerstaatlichen Verfahren auf Initiative Privater (Art. XX:2 GPA) als auch im WTO-Streitbeilegungsverfahren (Art. XXII GPA) erfolgen[743].

Vor allem im Bereich des Menschenrechtsschutzes verbreitet ist eine Verknüpfung internationalen und nationalen Rechtsschutzes über das Erfordernis der

---

740 Siehe *William S. Selwyn (United Kingdom / Venezuela) Case*, UNRIAA, Vol. IX, S. 380 – 381; bei *Martha*, JWT, Vol. 30, No. 4 (1996), S. 106 (123).

741 *Hilf*, MichJIL 18 (1997), S. 321 (330).

742 Art. 1904 (5) NAFTA: „An involved Party on its own initiative may request review of a final determination by a panel and shall, on request of a person who would otherwise be entitled under the law of the importing Party to commence domestic procedures for judicial review of that final determination, request such a review."

Art. 1904 (11) NAFTA: „A final determination shall not be reviewed under any judicial review procedures of the importing Party if an involved Party requests a panel with respect to that determination within the time limits set out in this article. No Party may provide in its domestic legislation for an appeal from a panel decision to its domestic courts."

Nach anderer, auf den Wortlaut von Art. 1904 (1) NAFTA gestützter Auffassung haben die nationalen Verwaltungsgerichte indes in diesem Bereich ihre Kompetenz in der letzten Instanz vollständig an die Schiedsgerichte des Art. 19 NAFTA abgegeben, so daß keine Wahlmöglichkeit besteht. Art. 1904 (1) NAFTA lautet: „As provided in this Article, each Party shall replace judicial review of final antidumping and countervailing duty determinations with binational panel review." So *Folsom/Gordon*, NAFTA Handbook, 2-11; *Müller*, S. 30.

743 Agreement on Government Procurement (GPA) vom 15.4.1994. Art. XX:2 des Abkommens lautet: „Each Party shall provide non-discriminatory, timely, transparent and effective procedures enabling suppliers to challenge alleged breaches of the Agreement arising in the context of procurements in which they have, or have had, an interest."

Erschöpfung nationalen Rechtsschutzes[744]. Rechtsschutz durch internationale Gremien steht erst dann zur Verfügung, wenn nationaler Rechtsschutz den international anerkannten Individualrechten nicht zu ihrer Geltung verholfen hat. Die in diesem Bereich einschlägigen internationalen Streitbeilegungssysteme wie der Europäische Gerichtshof für Menschenrechte sind als bewußte Ergänzung nationalen Rechtsschutzes konzipiert[745].

In Bereichen verstärkter politischer Integration und der Übertragung nationaler Hoheitsbefugnisse wie in der Europäischen Gemeinschaft findet sich eine Vielzahl von Verbindungen und Verknüpfungen nationaler und internationaler Streitbeilegungssysteme. Das Vorabentscheidungsverfahren nach Art. 234 EGV, die Verpflichtung nationaler Gerichte zur Vorlage vor dem EuGH, der bindende Charakter der Entscheidungen im Vorabentscheidungsverfahren sowie der Vorrang des Gemeinschaftsrechts garantieren die gemeinschaftsweit einheitliche Anwendung und Auslegung des Gemeinschaftsrechts, ohne daß den Gemeinschaftsgerichten eine formale Vorrangstellung gegenüber den nationalen Gerichten eingeräumt wäre[746]. Die Verknüpfung der ansonsten selbständigen Streitbeilegungssysteme erfolgt hier genau in den für die Durchsetzung der Ziele politischer Integration erforderlichen Grenzen.

Die aus der Perspektive des Individualschutzes stärkste Verknüpfung der nationalen mit der internationalen Ebene findet sich in den Fällen, in denen Individuen ein unmittelbares Klagerecht vor internationalen Fora der Streitbeilegung eingeräumt wird, so z.B. im Fall der Individualbeschwerde vor dem Europäischen Gerichtshof für Menschenrechte nach Art. 34 EMRK sowie im Verfahren beim Internationalen Zentrum zur Beilegung von Investitionsstreitigkeiten (ICSID) nach Art. 25 ICSID-Abkommen[747].

Das WTO-Abkommen selbst enthält keine generelle Regelung über eine Verknüpfung des WTO-Streitbeilegungsverfahrens mit nationalen Gerichten[748].

---

744 Siehe z.B. Art. 35 Abs. 1 EMRK; Art. 5.2 (b) des Fakultativprotokolls zum IPBPR (BGBl. 1992 II S. 1247); Art. 11 Abs. 3 des Abkommens zur Beseitigung aller Formen der Rassendiskriminierung.

745 *Jacobs/White*, S. 335.

746 *Dauses*, Vorabentscheidungsverfahren, S. 45 f.; *Hilf*, MichJIL 18 (1997) S. 321 (333 f.).

747 *Convention on the Settlement of Investment Disputes between States and Nationals of other States*, in Kraft getreten am 14. Oktober 1966; abgedruckt in ICSID Reports, Vol. 1 (1993), S. 3 ff.

748 Auf Grundlage der *Ministerial Decision on the Application and Review of the Rules and Procedures Governing the Settlement of Disputes* (vom 15. Dezember 1993; WTO-Texte, S. 408) begann im Jahr 1998 eine Runde zur Überprüfung des DSU-Streitbeilegungssystems. Die Überprüfungsrunde endete 1999 ohne formelle Beschlußfassung; *WTO*, Annual Report 2000, S. 79. Die (nicht angenommenen) Änderungsvorschläge (u.a.) der EG und ihrer Mitgliedstaaten beschränkten sich im wesentlichen auf Verbesserungen im

Zwar verpflichtet Art. 23 DSU die WTO-Mitglieder, Verletzungen der WTO-Abkommen im Rahmen der durch das DSU begründeten Verfahren geltend zu machen. Diese Bestimmung bezweckt hauptsächlich den Ausschluß einseitiger Maßnahmen zur Sanktionierung von Vertragsverletzungen (wie z.B. Section 301 des US Trade Act)[749]. Ob Art. 23 DSU darüber hinaus einen absoluten Vorrang des WTO-Streitbeilegungsverfahrens gegenüber anderen internationalen, d.h. zwischenstaatlichen Streitbeilegungsforen wie z.B. der geplanten Streitbeilegung im Rahmen der WIPO oder des NAFTA regelt, ist streitig[750]. Der Anwendungsbereich der Norm erstreckt sich indes in keinem Fall auf Verfahren vor nationalen Gerichten.

In Ermangelung einschlägiger Bestimmungen begründen die WTO-Abkommen demnach auf den ersten Blick keine Verknüpfung zwischen der internationalen Ebene des Rechtsschutzes durch den WTO-Streitbeilegungsmechanismus und nationalen Gerichten. Solange dem ersteren die Anwendung des WTO-Rechts vorbehalten bleibt, besteht auch kein dringendes Bedürfnis für eine derartige Verknüpfung. Mit der Annahme einer unmittelbaren Anwendbarkeit der Bestimmungen des TRIPs-Abkommens in der Gemeinschaft würde der EuGH indes eine eigene Rolle bei der Umsetzung der WTO-Verpflichtungen der Gemeinschaft übernehmen. In Abwesenheit einschlägiger Verknüpfungen begründete dies eine Situation formal getrennter, d.h. paralleler Rechtsschutzsysteme.

Im folgenden sollen deshalb zunächst bestehende Ausprägungen einer institutionellen Verknüpfung internationaler Streitbeilegungssysteme mit anderen internationalen oder nationalen Gerichten erkundet werden. Im WTO-Abkommen wie auch in anderen Abkommen der internationalen Handelsbeziehungen finden sich an mehreren Stellen Regelungen für spezifische Verfahrensarten, die Aspekte der oben dargestellten Verknüpfungsmodelle nutzen. Diese auf der internationalen Ebene gewählten Modelle der Zuständigkeitsverteilung zwischen Streitbeilegungssysteme können unter Umständen Anhaltspunkte für eine mögliche generelle oder auch TRIPs-spezifische Verknüpfung zwischen dem WTO-Streitbeilegungssystem und dem EuGH bieten.

Rechtsdurchsetzungsmechanismus nach Art. 21 ff. DSU sowie der Verfahrensfristen; *Proposed Amendment of the Dispute Settlement Understanding*, 22. November 1999 (WT/MIN(99)/8).

[749] *Cottier*, in: Cameron/Campbell, S. 111 (116).

[750] Gegen eine Ausschließlichkeit sprechen sich *Cottier*, in: Cameron/Campbell, S. 111 (116) und *Abbott*, in: Petersmann, Intl Trade Law, S. 415 (436) aus.

II. Verknüpfungen im Regelungsbereich der WTO-Übereinkünfte

Das WTO-Abkommen über das Öffentliche Beschaffungswesen[751] ermöglicht die Geltendmachung von Abkommensverletzungen sowohl vor nationalen Gerichten als auch im WTO-Streitbeilegungsmechanismus. Art. XX:2 GPA eröffnet privaten Parteien ausdrücklich einen Rechtsweg vor nationalen Gerichten zur Überprüfung der Vereinbarkeit nationaler Ausschreibungsmaßnahmen mit dem GPA. Die nationalen Verfahren müssen eine Korrektur der Abkommensverletzung oder Entschädigung für die erlittenen Schäden ermöglichen (Art. XX:7 (c) GPA)[752]. Entscheidungen nationaler Gerichte über das Vorliegen einer Abkommensverletzung sind dabei bindend[753]. Den Abkommensparteien selbst steht nach Art. XXII GPA der Rechtsweg nach dem WTO-Streitbeilegungsverfahren offen. Das Verfahren richtet sich dabei grundsätzlich nach dem DSU[754]. Eine Verknüpfung des nationalen Rechtswegs mit dem WTO-Streitbeilegungsverfahren sieht das GPA nicht vor.

Das GPA stellt demnach einen Modellfall nicht integrierter, paralleler Streitbeilegungsverfahren dar. Die Vorteile dieser Parallelität wie auch die Probleme, die bei der Anwendung dieser Bestimmungen auftreten, könnten symptomatisch sein für eine mögliche Anwendung des TRIPs-Abkommens in nationalen Gerichten wie im WTO-Streitbeilegungsverfahren.

Die Bestimmungen über ein nationales Verfahren in Art. XX GPA enthalten wesentliche Verbesserungen gegenüber den Rechtsschutzbestimmungen des DSU, vor allem hinsichtlich der zur Verfügung stehenden Sanktionen und der Möglichkeit, vorbeugend im Wege des einstweiligen Rechtsschutzes gegen drohende Verletzungen des Abkommens vorzugehen (Art. XX:7 (a) GPA). Die bloße Existenz eines privaten Rechtsschutzmechanismus und die in diesem Rahmen ergangenen Entscheidungen entfalten zudem eine abschreckende Wirkung, die sich bereits empirisch nachweisbar in einer gesteigerten Beachtung der Abkommensbestimmungen ausgewirkt hat[755]. Die Durchsetzbarkeit der Abkommensbestimmungen in nationalen Verfahren trägt maßgeblich zur Effektivität des Abkommens bei.

---

751 Agreement on Government Procurement (GPA) (15. April 1994), abgedruckt in *Hoekman/Mavroidis*, S. 313 ff. Darstellung bei *Didier*, S. 359 (416 ff.); *Reich*, S. 307 ff.; *Hoekman/Mavroidis*, S. 21 ff. und S. 136 ff.

752 Zur Umsetzung der Streitbeilegungsbestimmungen des GPA in der EG siehe *Didier*, S. 418 ff. Hinsichtlich des Rechtsschutzes sind zwei Richtlinien maßgeblich: Richtlinie EG (89/665) vom 30. Dezember 1989, ABl. (EG) 1989 L 395/1, und Richtlinie EG (92/13) vom 23. März 1992, ABl. (EG) 1992 L 76/1.

753 *Reich*, S. 311.

754 Hierzu siehe *Weiss*, in: Petersmann, Intl Trade Law, S. 441 (446).

755 *Reich*, Can.Bus.L.J. 23 (1994), S. 107 (117).

Andererseits führt die Auslegung und Anwendung des Abkommens durch nationale Gerichte auch zu offensichtlichen Problemen. Die Überprüfung der WTO-Kompatibilität der nationalen Gesetze muß nach der Konstruktion von Art. XX:7 GPA im WTO-Streitbeilegungsverfahren überprüft werden. Nationale Gerichte können ihre Entscheidung deswegen nicht auf die Verletzung nationaler Gesetze stützen, da deren Vereinbarkeit mit dem GPA nicht sichergestellt ist[756]. Dies wiederum steht in Widerspruch mit dem Ziel der Rechtsschutzbestimmungen, rasch Abhilfe zu verschaffen. In Ermangelung integrierter Strukturen kann die Parallelität der Verfahren zudem zu Diskrepanzen in der internationalen und nationalen Anwendung und Auslegung des Abkommens führen. Daraus ergeben sich Gefahren für die Einheitlichkeit der Rechtsprechung und die Rechtssicherheit[757]. Dennoch scheinen die bisherigen Erfahrungen mit Rechtsschutz unter dem Abkommen über das Öffentliche Beschaffungswesen nicht zu der Schlußfolgerung zu zwingen, die Möglichkeit privaten Rechtsschutzes vor nationalen Gerichten unterminiere die Effektivität des WTO-Streitbeilegungssystems[758].

Auch an anderen Stellen in den WTO-Abkommen finden sich Regelungen für spezifische Verfahrensarten, die Aspekte der oben dargestellten Verknüpfungsmodelle nutzen. So macht Art. 4 des GATS Annexes zu Dienstleistungen im Lufttransport (Air Transport Services) in Umkehr von Art. 23 DSU ein WTO-Streitbeilegungsverfahren von der Erschöpfung des Rechtsweges vor anderen internationalen Streitbeilegungsgremien abhängig[759]. Im Rahmen des Agreement on Preshipment Inspection bleibt der WTO-Streitbeilegungsmechanismus gemäß Art. 8 des Abkommens Streitigkeiten zwischen Mitgliedern vorbehalten. Parallel hierzu sollen die Mitglieder jedoch die Beilegung von Streitigkeiten zwischen privaten Parteien und Behörden über die Anwendung des Abkommens

[756] *Hoekman*, in: Hoekman/Mavroidis, S. 1 (21).

[757] *Hoekman*, in: Hoekman/Mavroidis, S. 1 (22); *Petersmann*, CMLRev 31 (1994), S. 1157 (1240).

[758] Kommentatoren beschränken sich darauf, an Vernunft und guten Glauben der Abkommensparteien bei der Anwendung der Rechtsschutzbestimmung zu appellieren (*Hoekman*, in: Hoekman/Mavroidis, S. 22), und betonen darüber hinaus die Vorteile, die die Einführung privater Rechtsschutzmöglichkeiten für die Effizienz der Abkommensbestimmungen, ihre Klärung durch die Rechtsprechung und das Vertrauen der vom Abkommen angesprochenen Privaten in die Integrität des Systems hat (*Reich*, S. 334).

[759] Art. 4, GATS Annex on Air Transport Services: „The dispute settlement procedures of the Agreement may be invoked only where obligations or specific commitments have been assumed by the concerned Members and where dispute settlement procedures in bilateral and other multilateral agreements or arrangements have been exhausted."

vor eigens einzurichtenden zwischenstaatlichen Streitbeilegungsgremien fördern[760].

Im Verhältnis zwischen NAFTA und WTO begründet Art. 2005 NAFTA grundsätzlich ein Wahlrecht zwischen den Streitbeilegungssystemen[761]. Die Entscheidung für eines der beiden Systeme ist endgültig[762]. Fraglich ist hierbei allerdings das Verhältnis dieser Norm zu Art. 23 DSU. Eine ähnliche Ausschließlichkeitsregel schlug die EG für das geplante zwischenstaatliche WIPO-Streitbeilegungssystem vor[763]. Danach soll die Einleitung eines WTO-Streitbeilegungsverfahrens die einseitige Einleitung eines parallelen Verfahrens im Rahmen der WIPO verhindern[764].

Den meisten dieser Modelle ist eigen, daß sie zwar Regelungen über die Rechtswegzuständigkeit treffen, eine Befassung mehrerer, von einander unabhängiger (internationaler oder nationaler) Streitbeilegungsgremien mit demselben Streitgegenstand oder sogar derselben Abkommensbestimmung aber nicht verhindern.

---

760 Art. 4 Agreement on Preshipment Inspection, Chapeau: „Members shall encourage preshipment entities and exporters mutually to resolve their disputes. ....(f) the object of the review shall be to establish whether, in the course of the inspection in dispute, the parties to the dispute have complied with the provisions of this Agreement." Auf der Grundlage von Art. 4 des Abkommens richteten die International Chamber of Commerce (ICC) und die International Federation of Inspection Agencies 1994 eine Independent Review Entity im Londoner Büro des International Maritime Bureau der ICC ein; siehe *Petersmann*, CMLRev 31 (1994), S. 1157 (1229).

761 Art. 2005 (1) NAFTA: „Subject to paragraphs 2, 3 and 4, disputes regarding any matter arising both under this Agreement and the General Agreement on Tariffs and Trade, any agreement negotiated thereunder, or any successor agreement (GATT) may be settled in either forum at the discretion of the complaining party." Zur Abgrenzungspraxis vgl. *Reinisch*, RIW 2002, S. 449 (453).

762 Art. 2005 (6) NAFTA: „Once dispute settlement procedures have been initiated under Article 2007 or dispute settlement proceedings have been initiated under the GATT, the forum selected shall be used to the exclusion of the other, unless a party makes a request pursuant to paragraph 3 or 4."

763 WIPO Draft Treaty on the Settlement of Disputes between States in the Field of Intellectual Property (WIPO Document SD/CE/VI/2 vom 10. Dezember 1993). Siehe zu diesem Vorhaben ausführlich *WIPO*, Introduction to Intellectual Property, S. 626 ff., sowie *Lee/von Lewinski*, in: Beier/Schricker, IIC Studies 18, S. 278 (322).

764 WIPO 1995 Report, S. 11, Tz. 5: „Once a procedure under the rules of some other intergovernmental organization was in progress or had resulted in settlement that was considered final by that organization, no party to the dispute could unilaterally initiate a procedure for the settlement of the same dispute within the framework of the proposed Treaty. Such a proposal would therefore avoid settlements being submitted concurrently to two different sets of machinery."

C. Problemfelder paralleler, unverknüpfter Streitbeilegungssysteme

Bei Annahme einer unmittelbaren Anwendbarkeit des TRIPs-Abkommens bestehen die Streitbeilegungssysteme der Gemeinschaft und der WTO grundsätzlich parallel und unverknüpft nebeneinander. Die Parallelität nationaler und internationaler Streitbeilegung kann zu Diskrepanzen in der Auslegung einer Norm, zu *forum shopping* und zu Parallelverfahren führen. Vollkommen parallele Zuständigkeiten verursachen zudem Rechtsunsicherheit auf beiden Ebenen der Streitbeilegung[765].

Der Einheitlichkeit der Auslegung kommt in integrierten Rechtssystemen ein großer Stellenwert zu[766]. Bei Fehlen einer zentralen Ordnungsinstanz ist es kaum zu vermeiden, daß nationale Gerichte das WTO-Recht nach ihren eigenen Kriterien auslegen und anwenden, und daß sich eventuelle Divergenzen zwischen der Rechtsprechung der einzelnen Mitglieder im Laufe der Zeit fortentwickeln und verfestigen. Die Einheitlichkeit der Anwendung und Auslegung des WTO-Rechts ist damit nicht mehr sichergestellt. Wie die weitergehende Analyse zeigen wird, ist das jeweils erforderliche Ausmaß der Homogenität jedoch vom Grad der Integration der Rechtssysteme abhängig. Das Integrationsniveau, das durch eine unmittelbare Anwendbarkeit des TRIPs-Abkommens im nationalen Verfahren erreicht wird, macht es unter dem Aspekt der Rechtssicherheit zumindest wünschenswert, Auslegungsdiskrepanzen durch institutionelle Verknüpfungen zu verhindern. Inwiefern dies möglich oder aber erforderlich ist, soll untersucht werden.

Die Möglichkeit paralleler Verfahren beinhaltet auch die Möglichkeit von *forum shopping*. Eine Gefahr stellt dies indes nur dar, wenn Parteien damit eine gegebene Rangordnung zwischen den verschiedenen Ebenen der Streitbeilegung umgehen. Die Situation ändert sich allerdings, wenn die unmittelbare Anwendbarkeit völkervertragsrechtlicher Bestimmungen in nationalen Verfahren Rückwirkungen auf die Funktionsweise internationaler Streitbeilegungssysteme hat.

D. Möglichkeiten einer generellen Verknüpfung des WTO-Streitbeilegungssystems mit dem EuGH

Angesichts der Probleme, die sich in parallelen Streitbeilegungssystemen ergeben, erscheint eine generelle Verknüpfung der WTO-Streitbeilegung mit dem Rechtsschutzsystem der Gemeinschaft wünschenswert. Im folgenden soll deswegen untersucht werden, welche Verknüpfungsmöglichkeiten im Verhältnis zwischen den WTO-Streitbeilegungsorganen und dem EuGH *de lege lata* und *de*

---

765 Spezifisch für das TRIPs-Abkommen siehe auch *Eeckhout*, JIEL 5 (2002), S. 91 (99).

766 *Dauses*, Vorabentscheidungsverfahren, S. 45.

lege ferenda genutzt werden können. Dabei ist auch auf die spezifischen Rechtsschutzinteressen im Fall des TRIPs-Abkommens Rücksicht zu nehmen.

I. Leitgedanke der Effizienzsteigerung

Leitgedanke einer eigenständigen Rolle nationaler Gerichte bei der Anwendung des TRIPs-Abkommens ist, daß die dezentrale Durchsetzung des Abkommens durch nationale Gerichte zu einer gesteigerten Effektivität der Abkommensbestimmungen sowie zu effektiverem Individualrechtsschutz führen kann[767].

Dabei muß grundsätzlich zwischen der Effektivität materieller Rechtsnormen und der Effektivität der Streitbeilegungssysteme, die zu ihrer Anwendung berufen sind, differenziert werden. Wie die Erfahrung in der Europäischen Gemeinschaft zeigt, hat die unmittelbare Anwendbarkeit des Gemeinschaftsrechts wesentlich zu seiner Effektivität in der Gemeinschaft beigetragen[768]. Auch die Effektivität internationaler Institutionen hängt zu einem hohem Maße von der effektiven Durchsetzung ihrer Entscheidungen in den nationalen Rechtsordnungen ab[769]. Die These, daß internationale Institutionen an politischer Unterstützung und Legitimität in den Mitgliedstaaten gewinnen, je mehr nationale Gerichte eine Rolle bei der Umsetzung internationaler Bestimmungen einnehmen[770], gilt jedoch nur in Grenzen. Sobald die Dezentralisierung der Umsetzung Zentrifugalkräfte freisetzt, die die Effektivität der internationalen Institutionen selbst und ihrer Streitbeilegungssysteme in Frage stellen, schlägt der Effektivitätsgewinn der Abkommensbestimmung auf nationaler Ebene in einen Legitimitätsverlust auf internationaler Ebene um. Zudem besteht keine notwendige Identität von Effektivität in den internationalen Handelsbeziehungen und Effektivität im Hinblick auf einen Individualrechtsschutz. Die Legitimität und Glaubwürdigkeit des WTO-Streitbeilegungssystems nährt sich zumindest auch aus dessen Akzeptanz durch seine Staaten-Mitglieder[771].

---

767 Vgl. *Hilf*, MichJIL 18 (1997), S. 321 (326); *ders.*, Referat, S. 7; *Reich*, S. 327.

768 EuGH, Rs. 26/62 - *Van Gend & Loos v. Niederländische Finanzverwaltung* -, Urteil des Gerichtshofs vom 5.2.1963, Slg. 1963, S. 1. Vgl. auch *Kuilwijk*, S. 158; *Pescatore*, ELR 8 (1983), S. 155 (177).

769 *Petersmann*, JIEL 1 (1998), S. 175 (197). Eine Checkliste von Kriterien für die Effektivität supranationaler Streitbeilegungssysteme entwickelten *Helfer/Slaughter*, Yale LJ, Vol. 107, No. 2 (1997), S. 273 (282 ff.).

770 *Hilf*, MichJIL 18 (1997), S. 321 (326).

771 *Reich*, S. 327. *Drexl* sieht einen Effizienzgewinn durch eine unmittelbare Anwendbarkeit der WTO-Bestimmungen in der EG deswegen primär in den Bereichen gegeben, in denen die gemeinschaftsrechtlichen Ordnungsvorstellungen mit denen der WTO, wie etwa im Bereich des Immaterialgüterrechts, grundsätzlich übereinstimmen; *Drexl*, in: FS Fikentscher, S. 822 (848).

II. Bindungswirkung der WTO-Streitbeilegungsentscheidungen für den EuGH

Die aus funktionellen Erwägungen naheliegendste Verknüpfung besteht darin, nationale Gerichte an die Entscheidungen der WTO-Streitbeilegungsorgane zu binden und ihnen eine Rolle bei der Umsetzung dieser Entscheidungen zuzuweisen. Mit der Annahme einer Bindungswirkung von WTO-Streitbeilegungsentscheidungen müßte der EuGH sich an die in den DSB-Entscheidungen vorgenommene Auslegung der WTO-Vorschriften sowie an die Feststellung der Verstoßes einer Gemeinschaftsrechtsnorm gegen eine Abkommensvorschrift halten.

Zu unterscheiden sind hierbei zwei unterschiedliche Arten der Bindungswirkung: Eine absolute Bindung des EuGH kann - entsprechend der auf die Parteien des DSU-Verfahrens begrenzten Reichweite von WTO-Entscheidungen - nur in den Fällen angenommen werden, in denen das Verfahren vor dem EuGH unmittelbar der Umsetzung der WTO-Entscheidung gegenüber einer der Parteien des Ausgangsrechtsstreits dient. Eine derartige Situation ist z.B. dann gegeben, wenn ein Mitgliedstaat (oder eine private Partei) sich im Verfahren nach Art. 230 EGV darauf beruft, daß ein WTO-Streitbeilegungsgremium den Verstoß eines Sekundärakts des Gemeinschaftsrechts gegen WTO-Recht festgestellt hat, und nun die Feststellung der Rechtswidrigkeit dieses Aktes begehrt. Eine eigenständige Bewertung der Rechtslage durch den EuGH wäre in diesem konkreten Fall ausgeschlossen.

Darüber hinaus liegt es aber nahe, die im Rahmen des WTO Appellate Body zu beobachtende Entwicklung hin zu einer de facto-Präjudizwirkung vorangegangener eigener Entscheidungen auch auf nationale Gerichte zu übertragen. Das Bedürfnis für eine derartige Präjudizwirkung ergibt sich vor allem im Vorabentscheidungsverfahren nach Art. 234 EGV, wenn die Auslegung einer WTO-Norm in Frage steht. Im Rahmen seiner Zuständigkeit ist der EuGH verpflichtet, diese Bestimmung als Teil der Gemeinschaftsrechtsordnung auszulegen. Wenn die entsprechende WTO-Bestimmung bereits von einem WTO-Panel oder dem Appellate Body ausgelegt wurde und vor allem, wenn die WTO-Streitbeilegungsorgane diesbezüglich eine ständige Rechtsprechung ausgebildet haben, ist fraglich, ob der EuGH von dieser Rechtsprechung abweichen kann oder sollte. Es handelte sich hier um eine Erstreckung der Gemeinschaftspflicht zur WTO-konformen Auslegung auf die Beachtung von WTO-Sekundärrecht.

Insgesamt würde die Bindungswirkung von WTO-Entscheidungen für nationale Gerichte die Einheitlichkeit des WTO-Rechts in einem dezentralisierten System der Umsetzung garantieren. Abzusehen sind allerdings Rückwirkungen auf den Durchsetzungsmechanismus der Art. 21 und 22 DSU.

1. Rechtsprechung des EuGH zur Bindungswirkung von WTO-Streitbeilegungsentscheidungen

Die Zulässigkeit einer Bindungswirkung der WTO-Streitbeilegungsentscheidungen für den EuGH bestimmt sich ausschließlich nach Gemeinschaftsrecht. Es handelt sich um eine vom nationalen Rechtskreis zu treffende Entscheidung über die unmittelbare Anwendbarkeit von Entscheidungen internationaler Streitbeilegungssysteme, hier von WTO-Sekundärrecht. Wie bei der Frage nach dem internen Status von Abkommensbestimmungen ist Voraussetzung für eine konkrete Bindungswirkung in einen Verfahren vor einem Gemeinschaftsgericht, daß die DSB-Entscheidungen für die Gemeinschaft verbindlich sind und innerhalb der Gemeinschaft unmittelbare Rechtswirkungen erzeugen können.

Die Gemeinschaftsgerichte hatten in zwei neueren Rechtssachen Gelegenheit, zu der Frage der Bindungswirkung von WTO-Entscheidungen Stellung zu nehmen. In beiden Rechtssachen machten durch die Gemeinschaftsordnung (GMO) Bananen geschädigte Unternehmen eine Bindungswirkung der am 25.9.1997 angenommenen Entscheidung des Appellate Body zur WTO-Widrigkeit der GMO Bananen[772] geltend.

a. Rs. T-254/97 - Fruchthandelsgesellschaft mbH Chemnitz -

In der Rechtssache T-254/97 - *Fruchthandelsgesellschaft mbH Chemnitz v. Kommission* -[773] wandte sich die Klägerin, eine von der Treuhandanstalt privatisierte Fruchthandelsgesellschaft, gegen die auf der Grundlage der GMO Bananen[774] getroffene Ablehnung einer Zuteilung zusätzlicher Lizenzen zur Einfuhr von Bananen. Die ablehnende Entscheidung der Kommission sei nichtig, da die Entscheidung des WTO Appellate Body über die Unvereinbarkeit der GMO Bananen mit dem GATT die Gemeinschaft binde und unmittelbare Auswirkungen auf die Gemeinschaftsordnung habe[775].

Das Gericht erster Instanz wies die Klage als unbegründet ab. Die Argumentation der Klägerin führe nicht zu der beantragten Rechtsfolge, der Nichtigkeitserklärung der Kommissionsentscheidung. Die Frage, ob die bindenden Entschei-

---

772 *European Communities - Regime for the Importation, Sale and Distribution of Bananas* (WT/DS27/AB/R), Bericht des Appellate Body vom 9.9.1997, vom DSB angenommen am 25.9.1997.

773 EuG, Rs. T-254/97 - *Fruchthandelsgesellschaft mbH Chemnitz v. Kommission* -, Urteil des EuG vom 28.9.1999, Slg. 1999, II-2743.

774 VO (EWG) Nr. 404/93 des Rates vom 13. Februar 1993 über eine gemeinsame Marktorganisation für Bananen (ABl.(EG) 1993 L 47/1).

775 EuG, Rs. T-254/97 - *Fruchthandelsgesellschaft mbH Chemnitz v. Kommission* -, Urteil des EuG vom 28.9.1999, Slg. 1999, II-2743 (2755), Rn. 21 f.

dungen des Streitbeilegungsgremiums unmittelbare Wirkung haben, müsse deswegen nicht geprüft werden[776]. Zum einen stelle der vom WTO-Streitbeilegungsgremium am 25. 7. 1997 angenommene Bericht des Appellate Body das System der Zollkontingente in der GMO Bananen nicht als solches in Frage. Der Bericht gelange lediglich zum Ergebnis, daß das durch die Verordnung Nr. 404/93 eingeführte System bestimmte diskriminierende Elemente enthalte, erkläre das System aber nicht für insgesamt unvereinbar mit GATT oder GATS. Daher habe die Gemeinschaft Änderungen an der GMO Bananen vorgenommen[777]. Auf die Tatsache, daß auch diese Änderungen in einer WTO-Panelentscheidung vom 9.4.1999 als in weiten Teilen WTO-inkompatibel verworfen wurden, ging das EuG in seiner Argumentation nicht ein[778].

Im übrigen rügte das Gericht, die Klägerin habe keinen rechtlichen Zusammenhang zwischen der Entscheidung des Streitbeilegungsgremiums und ihrer Klage dargetan[779]. Hierzu wird auf die in ständiger Rechtsprechung entwickelten Voraussetzungen für eine unmittelbare Wirkung von Entscheidungen, die nicht unmittelbar an den Betroffenen gerichtet sind, verwiesen[780].

b. Rs. C-104/97 P - Atlanta AG -

Auch in der Rechtssache C-104/97 P - *Atlanta AG v. Rat und Kommission* -[781], einer Rechtsmittelentscheidung über die Schadensersatzklage eines im Bananenimport tätigen Unternehmens, berief sich die Rechtsmittelführerin auf die am 25.9.1997 vom DSB angenommen Entscheidung des WTO Appellate Body über die Unvereinbarkeit der GMO Bananen mit dem GATT. Sie machte als Rechtsmittelgrund geltend, die WTO-Entscheidung habe abschließend die

---

776 EuG, Rs. T-254/97 - *Fruchthandelsgesellschaft mbH Chemnitz v. Kommission* -, Urteil des EuG vom 28.9.1999, Slg. 1999, II-2743 (2757), Rn. 30.

777 Siehe VO (EWG) Nr. 1637/98 des Rates vom 20. Juli 1998 (ABl. (EG) 1998 L 210/1).

778 *European Communities - Regime for the Importation, Sale and Distribution of Bananas - Recourse to Art. 21.5 by Ecuador* (WT/DS27/RW/ECU), Panelbericht vom 09.04.1999. Besprechung dieses Panelberichts bei *Jürgensen*, EuR 1999, S. 370.

779 EuG, Rs. T-254/97 - *Fruchthandelsgesellschaft mbH Chemnitz v. Kommission* -, Urteil des EuG vom 28.9.1999, Slg. 1999, II-2743 (2757), Rn. 28.

780 EuGH, Rs. 9/70 - *Grad v. Finanzamt Traunstein* -, Urteil des Gerichtshofes vom 6.10.1970, Slg. 1970, S. 825 (838); Rs. 104/81 -*Hauptzollamt Mainz v. C. A. Kupferberg*-, Urteil des Gerichtshofes vom 26.10.1982, Slg. 1982, S. 3641 (3665), Rn. 22 f.; Rs. C-280/93 - *Deutschland v. Rat* -, Urteil des Gerichtshofes vom 5.10.1994, Slg. 1994, I-4973 (5073), Rn. 110.

781 EuGH, Rs. C-104/97 P - *Atlanta AG v. Rat und Kommission* -, Urteil des Gerichtshofes vom 14.10.1999, Berufung gegen Entscheidung des EuG vom 11.12.1996, Slg. 1999, I-6983.

Unvereinbarkeit von wesentlichen Teilen der Bananenmarktordnung mit dem WTO-Recht festgestellt[782]. Dabei betonte Atlanta, sich mit dieser Argumentation nicht auf substantielle WTO-Bestimmungen, sondern lediglich auf die Bindungswirkung einer Entscheidung der WTO-Streitbeilegungsorgane im Verfahren vor dem EuGH zu berufen.

Weder Generalanwalt *Mischo* noch der EuGH folgten indes dieser Differenzierung. Nach Auffassung des Generalanwalts beinhaltet die Geltendmachung einer WTO-Streitbeilegungsentscheidung stets auch die Geltendmachung substantieller Bestimmungen, da ein Bericht des Appellate Body lediglich die Anwendung substantiellen Rechts darstelle[783]. Die Bindungswirkung einer WTO-Entscheidung ergebe sich notwendigerweise aus der Tatsache, daß die Gemeinschaft an die Gesamtheit der WTO-Abkommen gebunden sei. Sie könne somit nicht von der Frage der unmittelbaren Anwendbarkeit der materiellen Bestimmungen der WTO-Abkommen getrennt werden. Das WTO-Recht wiederum könne nach ständiger Rechtsprechung nicht als Nichtigkeitsgrund vor Gemeinschaftsgerichten angeführt werden. Dieser Argumentation schloß sich der Gerichtshof an. Die Geltendmachung der WTO-Entscheidung stehe notwendig und unmittelbar mit dem Klagegrund eines Verstoßes gegen materielle Bestimmungen des GATT in Zusammenhang[784]. Da Atlanta diese Argumentation zwar in der 1. Instanz (erfolglos) geltend gemacht, in der Rechtsmittelinstanz jedoch nicht wieder aufgegriffen habe, müsse der Rechtsmittelgrund der Bindungswirkung der WTO-Entscheidung als unzulässig zurückgewiesen werden. Eine Entscheidung eines WTO-Streitbeilegungsorgans hätte nur berücksichtigt werden können, wenn die unmittelbare Wirkung des GATT im Rahmen eines auf die Rechtsunwirksamkeit der GMO Bananen gerichteten Rechtsmittelgrundes vom Gerichtshof festgestellt worden wäre.

Auch wenn der EuGH und der EuG in den Entscheidungen *Chemnitz* und *Atlanta* zu der Frage einer Bindungswirkung von DSB-Entscheidungen in Gemeinschaftsverfahren nicht unmittelbar und abschließend Stellung genommen haben, lassen sich folgende Schlußfolgerungen ziehen:

Die Gemeinschaftsgerichte verhalten sich insgesamt vorsichtig und eher ablehnend gegenüber der Einnahme einer aktiven Rolle bei der Umsetzung der Entscheidungen im WTO-Streitbeilegungssystem. Sie erkennen grundsätzlich an, daß Entscheidungen des WTO-Streitbeilegungsgremiums bindenden Charakter

---

782 EuGH, Rs. C-104/97 P - *Atlanta AG v. Rat und Kommission* -, Urteil des Gerichtshofes vom 14.10.1999, Slg. 1999, I-6983 (7024), Rn. 17.

783 GA *Mischo*, EuGH, Rs. C-104/97 P - *Atlanta AG v. Rat und Kommission* -, Schlußantrag vom 6.5.1999, Slg. 1999, I-6983 (6989), Rn. 20.

784 EuGH, Rs. C-104/97 P - *Atlanta AG v. Rat und Kommission* -, Urteil des Gerichtshofes vom 14.10.1999, Slg. 1999, I-6983 (7024), Rn. 19.

haben[785]. Der Argumentation von Verfahrensbeteiligten in beiden Rechtssachen, wegen der Wahlmöglichkeiten des Art. 22 DSU bei der Umsetzung seien WTO-Berichte reine Empfehlungen, die keine absolute Erfüllungsverpflichtung begründeten[786], folgen die Gerichte ausdrücklich nicht. Gleichzeitig gehen sie aber davon aus, daß die WTO-Entscheidungen ihrem Adressaten, nämlich der Gemeinschaft, keine unbedingte und hinreichend eindeutige klare Verpflichtung gegenüber dem Betroffenen auferlegen[787]. Es bleibt unklar, ob hiermit eine fehlende unmittelbare und individuelle Betroffenheit der Klägerin gemäß Art. 230 EGV und somit ein fehlendes subjektives Recht der privaten Klägerinnen gerichtet auf die konkrete Rechtsfolge gemein ist, oder ob die Gerichte eine objektive Verpflichtung der Gemeinschaft zur WTO-konformen Abänderung der GMO Bananen ablehnen. In jedem Fall soll die Verbindlichkeit der DSB-Entscheidungen für die Gemeinschaft für eine Bindungswirkung in Gemeinschaftsverfahren nicht genügen. Voraussetzung hierfür sei weiterhin die unmittelbare Anwendbarkeit der Entscheidungen. Die Frage der Bindungswirkung von DSB-Entscheidungen wird damit unmittelbar an die Problematik der unmittelbaren Anwendbarkeit der Abkommensbestimmungen gekoppelt.

2. Rechtsprechung des EuGH zu Entscheidungen anderer internationaler Streitbeilegungsorgane

Mit der Weigerung, eine Bindungswirkung von WTO-Streitbeilegungsentscheidungen in Gemeinschaftsverfahren zu akzeptieren, stellen sich die Gemeinschaftsgerichte in vordergründigen Widerspruch zu der Rechtsprechung des EuGH zur Bindungswirkung von Entscheidungen von Streitbeilegungsorganen, die durch andere Gemeinschaftsabkommen eingerichtet wurden. In seinem *Gutachten 1/91* zur Vereinbarkeit des Entwurf eines Abkommens über die Schaffung des Europäischen Wirtschaftsraumes (EWR), insbesondere des in diesem Abkommen vorgesehenen Kontrollmechanismus, mit den Bestimmungen des EWG-Vertrags, führte der EuGH aus:

> „Sieht aber ein internationales Abkommen ein eigenes Gerichtssystem mit einem Gerichtshof vor, der für die Regelung von Streitigkeiten zwischen

---

785 Im Englischen „mandatory decisions", im Französischen „decisions impératives". EuG, Rs. T-254/97 - *Fruchthandelsgesellschaft mbH Chemnitz v. Kommission* -, Urteil des EuG vom 28.9.1999, Slg. 1999, II-2743 (2755, 2757), Rn. 22 und 29 f

786 Argument Spaniens in: EuG, Rs. T-254/97 - *Fruchthandelsgesellschaft mbH Chemnitz v. Kommission* -, Urteil des EuG vom 28.9.1999, Slg. 1999, II-2743 (2755), Rn. 24; AG *Mischo* in EuGH, Rs. C-104/97 P - *Atlanta AG v. Rat und Kommission* -, Schlußantrag vom 9.5.1999, Slg. 1999, I-6983 (6990), Rn. 27.

787 EuG, Rs. T-254/97 - *Fruchthandelsgesellschaft mbH Chemnitz v. Kommission* -, Urteil des EuG vom 28.9.1999, Slg. 1999, II-2743 (2755, 2757), Rn. 22 und 29 f.

den Vertragsparteien dieses Abkommens und damit für die Auslegung seiner Bestimmungen zuständig ist, so sind die Entscheidungen dieses Gerichtshofes für die Organe der Gemeinschaft, einschließlich des Gerichtshofes, verbindlich. Die Entscheidungen sind auch dann verbindlich, wenn der Gerichtshof im Wege der Vorabentscheidung oder im Rahmen einer Klage über die Auslegung des internationalen Abkommens als Bestandteil der Rechtsordnung der Gemeinschaft zu entscheiden hat. Ein internationales Abkommen, das ein solches Gerichtssystem vorsieht, ist grundsätzlich mit dem Gemeinschaftsrecht vereinbar. Die Zuständigkeit der Gemeinschaft im Bereich der internationalen Beziehungen und ihre Fähigkeit zum Abschluß internationaler Abkommen umfaßt nämlich notwendig die Fähigkeit, sich den Entscheidungen eines durch solche Abkommen geschaffenen oder bestimmten Gerichts zu unterwerfen, was die Auslegung und Anwendung ihrer Bestimmungen angeht."[788]

Im konkreten Fall ergab sich die Unzulässigkeit des untersuchten EWR-Gerichtshofs, der funktionell mit dem EuGH verknüpft werden sollte, aus der Gefährdung für die Autonomie der Gemeinschaftsordnung. Die Verknüpfung bot nach Ansicht des EuGH keine ausreichenden Garantien für eine Kompatibilität der Auslegung der weitgehend wortgleichen EG- und EWG-Vorschriften durch den EWR-Gerichtshof und den EuGH. Da für die WTO-Regeln einerseits und die Gemeinschaftsregeln andererseits ein solches Homogenitätserfordernis nicht besteht, ist dieser Aspekt des Gutachtens in bezug auf die DSB-Entscheidungen jedoch nicht relevant[789].

Die einzige Voraussetzung, die sich aus *Gutachten 1/91* für die Annahme einer Verbindlichkeit von WTO-Entscheidungen ergibt, ist demnach die Qualifizierung des WTO-Streitbeilegungsmechanismus als Gerichtssystem.

In ihren Entscheidungen *Chemnitz*[790] und *Atlanta*[791] sind die Gemeinschaftsgerichte auf die Frage der Justizmäßigkeit des WTO-Streitbeilegungssystems nicht eingegangen. Dies kann nur zum Teil damit erklärt werden, daß die Gerichte die Klagen bereits aus anderen Gründen abgewiesen haben. Letztendlich stellen beide Entscheidungen eine Fortsetzung der bisherigen EuGH-Rechtsprechung

---

788 EuGH, Gutachten 1/91 vom 14.12.1991 - *Entwurf eines Abkommens zwischen der Gemeinschaft einerseits und den Ländern der Europäischen Freihandelsassoziation andererseits über die Schaffung des Europäischen Wirtschaftsraums* -, Slg. 1991, I-6079 (6106), Rn. 39 f.

789 *Weber/Moos*, EuZW 1999, S. 229 (231).

790 EuG, Rs. T-254/97 - *Fruchthandelsgesellschaft mbH Chemnitz v. Kommission* -, Urteil des EuG vom 28.9.1999, Slg. 1999, II-2743.

791 EuGH, Rs. C-104/97 P - *Atlanta AG v. Rat und Kommission* -, Urteil des Gerichtshofes vom 14.10.1999, Slg. 1999, I-6983.

dar, nach der eine unmittelbare Anwendbarkeit des WTO-Rechts unter anderem wegen des flexiblen Charakters des WTO-Streitbeilegungssystems ausgeschlossen sein soll. Durch die Annahme einer strikten Verknüpfung der Frage der Bindungswirkung von WTO-Entscheidungen mit der Frage der unmittelbaren Anwendbarkeit der WTO-Abkommen selber vermeidet der EuGH erneut die vor seiner eigenen bisherigen Rechtsprechung geforderte Auseinandersetzung mit den Charakteristika des neuen WTO-Streitbeilegungssystems. Mangels eines ausdrücklichen Abweichens des EuGH von der Rechtsprechung im *Gutachten 1/91* sollte diese jedoch weiterhin als Richtlinie für die Frage der Bindungswirkung von DSB-Entscheidungen betrachtet werden.

In der Literatur überwiegen die Stimmen, die für eine grundsätzliche Anwendbarkeit der Argumentation des EuGH im *Gutachten 1/91* auf den WTO-Streitbeilegungsmechanismus und demnach für eine Bindungswirkung der DSB-Entscheidungen für den EuGH plädieren[792]. Hauptargument ist jeweils, daß der WTO-Streitbeilegungsmechanismus alle Voraussetzungen eines Gerichtssystems im Sinne des *Gutachtens 1/91* erfülle.

3. Beeinträchtigung der Effizienz des WTO-Streitbeilegungssystems durch die nationale Vollstreckung von WTO-Streitbeilegungsentscheidungen ?

Vor der - letztlich entscheidenden - Analyse der Justizmäßigkeit des WTO-Streitbeilegungssystems soll zunächst untersucht werden, welche Rückwirkungen eine „Vollstreckung" von WTO-Entscheidungen durch nationale Gerichte auf die Effizienz des WTO-Streitbeilegungssystem hätte. Diese Rückwirkungen könnten als systemische Gründe gegen eine Bindungswirkung der DSB-Entscheidungen in nationalen Verfahren sprechen.

Mit der Annahme einer Bindungswirkung von WTO-Streitbeilegungsverfahren für nationale Gerichte wird diesen eine eigene Rolle bei der Vollstreckung der WTO-Entscheidungen zugewiesen. Dies hat in jedem Fall Rückwirkungen auf den zwischenstaatlichen Rechtsdurchsetzungsmechanismus der Art. 21, 22 DSU. Ob die Vollstreckung von WTO-Streitbeilegungsentscheidungen zu einer Aushebelung und Umgehung dieses Mechanismus führt, hängt auch davon ab, welchen Stellenwert das DSU-System selbst der Vollstreckung der DSB-Entscheidungen einräumt. Art. 21 und 22 DSU eröffnen grundsätzlich drei Handlungsoptionen: Umsetzung der DSB-Entscheidung, Kompensationsleistung oder Aussetzung von Zugeständnissen. Nur mit der Umsetzung der DSB-Entschei-

792 *Beneyto*, EuZW 1996, S. 295 (298); *Cottier*, CMLRev 35 (1998), S. 325 (369); *Cottier/Schefer*, JIEL 1 (1998), S. 83 (117); *Eeckhout*, CMLRev 34 (1997), S. 11 (51 ff., 54); *Weber/Moos*, EuZW 1999, S. 229 (231 ff., 235). Zu den Entscheidungen des EuG in *Chemnitz* und des EuGH in *Atlanta*: *Zonnekeyn*, JWT, Vol. 34, No. 2 (2000), S. 93 (99, 108); *ders.*, JIEL 2 (1999), S. 713 (722). Ablehnend *Royla*, EuR 2001, S. 495 (511).

dung wird die im WTO-Streitbeilegungsverfahren festgestellte Abkommensverletzung ausgeräumt und der vertragsgemäße Zustand wieder hergestellt.

a. Rechtsdurchsetzungsmechanismus oder wirtschaftlicher Interessenausgleich ?

In der Literatur ist deswegen streitig, ob es sich bei dem Mechanismus der Art. 21 ff. DSU tatsächlich um einen Rechtsdurchsetzungsmechanismus zur Vollstreckung der WTO-Abkommen handelt. Nach einer Ansicht zielt der Streitbeilegungsmechanismus des DSU nicht so sehr auf die Rechtsdurchsetzung als vielmehr auf die Vorteilswahrung im Sinne eines Ausgleichs der konfligierenden wirtschaftlichen Interessen[793]. Nur wenn jedoch der Mechanismus der Art. 21 ff. DSU der Umsetzung einer die Parteien bindenden Streitbeilegungsentscheidung dient, kann eine Vollstreckung dieser Entscheidung durch nationale Gerichte angedacht werden. Wenn das DSU-System es im wesentlichen den Vertragspartnern überläßt, die Durchsetzung der Streitbeilegungsentscheidungen auf dem Verhandlungswege zu erreichen, und keine klare Präferenz für eine Vollstreckung der DSB-Entscheidungen im Sinne der Ausräumung des Vertragsbruches erkennen läßt, stünde eine Vollstreckung durch nationale Gerichte in klarem Widerspruch zu den Zielen und der Grundstruktur des Dispute Settlement Understanding.

Wenn ein Panel oder der Appellate Body zum Schluß kommt, daß die streitgegenständliche Maßnahme mit einem der WTO-Abkommen nicht in Einklang steht, soll es nach Art. 19 DSU empfehlen, daß das unterlegene Mitglied die Maßnahme in Übereinstimmung mit dem verletzten Abkommen bringt. Zusätzlich kann das Panel oder der Appellate Body Vorschläge bezüglich der Umsetzung seiner Empfehlungen machen. Mit der quasi automatischen Annahme eines Panel- bzw. Appellate Body-Berichtes im DSB nach dem Verfahren der Art. 16 und 17 DSU werden die im Bericht ausgesprochenen Empfehlungen Gegenstand einer DSB-Entscheidung.

In Frage steht hier, ob damit dem unterlegenen Mitglied eine unbedingte völkerrechtliche Verpflichtung auferlegt wird, die durch die Streitbeilegungsorgane festgestellte Vertragsverletzung auszuräumen, oder ob das Mitglied wahlweise

---

793 *Bello*, AJIL 90 (1996), S. 416 (417); *Koehler*, S. 153; *Kuyper*, 91 ASIL Proc. 1997, S. 282 (284 f); *Reif/Florestal*, IntLawyer, Vol. 32, No. 3 (1998), S. 755 (756, 761 ff.); *Sykes*, in: FS Jackson, S. 347 (349); *Timmermans*, RMUE 4/1994, S. 175 (178). Hiervon geht auch der EuGH aus, wenn er eine unmittelbare Anwendbarkeit der WTO-Abkommen mit dem Verweis auf Art. 22 Abs. 2 DSU pauschal ablehnt; EuGH, Rs. C-149/96 - *Portugal v. Rat* -, Urteil des Gerichtshofes vom 23.11.1999, Slg. 1999, I-8395 (8436), Rn. 36 f.

das wirtschaftliche Gleichgewicht auch durch anderweitige Kompensationsleistungen herbeiführen kann.

Als Argument für eine Qualifizierung des Art. 21 ff.-Mechanismus als Instrument des wirtschaftlichen Interessenausgleiches dient vor allem die in Art. 22 Abs. 1 DSU den Mitgliedern eingeräumte Möglichkeit, statt der Erfüllung der WTO-Panelentscheidung Kompensation oder das Dulden von Sanktionen im Sinne von Art. 22 Abs. 3 DSU zu wählen, solange sie damit das Gleichgewicht der ausgehandelten Zugeständnisse wieder herstellen[794]. Eine unbedingte Verpflichtung des unterlegenen WTO-Mitglieds zur Umsetzung von DSB-Entscheidungen sei im DSU nicht ausdrücklich angeordnet und entspreche auch nicht dem Willen der Parteien[795].

Die Auffassung, Erfüllung stelle lediglich eine unter mehreren Handlungsoptionen dar, wird jedoch weder durch den Wortlaut und die Gesamtsystematik des DSU noch durch die einschlägige WTO-Rechtsprechung gestützt. Eine DSB-Entscheidung begründet eine unbedingte Verpflichtung mit dem Status von WTO-Sekundärrecht, die Empfehlungen des Panels oder Appellate Body zu erfüllen.

Zwar ist der Wortlaut der Bestimmungen des DSU dem ersten Anschein nach nicht eindeutig. Art. 19 DSU „empfiehlt" dem betroffenen Mitglied lediglich, die Maßnahme, deren WTO-Widrigkeit festgestellt wurde, in Übereinstimmung mit dem WTO-Recht zu bringen. Bestimmungen wie Art. 94 VN-Charta oder Art. 59 IGH-Statut, in denen die völkerrechtliche Bindungswirkung einer Streitbeilegungsentscheidung ausdrücklich angeordnet wird, fehlen[796]. Auch genießen nach dem Wortlaut von Art. 22 Abs. 1 DSU Entschädigung oder Aussetzung von Zugeständnissen lediglich keinen Vorrang vor der vollständigen Erfüllung[797].

---

[794] Die Auseinandersetzungen zwischen USA und EG über die Einfuhr von hormonbehandeltem Rindfleisch in die EG veranschaulichen die unterschiedlichen Positionen zur Funktion der Art. 21 ff. DSU: Die EG hatte vorgeschlagen, die von den USA angedrohten Strafzölle durch ein Kompensationsangebot abzuwenden, geht also offensichtlich von einem Wahlrecht zwischen Kompensation und Umsetzung aus (FAZ vom 20. 5. 1999). Die USA dagegen bestanden darauf, daß Kompensationen nur vorübergehend bis zur Aufhebung der GATT-widrigen Maßnahme gewährt werden könnten (FAZ vom 12. 5. 1999).

[795] *Reif/Florestal*, IntLawyer, Vol. 32, No. 3 (1998), S. 755 (761, 763), unter Berufung auf die US-amerikanische Position.

[796] Siehe *Jackson*, in: Cameron/Campbell, S. 69 (72).

[797] Art. 22 Abs. 1 Satz 2 DSU: „However, neither compensation nor the suspension of concessions or other obligations is preferred to full implementation of a recommendation to bring a measure into conformity with the covered agreements."

Das DSU geht jedoch in einer Reihe von Bestimmungen von der Beseitigung der WTO-widrigen Regelung und damit von Erfüllung als primäre aus dem Streitbeilegungsverfahren erwachsende Pflicht aus. Nach Art. 3 Abs. 7 DSU ist es das oberste Ziel des Streitbeilegungsmechanismus, die Aufhebung der beanstandeten Maßnahmen sicherzustellen. Auch Art. 19 Abs. 1, Art. 21 Abs. 1, Art. 22 Abs. 1 Art. 22 Abs. 8 und Art. 26 Abs. 1 (b) DSU betonen die Erfüllung als primäres Ziel des Streitbeilegungsverfahrens. Auf Kompensation oder die Aussetzung von Zugeständnissen soll nur dann zurückgegriffen werden, wenn die sofortige Aufhebung nicht praktikabel ist. Nach dem ausdrücklichen Wortlaut des Art. 22 Abs. 1 DSU handelt es sich bei Kompensation und der Aussetzung von Zugeständnissen auch lediglich um vorläufige Maßnahmen bis zur endgültigen Umsetzung der DSB-Entscheidung. Besonders die vorübergehende Natur der Gegenmaßnahmen zeigt an, daß ihr Zweck auf die Herbeiführung von Erfüllung gerichtet ist[798]. Unbeachtlich ist, daß das DSU nicht zur Verhängung von Gegenmaßnahmen mit Strafcharakter ermächtigt[799]. Daß dadurch der wirtschaftliche Anreiz des betroffenen Staates zur Erfüllung vermindert wird, wirkt sich lediglich auf tatsächlicher Ebene aus, verhindert aber nicht, daß eine Entscheidung im Streitbeilegungsverfahren eine Rechtspflicht zur Erfüllung begründet.

Art. 21 DSU begründet weiterhin einen differenzierten Mechanismus, in dem der DSB die Umsetzung der Entscheidungen und Empfehlungen überwacht. Zwar ist dem Mitglied danach eine angemessene Umsetzungsfrist einzuräumen (Art. 21 Abs. 3 DSU). Darüber hinaus sind die Verfahrensschritte des Art. 21 DSU jedoch eindeutig auf das ultimative Ziel der Umsetzung hin ausgerichtet. Streitigkeiten über die Vollständigkeit der Umsetzung sind nach Art. 21 Abs. 5 DSU in einem erneuten DSU-Streitbeilegungsverfahren zu klären[800]. Nach Art. 21 Abs. 6 DSU kann die Frage der Umsetzung von DSB-Entscheidungen jederzeit und von jedem Mitglied auf die Tagesordnung des DSB gesetzt werden. Bis zur ihrer Beilegung hat das zur Umsetzung verpflichtete Mitglied zu jeder Sitzung Bericht über den Status der Umsetzung zu erstatten.

---

798 So auch *European Communities - Regime for the Importation, Sale and Distribution of Bananas - Recourse to Arbitration by the European Communities under Art. 22.6 of the DSU* (WT/DS27/ARB), Schiedsbericht vom 9.4.1999, S. 34, 44.

799 Siehe *European Communities – Regime for the Importation, Sale and Distribution of Bananas – Recourse to Arbitration by the European Communities under Article 22.6 of the DSU – Decision by the Arbitrators of 9 April 1999* (WT/DS27/ARB), Schiedsbericht vom 9.4.1999, S. 34. A.A. allerdings *Kuyper*, 91 ASIL Proc. 1997, S. 282 (284).

800 Das genaue Verhältnis von Art. 21 Abs. 5 DSU zu Art. 22 DSU wirft allerdings einige Fragen auf. So ist nach dem Wortlaut der Bestimmungen unklar, ob ein Panelverfahren nach Art. 21 Abs. 5 DSU eine Voraussetzung für eine Ermächtigung zur Aussetzung nach Art. 22 DSU bildet. Siehe zu diesem Problemkomplex *Valles/McGivern*, JWT, Vol. 34, No. 2 (2000), S. 63 ff.

Für eine völkerrechtliche Pflicht zur Umsetzung der DSB-Streitbeilegungsentscheidungen sprechen auch die Bestimmungen über Nichtverletzungsbeschwerden (*non-violation complaints*). Art. 26 Abs. 1 (b) DSU hebt ausdrücklich hervor, daß keine Verpflichtung zur Einstellung einer Maßnahme besteht, wenn eine Maßnahme Vorteile aus einem Abkommen zunichte macht oder schmälert oder die Erreichung von Zielen eines Abkommens behindert, ohne dieses zu verletzen. Diese ausdrückliche Festlegung erlaubt den Umkehrschluß, daß in Fällen, in denen eine Abkommensverletzung festgestellt wurde, eine Verpflichtung zur Ausräumung dieser Vertragsverletzung besteht[801].

Daß die Entscheidungen des DSB eine völkerrechtlich verbindliche Umsetzungspflicht begründen, wird auch durch die aktuelle Praxis der WTO-Panel gestützt. So betonte das nach Art. 22 Abs. 6 DSU eingesetzte Schiedspanel in der Sache *European Communities – Regime for the Importation, Sale and Distribution of Bananas (WT/DS27/ARB)* den einstweiligen Charakter der Aussetzung von Zugeständnissen als Mittel zur Erzwingung von Erfüllung[802]. Auch in den Verhandlungen der Uruguay-Runde stimmten die Parteien darin überein, daß Kompensation und Aussetzung keine Alternative zur vollständigen Vertragserfüllung darstellen können[803].

Die Auffassung, die das Ziel des DSU-Verfahrens nicht so sehr in der Rechtsdurchsetzung, als vielmehr in der Vorteilswahrung im Sinne eines Ausgleichs der konfligierenden Wirtschaftsinteressen sieht, reduzierte das Wesen der WTO-Übereinkünfte auf gegenseitige Zugeständnisse rein politischen Charakters. Sie verkennt, daß es sich bei den WTO-Abkommen um völkerrechtlich bindende Verträge handelt, deren Bestimmungen nach dem Grundsatz des *pacta sunt servanda* (Art. 26 WVK) zur Umsetzung und Einhaltung verpflichten und nicht zur Disposition der Parteien stehen. Das DSU enthält keine Ausnahme von diesem Grundsatz. Hierbei kann es nicht darauf ankommen, daß die WTO-Übereinkünfte Ergebnis einer wirtschaftlichen Machtauseinandersetzung sind. Dem-

---

801 *Jackson*, in: Cameron/Campbell, S. 69 (74).

802 *European Communities – Regime for the Importation, Sale and Distribution of Bananas – Recourse to Arbitration by the European Communities under Article 22.6 of the DSU – Decision by the Arbitrators of 9 April 1999* (WT/DS27/ARB), S. 34: „Accordingly, the authorisation to suspend concessions or other obligations is a temporary measure pending full implementation by the Member concerned. ... [T]his temporary nature indicates that it is the purpose of countermeasures to induce compliance." So auch Schiedspanel (in der selben Besetzung) im Folgeverfahren nach Art. 22.6 DSU über den Antrag Ecuadors auf Aussetzung von Zugeständnissen (WT/DS27/ARB/ECU), Entscheidung vom 24.3.2000, S. 19, Tz. 76.

803 Meeting of 5 April 1990, Note by the Secretariat, GATT Doc. No. MTN.GNG/NG13/19 (May 28, 1990), S. 5; vgl. *Stewart/Stewart/Callahan*, Negotiating History, Vol. II, S. 2663 (2770).

entsprechend begründen auch Entscheidungen der WTO-Streitbeilegungsorgane, die eine Verletzung der Abkommensbestimmung feststellen, völkerrechtlich bindende Sekundärobligationen. Daß die Zwangsmittel der WTO zur Durchsetzung dieser Verpflichtungen unvollständig sind und deshalb die tatsächliche Erfüllung häufig auf dem Prinzip der Freiwilligkeit beruht[804], kann diese Qualifizierung nicht beeinflussen. *Jackson* weist zu Recht darauf hin, daß das Völkerrecht eine Vielzahl von Möglichkeiten der Reaktion auf die Verletzung einer völkerrechtlichen Verpflichtung kennt, und daß diese Methoden nicht immer besonders effektiv sind[805]. Defizite in der Vollstreckung einer völkerrechtlichen Verpflichtung sind dem Wesen eines Rechts zwischen souveränen Staaten inhärent. Sie können – will man nicht dem Völkerrechtssystem insgesamt die Rechtsqualität absprechen - keine Auswirkungen auf die Tatsache haben, das völkerrechtliche Verpflichtungen die betroffenen Staaten im völkerrechtlichen Sinne binden. Auch die Tatsache, daß der unterlegenen Partei im Rahmen des Verfahrens nach Art. 21 ff. DSU grundsätzlich (und vorübergehend) die Möglichkeit von Kompensationszahlungen offensteht, zwingt nicht dazu, die Existenz einer unbedingten Erfüllungsverpflichtung zu negieren. Sie zeigt lediglich die faktischen Grenzen auf, denen ein völkerrechtliches System der Vollstreckung vertragsrechtlicher Verpflichtungen begegnet.

Da das System der Art. 21 ff. DSU demnach auf die Durchsetzung der originären DSB-Entscheidung und somit auf Rechtsdurchsetzung gerichtet ist, ergibt sich für die Funktion der Handlungsoptionen des Art. 22 DSU folgendes: Das Maßnahmeninstrumentarium des Art. 22 DSU wird im Anschluß an ein Streitbeilegungsverfahren in dem Fall ausgelöst, daß die unterlegene Partei einer Entscheidung oder Empfehlung des WTO-Panels oder des Appellate Body nicht nachkommt. Kompensation und Aussetzung von Zugeständnissen sind dabei keine Alternativen zur Einhaltung der Erfüllungsverpflichtung, sondern Mittel zu deren Durchsetzung[806]. Sie sind völkerrechtliche Rechtsbehelfe zur Sanktio-

---

804 *Bello*, AJIL 90 (1996), S. 416 (417): „The WTO has no jailhouse, no bail bondsmen, no blue helmets, no truncheons or tear gas."

805 *Jackson*, in: Cameron/Campbell, S. 69 (74).

806 Siehe *European Communities – Regime for the Importation, Sale and Distribution of Bananas – Recourse to Arbitration by the European Communities under Article 22.6 of the DSU – Decision by the Arbitrators of 9 April 1999* (WT/DS27/ARB), S. 34. Auch *Eeckhout*, CMLRev 34 (1997), S. 11 (54 f.); *Petersmann*, EuZW 1997, S. 651 (653); *Weber/Moos*, EuZW 1999, S. 229 (235).

Diese Feststellung galt im übrigen bereits für die Situation unter dem GATT 1947. Bereits dort stellten die nach Art. XXII und XXIII GATT 1947 gegebenen Möglichkeiten von Gegenmaßnahmen und sogar der Kündigung des Abkommens keinen Freipaß zur Auflösung und Beseitigung einmal eingegangener Verpflichtungen dar. Auch unter dem GATT 1947 betrachteten die Vertragsparteien die Ergebnisse eines angenommenen Panelberichts als für die Parteien des Streitbeilegungsverfahrens völkerrechtlich

nierung des Vertragsverstoßes. Bei richtiger Betrachtung ersetzt Art. 22 DSU somit lediglich das klassische Instrumentarium völkerrechtlicher Sanktionen, hier der Repressalien gegen einen Vertragsbruch, durch ein gerichtsförmiges, regelgeleitetes Verfahren. Es handelt sich um ein völkerrechtliches Vollstreckungsverfahren, in dem temporäre Maßnahmen wie Schadensersatz und Aussetzung von Zugeständnissen stets im Hinblick auf das Ziel der Ausräumung der Vertragsverletzung betrachtet werden müssen. Eine Vollstreckung der WTO-Streitbeilegungsentscheidungen durch nationale Gerichte steht in Anbetracht dessen nicht in grundsätzlichem Widerspruch zu den Zielen und der Grundstruktur des Dispute Settlement Understanding.

b. Optionen nationaler Gerichte

Die Vollstreckung von WTO-Entscheidungen durch nationale Gerichte hat dennoch weitreichende Konsequenzen für die Anwendung der DSU-Implementierungsbestimmungen. Ob die unmittelbare Anwendbarkeit der WTO-Entscheidungen hier zu einer Umgehung oder Aushebelung führt, hängt auch davon ab, inwiefern nationale Gerichte auf die Besonderheiten des DSU-Verfahrens Rücksicht nehmen (können). Grundsätzlich sind zwei Ansätze denkbar:

Das nationale Verfahren kann sich an den Spielräumen orientieren, die das DSU-Verfahren den Mitgliedern als nach WTO-Recht zulässige Handlungsoptionen eröffnet, und so versuchen, über eine fruchtbare Zusammenarbeit internationaler und nationaler Streitbeilegungsebenen eine Effizienzsteigerung in der Streitbeilegung zu erreichen. Nationale Gerichte können ihr Verfahren aber auch ausschließlich an dem Ziel der unbedingten Umsetzung der WTO-Streitbeilegungsentscheidungen im nationalen Recht ausrichten. Dieser Ansatz kann unter Umständen zum Ausschluß von nach WTO-Recht zulässigen Handlungsoptionen der Mitglieder führen.

Welche Rolle ein nationales Gericht bei der Umsetzung von DSB-Entscheidungen einnehmen kann oder soll, hängt zunächst von der Reaktion des im Streitbeilegungsverfahren unterlegenen WTO-Mitglieds auf die Empfehlungen und

---

verbindlich; vgl. *Jackson*, in: Cameron/Campbell, S. 69 (72); *Jackson*, Jurisprudence of GATT, S. 118 (127); *Petersmann*, CMLRev 31 (1994), S. 1157 (1177). Dies bestätigt auch das Understanding Regarding Notification, Consultation, Dispute Settlement and Surveillance der Tokyo-Runde (angenommen am 28. 11. 1979, GATT-Doc. No. L/4907, BISD 26S/210 (1980), darin Annex Abs. 4: „[T]he first objective of the CONTRACTING PARTIES is usually to secure withdrawal of the measures concerned if these are to be found to be inconsistent with the General Agreement." Auch im Rahmen des GATT 1947 stellte die Aussetzung von Zugeständnissen nach Art. XXIII:2 GATT 1947 demnach lediglich eine sekundäre Maßnahme zur Sanktionierung einer primären Völkerrechtsverletzung dar. Zum 1979 Understanding siehe auch *Stewart/Stewart/Callahan*, Negotiating History, Vol. II, S. 2663 (2696 ff.).

Entscheidungen des DSB ab. Sofern das Mitglied, gegen das die DSB-Entscheidung ergangen ist, prompt und vollständig seiner Umsetzungsverpflichtung aus der Entscheidung nachkommt und damit den rechtsverbindlich festgestellten Verstoß gegen WTO-Recht ausräumt, ist für eine Vollstreckung der Entscheidung durch die nationalen Gerichte des Mitglieds kein Bedarf. Für den Fall jedoch, daß das Mitglied seiner Umsetzungsverpflichtung nicht (sofort) nachkommt, können folgende Fallgruppen gebildet werden[807]:

In der Grundkonstellation ist das unterlegene WTO-Mitglied grundsätzlich willens, die Entscheidungen und Empfehlungen des DSB umzusetzen und die nationale Gesetzgebung entsprechend zu ändern, kommt seiner Umsetzungsverpflichtung aber nicht sofort nach. Bei Annahme einer Bindungswirkung der DSB-Entscheidungen für nationale Gerichte stellen sich hier zwei Probleme der nationalen Vollstreckung.

Zum einen räumt das DSU-Verfahren dem Mitglied in Art. 21 Abs. 3 DSU eine Umsetzungsfrist ein. Während dieser Frist besteht die Abkommensverletzung fort. Private Parteien könnten deswegen versucht sein, in einem nationalen Verfahren unter Berufung auf die Rechtsverbindlichkeit der DSB-Entscheidung und unter Umgehung von Art. 21 Abs. 3 DSU eine sofortige Vollstreckung (wie z.B. eine Nichtigkeitserklärung) zu erzwingen. Hier liegt es aus Gründen der fruchtbaren Zusammenarbeit internationaler und nationaler Streitbeilegung nahe, eine Aussetzung nationaler Verfahren bis zum Ablauf der Umsetzungsperiode zu fordern[808].

Mit dem Inkrafttreten der nationalen Umsetzungsgesetzgebung stellt sich als weiteres Problem die Frage, ob die nationalen Gerichte befugt sein sollen, die Vereinbarkeit der Umsetzungsmaßnahmen mit der rechtsverbindlichen DSB-Entscheidung zu überprüfen, oder ob dies einem erneuten DSU-Verfahren nach Art. 21 Abs. 5 DSU vorbehalten sein sollte. Eine gerichtliche Korrektur der Umsetzungsgesetzgebung über den Grundsatz der völkerrechtskonformen Auslegung kommt wohl nur bei offensichtlichen, unabsichtlichen Umsetzungsfehlern in Betracht[809]. Anderenfalls stellen sich Kernfragen der Aufgabenverteilung zwischen WTO-Streitbeilegung und nationalen Gerichten. Da die WTO-Organe hier über die Vereinbarkeit der neuen Maßnahme mit dem WTO-Recht noch nicht rechtsverbindlich entschieden haben, eine Bindungswirkung also nicht gegeben sein kann, ist spiegelbildlich auch keine Zuständigkeit des nationalen Gerichts zur eigenständigen Überprüfung anzunehmen. Diese Position erscheint gerade wegen der bestehenden Unklarheiten bei der Anwendung und Auslegung

---

807 Unter Anlehnung an *Cottier*, CMLRev 35 (1998), S. 325 (372 f.).

808 So auch *Cottier*, CMLRev 35 (19), S. 325 (372).

809 *Cottier*, CMLRev 35 (1998), S. 325 (373).

von Art. 21 Abs. 5 DSU angebracht[810]. Diese bedürfen einer Klärung durch WTO-Rechtsprechung.

Problematischer ist die Position nationaler Gerichte, wenn das unterlegene Mitglied sich entscheidet, anstelle der sofortigen Umsetzung der DSB-Entscheidung Kompensation gemäß Art. 22 Abs. 2 DSU zu leisten. Selbst wenn man wie hier diese Möglichkeit lediglich als einstweilige Maßnahme betrachtet, die die primäre Verpflichtung zur Umsetzung der DSB-Entscheidung nicht ersetzt, handelt es sich bei der Kompensationszahlung um eine legitime, vom DSU vorgesehene Handlungsoption, die die WTO-widrige Maßnahme zumindest für eine Übergangszeit in Kraft beläßt. Das nationale Gericht könnte angesichts dessen verpflichtet sein, für eine Übergangszeit die an sich WTO-widrige nationale Maßnahme zu respektieren und nationale „Vollstreckungsverfahren" auszusetzen[811]. Verbindliche Fristen für eine maximale Dauer der Übergangszeit legt das DSU allerdings nicht fest.

In der Literatur wird hierzu allerdings auch vertreten, ein nationales Gericht müßte die einstweilige Maßnahme der Kompensationszahlung nicht respektieren[812]. Da die Kompensationszahlung keine Alternative zur Erfüllung der Vertragsverpflichtung, sondern ein völkerrechtlicher Rechtsbehelf zur Sanktionierung des Vertragsverstoßes sei, würde eine Vollstreckung der DSB-Entscheidung in einem nationalen Verfahren die an sich völkerrechtlich zulässige Möglichkeit, einstweilig vertragswidrige Maßnahmen zu dulden, nicht konterkarieren, sondern der im DSU angelegten Funktion des Verfahrens nach Art. 22 DSU als „Vollstreckungsverfahren" lediglich zu größerer Wirksamkeit verhelfen. Der Ausschluß einer nach WTO-Recht zulässigen Handlungsoption durch ein Vorgehen vor nationalen Gerichten sei deshalb legitim.

Diese Argumentation berücksichtigt allerdings nicht in ausreichendem Maße, daß eine Zahlung von Kompensation nach Art. 22 Abs. 2 DSU nur im gegenseitigen Einvernehmen beider betroffenen Parteien erfolgen kann und daß die Zahlung von Kompensation im DSU-Verfahren nicht gegen den Willen einer der Parteien durchgesetzt werden kann. Selbst wenn die im Streitbeilegungsverfahren obsiegende Partei der Zahlung von Kompensation nur aus pragmatischen Erwägungen zugestimmt haben sollte[813], bleibt die WTO-widrige Maßnahme

---

810 Unklar sind z.B. das Verhältnis von Art. 21 Abs. 5 DSU zu Art. 22 DSU und die auf das Verfahren nach Art. 21 Abs. 5 DSU anzuwendenden Fristen. Siehe hierzu *Valles/McGivern*, JWT, Vol. 34, No. 2 (2000), S. 63 (65).

811 So *Cottier*, CMLRev 35 (1998), S. 325 (374).

812 *Weber/Moos*, EuZW 1999, S. 229 (235).

813 Weil z.B. das weitere Beschreiten des DSU-Vollstreckungsverfahrens mit der Aussetzung von Zugeständnissen dem obsiegenden Mitglied lediglich wirtschaftlichen Schaden zufügen würde.

doch im Einvernehmen beider Parteien aufrechterhalten. Dieser Parteiwille sollte von nationalen Gerichten für einen Übergangszeitraum respektiert werden. Angesichts der Möglichkeit einer einvernehmlichen Lösung des Konfliktes sollten nationale Gerichte richterliche Zurückhaltung üben. Die Grenze dieser Zurückhaltung beginnt dann, wenn durch Parteiverhalten oder Zeitablauf erkennbar wird, daß die unterlegene Partei nicht von der Phase der einstweiligen Maßnahme zu einer Ausräumung der Abkommensverletzung übergehen wird.

Eine dritte Handlungsoption des vertragsbrüchigen Mitglieds besteht darin, seine Verpflichtung zur Ausräumung des Vertragsverstoßes zu ignorieren und damit – infolge politischer Inaktivität oder bewußt - Sanktionen nach Art. 22 Abs. 2 und Abs. 3 DSU in Kauf zu nehmen[814]. Es ist diese Konstellation, in der die Frage nach der Rolle nationaler Gerichte bei der Umsetzung von WTO-Entscheidungen ihre besondere Relevanz erhält. Angesichts einer bewußten Entscheidung der Exekutive eines Mitglieds, ihren völkerrechtlichen Verpflichtungen nicht nachzukommen, könnten nationale Gerichte zu richterlicher Zurückhaltung und Respekt für eine politische Entscheidung gezwungen sein[815].

Eeckhout verweist hierzu auf die Situation zum Zeitpunkt des Erlasses des ersten Bananen-Urteils des EuGH[816] und stellt die Frage, ob es angesichts der zum damaligen Zeitpunkt andauernden Verhandlungen innerhalb des GATT Aufgabe des Gerichtshofes gewesen sein konnte, in diesen Prozeß einzugreifen und die reale Möglichkeit einer außergerichtlichen Einigung zwischen der Gemeinschaft und Drittstaaten zunichte zu machen[817]. Der Unterschied zu der hier betrachteten Situation besteht allerdings darin, daß der EuGH sich in diesem Fall nicht auf eine WTO-Entscheidung berufen konnte, in der die WTO-Widrigkeit der Gemeinschaftsordnung Bananen rechtsverbindlich festgestellt worden war

Die Differenzierung nach der Umsetzungsbereitschaft des unterlegenen Mitgliedes zeigt folgendes: In den Fällen, in denen eine grundsätzliche Umsetzungsbereitschaft besteht, ist Respekt vor nach dem DSU legitimen Handlungsoptionen wie der Gewährleistung einer Umsetzungsfrist angebracht. Dieser Respekt läßt

---

814 *Cottier*, CMLRev 35 (1998), S. 325 (373). Die von *Cottier* vorgenommene Differenzierung zwischen Inaktivität des Mitglieds und bewußter Inkaufnahme von Sanktionen überzeugt hinsichtlich der daraus gezogenen Konsequenzen nicht. Da die Einleitung des Verfahrens nach Art. 22 Abs. 3 DSU keine Mitwirkung des unterlegenen Mitglieds erfordert, ziehen beide Optionen die selben Rechtsfolgen nach sich. Zudem wird die Unterscheidung zwischen Inaktivität und bewußter politischer Entscheidung in der Praxis nicht zu treffen sein.

815 Etwas unklar hier *Cottier*, CMLRev 35 (1998), S. 325 (375).

816 EuGH, Rs. C-280/93 - *Deutschland v. Rat* -, Urteil des Gerichtshofes vom 5.10.1994, Slg. 1994, I-4973.

817 *Eeckhout*, CMLRev 34 (1997), S. 11 (31).

sich über die Aussetzung paralleler Verfahren vor den EuGH herstellen. Das Verfahrensrecht vor dem Europäischen Gerichtshof steht einer Aussetzung im Hinblick auf ein paralleles WTO-Verfahren nicht entgegen. Nach Art. 82 a VerfO-EuGH kann der Gerichtshof ein bereits bei ihm anhängiges Verfahren aussetzen[818]. Eine Aussetzung kann z.B. dem Zweck dienen, den Parteien eine außergerichtliche Einigung zu ermöglichen[819]. Unter denselben Voraussetzungen kann der Gerichtshof ein Verfahren aber auch unter Berufung auf ein paralleles WTO-Verfahren aussetzen. Rechtsgrundlage für eine solche WTO-konforme Auslegung des EG-Verfahrensrechts ist die Pflicht zur völkerrechtskonformen Auslegung des EG-Sekundärrechts[820].

Eine tatsächliche Kollision zwischen der Umsetzung von WTO-Streitbeilegungsentscheidungen im WTO-Verfahren und einer nationalen Vollstreckung tritt danach nur in den Fällen auf, in denen das unterlegene Mitglied bewußt seine völkerrechtliche Verpflichtung zur Umsetzung der Streitbeilegungsentscheidung verletzt.

4. Justizialisierung des WTO-Streitbeilegungssystems

Der EuGH kann Entscheidungen eines internationalen Streitbeilegungsgremiums nach dem *Gutachten 1/91* nur dann als bindend akzeptieren, wenn diese in einem justizmäßigen Verfahren zustandegekommen sind.

a. Kriterien einer Justizmäßigkeit

Bei dem WTO-Streitbeilegungssystem nach dem Dispute Settlement Understanding handelt es sich um ein solches des Völkerrechts. Insofern ist seine Justizmäßigkeit primär im Vergleich mit anderen Streitbeilegungssystemen des Völkerrechts zu beurteilen. Nach den Kriterien des allgemeinen Völkerrechts ist ein

---

818 VerfO-EuGH vom 19.7.1991, ABl. (EG) 1991 L 176/7, zuletzt geändert in ABl. (EG) 1997 L 103/1. Art. 82 a § 1 VerfO-EuGH lautet: „Das Verfahren kann ausgesetzt werden: ... b) in allen übrigen Fällen durch Entscheidung des Präsidenten nach Anhörung des Generalanwalts und, außer in den Vorabentscheidungsverfahren gemäß Artikel 103, der Parteien. Nach demselben Verfahren kann durch Beschluß die Fortsetzung des Verfahrens angeordnet werden."

819 *Rengeling/Middeke/Gellermann*, Rn. 594.

820 Siehe EuGH, Rs. C-61/94 - *Kommission v. Bundesrepublik Deutschland (International Dairy Agreement)* -, Urteil des Gerichtshofes vom 10.9.1996, Slg. 1996, I-3989 (4021), Rn. 52: „In gleicher Weise gebietet es der Vorrang der von der Gemeinschaft abgeschlossenen völkerrechtlichen Verträge vor den Bestimmungen des abgeleiteten Gemeinschaftsrechts, diese nach Möglichkeit in Übereinstimmung mit diesen Verträgen auszulegen". Zur Pflicht der WTO-konformen Auslegung vgl. auch *Cottier/Schefer*, JIEL 1 (1998), S. 83 (88 ff.).

Streitbeilegungssystem justizmäßig, wenn ein ständiges Gremium, das mit unabhängigen und unparteiischen Richtern besetzt ist, in einem rechtsstaatlichen, geordneten Verfahren bindende Entscheidungen trifft[821]. Für die Frage, ob Entscheidungen des WTO-Streitbeilegungsverfahrens in die Gemeinschaftsrechtsordnung hineinwirken können, muß aber auch auf Anforderungen des Gemeinschaftsrechts mit seinem höheren Integrationsstand Rücksicht genommen werden. Gemeinschaftsrechtlich relevante Kriterien für die Justizmäßigkeit eines Streitbeilegungssystems im Sinne des *Gutachtens 1/91* nennt der EuGH allerdings nicht. Im unterschiedlichen Kontext der Feststellung, ob ein Spruchkörper ein Gericht iSv Art. 234 EGV darstellt, hat der EuGH folgende Kriterien aufgestellt: eine gesetzliche Grundlage des Spruchgremiums, ständiger Charakter, obligatorische Gerichtsbarkeit, Durchführung eines streitigen Verfahrens, Anwendung von Rechtsnormen, Unabhängigkeit[822]. Diese Voraussetzungen entsprechen den allgemein als Kriterien eines gerichtsmäßigen Verfahrens akzeptierten Elementen: Unabhängigkeit und Objektivität der Entscheidungsträger, rechtsstaatliche Verfahrenssicherheiten (*fair trial*) und Rechtsqualität und Konsistenz der Entscheidungen[823].

b. Elemente der Justizmäßigkeit im WTO-Streitbeilegungsverfahren

Nach allgemeiner Bewertung erfolgte mit der Einführung des Streitbeilegungssystems nach dem Dispute Settlement Understanding ein Wechsel von einem diplomatischen, machtorientierten zu einem (zumindest) quasi-gerichtlichen, am Recht orientierten Verfahren[824]. *Palmeter* spricht in diesem Zusammenhang von „*thickening of legality*“[825]. Die hierbei wesentlichen Charakteristika des Systems sollen noch einmal knapp dargestellt werden:

---

821 *Steinberger*, Judicial Settlement of International Disputes, EPIL, Vol. III (1997), S. 42.

822 EuGH, Rs. C-416/96 - *Nour Eddline El-Yassini v. Secretary of State for the Home Department* -, Urteil des Gerichtshofes vom 2.3.1999, Slg. 1999, I-1209 (1235), Rn. 17. Vgl. auch *Dauses*, Vorabentscheidungsverfahren, S. 86; *Rengeling/Middeke/Gellermann*, Rn. 358 mit Rspr.-Nachweis.

823 *Weber/Moos*, EuZW 1999, S. 229 (231).

824 Jackson prägte die Differenzierung zwischen einem „power-oriented“ und einem „rule-based system“; *Jackson*, World Trade, S. 85. Zum DSU-Streitbeilegungssystem vgl. *Behboodi*, JWT, Vol. 32, No. 4 (1998), S. 55 (62); *Cottier*, CMLRev 35 (1998), S. 325 (335); *Davey*, in: FS Jackson, S. 292 (299); *Drexl*, in: FS Fikentscher, S. 822 (848); *Eeckhout*, CMLRev 34 (1997), S. 11 (35 ff.); *Palmeter*, JWIP, Vol. 2, No. 1 (1999), S. 77 (79); *Petersmann*, CMLRev 31 (1994), S. 1157 (1211); *Weber/Moos*, EuZW 1999, S. 229 (232).

825 *Palmeter*, JWIP, Vol. 2, No. 1 (1999), S. 77 (79).

Mit der Einführung des negativen Konsensprinzips im Dispute Settlement Body kann jeder wesentliche Verfahrensschritt nur durch Konsens aller Mitglieder blockiert werden. In der Praxis bedeutet dies ein Recht des klagenden Mitglieds auf ein Panelverfahren (Art. 6 DSU) sowie die quasi-automatische Annahme der Panel- und Appellate Body-Berichte im DSB. Gleichermaßen besteht ein Recht auf Berufung (Art. 17 Abs. 4 DSU).

Mit dem Appellate Body wurde eine unabhängiges und ständiges Berufungsgremium eingerichtet, dessen Rechtsprechung in besonderem Maße den Anforderungen an Rechtssicherheit, Rechtseinheit und Vorhersehbarkeit entspricht[826]. Bisherige Appellate Body-Berichte lassen keinen Zweifel daran, daß der gewählte Ansatz der Streitbeilegung zutiefst juristischer Natur ist[827]. Dazu trägt auch die Ausbildung eines WTO-Acquis und die wachsende Berücksichtigung des allgemeinen Völkerrechts bei der Entscheidungsfindung der Streitbeilegungsorgane bei[828].

Das Mandat der Panels ist strikt auf die Anwendung des WTO-Rechts begrenzt, Art. 3 Abs. 2 DSU, Art. 7 Abs. 2, Art. 19 Abs. 2 DSU. Auch der Appellate Body hat sich im Berufungsverfahren auf die im Panelbericht behandelten Rechtsfragen und auf dessen Rechtsauslegung zu beschränken, Art. 17 Abs. 6 DSU. Empfehlungen und Entscheidungen des DSB können die in den WTO-Übereinkommen enthaltenen Rechte und Pflichten weder ergänzen noch einschränken. Gerichtlichem Aktivismus wird hiermit ein Riegel vorgeschoben.

Das Verfahren vor den Panels und dem Appellate Body genügt auch den Grundanforderungen an rechtsstaatliche Verfahrensgarantien. Die Parteien sowie interessierte Drittparteien (Art. 10 DSU) haben ein Recht auf Gehör. Das Verfahren vollzieht sich in klar definierten, allerdings recht knapp bemessenen Fristen. In Einzelfällen kann dies zu Einschnitten bei der Rechtsstaatlichkeit des Verfahrens führen[829].

Vom DSB angenommene Streitbeilegungsentscheidungen haben bindenden Charakter und begründen eine unbedingte Pflicht zur Umsetzung innerhalb einer angemessenen Frist. Im Vergleich zu anderen Mechanismen des Völkerrechts bietet das DSU ein effizientes System der Durchsetzung der Streitbeilegungsentscheidungen. Innerhalb dieses Systems können die Parteien zwar auch aushandeln, daß das rechtswidrige Verhalten vorübergehend durch andere Leistungen kompensiert wird. Das klagende Mitglied kann aber auch auf dem rechtmäßigen Verhalten der Gegenpartei bestehen und dies – in den allgemeinen Grenzen

---

826 *Behboodi*, JWT, Vol. 32, No. 4 (1998), S. 55 (62 ff.).

827 *Cottier*, CMLRev 35 (1998), S. 325 (339).

828 Vgl. hierzu *Weber/Moos*, EuZW 1999, S. 229 (232).

829 *Weber/Moos*, EuZW 1999, S. 229 (232).

eines völkerrechtlichen Vollstreckungsverfahrens – mit Sanktionen durchsetzen. Selbstjustiz außerhalb des WTO-Systems wird durch die Verpflichtung zur Inanspruchnahme der Streitschlichtung (Art. 23 DSU) weitgehend ausgeschlossen. Im übrigen ist zu berücksichtigen, daß die Existenz eines Vollstreckungssystems zwar Kennzeichen der Effizienz eines Streitbeilegungssystems, jedoch keine Voraussetzung für seine Justizmäßigkeit ist.

c. Elemente der Handelsdiplomatie im WTO-Streitbeilegungsverfahren

Umstritten bleibt lediglich, ob mit den Änderungen der Uruguay-Runde im WTO-Streitbeilegungssystem das Niveau an Justizialisierung erreicht wurde, das für eine unmittelbare Anwendbarkeit der WTO-Bestimmungen in den nationalen Rechtsordnungen der Mitgliedstaaten erforderlich wäre[830]. Hierzu wird auf die verbleibende Bedeutung verwiesen, die das DSU in einer Vielzahl von Bestimmungen zwischenstaatlichen Verhandlungen als Mittel der Streitbeilegung einräumt[831].

(1) Innerhalb des streitigen Verfahrens

Verbleibende Elemente einer diplomatischen Streitbeilegung finden sich zum einen innerhalb des streitigen Verfahrens nach dem DSU. So legt im Verfahrensschritt der Zwischenprüfung (*interim review*) nach Art. 15 DSU das Panel den Parteien vor einer endgültigen Entscheidung einen Berichtsentwurf mit der Aufforderung zur Stellungnahme vor. Damit wird den Parteien – neben der Chance zur „Nachbesserung" ihrer Argumentation im Streitbeilegungsverfahren – eine Möglichkeit zur einvernehmlichen Beilegung der Streitigkeit gegeben. Notwendigkeit und Sinn dieses Verfahrensschrittes werden angesichts des unbegrenzten Rechts auf Berufung gemeinhin angezweifelt[832]. Er kann als zu vernachlässigendes Überbleibsel des nach diplomatischen Grundsätzen gestalteten GATT 1947-Verfahrens bezeichnet werden[833].

Als verbleibendes Element der Handelsdiplomatie muß auch der Grundsatz der Vertraulichkeit der Panel- und Berufungsverfahren (Art. 14, 17 Abs. 10 DSU) qualifiziert werden. Allerdings wird in der Praxis über die Veröffentlichung von Schriftsätzen ein großes Maß an Verfahrenstransparenz hergestellt.

---

830 Dagegen z.B. *Berkey*, EJIL 9 (1998), S. 626 (637 ff.).

831 Vgl. *Berkey*, EJIL 9 (1998), S. 626 (637 ff.); *Kuilwijk*, S. 151; *Sack*, EuZW 1997, S. 650.

832 *Cottier*, CMLRev 35 (1998), S. 325 (344); *Palmeter*, JWIP, Vol. 2, No. 1 (1999), S. 77 (80); *Shoyer*, JIEL 1 (1998), S. 277 (293).

833 *Shoyer*, JIEL 1 (1998), S. 277 (294).

Auch in der Besetzung der WTO-Panels zeigt sich die Genese des WTO-Streitbeilegungssystems als Instrument der Handelsdiplomatie. Die Panel-Mitglieder müssen nach Art. 8 Abs. 1 DSU keine juristische Qualifikation aufweisen. Die Unabhängigkeit der Panelisten wird in einer Reihe von Bestimmungen jedoch ausdrücklich vorgeschrieben[834]. Die Panels werden zudem durch Mehrheitsentscheidungen aus einer vorher festgelegten Liste zusammengesetzt. Die bisherigen Panelberichte zeigen auch keine Anhaltspunkte für eine mangelnde Unabhängigkeit der Panelisten oder eine mangelnde Rechtsqualität der Entscheidungen[835]. In rechtlicher Hinsicht unterliegen die Panelberichte ohnehin der Kontrolle durch den Appellate Body.

Schließlich sind die Panel- und Appellate Body-Berichte zwar *de lege* keine bindenden Gerichtsentscheidungen, da sie für ihre Verbindlichkeit stets der Annahme durch die Mitglieder im Dispute Settlement Body bedürfen (Art. 16, 17 Abs. 14, 19 Abs. 1 DSU). Bei einer streng formalistischen Betrachtungsweise könnte dieses Annahmeerfordernis einer Qualifizierung des WTO-Streitbeilegungssystems als justizmäßig entgegenstehen[836]. Angesichts des negativen Konsensprinzips im DSB, das die Ablehnung eines Panel- oder Appellate Body-Berichts praktisch unmöglich macht, stellen die Berichte jedoch de facto bindende Gerichtsentscheidungen dar, die quasi-automatisch im DSB angenommen werden. Der Annahme im DSB kommt lediglich dann eine eigenständige Bedeutung zu, wenn es darum geht, völlige Entgleisungen des Systems zu verhindern[837]. Abgesehen von derartigen Extremfällen gewährleistet das negative Konsensprinzip jedoch eine ausreichende Sicherung vor politischer Einflußnahme der Mitglieder auf die Streitbeilegung. Wenn die Annahme im DSB jedoch eine reine Formalität ist, darf sie bei der Beurteilung eines ansonsten gerichtsmäßigen Systems nicht ins Gewicht fallen[838].

Insgesamt und in der Praxis ist der Einfluß dieser Elemente der handelsdiplomatischen Streitbeilegung auf die Funktionsweise des Streitbeilegungsverfahrens gering. Zum Teil werden sie durch die fortschreitende Verrechtlichung und die Ausbildung eines WTO-Acquis obsolet gemacht.

---

834 Art. 8 Abs. 2, 8 Abs. 9, 14 Abs. 1 und 3 (Vertraulichkeit der Beratungen) DSU, sowie Rules of Conduct for the Understanding on Rules and Procedures Governing the Settlement of Disputes (WT/DSBRC/1) II.1, angenommen vom DSB am 3.12.1996; vgl. *Weber/Moos*, EuZW, S. 299 (232), Fn. 37.

835 *Cottier*, CMLRev 35 (1998), S. 325 (348).

836 So *Letzel*, S. 375.

837 *Cottier*, CMLRev 35 (1998), S. 325 (339).

838 So auch *Davey*, in: FS Jackson, S. 292 (297); *Kuilwijk*, S. 150; *Weber/Moos*, EuZW 1999, S. 229 (232).

(2) Außerhalb des streitigen Verfahrens: Die Rolle von Verhandlungslösungen

Die Streitbeilegung im streitigen Panelverfahren ist nach der Konzeption des DSU allerdings nicht der Regelfall. Nach Art. 3 Abs. 7 DSU ist eine einvernehmliche und WTO-konforme Lösung der Streitigkeit dem streitigen Verfahren vorzuziehen. Die Präferenz für eine einvernehmliche Streitbeilegung spiegelt sich auch in der Pflicht der Parteien zu Konsultationen vor Einleitung eines Panelverfahrens (Art. 4 DSU) wider. Die Konsultationspflicht ist allerdings verbunden mit strikten Fristen, nach deren Ablauf eine Partei die Einsetzung eines Panels verlangen kann (Art. 4 Abs. 7 DSU). Ein Antrag auf Konsultationen kann regelmäßig als Signal verstanden werden, eine Streitigkeit notfalls auch im bindenden Streitbeilegungsverfahren fortsetzen zu wollen, und wirkt so als letzte Aufforderung an die gegnerische Partei, ihre Position zu überprüfen und den Streit eventuell einvernehmlich beizulegen[839]. Auch nach Abschluß der formellen Konsultationsphase sind die Parteien allerdings nicht daran gehindert, parallel zum streitigen Panelverfahren Verhandlungen mit dem Ziel einer einvernehmlichen Streitbeilegung fortzuführen[840]. Wenn die Parteien auf diesem Wege eine Verhandlungslösung erreicht haben, teilen sie dies den Streitbeilegungsgremien mit; das Panelverfahren wird abgebrochen (Art. 12 Abs. 7 Satz 3 DSU)[841]. Nach Art. 12 Abs. 12 DSU kann ein Panelverfahren zudem auf Antrag der Parteien bis zu einer Dauer von 12 Monaten ausgesetzt werden. Alternativ zur Streitbeilegung im Panelverfahren eröffnet das DSU nach Art. 25 DSU die Möglichkeit eines Schiedsverfahrens sowie nach Art. 5 DSU der Streitbeilegung mittels guter Dienste, Vergleich oder Vermittlung.

d. Wertung

Das Erreichen einer außergerichtlichen Einigung bedeutet indes nicht notwendig eine Abkehr von einer dem Recht verpflichteten Streitbeilegung und damit eine Rückkehr zu diplomatischer Machtauseinandersetzung. Der bindende Charakter der Streitbeilegung nach dem DSU wirkt zwar als Anreiz für eine außergerichtliche Streitbeilegung, verringert jedoch auch den zur Verfügung stehenden Ver-

---

839 *Horlick*, IntLawyer, Vol. 32, No. 3 (1998), S. 685 (687). So brachte z.B. Japan nach Konsultationen mit der EG seine Rechtsprechung in Einklang mit Art. 14 Abs. 6 TRIPs; *Japan – Measures concerning Sound Recordings – Notification of a Mutually Agreed Solution* (WT/DS42/4) vom 17.11.1997. Mit weiteren Beispielen auch *Geuze/Wager*, JIEL 2 (1999), S. 347 (376 ff.); *Vandoren*, JWIP, Vol. 2, No. 1 (1999), S. 25 (32 f.).

840 Vgl. *Cottier*, CMLRev 5 1998), S. 325 (347); *Horlick*, IntLawyer, Vol. 32, No. 3 (1998), S. 685 (687).

841 Siehe z.B. *European Communities – Trade Description of Scallops (Request by Canada)* (WT/DS7/R), Panelbericht vom 5.8.1996 und *European Communities – Trade Description of Scallops (Request by Peru and Chile)* (WT/DS12/R; WT/DS14/R), Panelbericht vom 5.8.1996.

handlungsspielraum. Gemäß Art. 3 Abs. 5 DSU müssen alle Verhandlungslösungen, einschließlich Schiedssprüche, die aufgrund der Bestimmungen über Konsultationen und Streitbeilegung der unter das DSU fallenden Übereinkommen förmlich vorgebracht werden, mit diesen Übereinkommen vereinbar sein. Sie dürfen Vorteile, die sich für ein Mitglied aus diesen Übereinkommen ergeben, weder zunichte machen noch die Erreichung eines dieser Ziele behindern. Dieses Verbot gilt nicht nur für die Streitbeilegungsorgane, sondern, wie die Verweisung auf das Konsultationsverfahren zeigt, auch für die Mitglieder selbst. Eine Einigung, die im Konsultations- oder parallel zum Panelverfahren erzielt wird, darf deshalb einen WTO-widrigen Zustand nicht festschreiben oder einen solchen begründen. Die Neuverhandlung der Rechte und Pflichten aus den Übereinkommen ist an institutionelle Vorgaben, insbesondere an Mehrheitsvorschriften, gebunden[842]. Danach erlaubt selbst das GATT 1994 in Art. XXVIII lediglich die Neuverhandlung der eingegangenen Zollbindungen, nicht jedoch der GATT-Verbote nicht-tarifärer Handelshemmnisse[843]. Das TRIPs-Abkommen verweist jegliche Verhandlungen über die Vertragsverpflichtungen an den Rat für TRIPs (Art. 24, 71 TRIPs). Die eingegangenen Abkommensverpflichtungen stehen deswegen nicht zur Disposition in bilateralen Verhandlungen. Auch kann das Streitbeilegungsverfahren fortgesetzt oder ein neues Verfahren eingeleitet werden, wenn die erzielte Einigung nicht eingehalten wird.

Dementsprechend stellt eine „Verhandlungslösung" in einer Vielzahl der Fälle lediglich die Anerkenntnis einer für eine Partei rechtlich aussichtslosen Lage dar[844]. Daneben stehen allerdings auch die Fälle, in denen ein aus rechtlicher Sicht aussichtsreiches Verfahren angesichts diplomatischen Drucks und befürchteter politischer Rückwirkungen nicht weiter im DSU-Verfahren verfolgt wurde[845].

---

842 z.B. Art. X WTO-Abkommen, Art. 71 Abs. 2 TRIPs-Abkommen. Hierzu: *Senti*, S. 131, Rn. 327 ff.

843 Vgl. hierzu auch *Petersmann*, EuZW 1997, S. 651 (653), unter Verweis auf die WTO-Rechtsprechung in *European Communities – Regime for the Importation, Sale and Distribution of Bananas* (WT/DS27/R), Panelbericht vom 22.5.1997, Tz. 7.127: "Accordingly, we find that neither the negotiation of the BFA and its inclusion in the EC's schedule nor the Agreement on Agriculture permit the EC to act inconsistently with the requirements of Article XIII of GATT."

844 Die Einigung in *European Communities – Scallops* (a.a.O.) ist hierfür ein Beispiel. Mit Erscheinen des Zwischenberichts erkannte die EG die geltend gemachte Abkommensverletzung unter der Voraussetzung an, daß der Zwischenbericht vertraulich bleibe; siehe *Horlick*, IntLawyer, Vol. 32, No. 3 (1998), S. 685 (691). *Davey* bewertet die Konsultationspflicht deswegen als ein positives „politisches" Element des Streitbeilegungsverfahrens; in: FS Jackson, S. 291 (293).

845 Vgl. hierzu die Auseinandersetzungen über den US-amerikanischen *Helms-Burton Act* (WT/DS38); *Berkey*, EJIL 9 (1998), S. 626 (638 f.). Nach erfolglosen Verhandlungen mit

Es ist allerdings fraglich, ob diese Fälle bei der Beurteilung der Justizmäßigkeit des Streitbeilegungssystems negativ zu berücksichtigen sind. Das Verfahren im WTO-Streitbeilegungssystem unterliegt wie auch das Verfahren vor dem Europäischen Gerichtshof der Dispositionsmaxime[846]. Die WTO-Streitbeilegungsorgane werden nur dann tätig, wenn und solange sie von einem der Mitglieder angerufen werden. So kann ein Mitglied zwar durch die Durchführung eines Streitbeilegungsverfahren auf der Erfüllung der Vertragsverpflichtungen bestehen. Eine selbständige Verfolgung und Überwachung der Umsetzung durch die WTO-Streitbeilegungsorgane ist aber nicht vorgesehen. Auch das Verfahren vor dem EuGH gestattet im übrigen den Parteien, ihre Klage zurückzunehmen oder sich außergerichtlich zu einigen[847]. Wenn das Gemeinschaftsrecht die Möglichkeit der außergerichtlichen Streitbeilegung für wichtige Rechtsmittel wie die Nichtigkeits- und Untätigkeitsklage ausschließt[848], ist dies lediglich Konsequenz des höheren Integrationsstandes in der Gemeinschaft.

Letztlich handelt es sich hierbei um die Entscheidung eines souveränen Staates, eine Streitigkeit mit einem anderen Staat nicht einem Verfahren auszusetzen, das für den konkreten Zweck als zu justizmäßig erachtet wird. Eine solche Entscheidung kann nicht nur durch die größere Flexibilität der Rechtsfolgen, sondern auch durch niedrigere Verfahrensanforderungen (wie z.B. das Fehlen von strikten Fristen) einer außergerichtlichen Lösung motiviert sein. Insofern ist die Attraktivität alternativer Verfahren geradezu ein Indiz für die Justizmäßigkeit des Streitbeilegungsverfahrens[849]. Die Zulässigkeit derartiger souveräner Entscheidungen, eine Streitbeilegung nicht im DSU-Verfahren, sondern außergerichtlich zu betreiben, rückt zwar das Streitbeilegungssystem insgesamt in die

---

den USA verzichtete die EG hier aus Gründen der politischen Rücksichtnahme auf die Fortsetzung eines Panelverfahrens; vgl. Antrag der EG auf Aussetzung des Panelverfahrens vom 21.4.1997 (WT/DS38/5). Gemäß Art. 12 Abs. 12 DSU erlosch am 22.4.1998 die Genehmigung für die Einsetzung des Panels (WT/DS38/6, Mitteilung vom 24.4.1998).

846 Zur Dispositionsmaxime im Gemeinschaftsrecht siehe *Rengeling/Middeke/Gellermann*, Rn. 588 ff., 660 ff.

847 Siehe Art. 77 VerfO-EuGH (außergerichtliche Erledigung) und Art. 78 VerfO-EuGH (einseitige Klagerücknahme); ABl. (EG) 1991 L 176/7, zuletzt geändert in ABl. (EG) 1997 L 103/1. Zur einseitigen Klagerücknahme nach Art. 78 VerfO-EuGH ist keine Einigung der Parteien erforderlich; vgl. EuGH, Rs. C-120/94 *–Kommission v. Griechenland-*, Beschluß vom 19.3.1996, Slg. 1996, I-1513 (1539).

848 Art. 77 Abs. 2 VerfO-EuGH.

849 Vgl. auch *Petersmann*, JIEL 1 (1998), S.175 (193); *Steger/Hainsworth*, in: Cameron/Campbell, S. 28 (33 f., 52).

Nähe von Verhandlungslösungen. Sie beeinflußt jedoch nicht den Charakter des streitigen Verfahrens nach dem DSU an sich[850].

Das DSU-Streitbeilegungssystem erfüllt die Grundanforderung hinsichtlich Unabhängigkeit und Objektivität der Entscheidungsträger, rechtsstaatliche Verfahrenssicherheiten und Rechtsqualität und Konsistenz der Entscheidungen, die an ein justizmäßiges Streitbeilegungssystem des Völkerrechts zu stellen sind. Darüber hinaus erfüllt es auch die vom EuGH für das Vorabentscheidungsverfahren entwickelten Kriterien an eine Justizmäßigkeit. Diese Schlußfolgerung wird durch die Tatsache, daß das streitige WTO-Verfahren verbleibende Elemente der Handelsdiplomatie enthält, nicht beeinträchtigt. Die Möglichkeit einer außergerichtlichen Einigung ist Ausdruck der auch im DSU-Verfahren geltenden Dispositionsmaxime und beeinträchtigt nicht den Charakter des streitigen Verfahrens als solchem. WTO-Streitbeilegungsentscheidungen sind somit Entscheidungen, die in einem justizmäßigen Verfahren im Sinne von *Gutachten 1/91* zustandegekommen sind. Sie können vom Europäischen Gerichtshof grundsätzlich als verbindliche Entscheidungen herangezogen werden.

5. Bindungswirkung von WTO-Entscheidungen auch ohne unmittelbare Anwendbarkeit des Abkommens?

Der EuGH koppelte in seiner Entscheidung *Atlanta* die Frage der Bindungswirkung von WTO-Entscheidungen strikt an die Problematik der unmittelbaren Anwendbarkeit des Abkommens[851]. Die Geltendmachung einer WTO-Entscheidung stehe notwendig und unmittelbar mit dem Klagegrund eines Verstoßes gegen materielle Bestimmungen des WTO-Rechts in Zusammenhang. Ob diese strikte Verknüpfung zwingend ist, ist allerdings fraglich.

Der EuGH ging im Gutachten *1/91* selbst davon aus, daß Entscheidungen internationaler Gerichte auch dann unmittelbare Wirkung innerhalb der Gemeinschaftsrechtsordnung haben können, wenn dem Abkommen selber diese Wirkung nicht zukommt[852]. Dem geplanten EWR-Abkommen, das Untersuchungsgegenstand dieses Gutachtens war, sollte keine unmittelbare Wirkung zukommen. Nach Auffassung des EuGH in der Rechtssache *Atlanta* dagegen ersetzt die Berufung auf die bindende Entscheidung eines anderen Gerichts nicht die Geltendmachung der WTO-Norm, gegen die die Gemeinschaftsnorm

---

850 So zu Recht *Cottier*, CMLRev 35 (1998), S. 325 (347).

851 EuGH, Rs. C-104/97 P – *Atlanta AG v. Rat und Kommission* -, Urteil des Gerichtshofes vom 14.10.1999, Slg. 1999, I-6983 (7024), Rn. 19.

852 EuGH, Gutachten 1/91 vom 14.12.1991 (*EWR-Abkommen*), Slg. 1991, I-6079 (6102 f.), Rn. 21 und 27. So auch *Zonnekeyn*, JWT, Vol. 34, No. 2 (2000), S. 93 (97); *ders.*, JIEL 2 (1999), S. 713 (715).

verstoßen soll, sondern lediglich die rechtliche Wertung und Auslegung durch den EuGH.

Relevanz erlangt die Annahme einer Bindungswirkung von WTO-Entscheidungen in Verfahren, in denen sich Staaten oder Private zum Nachweis der Rechtswidrigkeit einer Gemeinschaftsmaßnahme auf den durch einen WTO-Spruchkörper festgestellten konkreten Verstoß gegen WTO-Recht stützen wollen. Eine Bindung der Gemeinschaft setzt dabei zunächst voraus, daß die Gemeinschaft Partei des WTO-Verfahrens war und die Berufung auf die Bindungswirkung dem in der WTO-Entscheidung festgestellten Rechtsverstoß Abhilfe verschaffen soll. Geltend gemacht wird dann das Ergebnis des Normanwendungs- und -auslegungprozesses durch das WTO-Streitbeilegungsorgan im konkreten Fall, nicht aber die entsprechende WTO-Norm in ihrer abstrakten Auslegung und Anwendung[853]. Insofern ist die unmittelbaren Anwendbarkeit der Norm im speziellen und des Abkommens im allgemeinen keine denknotwendige Voraussetzung für die unmittelbare Anwendbarkeit der auf der Grundlage des Abkommens ergangenen Gerichtsentscheide.

6. Stellungnahme

Wenn die Betrachtung der unmittelbaren Anwendbarkeit der WTO-Streitbeilegungsentscheidungen jedoch von der Betrachtung der Abkommensbestimmungen getrennt werden kann, dürfen die gegen eine unmittelbare Anwendbarkeit der Abkommensbestimmungen angeführten Gründe nicht unbedacht auf Streitbeilegungsentscheidungen übertragen werden. Die unmittelbare Anwendbarkeit der Entscheidungen ist jeweils im Einzelfall zu überprüfen.

Wesentlich muß hier sein, daß die Entscheidungen, denen zur innergemeinschaftlichen Geltung verholfen werden soll, in einem justizmäßigen Verfahren getroffen wurden, und daß sie rechtsverbindlich einen Verstoß der Gemeinschaft gegen die Rechtsnormen der WTO feststellen. *Eeckhout* weist auf die Verpflichtung der Gemeinschaftsrechtsordnung auf das Legalitätsprinzip hin[854]. Wie der Gerichtshof festgehalten habe, dürften Rechtsakte der Gemeinschaft, die offenkundig mit einem derart schweren Fehler behaftet sind, daß die Gemeinschaft ihn nicht tolerieren kann, keine Rechtswirkung entfalten[855]. Ob die Geltung des Legalitätsprinzips in dieser Totalität auf den WTO-Kontext übertragen werden kann, ist zwar fraglich. Entscheidungen des WTO-Streitbeilegungssystems stellen zunächst sekundärrechtliche Verpflichtungen des Völkerrechts dar.

---

853 Siehe auch *Cottier/Schefer*, JIEL 1 (1998), S. 83 (101).

854 *Eeckhout*, CMLRev 34 (1997), S. 11 (53 f.).

855 EuGH, Rs. C-137/92 P - *Kommission v. BASF* -, Urteil des Gerichtshofes vom 15.6.1994, Slg. 1994, I-2555 (2647), Rn. 49.

Wenn aber ein internationales Streitbeilegungssystem wie das DSU-System, das sich selbst derart der *rule of law* verpflichtet hat, rechtsverbindlich einen Verstoß gegen WTO-Recht feststellt, erfordert die Verpflichtung der Gemeinschaft auf Grundsätze der Legalität den Respekt dieser Entscheidung[856].

Dies ergibt sich auch aus einer ergänzenden Betrachtung der Rechtsprechung des EuGH zu der Wirkung von im Rahmen von Gemeinschaftsabkommen erlassenen Organhandlungen. Sekundäres Abkommensrecht, wie z.B. Beschlüsse eines Assoziationsrates, wird nach der Entscheidung des EuGH in der Rechtssache *Sevince* wie die Abkommensbestimmungen selbst in das Gemeinschaftsrecht aufgenommen. Es bindet die Gemeinschaft und bildet aufgrund des unmittelbaren Zusammenhangs mit dem Abkommen, zu dessen Durchführung es ergeht, ebenso wie das Abkommen selbst einen „integrierenden Bestandteil der Gemeinschaftsrechtsordnung"[857]. Ein besonderer Umsetzungsakt der Gemeinschaftsorgane ist hierzu nicht erforderlich. Entscheidend ist, daß sich die Gemeinschaft mit dem Abschluß des zugrundeliegenden Abkommens den verfahrensrechtlichen Regeln des Abkommens unterworfen hat[858]. Wenn sie dabei im Abkommen die betreffenden Organe ermächtigt hat, Beschlüsse mit für sie bindender Wirkung zu erlassen, kann sie sich dem Eintritt der völkerrechtlichen Bindungswirkung nur nach den im Abkommen vorgesehenen Modalitäten entziehen. Dies gilt auch, wenn die Beschlüsse aufgrund Mehrheitsentscheid und somit gegen den Willen der Gemeinschaft ergehen können.

Fraglich ist nur, ob diese Argumentation auch für im Rahmen der WTO ergangene Streitbeilegungsentscheidungen gelten kann[859]. Die Gemeinschaft ist an die im Verfahren nach Art. 300 EGV geschlossenen WTO-Abkommen als integrierender Bestandteil der Gemeinschaftsrechtsordnung gebunden. Wie bei den Entscheidungen z.B. eines Assoziationsrates handelt es sich bei den DSB-Entscheidungen um sekundäres Abkommensrecht. Anders als die Beschlüsse des Assoziationsrates, die Gegenstand der Entscheidung *Sevince* waren, ergehen DSB-Entscheidungen allerdings nicht in dem Sinne „zur Durchführung" der WTO-Abkommen, daß sie als in vereinfachter Form erlassene völkerrechtliche Abkommen das Ausgangsabkommen fortentwickeln. Eine solche progressive Funktion wird den WTO-Streitbeilegungsorganen in Art. 3 Abs. 2 Satz 3 DSU ausdrücklich versagt. Aufgabe des DSU-Streitbeilegungsverfahrens ist es allerdings, „to preserve the rights and obligations of the Members under the covered

---

856 Vgl. auch *Eeckhout*, CMLRev 34 (1997), S. 11 (54).

857 EuGH, Rs. C-192/89 *-S. Z. Sevince v. Staatssecretaris van Justitie-*, Urteil des Gerichtshofes vom 20.9.1990, Slg. 1990, I-3461. Besprechung bei *Gilsdorf*, EuZW 1991, S. 459.

858 *Gilsdorf*, EuZW 1991, S. 459 (461).

859 Grundsätzlich positiv: *Gilsdorf*, EuZW 1991, S. 459 (462); *Weber/Moos*, EuZW 1999, S. 229 (234).

agreements, and to clarify the existing provisions of those agreements" (Art. 3 Abs. 2 Satz 2 DSU). Daß die Gemeinschaft sich den Entscheidungen eines durch ein internationales Abkommen begründeten Gerichtssystems unterwerfen kann, was die Auslegung und Anwendung der Abkommensbestimmungen angeht, hat der EuGH im Gutachten *1/91* ausdrücklich bejaht[860]. Mit der Annahme durch den DSB begründen die DSB-Beschlüsse völkerrechtliche Bindungswirkung für die an dem Verfahren als Parteien beteiligten WTO-Mitglieder. Die Gemeinschaft hat diese völkerrechtliche Bindungswirkung durch ihren Beitritt zum Abkommen vorab gebilligt. Sie muß in entsprechender Anwendung der zu Art. 300 Abs. 7 EGV entwickelten Grundsätze auf die innergemeinschaftliche Ebene durchschlagen[861]. Damit müssen DSB-Entscheidungen grundsätzlich geeignet sein, unmittelbare Wirkung in einem Gemeinschaftsverfahren zu erzeugen.

Sobald die WTO-Widrigkeit einer Gemeinschaftsmaßnahme in einem justizmäßigen Streitbeilegungsverfahren etabliert worden ist, verlieren die gegen eine unmittelbare Anwendbarkeit der Abkommensbestimmungen vorgebrachten Gründe - seien es die Flexibilität des Abkommens, Erwägungen der Gegenseitigkeit in der Umsetzung oder der Respekt für das geeignetere Streitbeilegungsforum – zudem von vornherein ihre Gültigkeit. Die Anerkennung einer unmittelbaren Anwendbarkeit bedeutet hier keine unkontrollierte einseitige Vorleistung, die zu einem Ungleichgewicht in der Erfüllung des Abkommens führen könnte, sondern den Respekt vor einem justizmäßigen Streitbeilegungssystem des internationalen Rechts, dem sich die Gemeinschaft in für sie bindenden Abkommen unterworfen hat.

Angesichts der eingeschränkten Reichweite einer Bindungswirkung von WTO-Entscheidungen sind die Auswirkungen einer unmittelbaren Anwendbarkeit auch begrenzt und überschaubar. Eine Anwendung der WTO-Entscheidungen in nationalen Verfahren kommt stets nur dann in Betracht, wenn die aus der DSB-Entscheidung folgende Verpflichtung der verurteilten Partei bestimmt und unbedingt genug ist und sie keiner Durchführungsmaßnahmen mehr bedarf. Dies ist keinesfalls immer der Fall. Nach Art. 19 Abs. 1 DSU haben die Panel und der Appellate Body in ihren Berichten lediglich zu empfehlen, daß das betreffende Mitglied die Maßnahme, deren Unvereinbarkeit mit einem der Übereinkommen festgestellt wurde, mit dem Übereinkommen in Einklang bringt. Dies bedeutet jedoch nicht notwendigerweise eine mangelnde Bestimmtheit der DSB-Entscheidungen. Die zunehmende Verrechtlichung des WTO-Streitbeilegungsverfahrens hat auch dazu geführt, daß sich aus DSB-Entscheidungen in der Regel

---

860 EuGH, Gutachten 1/91 vom 14.12.1991 (*EWR-Abkommen*), Slg. 1991, I-6079 (6106), Rn. 39 f.

861 *Gilsdorf*, EuZW 1991, S. 459 (462).

klar ablesen läßt, welcher Teil der angegriffenen Maßnahme mit dem jeweiligen Übereinkommen nicht in Einklang ist[862]. Dies genügt, um unter Berufung auf die DSB-Entscheidung eine Nichtanwendbarkeit der Maßnahme zu begründen. Eine eindeutige Festlegung, in welcher Form die Partei ihr nationales Recht den WTO-Anforderungen anzupassen hat, enthalten die DSB-Entscheidungen dagegen nicht. Die Streitbeilegungsorgane können diesbezüglich allerdings Möglichkeiten der Umsetzung vorschlagen (Art. 19 Abs. 1 Satz 2 DSU).

Kollisionen, die sich bei der nationalen Anwendung von WTO-Entscheidungen mit dem WTO-Rechtsdurchsetzungsmechanismus ergeben, können zum großen Teil über das Institut der WTO-konformen Auslegung nationalen Verfahrensrechts gelöst werden. Wenn jedoch die Gemeinschaft bewußt ihre völkerrechtliche Umsetzungsverpflichtung ignoriert, sollten nationale Gerichte, d.h. auch der EuGH dies nicht respektieren und Regelungen, die im justizförmigen Verfahren für WTO-widrig erkannt wurden, nicht anwenden[863]. Dies erfordert auch die Entwicklung des WTO-Systems hin zu einem „rule-based system“[864] und das allgemeine Ziel der Effizienzsteigerung in der internationalen Streitbeilegung[865].

Auch praktische Erwägungen legen eine Aufwertung der Bedeutung der DSB-Entscheidungen und eine Verstärkung der Pflicht zur Umsetzung nahe: Mit der Umkehrung des Einstimmigkeitserfordernisses in eine negative Konsensregel ist die Möglichkeit eines WTO-Mitglieds, die Annahme des Beschlusses im DSB einseitig zu verhindern, ausgeschlossen. Dieses Minus an Handlungsspielraum scheinen die verurteilten Mitglieder versuchen zu kompensieren, indem sie die Umsetzung des Beschlusses verweigern oder anderweitig zu hintertreiben versuchen[866]. Während das DSU in den Anfangsjahren seiner Existenz relativ problemlos funktionierte, werfen aktuelle Fälle immer häufiger Probleme mit der Umsetzung der DSB-Entscheidungen auf[867]. Die Hinhaltetaktik der EG bei der Umsetzung der DSB-Entscheidungen zur Bananenmarktordnung mag dafür als anschauliches Beispiel dienen[868].

---

862 Vgl. *Weber/Moos*, EuZW 1999, S. 229 (235).

863 Wie hier *Cottier*, CMLRev 35 (1998), S. 325 (369); *Cottier/Schefer*, JIEL 1 (1998), S. 83 (101); *Eeckhout*, CMLRev 34 (1997), S. 11 (51 ff.).

864 *Jackson*, World Trade, S. 85.

865 Wie Cottier hierzu festhält: „Courts certainly can do better than merely ignoring the results of WTO dispute settlement proceedings. And they certainly can do better than staying put with assessments made some twenty-five years ago“; *Cottier*, CMLRev 35 (1998), S. 325 (375).

866 *Weber/Moos*, EuZW 1999, S. 229 (236).

867 *Valles/McGivern*, JWT, Vol. 34, No. 2 (2000), S. 63 (83).

868 Die nach Art. 21 Abs. 6 DSU von der EG geforderten Statusberichte über die Umsetzung des Panelberichts in der Sache *European Communities – Regime for the Importation, Sale*

7. Ergebnis zur Frage der Bindungswirkung

Zusammenfassend läßt sich für die Frage der Bindungswirkung von WTO-Streitbeilegungsentscheidungen folgendes feststellen:

Vom DSB angenommene Streitbeilegungsentscheidungen begründen völkerrechtlich verbindliche und unbedingte Sekundärobligationen, deren Erfüllung über den Vollstreckungsmechanismus der Art. 21 ff. DSU erzwungen werden kann. Die Leistung von Kompensation und die Duldung von Gegenmaßnahmen stellen dabei keine gleichwertigen Alternativen zur Erfüllung dar.

Bei einer WTO-freundlichen Auslegung des EuGH-Verfahrensrechts führt eine Vollstreckung von WTO-Streitbeilegungsentscheidungen vor dem EuGH nicht notwendig zu einer Aushöhlung und Umgehung des WTO-Rechtsdurchsetzungsmechanismus. Kollisionen ergeben sich nur dann, wenn eine WTO-Streitbeilegungsentscheidung gegen den Willen des unterlegenen WTO-Mitgliedes durchgesetzt werden soll. Da das Mitglied hier bewußt eine in einem justizförmigen Verfahren getroffene, verbindliche Feststellung der WTO-Widrigkeit ignoriert, sollten nationale Gerichte sich hierüber hinwegsetzen und Regelungen, die im justizförmigen Verfahren für WTO-widrig erkannt wurden, nicht anwenden.

Als völkerrechtliches Sekundärrecht, das die Gemeinschaft bindet, sind WTO-Streitbeilegungsentscheidungen grundsätzlich für eine unmittelbare Anwendbarkeit geeignet. Ob sie im konkreten Fall für die begehrte Rechtsfolge herangezogen werden können, ist im Einzelfall anhand der gemeinschaftsrechtlichen Kriterien für eine unmittelbare Anwendbarkeit zu prüfen.

III. Aussetzung nationaler Verfahren

Eine Aussetzung nationaler Verfahren im Hinblick auf das WTO-Streitbeilegungsverfahren wurde eben für den Fall diskutiert, daß vom DSB angenommene Panel- oder Appellate Body-Berichte von nationalen Gerichten vollstreckt werden sollen, die angemessene Umsetzungsfrist nach Art. 21 Abs. 3 DSU allerdings noch nicht abgelaufen ist. In diesen Fällen erfordert der Respekt vor einer

---

and Distribution of Bananas erschöpften sich mangels Fortschritt in der Sache in der Wiederholung bekannter Positionen. Siehe z.B. Statusbericht der EG vom 8. Mai 2000 (WT/DS27/51/Add.8): „The European Community informs the DSB that no new events which would substantially modify the situation have occurred since the last report presented in April. The European Community therefore refers the DSB to its previous report. The European Communities confirms in particular that it has continued bilateral discussions with the WTO Members concerned as well as other interested parties. There continue to be divergent views expressed by the main parties concerned..."

legitimen Handlungsoption im WTO-Streitbeilegungsverfahren die Aussetzung des nationalen Verfahrens.

Im Hinblick auf eine effektive Verknüpfung der Streitbeilegungsebenen ist die Aussetzung nationaler Verfahren aber auch schon in einem früheren Stadium des WTO-Streitbeilegungsverfahrens erforderlich oder zumindest sinnvoll, und zwar dann, wenn in derselben Sache ein WTO-Verfahren eingeleitet, aber noch nicht mit der Annahme eines Panelberichts durch den DSB abgeschlossen worden ist[869]. Bei Annahme einer Bindungswirkung von WTO-Streitbeilegungsentscheidungen könnte ansonsten mit der gleichzeitigen oder vorzeitigen Einleitung eines nationalen Verfahrens diese Bindung umgangen werden. Aber auch bei Ablehnung einer Bindungswirkung im engeren Sinn könnte der Respekt vor Entscheidungen des berufenen internationalen Streitbeilegungsgremiums eine Aussetzung nationaler Verfahren erfordern. Auch hier steht das Verfahrensrecht vor dem Europäischen Gerichtshof einer Aussetzung im Hinblick auf ein anhängiges paralleles WTO-Verfahren nicht entgegen. Rechtsgrundlage ist wiederum die Pflicht zur WTO-konformen Auslegung von Art. 82 a VerfO-EuGH, einer Bestimmung des sekundären Gemeinschaftsverfahrensrechts. In jedem Fall würde eine Aussetzung angesichts der strikten Fristen des DSU-Verfahrens zu keiner großen Verzögerung des Gemeinschaftsverfahrens führen. Sie ermöglichte es den Gemeinschaftsgerichten, sich freiwillig an der sachkundigen Rechtsprechung der WTO-Streitbeilegungsorgane zu orientieren.

IV. Vorabentscheidungsverfahren im WTO-Streitbeilegungssystem

Innerhalb der Europäischen Gemeinschaft spielt das Vorabentscheidungsverfahren nach Art. 234 EGV eine zentrale Rolle bei der Garantie der Einheitlichkeit des Gemeinschaftsrechts[870]. Der Umstand, daß sowohl der EuGH als auch die einzelstaatlichen Gerichte Gemeinschaftsrecht auszulegen und anzuwenden haben, führt dazu, daß divergierende Entscheidungen ergehen könnten, wäre nicht für die einheitliche Auslegung durch eine zentrale Instanz gesorgt. Die Aufgabe, die Einheitlichkeit der Gemeinschaftsrechtsordnung durch eine gemeinschaftszentrale Gerichtsinstanz und in einem gemeinschaftsrechtlichen Verfahren sicherzustellen, erfüllt der Europäische Gerichtshof im Rahmen des Vorabentscheidungsverfahrens[871].

Auch bei der Anwendung des TRIPs-Abkommens durch nationale Gerichte besteht grundsätzlich ein Bedürfnis nach Einheitlichkeit der Auslegung und Anwendung. Dies könnte die Einführung eines dem Vorabentscheidungsverfah-

---

869 So auch *Hilf*, MichJIL 18 (1997), S. 321 (353).

870 *Rengeling/Middeke/Gellermann*, Rn. 352.

871 *Dauses*, Vorabentscheidungsverfahren, S. 45; *Rengeling/Middeke/Gellermann*, Rn. 347.

ren des EGV entsprechenden Verfahrens zu einer Grundvoraussetzung der Integration der nationalen mit der internationalen Streitbeilegungsebene machen. Ein solches Verfahren, in dem die nationalen Gerichte verpflichtet wären, Fragen der Auslegung der WTO-Abkommen den WTO-Streitbeilegungsgremien zur Entscheidung vorzulegen, wäre unstreitig geeignet, Diskrepanzen in der Auslegung des TRIPs-Abkommens durch nationale Gerichte zu verhindern. Es bewirkte quasi die „Rückkopplung" der Umsetzung des WTO-Rechts durch nationale Gerichte an das WTO-Streitbeilegungssystem. Dementsprechend fordern Stimmen in der Literatur de lege ferenda die Einführung eines Vorabentscheidungsverfahrens im WTO-Streitbeilegungssystem[872].

1. Vereinbarkeit mit dem WTO-Streitbeilegungssystem

Bei einer Betrachtung der Vereinbarkeit eines Vorabentscheidungsverfahrens mit dem WTO-Streitbeilegungssystem stellt sich zunächst die Frage der funktionellen Rollenverteilung zwischen den Streitbeilegungsorganen auf der einen Seite und dem Ministerrat oder dem Allgemeinen Rat auf der anderen Seite bei der Auslegung der Abkommen. Daß die Aufgabe einer zentralisierten Auslegung der WTO-Abkommen den Streitbeilegungsorganen zufallen soll, ist nach der organschaftlichen Konzeption der WTO nicht selbstverständlich. Eine Zuständigkeit der Panels oder des Appellate Body für das Vorabentscheidungsverfahren verstärkte die Rolle der Streitbeilegungsorgane bei der Auslegung der WTO-Abkommen gegenüber den Organen Ministerrat und Allgemeiner Rat. Art. IX:2 WTO-Abkommen weist dem Ministerrat und dem Allgemeinen Rat die ausschließliche Zuständigkeit zur Annahme allgemeinverbindlicher Auslegungen zu. Noch mehr als bisherige Entscheidungen vor allem des Appellate Body würden Entscheidungen im Vorabentscheidungsverfahren Präjudizwirkung über den Einzelfall hinaus entfalten. Das Vorabentscheidungsverfahren vor dem EuGH bietet hierzu ein gutes Beispiel[873].

Hilf schlägt unter Verweis auf Art. IX:2 WTO-Abkommen vor, nicht die Streitbeilegungsorgane, sondern die WTO-Mitglieder selbst in Form eines „Rules Committee" mit der Aufgabe der zentralisierten Auslegung zu betrauen[874].

---

[872] Siehe hierzu: *Oppermann/Cascante*, in: Petersmann, Intl Trade Law, S. 469 (480); *Cottier*, in: Cameron/Campbell, S. 111 (123). Eingeschränkt auch *Hilf*, MichJIL 18 (1997), S. 321 (353).

[873] *Dauses*, Vorabentscheidungsverfahren, S. 253.

[874] *Hilf*, MichJIL 18 (1997), S. 321 (353). Als Vorbild für eine solche Regelung führt er ein Beispiel aus dem Bereich der Politik der sozialen Sicherheit in der Gemeinschaft an, wo eine Verwaltungskommission auf Anfrage nationaler Gerichte gutachterliche Auskunft über komplizierte Fragen der sozialen Sicherungssysteme geben kann; „Verwaltungskommission für die soziale Sicherheit von Wanderarbeitnehmern", eingesetzt durch Rats-

Es ist allerdings fraglich, ob ein bei den WTO-Mitgliedern selbst konzentriertes Verfahren den Anforderungen, die aus Gründen der Rechtssicherheit und des *fair trial* an ein Vorabentscheidungsverfahren zu stellen sind, gerecht werden könnte. Auslegungen müßten mit der in Art. IX:2 WTO-Abkommen vorgesehenen Dreiviertel-Mehrheit der Mitglieder angenommen werden. Daß eine solche Mehrheit jemals erreicht werden könnte, ist angesichts der divergierenden Vorstellungen der Mitglieder über Wesen und Inhalt der WTO-Abkommensbestimmungen mehr als zweifelhaft. In jedem Fall führte ein dergestaltiges Vorlageverfahren zu erheblichen Verfahrensverzögerungen, selbst wenn ein „Rules Committee" in Abweichung des regulären Sitzungsplanes von Ministerrat und Allgemeinem Rat tagte. Dem Manko mangelnder juristischer Qualifikation der Ausschußmitglieder könnte dagegen mit der Formulierung von Besetzungsanforderungen entgegengetreten werden. Im übrigen trifft es in gewissen Umfang auch die Mitglieder der WTO-Panel, die gemäß Art. 8 DSU keine juristische Qualifikation aufweisen müssen. Dennoch böte ein Vorlageverfahren vor einem mitgliedschaftlich besetzen Gremium wohl keinerlei Garantie für eine Orientierung der Auslegung an Recht und rechtsstaatlichen Verfahrensgrundsätzen. Bei der Relevanz, die eine Auslegung im Vorabentscheidungsverfahren über die abstrakte Klärung einer Rechtsfrage hinaus für den konkreten Fall hat, erscheint dies als Haupthindernis. Funktionell unterscheiden sich die Aufgaben in einem vollständig integrierten Vorabentscheidungsverfahren eben wesentlich von der von Art. IX:2 WTO-Abkommen anvisierten Aufgabe.

Die Zuständigkeit der Streitbeilegungsorgane für ein Vorabentscheidungsverfahren verstärkte dagegen den Prozeß der Legalisierung der WTO[875]. Ein Vorabentscheidungsverfahren stellt – abgesehen von einer Rechtsprechungshierarchie wie im innerstaatlichen Recht - die intensivste und effektivste Verknüpfung von Rechtsschutzsystemen getrennter Rechtskreise dar. Die Streitbeilegungsorgane der WTO sind für eine solche Aufgabe vor allem tatsächlich nicht gerüstet. Die Einführung eines Vorabentscheidungsverfahrens würde die Kapazitäten der WTO-Streitbeilegungsorgane überschreiten[876]. Diese stoßen gegenwärtig schon

---

verordnung Nr. 3 über die soziale Sicherheit von Wanderarbeitnehmern, ABl. (EWG) 1958 Nr. 579/58, neugefaßt durch VO (EWG) Nr. 1408/71 vom 14.6.1971, ABl. (EWG) 1971 Nr. L 149/2. Siehe hierzu: *Hilf*, Organisationsstruktur, S. 125 ff.

875 Siehe hierzu *Bronckers*, JIEL 2 (1999), S. 547 ff.; *Behboodi*, JWT, Vol .32, No. 4 (1998), S. 55 ff. *Bronckers* warnt davor, die Lösung komplizierter institutioneller Probleme dem Streitbeilegungsmechanismus zu überlassen. Dies könne zu undemokratischen Überraschungen führen. Zur Frage des institutionellen Gleichgewichts zwischen gerichtlichen und politischen Organen der WTO siehe auch *Roessler*, in: FS Jackson, S. 325.

876 *Oppermann/Cascante*, in: Petersmann, Intl Trade Law, S. 469 (481).

mit der Verhandlung der zwischenstaatlichen Streitbeilegungsverfahren an ihre Kapazitätsgrenzen[877].

Auf Seiten der nationalen Gerichte stellt sich die Frage nach einer Berechtigung oder Verpflichtung zur Vorlage[878]. Angesichts der potentiell hohen Zahl vorlagepflichtiger oder -williger Gerichte müßte hier eine Auswahl getroffen werden, die wiederum den Kapazitätsgrenzen der WTO-Organe Rechnung zu tragen hat. Andererseits ist hier zu berücksichtigen, daß, solange die Entscheidung über eine unmittelbare Anwendbarkeit der Abkommen und somit über die Möglichkeit ihrer Anwendung durch nationale Gerichte, in der Souveränität der WTO-Mitglieder verbleibt, die Anzahl der vorlagewilligen Gerichte de facto gering bleiben wird. Nationale Gerichte müßten zudem einen Teil ihrer Kompetenzen an eine zentrale Ordnungsinstanz abgeben. Hierfür bedarf es einer ausdrücklichen vertraglichen Regelung.

Nach dem gegenwärtigen Stand kann keines der WTO-Organe gegenüber nationalen Gerichten die Funktion einer zentralen Ordnungsinstanz in einem vollständig integrierten Vorabentscheidungsverfahren übernehmen. Die Streitbeilegungsorgane der WTO sind zur Übernahme einer derartigen neuen Zuständigkeit in einem integrierten Gerichtssystem vor allem faktisch nicht in der Lage. Eine Auslegung der Abkommensbestimmungen durch Ministerrat oder Allgemeinen Rat ist zwar in Art. IX:2 WTO-Abkommen ausdrücklich vorgesehen, kann jedoch nicht den Anforderungen eines integrierten Vorabentscheidungsverfahren an Justizmäßigkeit und Verfahrensgarantien entsprechen.

Anderes könnte allerdings in einem nicht vollständig integrierten System gelten, in dem nationale Gerichte nicht zur Vorlage verpflichtet, sondern hierzu lediglich berechtigt sind. Die WTO-Organe würden in diesem Fall weniger die Aufgabe einer zentralen Ordnungsinstanz als jene eines externen Expertengremiums mit gutachterlicher Tätigkeit übernehmen. In diesem Fall lägen die Anforderungen an die Justizmäßigkeit des WTO-Verfahrens erheblich niedriger, da eine Übertragung von Hoheitsbefugnissen nicht erfolgen müßte.

Im folgenden soll deshalb überprüft werden, ob - ausgehend von der Grundannahme einer unmittelbaren Anwendbarkeit des WTO-Rechts durch den EuGH - die Einheitlichkeit der Rechtsprechung nur durch ein besonderes Verfahren in einem integrierten Rechtssystem verwirklicht werden kann, ob also die Existenz eines Vorabentscheidungsverfahrens nach der Konzeption des Art. 234 EGV und damit die Erlangung vollständiger Homogenität in der Auslegung der WTO-

---

877 *Parlin*, IntLawyer, Vol. 32, No. 3 (1998), S. 863 (864); *Stewart/Burr*, IntLawyer, Vol. 32, No. 3 (1998), S. 709 (711).

878 *Hilf*, MichJIL 18 (1997), S. 321 (353); *Oppermann/Cascante*, in: Petersmann, Intl Trade Law, S. 469 (481).

Vorschriften *condicio sine qua non* für eine Verknüpfung der Streitbeilegungsebenen über die unmittelbare Anwendbarkeit des WTO-Rechts ist.

2. Erforderlichkeit eines gesonderten Verfahrens?

Dauses geht anhand mehrerer Präzedenzfälle aus dem Völkerrecht davon aus, daß die Einheitlichkeit der Rechtsprechung in einem integrierten Rechtssystem nicht ohne ein dafür ausgestaltetes besonderes Verfahren verwirklicht werden kann[879]. Daß die unmittelbare Anwendung eines völkerrechtlichen Abkommens durch nationale Gerichte ohne eine Rückkopplung an einen „gemeinsamen Nenner" zu Auslegungsdiskrepanzen führen kann, ist unstreitig. Im Unterschied zu den von *Dauses* als Beispiel zitierten Abkommen begründen die WTO-Abkommen jedoch eine eigenständige Organisation mit Organen zur Streitbeilegung und zum *standard-setting*, die als gemeinsamer Nenner funktionieren können. In Frage steht deshalb hier lediglich, wie intensiv die Rückkopplung der nationalen Gerichte an die WTO ausfallen muß, um die notwendige Einheitlichkeit bei der Anwendung der Abkommen zu garantieren.

Ein Vergleich mit dem Vorabentscheidungsverfahren in der Europäischen Gemeinschaft hilft nur begrenzt. Das Rechtsschutzsystem in der Gemeinschaft ist originär dualistisch strukturiert[880]: Der EuGH ist (zusammen mit dem EuG) zwar das einzige Gemeinschaftsgericht im institutionellen Sinn. Er teilt sich jedoch die Aufgabe der Wahrung des Gemeinschaftsrechts mit den Gerichten der Mitgliedstaaten, die in den bei ihnen anhängigen Verfahren die unmittelbar geltenden Rechtssätze der vorrangigen Gemeinschaftsrechtsordnung anzuwenden haben. Das Bedürfnis der Einheitlichkeit der Anwendung und Auslegung des

---

[879] *Dauses*, Vorabentscheidungsverfahren, S. 44. Als Beispiel führt *Dauses* das am 15. Dezember 1950 in Brüssel unterzeichnete Abkommen über den Zollwert der Waren an, das die Bewertungsgrundsätze des GATT zur Anwendung bringt. Als die EG-Mitgliedstaaten im Rahmen der Zollunion die Begriffsbestimmungen des Zollwerts aus dem GATT übernehmen wollten, habe sich herausgestellt, daß infolge eines zentralen Rechtsprechungsorgans das Abkommen weitgehend wirkungslos geworden wäre. Dies habe zum Erlaß einer eigenen Gemeinschaftsregelung geführt (Verordnung (EWG) Nr. 803/68 des Rates vom 27.6.1968 über den Zollwert der Waren, ABl. (EG) 1968 L 148/6). Weitere Beispiele lieferten die Abkommen über das Einheitliche Wechselgesetz (RGBl. 1933 II, S. 377, unterzeichnet in Genf am 7. Juni 1930) und das Einheitliche Scheckgesetz (RGBl. 1933 II, S. 537, unterzeichnet in Genf am 19. März 1931), die nach ihrem Inhalt und Zweck im Hoheitsgebiet der beteiligten Staaten unmittelbar gelten. Da ihre Anwendung allein der Kontrolle der staatlichen Gerichte unterliege und somit nicht auf einen „gemeinsamen Nenner" zurückgegriffen werden konnte, sei die unterschiedliche Anwendung in den einzelnen Signatarstaaten die unausweichliche Folge gewesen.

[880] *Dauses*, Vorabentscheidungsverfahren, S. 43.

Gemeinschaftsrechts hat in der Gemeinschaft eine besondere Qualität. Die Europäische Gemeinschaft bezweckt die Schaffung eines Binnenmarktes[881]. Die Verwirklichung dieses Zieles setzt voraus, daß die Tätigkeit der Wirtschaftsteilnehmer in einem einheitlichen rechtlichen Rahmen stattfindet[882]. Die einheitliche Auslegung des Gemeinschaftsrechts in allen Mitgliedstaaten gehört deshalb zu den Grundprinzipien des Gemeinschaftsrechts[883]. Sinn und Funktion des Vorabentscheidungsverfahrens vor dem EuGH erschließen sich deswegen durch zwei Elemente: den Wirkungen, die das Gemeinschaftsrecht in den Mitgliedstaaten zeitigt, und den Zielen und Aufgaben der Gemeinschaften[884].

Im Vergleich dazu dient eine Integration der Streitbeilegungsebenen durch ein Vorabentscheidungsverfahren im Fall der WTO bzw. des TRIPs-Abkommens lediglich dem ersten der beiden eben genannten Ziele: Sie ist Mittel zur Bewältigung der Wirkungen, die das WTO-Recht in den Rechtsordnungen der Mitglieder zeitigen kann. Insofern trägt das Verfahren zur Schaffung eines im Hinblick auf den Rechtsschutz effizienten Welthandelssystems bei. Darüber hinaus hat ein Vorabentscheidungsverfahren im Rahmen der WTO jedoch keine Funktionen zu erfüllen. Das Ziel der WTO - die Liberalisierung des Welthandels - umfaßt nicht die Schaffung eines gemeinsamen, vollständig integrierten Marktes. Selbst im Falle des TRIPs-Abkommens, das mit seinen Mindeststandards zur Harmonisierung des Immaterialgüterrechtsschutzes beitragen will, ist eine Verschmelzung der nationalen Rechtsordnungen im Sinne der Rechtsvereinheitlichung nicht beabsichtigt. Daß es bei der Anwendung der WTO-Abkommen in den nationalen Rechtsordnungen der Mitglieder zu Unterschieden kommen kann, ist in der Grundstruktur der Abkommen angelegt[885]. Aufgabe des WTO-Streitbeilegungsverfahrens ist es in diesem Zusammenhang lediglich, auf die vollständige Umsetzung der übernommenen völkerrechtlichen Verpflichtungen und ihre Einhaltung durch die Mitglieder zu achten[886]. Die qualitativ erheblich

---

881 Die Verschmelzung der nationalen Volkswirtschaften zu einem einheitlichen Wirtschaftsraum ist im System der Verträge kein bloßer politischer Programmsatz, sondern hat die festen Konturen eines Rechtsbegriffs (vgl. Art. 14 EGV).

882 Vgl. auch EuGH, Rs. 6/64 - *Costa v. ENEL* -, Urteil des Gerichtshofes vom 15.7.1964, Slg. 1964, S. 1251 (1270).

883 *Dauses*, Vorabentscheidungsverfahren, S. 45.

884 *Rengeling/Middeke/Gellermann*, Rn. 347.

885 Siehe z.B. Art. 1 Abs. 1 TRIPs.

886 Art. 3 Abs. 2 DSU: „The dispute settlement system of the WTO is a central element in providing security and predictability to the multilateral trading system. The Members recognize that it serves to preserve the rights and obligations of the Members under the covered agreements, and to clarify the existing provisions of those agreements in accordance with customary rules of interpretation of public international law..."

darüber hinausgehende integrationspolitische Rolle des EuGH kann die WTO-Streitbeilegung nicht für sich beanspruchen.

Unter solchen Rahmenbedingungen ist die Integration nationalen Rechtsschutzes mit der WTO-Streitbeilegung zwar aus der Perspektive der Minimierung von Reibungsverlusten und der Effizienzsteigerung grundsätzlich wünschenswert. Eine vollständige Verschmelzung, d.h. eine vollständige, lückenlose Integration beider Systeme im Rahmen eines geregelten Verfahrens ist jedoch nicht notwendig. Reibungsverluste wie z.B. Auslegungsdiskrepanzen können aus der Perspektive der WTO grundsätzlich in Kauf genommen werden, aus wenn sie aus Erwägungen der Rechtssicherheit und Einheitlichkeit soweit wie möglich vermieden werden sollten. Das WTO-System wird nicht vollständig von der Idee einer zentralisierten und effizienten einheitlichen Auslegung und Anwendung seiner Bestimmungen beherrscht[887].

Wenn aber die Erlangung vollständiger Homogenität in der Auslegung der WTO-Vorschriften keine Bedingung für eine Verknüpfung der Streitbeilegungsebenen ist, sind auch vom Idealmodell des EG-Vorabentscheidungsverfahrens abweichende Verknüpfungsmodelle denkbar. So könnte eine Konzentration der Auslegung bei der WTO sogar über einen freiwilligen Vorlagemechanismus erfolgen. Das von *Hilf* angedachte, aus den WTO-Mitgliedern zusammengesetzte „Rules Committee" ist ein Ansatz in diese Richtung[888]. Ein Mechanismus auf freiwilliger Basis müßte allerdings in seiner konkreten Ausgestaltung dem nationalen Richter genügend Anreize zur Vorlage geben. Maßgeblich ist hier vor allem der Zeitfaktor. Ein Vorabentscheidungsersuchen darf die Entscheidung im nationalen Verfahren nicht allzu sehr verzögern. Problematischstes Element verbleibt die Frage, welche rechtliche Wirkung der Abkommensauslegung durch die WTO-Organe dann zuzumessen ist. Wenn man eine Vorlagepflicht nationaler Gerichte ablehnt, kann den Entscheidungen eines (wie auch immer gestalteten) WTO-Gremiums lediglich beratende Gutachtenfunktion zukommen. Autorität müßten die Gutachten über die Authentizität der Auslegung und die besondere Sachkunde des zuständigen Gremiums gewinnen. Dies stellt wiederum besondere Anforderungen an die Besetzung des Vorabentscheidungsgremiums und das Vorlageverfahren.

---

887 Vgl. auch GA *Cosmas*, EuGH, verb. Rs. C-300/98 – *Parfums Christian Dior SA v. Tuk Consultancy BV* – und Rs. C-392/98 –*Assco Gerüste GmbH und R. van Dijk v. Wilhelm Layher GmbH & Co KG und Layher BV* -, Schlußantrag vom 11.7.2000, Slg. 2000, I-11307 (11330), Rn. 58.

888 *Hilf*, MichJIL 18 (1997), S. 321 (353).

3. Verhältnis eines Vorabentscheidungsverfahrens zur Bindungswirkung von WTO-Streitbeilegungsentscheidungen

Zuletzt stellt sich die Frage des Verhältnisses eines Vorabentscheidungsverfahrens zur oben diskutierten unmittelbaren Anwendbarkeit von WTO-Entscheidungen. Es handelt sich hierbei um zwei unterschiedliche Qualitäten der Verknüpfung internationaler und nationaler Streitbeilegung: Ein Vorabentscheidungsverfahren führt ausgehend von der nationalen Rechtsschutzebene eine verfahrensmäßige Integration zweier Rechtsschutzsysteme herbei. Rechtsschutzmöglichkeiten des nationalen Rechts werden aus Zwecken der Einheitlichkeit und Harmonisierung an eine zentrale Ordnungsinstanz rückgekoppelt. Die Integrationswirkung einer Bindungswirkung von Entscheidungen internationaler Spruchkörper wirkt dagegen in die entgegengesetzte Richtung. Sie verhilft Entscheidungen, die im traditionellen zwischenstaatlichen Verfahren ergangen sind, zu einer effizienteren und eventuell rascheren Umsetzung auf der mitgliedstaatlichen Ebene. Das nationale Recht kann sich - ausgehend von der auf die Parteien des zwischenstaatlichen Verfahrens begrenzten Bindungswirkung - nur zur Umsetzung der in der Entscheidung festgehaltenen Rechtsfolgen auf deren Bindungswirkung berufen. Insofern ergänzen sich Vorabentscheidungsverfahren und Bindungswirkung zwar, sie bedingen sich jedoch nicht gegenseitig.

Im Verhältnis von WTO-Streitbeilegungsverfahren zu EuGH ergäbe sich auf der Grundlage der oben dargestellten Verknüpfungsmöglichkeiten folgendes Bild:

Sobald ein WTO-Streitbeilegungsorgan im zwischenstaatlichen Verfahren über die WTO-Konformität einer mitgliedschaftlichen Regelung entschieden hat, ist der EuGH im Rahmen der Bindungswirkung an diese Entscheidung gebunden. Wenn dagegen eine Befassung mit Fragen der WTO-Konformität einer mitgliedschaftlichen Maßnahme originär in einem nationalen Verfahren aufgeworfen wird, besteht *de lege lata* für den EuGH keine Vorlagemöglichkeit. Diese Situation tritt vor allem dann auf, wenn Private in einem nationalen Verfahren inzident Fragen des WTO-Rechts aufwerfen. Neben den bestehenden Möglichkeiten, ein WTO-Streitbeilegungsverfahren zu initiieren, sollte deswegen für Zwecke des Individualrechtsschutzes die Möglichkeit eines Vorabentscheidungsverfahrens auf freiwilliger Basis eingeführt werden.

Diese Lösung hat zwar Lücken, vor allem hinsichtlich der zeitlichen Reihenfolge der dargestellten Verfahrensschritte. Ob das WTO-Recht einheitlich in den nationalen Rechtsordnungen angewandt wird, bestimmte sich jeweils danach, ob zu einem bestimmten Sachverhalt oder einer nationalen Maßnahme bereits eine WTO-Entscheidung ergangen ist oder nicht. Dies erscheint zumindest aus Sicht der WTO allerdings legitim. Das Interesse der WTO an einer homogenen und effektiven Umsetzung der im DSU-Verfahren gegenüber den Mitgliedern ergangenen Entscheidungen ist größer als das Interesse am Individualschutz. Die

Beschränkung auf eine Bindungswirkung der WTO-Entscheidungen verstärkt zudem für Individuen die Anreize, sich für ein zwischenstaatliches Streitbeilegungsverfahren einzusetzen. Damit wird wiederum der Dezentralisierung der Abkommensanwendung entgegengewirkt.

V. Pflicht zur Erschöpfung des nationalen Rechtswegs

Die Pflicht zur Erschöpfung des nationalen Rechtswegs ist ein Institut des allgemeinen Völkerrechts, das zur Verknüpfung nationaler Gerichte und der WTO-Streitbeilegung instrumentalisiert werden könnte.

1. Im Völkergewohnheitsrecht

Im Völkerrecht erfüllt die Doktrin von der Erschöpfung des nationalen Rechtswegs unter anderem die Aufgabe, die Einleitung zwischenstaatlicher Streitbeilegungsverfahren zu verzögern. Streitigkeiten, die sich originär aus der Verletzung von Individualrechten ergeben, sollen erst dann vor internationale Streitbeilegungsgremien gebracht werden, wenn das betroffene Individuum den nationalen Rechtsweg beschritten hat, ohne daß die Rechtsverletzung anerkannt wurde[889]. Zuvorderst trägt das Erfordernis der Rechtswegerschöpfung damit der Souveränität und Unabhängigkeit des beklagten Staates Rechnung[890]. Dem Staat soll Gelegenheit gegeben werden, die beklagte Rechtsverletzung zu beseitigen, bevor in einem internationalen Gerichtsverfahren in seine souveränen Rechte eingegriffen wird. Nationale Gerichte erscheinen zudem als passenderes Forum für Individualklagen. Auch hilft die Beilegung von kleineren Streitigkeiten auf nationaler Ebene dabei, Parallelverfahren und eine Politisierung der Streitigkeit zu vermeiden[891].

2. Auch für WTO-Streitbeilegung?

Auch für die Streitbeilegung vor der WTO könnte das völkergewohnheitsrechtliche Erfordernis der Erschöpfung des nationalen Rechtswegs gelten[892]. In den Bereichen des WTO-Rechts, in denen die Abkommensbestimmung letztendlich Individuen zugute kommen sollen und somit der Aspekt des Individualschutzes eine Rolle spielt, liegt es nahe, über das Erfordernis der Erschöpfung des natio-

---

889 IGH, *Interhandel* (USA v. Schweiz), ICJ Reports, 1959, S. 6, Tz. 27.

890 *Amerasinghe*, S. 69; *Doehring*, EPIL, Inst. 1 (1981), S. 136 (137).

891 *Brownlie*, S. 497.

892 So befürwortet von *Kuyper*, in: Bourgeois, S. 87 (108); ders., NYIL 25 (1994), S. 227 (234); *Martha*, JWT, Vol 30, No. 4 (1996), S. 106 (108); *Moncayo von Hase*, in: Correa/Yusuf, S. 93 (130).

nalen Rechtsweges einen Filter für die Einleitung von WTO-Streitbeilegungsverfahren einzubauen und die Streitbeilegung zunächst auf nationaler Ebene zu konzentrieren[893]. Wegen des individualrechtlichen Charakters der Immaterialgüterrechte gilt dies insbesondere für Streitigkeiten über Verpflichtungen aus dem TRIPs-Abkommen.

Nicht selten könnte eine vor einem WTO-Panel angegriffene Maßnahme gleichermaßen auch vor nationalen Gerichten als Verstoß gegen WTO-Recht oder auch gegen nationales Recht gerügt werden[894]. Die Annahme einer Pflicht zur Erschöpfung des nationalen Rechtsweges würde Parallelverfahren verhindern und die WTO-Streitbeilegungsgremien von Streitigkeiten, die auch auf nationaler Ebene abschließend beigelegt werden könnten, entlasten. Eine Pflicht zur Rechtswegerschöpfung trüge wiederum zur Verknüpfung der internationalen mit der nationalen Ebene der Streitbeilegung bei[895].

a. Anwendungsgrenzen der Regel

Die Erschöpfung des nationalen Rechtsweges zählt heute nicht zu den von den im Panel- oder Appellate Body-Verfahren geprüften Zulässigkeitsvoraussetzungen oder anerkannten Einreden im WTO-Streitbeilegungsverfahren[896]. Spiegelbildlich enthält auch die Handelshemmnis-Verordnung der Europäischen Gemeinschaft, die auf Gemeinschaftsebene die Voraussetzungen für die Initiierung eines WTO-Streitbeilegungsverfahrens regelt, keine entsprechende Verpflich-

---

893 So *Kuyper*, in: Bourgeois, S. 87 (106); *Martha*, JWT, Vol. 30, No. 4 (1996), S. 106 (108).

894 Dies zeigen auch Fallbeispiele aus der Praxis der EG-Handelshemmnis-Verordnung, bei: *Berrisch/Kamann*, EuZW 1999, S. 101 (105 f.).

895 Siehe auch abweichende Meinung von J. *Córdova*, IGH, -Interhandel-, 1959, ICJ Reports, S. 45 ff.: Ein Grund für die Geltung der Regel sei „...the absolute necessity of harmonizing international and national jurisdictions - thus ensuring the respect due to the sovereign jurisdiction of States - to which nationals and foreigners are subject and in the diplomatic protection of governments to which only foreigners are entitled."

896 Ständige Panelpraxis, siehe z.B. *United States - Anti-Dumping Duties on Gray Portland Cement and Cement Clinker from Mexico-*, Panel Report, GATT, Doc. ADP/82, S. 72, Tz. 5.9., hinsichtlich des Anti-Dumping-Abkommens. Auch: *Cottier*, CMLRev 35 (1998), S. 325 (342). Ob das Erfordernis der Rechtswegerschöpfung im Völkergewohnheitsrecht eine formale Zulässigkeitsvoraussetzung oder eine materielle Voraussetzung für das Vorliegen einer Pflichtverletzung darstellt, ist streitig; siehe hierzu *Martha*, JWT, Vol. 30, No. 4 (1996), S. 106 (109) und *Amerasinghe*, S. 319 ff., jeweils mwN. Im Rahmen des WTO-Streitbeilegungsverfahrens liegt die Qualifizierung als materielle Einrede näher; *Martha*, JWT, Vol. 30, No. 4 (1996), S. 106 (128). Solange sie vom Verfahrensgegner nicht erhoben wird, könnte ein WTO-Streitbeilegungsverfahren demnach normal durchgeführt werden. Das Risiko der Geltendmachung trage der klagende Staat.

tung[897]. In der Literatur sprechen sich nur wenige Stimmen für eine Geltung des Grundsatzes aus[898]. Die meisten Autoren lehnen eine Pflicht zur Rechtswegerschöpfung mit dem Hinweis auf die besonderen Charakteristika des WTO-Streitbeilegungsverfahrens generell ab[899].

Die Geltung der Doktrin von der Rechtswegerschöpfung ist begrenzt auf Fälle, in denen die Verletzung von völkerrechtlichen Erfolgspflichten gegenüber Privaten gerügt wird. Dies ergibt sich bereits aus der Genese der Regel im Kontext des diplomatischen Schutzes und hat seinen Niederschlag in Art. 22 der Draft Principles on State Responsibility der International Law Commission gefunden[900]. Die Verletzung von Verhaltenspflichten, die ausschließlich gegenüber anderen Staaten bestehen, fällt aus dem Anwendungsbereich der Regel[901]. Bezogen auf die WTO-Abkommen bedeutet dies, daß eine Verpflichtung zur Erschöpfung des nationalen Rechtswegs nur hinsichtlich der Verletzung solcher Abkommensbestimmungen in Frage kommt, die Verpflichtungen der Vertragsparteien gegenüber Privaten begründen.

Wie bereits dargelegt[902], ist dies im Rahmen von GATT und GATS nicht der Fall. Auch wenn private Parteien - wie im Bereich des Antidumping-Rechts - oft ein unmittelbares Interesse an der Einhaltung der Abkommensbestimmungen haben, sind sie nicht Rezipienten der mitgliedschaftlichen Verpflichtungen[903].

---

897 Verordnung (EG) Nr. 3286/94 des Rates vom 22. Dezember 1994, ABl. (EG) 1994 L 349/71, geändert durch ÄnderungsVO, ABl. (EG) 1995 L 41/3.

898 *Kuyper*, in: Bourgeois, S. 87 (107); *ders.*, NYIL 25 (1994), S. 227 (238); *Martha*, JWT, Vol. 30, No. 4 (1996), S. 106 (108); *Moncayo von Hase*, in: Correa/Yusuf, S. 93 (130); im Ergebnis auch *Palmeter/Mavroidis*, S. 30.

899 *Cottier*, CMLRev 35 (1998), S. 325 (342); *Didier*, in: Hoekman/Mavroidis, S. 125 (139); *Hilf*, MichJIL 18 (1997), S. 321 (352); *Mengozzi*, in: Bourgeois, S. 115 (123); *Petersmann*, JIEL 2 (1999), S. 189 (210).

900 Art. 22 ILC Draft Articles on State Responsibility: „Exhaustion of Local Remedies: When the conduct of a State has created a situation not in conformity with the result required of it by an international obligation concerning the treatment to be accorded to aliens, whether natural or juridical persons, but the obligation allows that this or an equivalent result may nevertheless be achieved by subsequent conduct of the State, there is a breach of obligation only if the aliens concerned have exhausted the effective local remedies available to them without obtaining the treatment called for by the obligation or, where that is not possible, an equivalent treatment.“; UN GA Doc. A/CN.4/L.528/Add.2 vom 16. Juli 1996, abgedruckt in Die Friedens-Warte 72 (1997) 1, S. 84.

901 *Martha*, JTL, Vol. 30, No. 4 (1996), S. 106 (109).

902 Siehe Teil 3, Kapitel D.III.1, S. 168.

903 *Martha*, JWT, Vol. 30, No. 4 (1996), S. 106 (118); *Palmeter/Mavroidis*, S. 30. A.A. *Kuyper* hinsichtlich von Verpflichtungen unter dem Anti-Dumping-Abkommen (ADA), in: Bourgeois, S. 87 (108).

Das TRIPs-Abkommen dagegen erkennt in seiner Präambel ausdrücklich den privatrechtlichen Charakter von Immaterialgüterrechten an. Daß das TRIPs-Abkommen in einigen seiner Bestimmungen auch private Rechte begründet, ist bereits dargestellt worden[904].

Damit fallen allerdings nicht alle Streitigkeiten über Bestimmungen des TRIPs-Abkommens in den Anwendungsbereich einer Pflicht zur Rechtswegerschöpfung. Nach dem hier vertretenen Ansatz der International Law Commission ist hinsichtlich des Charakters der als verletzt geltend gemachten Norm zu fordern, daß diese neben ihrem individualschützenden Charakter dem Völkerrechtssubjekt eine absolute Erfolgspflicht und nicht nur eine Verhaltenspflicht bezüglich der Behandlung von Privaten auferlegt[905].

Aus dem Anwendungsbereich der Regel von der Rechtswegerschöpfung heraus fallen zunächst diejenigen Fälle, in denen Auslöser der Streitigkeit nicht eine konkrete Rechtsverletzung ist, sondern ein WTO-Mitglied abstrakt gegen unzureichende Umsetzungsgesetzgebung eines Abkommenspartners vorgehen will. Die Einleitung eines WTO-Verfahrens ist nicht vom Nachweis einer konkreten Rechtsverletzung abhängig. Art. XVI:4 WTO-Abkommen verpflichtet die Mitglieder zur WTO-Konformität seiner Gesetze, Verordnungen und Verwaltungspraktiken. Nach ständiger WTO-Rechtsprechung können deshalb auch staatliche Umsetzungsmaßnahmen als solche („measures as such") und nicht nur ihre Anwendung im konkreten Fall Gegenstand eines Panel- und Appellate Body-Verfahrens sein[906]. In dieser einer abstrakten Normenkontrolle ähnlichen Situation tritt der individualschützende Charakter des Verfahrens zurück. Die Regel von der Rechtswegerschöpfung erfordert dagegen eine konkrete Verletzung privater Rechte[907].

Aus dem Anwendungsbereich der Regel heraus fallen auch diejenigen Fälle, in denen zwar eine konkrete Maßnahme gerügt wird, die verletzte TRIPs-Verpflichtung jedoch keine Erfolgspflicht, sondern lediglich eine Verhaltenspflicht auferlegt. Hierunter fallen alle Bestimmungen des TRIPs-Abkommens, die den WTO-Mitgliedern ein Ermessen hinsichtlich ihrer Umsetzung belassen und

---

904 Siehe Teil 3, Kapitel D.III.1.b, S. 170.

905 Art. 22 ILC Draft Articles on State Responsibility; UN GA Doc. A/CN.4/L.528/Add.2 vom 16. Juli 1996.

906 Ständige Rspr. der GATT 1947-Panel (*United States - Denial of Most-Favored-Nation Treatment as to Non-Rubber Footwear from Brazil*, BISD 39S/128 (Bericht angenommen am 19.6.1992), Tz. 6.13; *European Economic Community - Regulation on Imports of Parts and Components*, BISD 37S/132 (Bericht angenommen am 16.5.1990) und des Appellate Body. Siehe auch *Palmeter/Mavroidis*, S. 24.

907 Siehe hierzu auch Schiedsgerichtsentscheidung in *German External Debt (Switzerland v. Germany)*, International Law Reports, Vol. 25, 1958-I, S. 33-70.

mangels Unbedingtheit und Justiziabilität keine subjektiven Rechte verleihen können.

Letztendlich verbleibt demnach auch für das von der Grundkonzeption her individualschützende TRIPs-Abkommen ein sehr begrenzter Anwendungsbereich der Pflicht zur Rechtswegerschöpfung. Nur wenn die Verletzung einer der TRIPs-Bestimmungen gerügt wird, die den Mitgliedern absolute Erfolgspflichten gegenüber Privaten auferlegen, und dies in einer konkreten Verletzung von privaten Rechten resultiert, verlangt das Völkergewohnheitsrecht nach einer Erschöpfung des nationalen Rechtsweges. Diese verbleibenden Fälle sind allerdings exakt jene, in denen Private sich vor den nationalen Gerichten auf eine unmittelbare Anwendbarkeit des TRIPs-Abkommens berufen könnten. Nach dem hier angewandten Verständnis von völkerrechtlichen, individualschützenden Erfolgspflichten erfüllen diese Bestimmungen stets auch die Voraussetzungen für eine unmittelbare Anwendbarkeit.

b. Geltung kraft Völkergewohnheitsrechts oder Ausschluß durch das DSU?

Mit der Feststellung, daß zumindest einige Fälle denkbarer Streitigkeiten unter TRIPs in den Anwendungsbereich der Regel von der Rechtswegerschöpfung fallen, ist jedoch noch keine endgültige Aussage über die Geltung der Regel getroffen worden. Das DSU selbst enthält keine ausdrückliche Anordnung einer Pflicht zur Rechtswegerschöpfung. Art. 3 Abs. 7 DSU verpflichtet das klagende Mitglied vor Einleitung eines Streitbeilegungsverfahrens lediglich dazu, „to exercise their judgement as to whether action under these procedures would be fruitful“. Diese Verpflichtung bezieht sich indes lediglich auf Bemühungen, eine einvernehmliche Lösung im Verhandlungsweg zu erreichen.

Gemäß Art. 3 Abs. 2 Satz 2 DSU sind die Bestimmungen des Abkommens allerdings in Übereinstimmung mit den gewohnheitsrechtlichen Auslegungsregeln des Völkerrechts und somit vor dem allgemeinen Hintergrund des Völkerrechts auszulegen[908]. In den Fällen klassischen diplomatischen Schutzes, in denen ein Staat die Verletzung der Rechte eines seiner Staatsangehörigen zur Verletzung seiner eigenen Rechte macht[909], gilt die Doktrin der Rechtswegerschöpfung kraft Gewohnheitsrechts[910]. Nach der Rechtsprechung des Internationalen Gerichtshofs kann ein derart bedeutsames Prinzip des Völkergewohnheitsrechts nicht implizit, sondern nur aufgrund ausdrücklicher Anordnung ausgeschlossen wer-

---

908 *Martha*, JWT, Vol. 30, No. 4 (1996), S. 106 (108).

909 *Mavrommatis Palestine Concessions Case (Jurisdiction)*, 1924, PCIJ, Series A, No. 12.

910 IGH, -*Interhandel*-, ICJ Reports, 1959, S. 6, Tz. 27.

den[911]. Der in den WTO-Abkommen allenfalls implizite Ausschluß der Regel wäre demnach nicht ausreichend[912].

Fraglich ist allerdings, ob die für den Bereich des diplomatischen Schutzes bestehende völkergewohnheitsrechtliche Geltung ohne weiteres auf das TRIPs-Abkommen übertragen werden kann. Ein wesentlicher Unterschied des TRIPs-Abkommens besteht darin, daß die zu schützenden Individualrechte sich hier aus völkervertragsrechtlichen Normen ergeben. Insofern liegt ein Vergleich mit dem Bereich des Menschenrechtsschutzes nahe. Einige Konventionen des Menschenrechtsschutzes ordnen die Erschöpfung des Rechtsweges ausdrücklich an[913]. Ob diese Anordnungen deklaratorischer Natur sind, die Pflicht zur Rechtswegerschöpfung kraft Gewohnheitsrechts also auch dann gilt, wenn die Verletzung von durch ein völkerrechtliches Abkommen verliehenen Individualrechten gerügt wird, ist allerdings streitig[914]. *Amerasinghe* sieht die für den diplomatischen Schutz geltende Vermutung umgekehrt, wenn der Schutz sich aus einem völkerrechtlichen Abkommen ergebe und dieses eine Pflicht zur Rechtswegerschöpfung nicht ausdrücklich anordne oder notwendig impliziere[915]. Eine Ausnahme hierzu gelte wiederum, wenn der gewährte Individualschutz die Formen diplomatischen Schutzes annehme.

Ob diese umgekehrte Vermutung auch auf das TRIPs-Abkommen als Beispiel eines individualschützenden Abkommens angewandt werden kann, bestimmt sich nach der der jeweiligen Geltungsanordung zugrunde liegenden Interessenverteilung. Konventionen des Menschenrechtsschutzes schützen das Individuum unmittelbar *erga omnes* durch einen kollektiven Garantiemechanismus[916]. Individualrechtsschutz wird nicht - wie im Bereich des diplomatischen Schutzes - über das Verknüpfungsmoment der Staatsangehörigkeit, sondern durch einen direkten Zugang zu internationalen Streitbeilegungsmechanismen gewährleistet. Unter diesen Voraussetzungen tritt das Interesse des beklagten Staates an einer Erschöpfung des nationalen Rechtsweges hinter die Interessen des Individuums

---

911 IGH, Kammerentscheidung, - *ELSI* -, ICJ Reports, 1989, S. 15 (42).

912 *Kuyper* verweist hierzu auch auf Art. 63 Abs. 1 TRIPs, wonach Mitglieder zur Veröffentlichung von nationalen gerichtlichen Entscheidungen im Anwendungsbereich des TRIPs-Abkommens verpflichtet sind. Angesichts dessen sei es undenkbar, daß ein Ausschluß der Pflicht von der Rechtswegerschöpfung implizit erfolgen sollte; *Kuyper*, NYIL 25 (1994), S. 227 (238). Dieses Argument setzt allerdings eine gewohnheitsrechtliche Geltung der Regel voraus.

913 Art. 35 Abs. 2 EMRK; Art. 5.2 (b) des Fakultativprotokolls zum IPBPR. Auch: Art. 26 ICSID-Abkommen.

914 Dafür *Kuyper*, in: Bourgeois, S. 87 (106). A.A. *Amerasinghe*, S. 78.

915 *Amerasinghe*, S. 78.

916 *Amerasinghe*, S. 82.

und der internationalen Gemeinschaft an rascher und effektiver Streitbeilegung vor internationalen Streitbeilegungsgremien zurück.

Für das TRIPs-Abkommen kann diese Interessenwertung nicht in vollem Umfang gelten. Zwar haben einige seiner Bestimmungen individualschützenden Charakter. Sie begründen allerdings keine Pflichten und Rechte *erga omnes*, sondern verbleiben in den Grenzen des klassischen Fremdenrechts. Die Staatsangehörigkeit des Rechtsinhabers bleibt demnach bestimmendes Element des Rechtsschutzes (Art. 1 Abs. 3 Satz 1 TRIPs). Der Zugang zum WTO-Streitbeilegungsmechanismus steht nur Mitgliedstaaten offen. Diese machen primär ihre eigenen Interessen und nur mittelbar die Interessen ihrer Staatsangehörigen geltend. Ein mit dem Bereich des Menschenrechtsschutzes vergleichbares Überwiegen der Individualinteressen ist hier nicht festzustellen. Allerdings können Verfahren unter TRIPs auch nicht als klassischer Fall diplomatischen Schutzes bezeichnet werden. Als Abkommen *sui generis* beansprucht das TRIPs-Abkommen auch für die Geltung der Regel von der Rechtswegerschöpfung eine differenzierte Betrachtung, die die Interessen aller beteiligten Parteien gebührend in Rechnung stellt. Zu berücksichtigen sind hier die Interessen des beklagten WTO-Mitglieds, des klagenden WTO-Mitglieds sowie der von der Abkommensverletzung betroffenen privaten Rechtsinhaber.

c. Interessenwertung

Die in der Literatur gegen eine Geltung des Grundsatzes der Rechtswegerschöpfung vorgebrachten Argumente beziehen sich vor allem auf die Auswirkungen, die eine solche Regel auf das Funktionieren und die Effektivität des WTO-Streitbeilegungssystems hätte. Wesentliches Argument gegen eine Verpflichtung zur Rechtswegerschöpfung ist der Zeitfaktor[917]. Es wird vorgebracht, ein Verpflichtung zur Rechtswegerschöpfung mache das WTO-Streitbeilegungssystem zur „Geisel“ nationaler Gerichte mit ihrer überlangen Verfahrensdauer[918]. Streitigkeiten beträfen Marktverzerrungen und müßten deshalb so schnell wie möglich entschieden werden.

Eine der maßgeblichen Errungenschaften des Dispute Settlement Understanding ist die Einführung strikter Fristen für jeden Verfahrensabschnitt[919]. Auch wenn diese Fristen in der Praxis oft nicht eingehalten werden können, zeichnen sich WTO-Streitbeilegungsverfahren doch durch eine im Vergleich zu nationalen

---

[917] *Cottier*, CMLRev 35 (1998), S. 321 (342); *Didier*, in: Hoekman/Mavroidis, S. 125 (139); *Hilf*, MichJIL 18 (1997), S. 321 (352); *Petersmann*, JIEL 2 (1999), S. 189 (210).

[918] *Hilf*, MichJIL 18 (1997), S. 321 (352).

[919] Siehe Teil 1, Kapitel C.I.2.b, S. 44.

Verfahren kurze Verfahrensdauer aus[920]. Die Garantie eines Streitbeilegungsverfahrens mit kurzen Verfahrensdauer war ein wesentliches Element des *single package deal* der Uruguay-Runde[921]. Bei der Auslegung des Abkommens darf die Bedeutung des Zeitfaktors deswegen nicht unterschätzt werden.

Eine Verpflichtung zur Erschöpfung des nationalen Rechtswegs vor Einleitung von Streitbeilegungsverfahren über TRIPs könnte danach in der Tat den Interessen aller beteiligten Parteien widersprechen. Zwar betreffen TRIPs-Streitigkeiten nur mittelbar Marktverzerrungen, da das TRIPs-Abkommen anders als GATT und GATS nicht primär den Marktzugang regeln will[922]. Aber das Erfordernis rascher Streitbeilegung gilt im Bereich des Immaterialgüterrechts um so mehr, wie die Bedeutung des einstweiligen Rechtsschutzes in diesem Bereich zeigt[923]. Klagende WTO-Mitglieder sowie ihre Staatsangehörigen als Rechtsinhaber haben somit ein Interesse daran, WTO-Streitbeilegungsverfahren ohne die Verzögerung eines nationalen Verfahrens durchführen zu können. Für Individuen, die keinen direkten Zugang zum WTO-Streitbeilegungssystem haben, ergibt sich hieraus allerdings nur dann ein Zeitgewinn, wenn das nationale Verfahren, in dem Individuen den Staat zur Einleitung eines Streitbeilegungsverfahrens veranlassen können, ebenso von strikten und kurzen Fristen regiert wird[924].

Im Interesse des beklagten WTO-Mitglieds wird es dagegen stehen, den Beginn des WTO-Streitbeilegungsverfahrens mit seiner unvermeidlichen Publizität und den sich in einem strikten Verfahren auslösenden Rechtsfolgen zu vermeiden. Ob dieses - im Rahmen des traditionellen, auf dem Grundprinzip der Sou-

---

920 Panelberichte wurden innerhalb von sechs bis vierzehn Monaten verabschiedet. Übersicht über Verfahrenslängen nach Art. 12 Abs. 8 DSU bei *Stewart/Burr*, IntLawyer, Vol. 32, No. 3 (1998), S. 709 (719).

921 *Mengozzi*, in: Bourgeois, S. 115 (122).

922 Siehe auch Ausführungen der EG vom 22. Juni 2000 im TRIPs-Rat zu Art. 64.3 TRIPs (Non-Violation Complaints) (IP/C/W/191); cf. USA, 28. Juni 2000 (IP/C/W/194).

923 Siehe hierzu Art. 50 TRIPs. Das DSU selbst sieht keine Möglichkeit des einstweiligen Rechtsschutzes vor.

924 Für ein im Namen von Gemeinschaftsunternehmen eingeleitetes „Third Track"-Verfahren in der EG sieht die Handelshemmnis-Verordnung vor, daß die Kommission innerhalb von 45 Tagen nach Antragstellung über die Einleitung eines gemeinschaftlichen Untersuchungsverfahrens entscheidet. Der Abschlußbericht der Kommission ist gemäß Art. 8 Abs. 8 der Verordnung in der Regel innerhalb von fünf Monaten, in komplexeren Fällen innerhalb von sieben Monaten nach Bekanntmachung der Einleitung des Verfahrens vorzulegen. Die Verfahrensfristen werden von der Kommission allerdings bisher nicht streng eingehalten; *Berrisch/Kamann*, EuZW 1999, S. 101 (106). Vielmehr zeigt sich eine gewisse Flexibilität, die am jeweiligen Verhalten des betroffenen Drittstaates ausgerichtet ist. WTO-Streitbeilegungsverfahren wurden danach auch schon vor Beendigung der Untersuchung nach der Handelshemmnis-Verordnung eingeleitet, um Druck auf den Handelspartner zu erzeugen.

veränität der Völkerrechtssubjekte aufbauenden Systems des diplomatischen Schutzes legitime - Interesse auch im Rahmen des WTO-Streitbeilegungssystems Legitimität beanspruchen kann, ist fraglich. Ziel der Reform des WTO-Streitbeilegungssystems in der Uruguay-Runde war es gerade, die Möglichkeiten eines beklagten Mitglieds zur Verfahrensverzögerung und somit zur Ausübung nationaler Souveränität zu beschneiden. Mit der Statuierung des Grundsatzes der quasi-automatischen Beschlußfassung im DSB erfolgt nur im Falle eines negativen Konsenses aller Mitglieder keine Annahme. Dieses Prinzip gilt für alle wesentliche Schritte des DSU-Verfahrens, von der Einsetzung eines Panels (Art. 6 Abs. 1 DSU) über die Annahme von Panel- (Art. 16 Abs. 4 DSU) und Appellate Body-Berichte (Art. 17 Abs. 4 DSU) bis zur Autorisierung der Aussetzung von Zugeständnissen (Art. 22 Abs. 6 DSU). Für das beklagte Mitglied verbleibt keine Möglichkeit, einzelne Verfahrensschritte einseitig zu blokkieren und damit nationale Interessen unter Berufung auf die staatliche Souveränität geltend zu machen. Der zwingende und quasi-automatische Charakter des DSU-Verfahrens führt zu einer deutlichen Beschränkung des Stellenwerts nationaler Souveränitätserwägungen. Die Pflicht zur Rechtswegerschöpfung hat ihre historischen Wurzeln in der Funktion, die Souveränität eines Staates zu schützen, wenn dieser das Fremdenrecht verletzt hatte[925]. Demgegenüber hat das DSU zu einer Verlagerung der Interessengewichtung geführt, und zwar zu Lasten des beklagten Mitglieds. Die weiteren Funktionen der Rechtswegerschöpfung – wie die Entlastung internationaler Streitbeilegungsgremien - werden WTO-intern unter Anpassung des Streitbeilegungsverfahrens an die besonderen Charakteristika des Abkommens auf anderem Wege als durch die Anordnung einer strikten Verfahrensvoraussetzungen erreicht. *Mengozzi* verweist hierzu auch auf Art. 3 Abs. 7 DSU, der dazu auffordert, vor der Einleitung eines formalen WTO-Streitbeilegungsverfahrens zu überprüfen, „whether action under these procedures would be fruitful". Diese Verpflichtung ist ausschließlich an das klagende, nicht aber an das beklagte Mitglied gerichtet. Hiermit werde die Berücksichtigung der Ziele und Interessen, die traditionell zur Geltung der Regel von der Rechtswegerschöpfung geführt haben, in das einseitige –grundsätzlich nicht beschränkte[926] - Ermessen des klagenden Mitglieds gestellt[927].

Ein zeitlich unmittelbarer Zugang zur WTO-Streitbeilegung ohne das Erfordernis der Erschöpfung des nationalen Rechtsweges schließt nationale Verfahren

---

925 *Amerasinghe*, S. 113.

926 Siehe hierzu Bericht des Appellate Body in *European Communities – Regime for the Importation, Sale and Distribution of Bananas* (WT/DS27/AB/R), vom DSB angenommen am 25.9.1997, S. 63, Tz. 135: „The language of Article XXIII:1 of the GATT 1994 and of Article 3.7 of the DSU suggests, furthermore, that a Member is expected to be largely self-regulating in deciding whether any such action would be „fruitful"."

927 *Mengozzi*, in: Bourgeois, S. 115 (123).

allerdings nicht aus. Die Verfahrensarten können vielmehr koexistieren[928]. Für private Parteien bedeutet dies ein Wahlrecht, ob sie gegen eine Maßnahme zunächst im nationalen Verfahren vorgehen wollen oder unmittelbar ihren Staat (bzw. die EG) zur Einleitung eines internationalen Streitbeilegungsverfahrens veranlassen wollen.

Das WTO-Streitbeilegungsverfahren nach dem DSU ist auf Staaten als Parteien ausgerichtet. So können WTO-Streitbeilegungsorgane keine retrospektive Entschädigung für in der Vergangenheit erlittene Schäden gewähren[929]. Dies mindert seine Eignung zur Durchsetzung privater Interessen. Die Attraktivität eines nationalen Verfahrens für private Parteien wiederum hängt maßgeblich von der Frage der unmittelbaren Anwendbarkeit ab. Nur wenn das nationale Recht effektive und gleichwertige Rechtsmittel zur Verfügung stellt[930], mit denen im Fall des TRIPs-Abkommens die Aufhebung der WTO-widrigen Maßnahme als angemessene Rechtsfolge erlangt werden könnte, ohne daß sie dazu die Unterstützung ihres Staates benötigen, besteht für Private ein wirklicher Anreiz, gegen die Verletzung von TRIPs-Normen in einem rein nationalen Verfahren vorzugehen. Die unmittelbare Anwendbarkeit der völkerrechtlichen Bestimmungen ist umgekehrt aber keine Voraussetzung für eine Pflicht zur Rechtswegerschöpfung[931].

Vor allem aber, wenn nationales Recht Individualinteressen im internationalen Wirtschaftsrecht nicht ausreichend berücksichtigt und solange nationale Gerichte nicht über die WTO-Konformität nationaler Maßnahmen entscheiden (wollen), würde eine Pflicht zur Rechtswegerschöpfung das WTO-Recht nur noch mehr schwächen und dem öffentlichen Interesse der Bürger an Handelsliberalisierung und *rule of law* weltweit entgegenlaufen[932]. Aus Sicht des Individuums wäre eine Pflicht zur Rechtswegerschöpfung dann reine Verfahrensschikane[933].

Die Handlungsmöglichkeiten des klagenden WTO-Mitglieds werden demgegenüber durch die Pflicht zur Rechtswegerschöpfung nicht so stark eingeschränkt. Die Befürchtung, ein Staat könnte durch die Weigerung eines privaten Rechtsinhabers, ein nationales Verfahren zu führen, an der Einleitung eines

---

928 *Didier*, in: Hoekman/Mavroidis, S. 125 (139); *Martha*, JWT; Vol. 30, No. 4, S. 106 (123).

929 *Cottier*, CMLRev 35 (1998), S. 325 (342); *Kuyper*, 91 ASIL Proc. 1997, S. 282; *Palmeter/Mavroidis*, S. 167.

930 Hierzu *Amerasinghe*, S. 193 ff.

931 A. A. *Doehring*, der die Anwendung der Regel bezweifelt, wenn nationale Gerichte und Behörden nicht befugt sind, dem Völkerrecht Vorrang gegenüber nationalem Recht zu verschaffen; *Doehring*, EPIL, Inst. 1 (1981), S. 136 (138).

932 *Petersmann*, CMLRev 31 (1994), S. 1157 (1243).

933 *Petersmann*, CMLRev 31 (1994), S. 1157 (1240).

internationalen Verfahren gehindert werden[934], ist unbegründet. So kann ein WTO-Mitglied in der Regel stets auch ein abstraktes Verfahren führen. Festzuhalten bleibt aber, daß WTO-Mitglieder angesichts der handelspolitischen Bedeutung des TRIPs-Abkommens über dessen individualschützenden Charakter hinaus ein eigenes Interesse an der Durchführung eines Streitbeilegungsverfahrens haben können. Dieses Interesse ist nicht notwendigerweise deckungsgleich mit den Interessen des privaten Rechtsinhabers[935].

Insgesamt spricht so – trotz der sich zunächst aufdrängenden Vorteile einer Pflicht zur Rechtswegerschöpfung als Mittel der Integration von Streitbeilegungssystemen – eine genauere Analyse der involvierten Interessen gegen eine Geltungsvermutung im DSU-Streitbeilegungssystem. Auch wenn einige Streitigkeiten unter TRIPs grundsätzlich in den Anwendungsbereich der Regel fallen, besteht mangels einer ausdrücklichen Geltungsanordnung keine Pflicht zur Erschöpfung des nationalen Rechtsweges vor Einleitung eines WTO-Streitbeilegungsverfahrens. Angesichts der bestehenden Vorteile des DSU-Verfahrens gegenüber nationalen Verfahren – vor allem im Bereich der Verfahrensfristen – entspricht eine solche Verpflichtung auch grundsätzlich nicht den Interessen der betroffenen privaten Rechtsinhaber. Das Interesse des beklagten Staates an der Wahrung seiner Souveränität und Unabhängigkeit tritt im Rahmen des DSU-Verfahrens hinter die Interessen des klagenden Staates und des betroffenen Individuums zurück.

VI. Verbesserter Zugang von Individuen zu WTO-Streitbeilegungsverfahren

Nach dem gegenwärtigen Stand des DSU ist Individuen der unmittelbare Zugang zum WTO-Streitbeilegungssystem versperrt[936]. Die Einführung eines Individualklagesystems erforderte deshalb eine grundlegende Reform des Dispute Settlement Understanding.

Aktiv diskutiert wird innerhalb der WTO und in der Literatur eine Verbesserung der Mitwirkungsmöglichkeiten von Individuen im Rahmen des zwischenstaatlichen DSU-Verfahrens[937]. Vor allem die USA setzen sich für eine verstärkte

---

934 So *Didier*, in: Hoekman/Mavroidis, S. 125 (139).

935 Insofern unterscheidet sich die Situation des TRIPs-Abkommens auch hier von der klassischen Konstellation diplomatischen Schutzes, in der der Staat zwar die Interessen des Verletzten zu seinen eigenen macht, um sie auf internationaler Ebene zu vertreten, aber grundsätzlich kein eigenes, davon unabhängiges Interesse an der Durchführung eines internationalen Streitbeilegungsverfahrens hat. Hierzu siehe *Amerasinghe*, S. 72.

936 Siehe *United States – Import Prohibitions on Certain Shrimp and Shrimp Products* (WT/DS58/AB/R), Bericht des Appellate Body vom 12.10.1998, vom DSB angenommen am 6.11.1998, Tz. 101.

937 Für die Literatur siehe vor allem: *Debevoise*, IntLawyer, Vol. 32, No. 3 (1998), S. 817 ff.

Außen- und Innentransparenz aller Aktivitäten der WTO ein[938]. Gefordert wird in diesem Zusammenhang, den Zugang zu WTO-Dokumenten zu verbessern und die Einbeziehung von Nichtregierungsorganisationen zu institutionalisieren und damit indirekt Individuen den Zugang zur WTO zu erleichtern. Der Allgemeine Rat der WTO selbst hat Schritte in diese Richtung unternommen[939]. Auch die Rechtsprechung der Panel und des Appellate Body zeigt erste Schritte zur Stärkung der Einflußmöglichkeiten von Individuen oder Nichtregierungsorganisationen auf das DSU-Verfahren. So hat der Appellate Body in Abkehr von früherer Panel-Rechtsprechung[940] entschieden, in Berufungsverfahren unangeforderte *amicus curiae*-Eingaben berücksichtigen zu können, wenn dies für das Verfahren sachdienlich und nützlich sei[941]. Eine Pflicht zur Berücksichtigung bestehe allerdings nicht.

Soweit diese Schritte zu einer Verbesserung des Individualrechtsschutzes innerhalb des WTO-Systems beitragen, sind sie entschieden zu begrüßen. Sie haben aber keine unmittelbaren Auswirkungen auf die hier relevante Frage der Verknüpfung internationaler und nationaler Streitbeilegung.

Problematischer ist die – zum gegenwärtigen Stand lediglich *de lege ferenda* zu diskutierende – Frage, wie sich die Einführung eines WTO-Individualklagesystems gegenüber einer unmittelbaren Anwendbarkeit des TRIPs-Abkommens verhalten würde. Bei Annahme einer unmittelbaren Anwendbarkeit des TRIPs-Abkommens führte ein WTO-Individualklagesystem zu einer neuartigen Konstellation möglicher, diesmal sogar unmittelbarer Parallelverfahren. Individuen hätten in dieser Situation faktisch ein Wahlrecht zwischen Verfahren vor nationalen Gerichten und der WTO. Aus der Perspektive einer effektiven Integration

---

938 *USTR Calls for Additional Progress on WTO Transparency*, USTR Press Release, 4. April 2000; www.ustr.gov/releases/2000/04/00/00-26.pdf (23.08.2000).

939 So z.B. *WTO, Procedures for the Circulation and Derestriction of WTO Documents – Decision Adopted by the General Council on 18 July 1996* (WT/L/160/Rev.1, 26. Juli 1996). Auch das (nicht angenommene) Abschlußdokument der Ministerkonferenz von Seattle 1999 hätte eine Verpflichtung der Mitglieder auf eine verstärkte interne und externe Effizienz der WTO enthalten, allerdings nur in den Grenzen des zwischenstaatlichen Charakters der Organisation; Draft Ministerial Text, Dezember 1999, 3/12 – 05.45, Tz. 13 und 65.

940 *United States – Import Prohibition on Certain Shrimp and Shrimp Products* (WT/DS58/R), Panelbericht vom 15.5.1998, Tz. 3.129.

941 *US – Imposition of Countervailing Duties on certain hot-rolled lead and bismuth carbon steel products originating in the UK* (WT/DS138/AB/R), Bericht des Appellate Body vom 10.5.2000, vom DSB angenommen am 7.6.2000, Tz. 42. Die Entscheidung wurde allerdings von den WTO-Mitgliedern (mit Ausnahme der USA) im DSB stark kritisiert. Die Zulassung von *amicus curiae*-Eingaben im Berufungsverfahren berühre die Grundstruktur des zwischenstaatlichen WTO-Streitbeilegungsverfahrens und könne nicht vom Appellate Body allein entschieden werden.

zweier Streitbeilegungssysteme wirft dies die bekannten Probleme paralleler Verfahren auf. Insbesondere müßte deshalb bei einer gleichzeitigen unmittelbaren Anwendbarkeit des TRIPs-Abkommens vor nationalen Gerichten Vorkehrungen für die Wahl des Streitbeilegungsforums getroffen werden.

Eine derartige Bestimmung findet sich z.B. für das Verfahren beim Internationalen Zentrum zur Beilegung von Investitionsstreitigkeiten (ICSID), das eine Zuständigkeit für die Beilegung von Streitigkeiten zwischen privaten Investoren und Staaten besitzt (Art. 25 ICSID-Abkommen)[942]. Nach Art. 26 ICSID-Abkommen begründet eine Vereinbarung der Parteien über eine Streitbeilegung vor ICSID die Vermutung, daß mit der Schiedsvereinbarung gleichzeitig auch jegliche weiteren Rechtsmittel ausgeschlossen werden sollten[943]. Allerdings kann eine Abkommenspartei die Erschöpfung des nationalen Rechtsweges zur Voraussetzung für eine ICSID-Streitbeilegung erklären. Auch wenn Art. 26 ICSID-Abkommen lediglich eine Auslegungsregel enthält und die Schiedsparteien somit durch eine ausdrückliche Regelung den Zugang zu alternativen Rechtsmitteln offenhalten können[944], ergibt sich für die ICSID-Streitbeilegung eine klare Präferenz, parallele Streitbeilegungsverfahren vor unterschiedlichen Streitbeilegungsgremien zu unterbinden.

Eine entsprechende Regelung müßte auch für ein WTO-Individualklagesystem getroffen werden. Angesichts des zwingenden Charakters des WTO-Streitbeilegungssystems kann dabei jedoch – anders als im Fall des ICSID-Schiedsverfahrens – nicht auf den Willen der Streitparteien abgestellt werden. Eine Auslegungsregel genügt deswegen nicht.

E. Ergebnis

Die gleichzeitige Anwendung der Bestimmungen des TRIPs-Abkommens durch den Europäischen Gerichtshof und im WTO-Streitbeilegungssystem wirft eine Reihe von Problemen auf, die *de lege lata* nicht vollständig ausgeräumt werden können. Diese Probleme sollten einer unmittelbaren Anwendbarkeit der Ab-

---

942 *Convention on the Settlement of Investment Disputes between States and Nationals of other States*, in Kraft getreten am 14. Oktober 1966; abgedruckt in ICSID Reports, Vol. 1 (1993), S. 3 ff.

943 Art. 26 ICSID-Abkommen: „Consent of the parties to arbitration under this Convention shall, unless otherwise stated, be deemed consent to such arbitration to the exclusion of any other remedy. A Contracting State may require the exhaustion of local administrative or judicial remedies as a condition of its consent to arbitration under this Convention."

944 Report of Executive Directors on the Convention on the Settlement of Investment Disputes between States and Nationals of other States, 1965, ICSID Reports, Vol. 1 (1993), S. 23 (29), Rn. 32.

kommensbestimmungen jedoch nicht entgegenstehen. Die Existenz eines besonderen Verfahrens für die Beilegung von Streitigkeiten in einem internationalen Abkommen zwingt auch nach der Rechtsprechung des EuGH isoliert gesehen nicht, jegliche Anwendung des Abkommens durch die Gemeinschaftsgerichte auszuschließen[945]. Da jedes völkerrechtliche Abkommen zumindest den Durchsetzungsmechanismen des allgemeinen Völkervertragsrechts unterliegt, diese sich aber konzeptionell nicht von den Art. 21 f. DSU unterscheiden, gilt dies auch für die Existenz eines WTO-eigenen Rechtsdurchsetzungsmechanismus. Anderenfalls wäre die unmittelbare Anwendbarkeit eines völkerrechtlichen Abkommens in der Gemeinschaft grundsätzlich nie möglich[946]. Wenn aber eine unmittelbare Anwendbarkeit trotz der Existenz eines völkerrechtlichen Streitbeilegungsmechanismus möglich ist, müssen unvermeidbare Reibungsverluste wie z.B. Auslegungsdiskrepanzen hingenommen werden.

Gleichwohl kann eine unverknüpfte Abkommensanwendung in parallelen Streitbeilegungssystemen zu Effizienz- und Glaubwürdigkeitsverlusten auf beiden Ebenen führen. Ein Effizienzgewinn sowohl in der Normanwendung wie auch in der Streitbeilegung wird durch eine dezentrale Durchsetzung des TRIPs-Abkommens in nationalen Gerichten nur dann erreicht, wenn die dargestellten Verknüpfungsmöglichkeiten beider Streitbeilegungsebenen genutzt werden.

Eine zentrale Rolle kommt hierbei der Bindungswirkung von WTO-Streitbeilegungsentscheidungen zu. Ihre unmittelbare Anwendung durch den EuGH garantiert ein Mindestmaß an Einheitlichkeit in der Auslegung des WTO-Rechts. Gleichzeitig könnte hiermit die überragende Sachkenntnis der WTO-Panels und des Appellate Body für den EuGH nutzbar gemacht werden[947]. Die unmittelbare Anwendbarkeit der WTO-Streitbeilegungsentscheidungen könnte *de lege ferenda* ergänzt werden durch ein Verfahren, in denen die WTO auf freiwilliger Basis um Vorabentscheidungen oder Gutachten ersucht werden kann. Eine Pflicht zur Rechtswegerschöpfung vor der Einleitung eines WTO-Streitbeilegungsverfahrens ist dagegen nicht interessengerecht.

Darüber hinaus sind nationale Gerichte generell gehalten, bei der Durchsetzung von WTO-Streitbeilegungsentscheidungen oder der unmittelbaren Anwendung von Abkommensverpflichtungen auf Besonderheiten des WTO-Streitbeile-

---

945 EuGH, Rs. 70/87 -*Vereinigung der Ölmühlenindustrie der EWG (Fediol) v. Kommission*-, Urteil des Gerichtshofs vom 22.6.1989, Slg. 1989, S. 1781 (1831), Rn. 21. Siehe auch GA *Gulmann*, EuGH, Rs. C-280/93 - *Deutschland v. Rat* -, Schlußantrag vom 8.6.1994, Slg. 1994, I-4973 (5025), Rn. 143.

946 Hierauf weisen zu Recht hin: *Cottier/Schefer*, JIEL 1 (1998), S. 83 (113); *Eeckhout*, CMLRev 34 (1997), S. 11 (55).

947 Zum Problembereich der Sachkompetenz vgl. *Eeckhout*, CMLRev 34 (1997), S. 11 (50 f.).

gungsverfahrens Rücksicht zu nehmen. Zu nennen ist hier insbesondere die Gewährung einer angemessenen Umsetzungsfrist nach Art. 21 Abs. 3 DSU, die eine vorübergehende Aussetzung nationaler Verfahren verlangen kann. In der Gemeinschaft kann diese Rücksichtnahme über die WTO-konforme Auslegung sekundären Verfahrensrechts erreicht werden.

Schlußbemerkung

Die Probleme, die sich der Europäischen Gemeinschaft bei der Anwendung und Auslegung des TRIPs-Abkommens in der internen Rechtsordnung stellen, sind differenziert und auf vielfache Weise miteinander verknüpft.

Zu einem großen Teil gehen sie auf den Abschluß des TRIPs-Abkommens als gemischtes Abkommen und den dynamischen Charakter der Kompetenznormen zurück. Die sich hieraus ergebenden Probleme bei der internen Anwendung und Auslegung sind unter strikter Beachtung der Grundsätze der Kompetenzverteilung zwischen der Gemeinschaft und ihren Mitgliedstaaten zu lösen. Die Entscheidung des Europäischen Gerichtshofs in *Parfums Christian Dior/Assco Gerüste*[948], den Mitgliedstaaten in Bereichen verbleibender eigenstaatlicher Zuständigkeit die Entscheidung über den internen Wirkungsmodus des Abkommens zu überlassen, ist ein – wenn auch im Detail zu weit gehender – Schritt in die richtige Richtung. Mit der Annahme einer umfassenden Befugnis zur Vorabentscheidung über Bestimmungen des TRIPs-Abkommens auch in Fällen, in denen das Abkommen nicht im Hinblick auf einen von Gemeinschaftsrecht geregelten Sachverhalt in Frage steht, greift der Gerichtshof dagegen substantiell über den tatsächlichen Integrationsstand im Bereich des Immaterialgüterrechts hinaus. Aus der Kompetenzverteilung resultierende unvermeidbare Differenzen in der Anwendung und Auslegung der Abkommensbestimmungen müssen hingenommen werden.

Die Rechtsprechung des Gerichtshofes zur unmittelbaren Anwendbarkeit der WTO-Übereinkünfte mißachtet zumindest für das TRIPs-Abkommen Rechtsnatur, Zwecksetzung und Systematik dieses Abkommens. Das TRIPs-Abkommen stellt einen einzigartigen Bestandteil des WTO-Systems mit einem Charakter *sui generis* dar. In der Gestaltung seines Schutzsystems lehnt es sich an die rechtsvereinheitlichenden, privatrechtsgestaltenden Konventionen zum Schutze des geistigen Eigentums an. Regelungsgegenstand des Abkommens sind (auch) private subjektive Rechte. Den Bestimmungen des TRIPs-Abkommens mit privatrechtlicher Natur sollte die unmittelbare Anwendbarkeit nicht verwehrt werden. Ein Ausschluß der unmittelbaren Anwendbarkeit ist auch nicht wegen der Einbindung des TRIPs-Abkommens in den institutionellen Rahmen der WTO erforderlich. Das Abkommen läßt sich hinsichtlich seiner unmittelbaren Anwendbarkeit aus dem Verbund der WTO-Übereinkünfte lösen. Soweit eine unmittelbare Anwendbarkeit unter Berufung auf eine Gegenseitig-

---

[948] EuGH, verb. Rs. C-300/98 – *Parfums Christian SA v. Tuk Consultancy BV* - und Rs. C-392/98 - *Assco Gerüste GmbH v. Wilhelm Layher GmbH & Co. KG* -, Urteil des Gerichtshofes vom 14.12.2000, Slg. 2000, I-11307 (11361), Rn. 48.

keit in der internen Umsetzung der WTO-Übereinkünfte ausgeschlossen wird, dient dies allein dem Zweck, der Europäischen Gemeinschaft eine „Freiheit zum Vertragsbruch“ zu bewahren. Zumindest für das TRIPs-Abkommen mit seinem individualschützenden und privatrechtsgestaltenden Charakter entfällt allerdings die handelspolitische Legitimität dieses Argumentes. Die Vorteile, die sich bei der Anerkennung der unmittelbaren Anwendbarkeit für die Rechtsschutzsituation der privaten Rechtsinhaber, die Rechtsstaatlichkeit im innergemeinschaftlichen Kompetenzgefüge und die Verrechtlichung und Stabilisierung der Weltwirtschaftsordnung im allgemeinen ergeben, wiegen die Interessen der Europäischen Gemeinschaft an handelspolitischer Flexibilität gegenüber Drittstaaten auf. Hierbei muß stets berücksichtigt werden, daß eine auch einseitige Anerkennung der unmittelbaren Anwendbarkeit durch die Gemeinschaft die Effizienz der ihr im WTO-System zur Verfügung stehenden Sanktionen keineswegs beeinträchtigt. Probleme, die sich aus der gleichzeitigen Anwendbarkeit des TRIPs-Abkommens vor dem EuGH und im WTO-Streitbeilegungssystem ergeben, können zum großen Teil durch eine WTO-freundliche Auslegung des EuGH-Verfahrensrechts ausgeräumt werden.

Insgesamt bleibt der Europäische Gerichtshof aufgerufen, die einzigartigen Charakteristika des TRIPs-Abkommens anzuerkennen. Das TRIPs-Abkommen erfüllt die vom EuGH aufgestellten Voraussetzungen für eine unmittelbare Anwendbarkeit von Gemeinschaftsabkommen. Wenn der Gerichtshof dem TRIPs-Abkommen dennoch die unmittelbare Anwendbarkeit in der Gemeinschaftsordnung verwehrt, macht er sich zum Hüter eines falsch verstandenen handelspolitischen Gemeinschaftsinteresses.

Literaturverzeichnis

Abbott, Frederick M., The Silhouette of a Trojan Horse: Reflections on Advocate General Jacobs' Opinion in *Silhouette v. Hartlauer.* JBL 1998, S. 413.

Abbott, Frederick M., WTO Dispute Settlement and the Agreement on Trade-Related Aspects of Intellectual Property Rights. In: Petersmann, Ernst-Ulrich (ed.): International Trade Law and the GATT/WTO Dispute Settlement System. London, The Hague, Boston, 1997; S. 415.

Amerasinghe, Chittharanjan F., Local Remedies in International Law. Cambridge, 1990.

American Law Institute, Restatement of the Law Third: The Foreign Relations Law of the United States. Volume 1. St. Paul, 1987.

Appella, Andrea, Constitutional Aspects of Opinion 1/94 of the ECJ concerning the WTO Agreement. ICLQ 45 (1996), S. 440.

Arnold, Rainer, Der Abschluß gemischter Verträge durch die Europäischen Gemeinschaften. ArchVR 19 (1981), S. 419 ff.

Arnull, Anthony, The evolution of the Court's jurisdiction under Article 177 EEC. ELR 18 (1993), S. 129.

Arnull, Anthony, The Scope of the Common Commercial Policy: A Coda on Opinion 1/94. In: Emiliou, Nicholas; O'Keeffe, David (eds.): The European Union and World Trade Law - After the GATT Uruguay Round. Chichester, New York, Brisbane, Toronto, Singapore, 1996; S. 343.

Arzt, Donna E.; Lukashuk, Igor I., Participants in International Legal Relations. In: Ku, Charlotte; Diehl, Paul F. (ed.): International Law: Classic and Contemporary Readings. Boulder, London, 1998; S. 155.

Ballreich, Hans, Ist „Gegenseitigkeit" ein für die Pariser Verbandsübereinkunft maßgebliches Völkerrechtsprinzip? GRUR Int. 1983, S. 470.

Baur, Jürgen F.; Hopt, Klaus J.; Mailänder, K. Peter (Hrsg.), Festschrift für Ernst Steindorff zum 70. Geburtstag am 13. März 1990. Berlin, New York, 1990 (FS Steindorff).

Behboodi, Rambod, Legal Reasoning and the International Law of Trade. The First Steps of the Appellate Body of the WTO. JWT, Vol. 32, No. 4 (1998), S. 55.

Beier, Friedrich-Karl, Anwendung der Artikel 2 und 15 der Verbandsübereinkunft (48 B) - Bericht erstattet im Namen der Deutschen Landesgruppe. GRUR Int. 1970, S. 229.

Beier, Friedrich-Karl; Schricker, Gerhard (eds.), From GATT to TRIPs - The Agreement on Trade-Related Aspects of Intellectual Property Rights. IIC Studies, Volume 18. Weinheim, 1996. (Verfasser, in: Beier/ Schricker, IIC Studies 18).

Beier, Friedrich-Karl; Schricker, Gerhard (eds.), GATT or WIPO ? New Ways in the International Protection of Intellectual Property. IIC Studies, Volume 11. Weinheim, 1989. (Verfasser, in: Beier/Schricker, IIC Studies 11).

Bello, Judith Hippler, The WTO Dispute Settlement Understanding: Less is More. AJIL 90 (1996), S. 416.

Beneyto, José Maria, The EU and the WTO. Direct Effect of the New Dispute Settlement System? EuZW 1996, S. 295.

Berkey, Judson Osterhoudt, The European Court of Justice and Direct Effect for the GATT: A Question Worth Revisiting. EJIL 9 (1998), S. 626.

Bernhardt, Rudolf (Hrsg.), Encyclopedia of Public International Law. Amsterdam, New York, Oxford, 1981 ff. (Verfasser, EPIL, Inst. (Jahr), S.).

Bernhardt, Rudolf (Hrsg.), Encyclopedia of Public International Law. 2. Auflage; Amsterdam, London, New York, Tokyo, 1992 ff. (Verfasser, EPIL, Vol. (Jahr), S.).

Bernhardt, Wolfgang; Kraßer, Rudolf, Lehrbuch des Patentrechts. 4. Auflage; München, 1986.

Berrisch, Georg M.; Kamann, Hans-Georg, Die Handelshemmnis-Verordnung. Ein neues Mittel zur Öffnung von Exportmärkten. EuZW 1999, S. 101.

Berrisch, Georg M.; Kamann, Hans-Georg, WTO-Recht im Gemeinschaftsrecht – (k)eine Kehrtwende des EuGH. EWS 2000, S. 89.

Betlem, Gerrit, Case C-346/93, *Kleinwort Benson Ltd. v. City of Glasgow District Council*, [1995] ECR I-615. CMLRev 33 (1996), S. 137.

Beyerlin, Ulrich; Bothe, Michael; Hofmann, Rainer; Petersmann, Ernst-Ulrich (Hrsg.), Recht zwischen Umbruch und Bewahrung. Festschrift für Rudolf Bernhardt. Berlin, Heidelberg, 1995 (FS Bernhardt).

Bieber, Roland, On the Mutual Completion of Overlapping Legal Systems: The Case of the European Communities and the National Legal Orders. ELR 13 (1988), S. 147.

Bierwagen, Rainer M., EG-Schutz vor unerlaubten Handelspraktiken durch Drittländer. ZIP 1996, S. 201.

Blakeney, Michael, Trade Related Aspects of Intellectual Property Rights: A Concise Guide to the TRIPs Agreement. London, 1996.

Bleckmann, Albert, Begriff und Kriterien der innerstaatlichen Anwendbarkeit völkerrechtlicher Verträge. Versuch einer allgemeinen Theorie des self-executing treaty auf rechtsvergleichender Grundlage. Berlin, 1970.

Bleckmann, Albert, Der gemischte Vertrag im Europarecht. EuR 1976, S. 301.

Bleckmann, Albert, Europarecht. 6. Auflage, Köln, Berlin, Bonn, München, 1997 (Bleckmann, EuropaR, 6. Aufl., Rn.).

Bogdandy, Armin von; Bast, Jürgen, The European Union's vertical order of competences: the current law and proposals for its reform. CMLRev 39 (2002), S. 227.

Bogdandy, Armin von, Case C-53/96, *Hermès International v. FHT Marketing Choice BV*, Judgement of the Court (Full Court) of 16 June 1998; [1998] ECR I-3603. CMLRev 36 (1999), S. 663.

Bogdandy, Armin von, Die Überlagerung der ZPO durch WTO-Recht – Zum Schutz geistigen Eigentums nach dem Hermès-Urteil des EuGH. NJW 1999, S. 2088.

Bogdandy, Armin von, Rechtsgleichheit, Rechtssicherheit und Subsidiarität im transnationalen Wirtschaftsrecht. Zur unmittelbaren Anwendbarkeit von Art. 81 III EG und des WTO-Rechts. EuZW 2001, S. 357.

Bourgeois, Jacques H. J., Effects of International Agreements in European Community Law: Are the Dice Cast? MichLR, Vol. 82, No. 5 & 6 (1984), S. 1250.

Bourgeois, Jacques H. J., The EC in the WTO and Advisory Opinion 1/94: An Echternach Procession. CMLRev 32 (1995), S. 763.

Bourgeois, Jacques H. J.; Berrod, Frédérique; Fournier, Eric Grippini (eds.), The Uruguay Round Results. A European Lawyer's Perspective. Brüssel, 1995. (Verfasser, in: Bourgeois).

Bourgeois, Jacques H. J.; Dewost, Jean-Louis; Gaiffe, Marie-Ange (eds.), La Communauté européenne et les accords mixtes. Quelles perspectives? Brüssel, 1997 (Verfasser, in: Bourgeois/Dewost/Gaiffe).

Brand, Ronald A., Direct Effect of International Economic Law in the United States and the European Union. Northwestern Journal of Intl. Law & Business, Vol. 17, No. 2/3 (1996/97), S. 556.

Bravo-Ferrer Delgado, Miguel; La Casta Muñoa, Nieves, Joined cases, C-297/88 and C-197/89, *Massam Dzodzi v. Belgian State*, Judgement of 18 October 1990, [1990] ECR I-3763; Case C-231/89, *Krystyna Gmurzynska-Bscher v. Oberfinanzdirektion Köln*, Judgement of 8 November 1990, [1990] ECR I-4003. CMLRev 29 (1992), S. 152.

Broek, Naboth van den, Legal Persuasion, Political Realism and Legitimacy: The European Court's Recent Treatment of the Effect of WTO Agreements in the EC Legal Order. JIEL 4 (2001), S. 411.

Bronckers, Marco, Better rules for a new millennium: A warning against undemocratic developments in the WTO. JIEL 2 (1999), S. 547.

Bronckers, Marco, Private participation in the enforcement of WTO law: The New EC Trade Barriers Regulation. CMLRev 33 (1996), S. 299.

Bronckers, Marco, The Impact of TRIPs: Intellectual Property Protection in Developing Countries. CMLRev 31 (1994), S. 1245.

Bronckers, Marco, WTO Implementation in the European Community – Antidumping, Safeguards and Intellectual Property. JWT, Vol. 29, No. 5 (1995), S. 73.

Bronckers, Marco; Quick, Reinhard: New Directions in International Economic Law. Essays in Honour of John H. Jackson. The Hague, London, Boston, 2000 (FS Jackson).

Brownlie, Ian, Principles of Public International Law. 5th edition; Oxford, 1998.

Buchs, Gaby, Die unmittelbare Anwendbarkeit völkerrechtlicher Vertragsbestimmungen. Am Beispiel der Rechtsprechung der Gerichte Deutschlands, Österreichs, der Schweiz und der Vereinigten Staaten von Amerika. Dissertation. Baden-Baden, 1993.

Buck, Petra, Geistiges Eigentum und Völkerrecht. Beiträge des Völkerrechts zur Fortentwicklung des Schutzes von geistigem Eigentum. Dissertation. Berlin, 1994.

Búrca, Gráinne de; Scott, Joanne (eds.), The EU and the WTO. Legal and Constitutional Issues. Oxford, 2001.

Burghardt, Walter, Der subjektive Anwendungsbereich der in der Pariser Verbandsübereinkunft vorgesehenen besonderen Rechte. GRUR Int. 1973, S. 600.

Busse, Rudolf; Starck, Joachim, Warenzeichengesetz nebst Pariser Verbandsübereinkunft und Madrider Abkommen. Kommentar. 6. Auflage; Berlin, New York, 1990.

Cameron, James; Campbell, Karen (eds.), Dispute Resolution in the World Trade Organisation. London, 1998.

Castillo de la Torre, Fernando, The Status of GATT in EC Law, Revisited. The Consequences of the Judgement on the Banana Import Regime for the Enforcement of the Uruguay Round Agreeements. JWT, Vol. 29, No. 1 (1995), S. 53.

Cheyne, Ilona, International Instruments as a Source of Community Law. In: Dashwood, Alan; Hillion, Christophe (eds.): The General Law of E.C. External Relations. London, 2000; S. 254.

Christians, Andreas, Immaterialgüterrechte und GATT. Die Initiative zur Fortentwicklung des internationalen Schutzes geistigen Eigentums im Rahmen der Uruguay-Runde. Dissertation. Frankfurt/Main, Bern, New York, Paris, 1990.

Cook, William, Judicial Review of the EPO and the Direct Effect of TRIPs in the European Community. [1997] 7 EIPR 367.

Cornish, W. R., Intellectual Property: Patents, Copyright, Trade Marks and Allied Rights. 3rd edition; London, 1996.

Correa, Carlos M., Implementation of the TRIPs Agreement in Latin America and the Carribean. [1997] 8 EIPR 435.

Correa, Carlos M.; Yusuf, Abdulqawi A. (eds.), Intellectual Property and International Trade: The TRIPs Agreement. London, The Hague, Boston, 1998.

Cottier, Thomas, Dispute Settlement in the World Trade Organization: Characteristics and Structural Implications for the European Union. CMLRev 35 (1998), S. 325.

Cottier, Thomas, The Impact of the TRIPs Agreement on Private Practice and Litigation. In: Cameron, James; Campbell, Karen (eds.): Dispute Resolution in the World Trade Organisation. London, 1998; S. 111.

Cottier, Thomas; Schefer, Krista N., Switzerland: the Challenge of Direct Democracy. In: Jackson, John H.; Sykes, Alan O. (eds.): Implementing the Uruguay Round. Oxford, 1997; S. 333.

Cottier, Thomas; Schefer, Krista N., The Relationship between World Trade Organization Law, National and Regional Law. JIEL 1 (1998), S. 83.

Cremona, Marise, External Economic Relations and the Amsterdam Treaty. In: O'Keeffe, David; Twomey, Patrick (eds.): Legal Issues of the Amsterdam Treaty. Oxford, 1999; S. 225.

Cronauer, Harald, Der internationale Vertrag im Spannungsfeld zwischen Verfassung und Völkerrecht. Dissertation. München, 1986.

Cross, Eugene Daniel, Pre-emption of Member State Law in the European Economic Community: A Framework for Analysis. CMLRev 29 (1992), S. 447.

Danwitz, Thomas von, Der EuGH und das Wirtschafsvölkerrecht – ein Lehrstück zwischen Europarecht und Politik. JZ 2001, S. 721.

Dashwood, Alan, External Relations Provisions of the Amsterdam Treaty. CMLRev 35 (1998), S. 1019.

Dashwood, Alan; Hillion, Christophe (eds.), The General Law of E.C. External Relations. London, 2000.

Dauses, Manfred A. (Hrsg.), Handbuch des EU-Wirtschaftsrechts. Band 1. Band 2. München, 1999 (Dauses/Bearbeiter, Kap., Rn.).

Dauses, Manfred A., Das Vorabentscheidungsverfahren nach Artikel 177 EG-Vertrag. 2. Auflage; München, 1995 (Dauses, Vorabentscheidungsverfahren).

Davey, William J., Dispute Settlement in GATT. Fordham ILJ 1987, S. 51.

Davey, William J., The WTO Dispute Settlement: Segregating the Useful Political Aspects and Avoiding „Over-Legalization“. In: Bronckers, Marco C. E. J.; Quick, Reinhard: New Directions in International Economic Law. Essays in Honour of John H. Jackson. The Hague, London, Boston, 2000; S. 291.

Debevoise, Whitney, Access to Documents and Panel and Appellate Body Sessions: Practice and Suggestions for Greater Transparency. IntLawyer, Vol. 32, No. 3 (1998), S. 817.

Desmedt, Axel, European Court of Justice on the Effect of WTO Agreements in the EC Legal Order. LIEI 27 (2000), S. 93.

Didier, Pierre, The Uruguay Round Government Procurement Agreement: Implementation in the European Union. In: Hoekman, Bernard M.; Mavroidis, Petros C. (eds.): Law and Policy of Public Purchasing. Ann Arbor; 1997; S. 125.

Didier, Pierre, WTO Trade Instruments in EU Law. London, 1999.

Doehring, Karl, Die Selbstdurchsetzung völkerrechtlicher Verpflichtungen. Einige Einzelprobleme der Repressalie. ZaöRV 47 (1987), S. 44.

Doehring, Karl, Local Remedies, Exhaustion of. EPIL, Inst. 1 (1981), S. 136.

Dolzer, Rudolf, Eigentum, Enteignung und Entschädigung im geltenden Völkerrecht. Berlin, Heidelberg, New York, Tokio, 1985.

Dörmer, Sigrid, Streitbeilegung und neue Entwicklungen im Rahmen von TRIPs: Eine Zwischenbilanz nach vier Jahren. GRUR Int. 1998, S. 919.

Dreier, Thomas, TRIPs and the Enforcement of Intellectual Property Rights. In: Beier, Friedrich-Karl; Schricker, Gerhard (eds.): From GATT to TRIPs – The Agreement on Trade-Related Aspects of Intellectual Property Rights. IIC Studies, Volume 18. Weinheim, 1996; S. 248.

Dreier, Thomas, TRIPs und die Durchsetzung von Rechten des geistigen Eigentums. GRUR Int. 1996, S. 205.

Drexl, Josef, Entwicklungsmöglichkeiten des Urheberrechts im Rahmen des GATT. Dissertation. München, 1990 (Drexl, Entwicklungsmöglichkeiten).

Drexl, Josef, Nach „GATT und WIPO“: Das TRIPS-Abkommen und seine Anwendung in der Europäischen Gemeinschaft. GRUR Int. 1994, S. 777.

Drexl, Josef, The TRIPs Agreement and the EC: What Comes Next After Joint Competence? In: Beier, Friedrich-Karl; Schricker, Gerhard (eds.): From GATT to TRIPs – The Agreement on Trade-Related Aspects of Intellectual Property Rights. IIC Studies, Volume 18. Weinheim, 1996; S. 18.

Drexl, Josef, Unmittelbare Anwendbarkeit des WTO-Rechts in der globalen Privatrechtsordnung. In: Großfeld, Bernhard; Sack, Rolf et al. (eds.): Festschrift für Wolfgang Fikentscher zum 70. Geburtstag. Tübingen, 1998; S. 822.

Dreyfuss, Rochelle Cooper; Lowenfeld, Andreas F., Two Achievements of the Uruguay Round: Putting TRIPs and Dispute Settlement Together. VJIL 37 (1997), S. 275.

Eeckhaute, Jean Charles van, Private Complaints against Foreign Unfair Trade Practices. The EC's Trade Barriers Regulation. JWT, Vol. 33, No. 6 (1999), S. 199.

Eeckhout, Piet, The Domestic Legal Status of the WTO-Agreement: Interconnecting Legal Systems. CMLRev 34 (1997), S. 11.

Eeckhout, Piet, Judicial Enforcement of WTO Law in the European Union – Some Further Reflections. JIEL 5 (2002), S. 91.

Ehlermann, Claus-Dieter, Mixed Agreements: A List of Problems. In: O'Keeffe, David; Schermers, Henry G. (eds.): Mixed Agreements. Deventer, 1983; S. 3.

Emiliou, Nicholas, The Allocation of Competence Between the EC and its Member States in the Sphere of External Relations.In: Emiliou, Nicholas; O'Keeffe, David (eds.): The European Union and World Trade Law – After the GATT Uruguay Round. Chichester, New York, Brisbane, Toronto, Singapore, 1996; S. 31.

Emiliou, Nicholas, The Death of Exclusive Competence. ELR 21 (1996), S. 294.

Emiliou, Nicholas; O'Keeffe, David (eds.), The European Union and World Trade Law – After the GATT Uruguay Round. Chichester, New York, Brisbane, Toronto, Singapore, 1996.

Epiney, Astrid, Zur Stellung des Völkerrechts in der EU. EuZW 1999, S. 5.

Evans, Gail E., TRIPS and the Sufficiency of the Free Trade Principles. JWIP, Vol. 2, No. 5 (1999), S. 707.

Everling, Ulrich, Will Europe slip on bananas ? The Bananas Judgement of the Court of Justice and National Courts. CMLRev 33 (1996), S. 401.

Faupel, Rainer, GATT und geistiges Eigentum – Ein Zwischenbericht zu Beginn der entscheidenden Verhandlungsrunde. GRUR Int. 1990, S. 255.

Fezer, Karl-Heinz, Markenrecht. Kommentar zum Markengesetz, zur Pariser Verbandsübereinkunft und zum Madrider Markenabkommen. 2. Auflage, München, 1999.

Fikentscher, Wolfgang, GATT Principles and Intellectual Property Protection. In: Beier, Friedrich-Karl; Schricker, Gerhard (eds.): GATT or WIPO ? New Ways in the International Protection of Intellectual Property. IIC Studies, Volume 11. Weinheim, 1989; S. 99.

Fikentscher, Wolfgang, Was bedeutet „self-executing"? Überlegungen zur Rechtsnatur des GATT im Blick auf einen GATT-Immaterialgüterrechtsschutz. In: Baur, Jürgen F.; Hopt, Klaus J.; Mailänder, K. Peter (Hrsg.): Festschrift für Ernst Steindorff zum 70. Geburtstag am 13. März 1990. Berlin, New York, 1990; S. 1175.

Fikentscher, Wolfgang, Wirtschaftsrecht. Band I. Weltwirtschaftsrecht. Europäisches Wirtschaftsrecht. München, 1983.

Fischer, Klemens H., Der Vertrag von Nizza. Text und Kommentar einschließlich der konsolidierten Fassung des EUV und EGV sowie des Textes der EU-Charta der Grundrechte. Baden-Baden, 2001.

Folsom, Ralph H.; Gordon, Michael W.; Spanogle, John A. (ed.), Handbook of NAFTA Dispute Settlement. Ardsley, NY; Loseblatt.

Frey, Bruno S., Internationale Politische Ökonomie. München, 1985.

Frowein, Jochen Abr.; Peukert, Wolfgang, EMRK-Kommentar. 2. Auflage; Kehl, Straßburg, Arlington, 1996.

Gagliardi, Andrea Filippo, The right of individuals to invoke the provisions of mixed agreements before the national courts: a new message from Luxembourg? ELR 24 (1999), S. 276.

Gaja, Giorgio, Il preambolo di una decisione del Consiglio preclude al „GATT 1994" gli effetti diretti nell'ordinamento comunitario? Rivista di diritto internazionale 1995, S. 407.

Gaja, Giorgio, Sull' interpretazione di accordi misti da parte della Corte di giustizia. Rivista di diritto internazionale 1988, S. 605.

Gaja, Giorgio, The Community's Rights and Obligations under Mixed Agreements. In: O'Keeffe, David; Schermers, Henry G. (eds.): Mixed Agreements. Deventer, 1983; S. 133.

Geiger, Rudolf, Außenbeziehungen der Europäischen Wirtschaftsgemeinschaft und auswärtige Gewalt der Mitgliedstaaten. ZaöRV 37 (1977), S. 640.

Geiger, Rudolf, Grundgesetz und Völkerrecht. München, 1985.

Geiger, Rudolf, Vertragsschlußkompetenzen der Europäischen Gemeinschaft und auswärtige Gewalt der Mitgliedstaaten. Zur neueren Rechtsprechung des Europäschen Gerichtshofs. JZ 1995, S. 973.

Geller, Paul Edward, Can the GATT Incorporate Berne Whole? [1990] 11 EIPR 423.

Geller, Paul Edward, Intellectual Property in the Global Marketplace: Impact on TRIPs Dispute Settlements? IntLawyer, Vol. 29, No. 1 (1995), S. 99.

Gervais, Daniel, The TRIPS Agreement: Drafting History and Analysis. London, 1998.

Geuze, Matthijs; Wager, Hannu, WTO Dispute Settlement Practice Relating to the TRIPs Agreeement. JIEL 2 (1999), S. 347.

Gielen, Charles, Interim Orders By Dutch Courts Are „Provisional Measures" Under TRIPs. WIPR 12 (1998), S. 300.

Gilsdorf, Peter, Die Außenkompetenzen der EG im Wandel. Eine kritische Auseinandersetzung mit Praxis und Rechtsprechung. EuR 1996, S. 145.

Gilsdorf, Peter, Die Rechtswirkung der im Rahmen von Gemeinschaftsabkommen erlassenen Organbeschlüsse. EuZW 1991, S. 459.

Giust, John E., Non-compliance with TRIPs by Developed and Developing Countries: Is TRIPs working? Indiana International and Comparative Law Review, Vol. 8, No. 1 (1997), S. 69.

Grabitz, Eberhard; Hilf, Meinhard (Hrsg.), Das Recht der Europäischen Union. Band 2. Sekundärrecht. Kommentar. Stand: 15. Ergänzungslieferung Januar 2000. München. (Grabitz/Hilf/Bearbeiter, Band 2 (neu), Kap., Rn.).

Grabitz, Eberhard; Hilf, Meinhard (Hrsg.), Kommentar zur Europäischen Union. Band I: EUV, Art. 1–136 a EGV (Maastrichter Fassung). Stand: 14. Ergänzungslieferung Oktober 1999. München. (Grabitz/Hilf/-Bearbeiter, Bd. I, Art., Rn.).

Grabitz, Eberhard; Hilf, Meinhard (Hrsg.), Kommentar zur Europäischen Union. Band II: Art. 137–248 EGV (Maastrichter Fassung); EWGV. Stand: 14. Ergänzungslieferung Oktober 1999. München. (Grabitz/-Hilf/Bearbeiter, Bd. II, Art., Rn.).

Grabitz, Eberhard; von Bogdandy, Armin; Nettesheim, Martin, Europäisches Außenwirtschaftsrecht. München, 1994. (GBN/Bearbeiter).

Groeben, Hans von der; Thiesing, Jochen; Ehlermann, Claus-Dieter (Hrsg.), Kommentar zum EWG-Vertrag. Band 1. Artikel A-F EUV. Artikel 1-84 EGV. 5. Auflage; Baden-Baden, 1997. (GTE/Bearbeiter, 5. Aufl., Bd. 1, Art., Rn.).

Groeben, Hans von der; Thiesing, Jochen; Ehlermann, Claus-Dieter (Hrsg.), Kommentar zum EWG-Vertrag. Band 3. Artikel 110–188 EGV. 4. Auflage; Baden-Baden, 1991. (GTE/Bearbeiter, 4. Aufl., Bd. 3, Art., Rn.).

Groeben, Hans von der; Thiesing, Jochen; Ehlermann, Claus-Dieter (Hrsg.), Kommentar zum EWG-Vertrag. Band 3. Artikel 110–188 EGV. 5. Auflage; Baden-Baden, 1997. (GTE/Bearbeiter, 5. Aufl.,Bd. 3, Art., Rn.).

Groeben, Hans von der; Thiesing, Jochen; Ehlermann, Claus-Dieter (Hrsg.), Kommentar zum EU-/EG-Vertrag. Band 5. Artikel 210–248 EGV. Artikel H–S EUV. 5. Auflage; Baden-Baden, 1997. (GTE/Bearbeiter, 5. Aufl., Bd. 5, Art., Rn.).

Groh, Thomas, EuGH: Verfahren und Fristbeginn gem. Art. 50 VI TRIPs-Übereinkommen. Anmerkung zu EuGH, Urt. v. 13.9.2001 – Rs. C-89/99 (Schieving-Nijstad vof u.a./Robert Groeneveld). EuZW 2001, S. 657.

Groh, Thomas; Wündisch, Sebastian, Die Europäische Gemeinschaft und TRIPS: Hermès, Dior und die Folgen. GRUR Int. 2001, S. 497.

Gutike, Hans-Jochen, Völkerrechtliche Verträge als Grundlage von Rechten und Pflichten der Individuen. Dissertation. Heidelberg, 1973.

Hahn, Michael J., Die einseitige Aussetzung von GATT-Verpflichtungen als Repressalie. Dissertation. Berlin, Heidelberg, New York, 1996.

Hahn, Michael J.; Schuster, Gunnar, Le droit des états membres de se prévaloir en justice d'un accord liant la Communauté. Rev. Gen. dr. int. publ. 1995, S. 367.

Helfer, Laurence R., Adjudicating Copyright Claims Under the TRIPs Agreement: The Case for a European Human Rights Analogy. HarvJIL, Vol. 39, No. 2 (1998), S. 357.

Helfer, Laurence R.; Slaughter, Anne-Marie, Toward a Theory of Effective Supranational Adjudication. Yale LJ, Vol. 107, No. 2 (1997), S. 273.

Heliskoski, Joni, Joined Cases C-300/98, *Parfums Christian Dior SA v. Tuk Consultancy BV*, and C-392/98, *Assco Gerüste GmbH and R. van Dijk v. Wilhelm Layher GMbh & Co. KG and Layher BV*, judgement of 14 December 2000, nyr. CMLRev 39 (2002), S. 159.

Herdegen, Matthias, Internationales Wirtschaftsrecht. 2. Auflage; München, 1995.

Hermes, Christoph Julius, Das TRIPs-Abkommen vor dem EuGH: Auslegungszuständigkeit und unmittelbare Anwendbarkeit. EuR 2001, S. 253.

Hermes, Christoph Julius, TRIPS im Gemeinschaftsrecht. Zu den innergemeinschaftsrechtlichen Wirkungen von WTO-Übereinkünften. Dissertation. Berlin 2002.

Hermann, Christoph, Vom misslungenen Versuch der Neufassung der gemeinsamen Handelspolitik durch den Vertrag von Nizza. EuZW 2001, S. 269.

Hilf, Meinhard, Die Organisationsstruktur der Europäischen Gemeinschaften. Rechtliche Gestaltungsmöglichkeiten und Grenzen. Berlin, Heidelberg, New York, 1982.

Hilf, Meinhard, Internationales Wirtschaftsrecht und Nationale Gerichte. Referat im Rahmen der Vortragsreihe „Europa vor der Wirtschafts- und Währungsunion", Nr. 92. Bonn, 1998.

Hilf, Meinhard, The Application of GATT within the Member States of the European Community, with Special Reference to the Federal Republic of Germany. In: Hilf, Meinhard; Jacobs, Francis G.; Petersmann, Ernst-Ulrich (eds.): The European Community and GATT. Studies in transnational economic law; v. 4. Deventer, 1986; S. 153.

Hilf, Meinhard, The Role of National Courts in International Trade Relations. MichJIL 18 (1997), S. 321.

Hilf, Meinhard; Jacobs, Francis G.; Petersmann, Ernst-Ulrich (eds.), The European Community and GATT. Studies in transnational economic law; v. 4. Deventer, 1986.

Hilpold, Peter, Die EU im GATT/WTO-System. Frankfurt/Main, 1999.

Hoekman, Bernard M.; Mavroidis, Petros C. (eds.), Law and Policy of Public Purchasing. The WTO Agreement on Government Procurement. Ann Arbor, 1997.

Horlick, Gary N., The Consultation Phase of WTO Dispute Resolution: A Private Practitioner's View. IntLawyer, Vol. 32, No. 3 (1998), S. 685.

Housman, Robert F., Democratizing International Trade Decisionmaking. Cornell Int.L.J. 27 (1994), S. 699.

Hummer, Waldemar; Obwexer, Walter, Der Vertrag von Nizza mit EU- und EG-Vertrag in konsolidierter Fassung sowie EU-Charta der Grundrechte samt Erläuterungen. Wien 2001.

International Law Association, International Trade Law Committee. Report of the Sixty-Sixth Conference 1994, held at Buenos Aires, Argentina (14 – 20 August 1994). Buenos Aires, 1994 (ILA/Berichterstatter, First Report 1994).

Iwasawa, Yuji, Constitutional Problems Involved in Implementing the Uruguay Round in Japan. In: Jackson, John H.; Sykes, Alan O. (eds.): Implementing the Uruguay Round. Oxford, 1997; S. 137.

Jackson, John H., Status of Treaties in Domestic Legal Systems: A Policy Analysis. AJIL 86 (1992), S. 310.

Jackson, John H., The legal meaning of a GATT dispute settlement report: some reflections. In: Jackson, John H.: The Jurisprudence of GATT and the WTO. Insights in Treaty Law and Economic Relations. Cambridge, 2000; S. 118.

Jackson, John H., The WTO Dispute Settlement Understanding – Misunderstanding on the nature of legal obligation. In: Cameron, James; Campbell, Karen (eds.): Dispute Resolution in the WTO. London, 1998; S. 69.

Jackson, John H., World Trade and the Law of GATT. Indianapolis, Kansas City, New York, 1969.

Jackson, John H.; Davey, William J.; Sykes, Allan O., Legal Problems of International Economic Relations. Cases, Materials and Text on the National and International Regulation of Transnational Economic Relations. 3rd ed.; St. Paul, Minn., 1995.

Jackson, John H.; Sykes, Alan (eds.), Implementing the Uruguay Round. Oxford, 1997.

Jacobs, Francis; Roberts, Shelley (eds.), The Effect of Treaties in Domestic Law. United Kingdom National Committee of Comparative Law. Volume 7. London, 1987.

Jacobs, Francis; White, Robin, The European Convention on Human Rights. 2nd ed.; Oxford, 1996.

Jarass, Hans D., Grundfragen der innerstaatlichen Bedeutung des EG-Rechts. Die Vorgaben des Rechts der Europäischen Gemeinschaft für die nationale Rechtsanwendung und die nationale Rechtsetzung nach Maastricht. Köln, Berlin, Bonn, München, 1994.

Jürgensen, Thomas, Die Entscheidung der WTO zur reformierten GMO Bananen. EuR 1999, S. 370.

Kaddous, Christine, Le droit des relations extérieures dans la jurisprudence de la Cour des Communautés européennes. Basel, Genf, München, 1998.

Katzenberger, Paul, TRIPs and Copyright Law. In: Beier, Friedrich-Karl; Schricker, Gerhard (eds.): From GATT to TRIPs – The Agreement on Trade-Related Aspects of Intellectual Property Rights. IIC Studies, Volume 18. Weinheim, 1996; S. 59.

Katzenberger, Paul, TRIPs und das Urheberrecht. GRUR Int. 1995, S. 447.

Katzenberger, Paul; Kur, Annette, TRIPs and Intellectual Property. In: Beier, Friedrich-Karl; Schricker, Gerhard (eds.): From GATT to TRIPs – The Agreement on Trade-Related Aspects of Intellectual Property Rights. IIC Studies, Volume 18. Weinheim, 1996; S. 1.

Knaak, Roland, The Protection of Geographical Indications According to the TRIPs Agreement. In: Beier, Friedrich-Karl; Schricker, Gerhard (eds.): From GATT to TRIPs – The Agreement on Trade-Related Aspects of Intellectual Property Rights. IIC Studies, Volume 18. Weinheim, 1996, S. 117.

Koehler, Matthias, Das Allgemeine Abkommen über den Handel mit Dienstleistungen (GATS). Dissertation. Berlin, 1999.

Koh, Harold Hongju, Why Do Nations Obey International Law? Yale LJ, Vol. 106, No. 8 (1997), S. 2559.

Koller, Arnold, Die unmittelbare Anwendbarkeit völkerrechtlicher Verträge und des EWG-Vertrages im innerstaatlichen Bereich. Bern, 1971.

Krasser, Rudolf, The Protection of Trade Secrets in the TRIPs Agreement. In: Beier, Friedrich-Karl; Schricker, Gerhard (eds.): From GATT to TRIPs – The Agreement on Trade-Related Aspects of Intellectual Property Rights. IIC Studies, Volume 18. Weinheim, 1996; S. 216.

Kraußer, Hans-Peter, Das Prinzip begrenzter Ermächtigung im Gemeinschaftsrecht als Strukturprinzip des EWG-Vertrages. Dissertation. Berlin, 1991.

Krenzler, Horst Günther; Fonseca-Wollheim, Hermann da, Die Reichweite der gemeinsamen Handelspolitik nach dem Vertrag von Amsterdam – eine Debatte ohne Ende? EuR 1998, S. 223.

Kropholler, Jan, Internationales Einheitsrecht. Tübingen, 1975.

Kuilwijk, Kees Jan, The European Court of Justice and the GATT dilemma: Public Interest versus Individual Rights? Beuningen, 1996.

Kunz-Hallstein, Hans Peter, The U.S. Proposal for a GATT-Agreement on Intellectual Property and the Paris Convention for the Protection of Industrial Property. In: Beier, Friedrich-Karl; Schricker, Gerhard (eds.): GATT or WIPO ? New Ways in the International Protection of Intellectual Property. IIC Studies, Volume 11. Weinheim, 1989; S. 75.

Kur, Annette, TRIPs and Design Protection. In: Beier, Friedrich-Karl; Schricker, Gerhard (eds.): From GATT to TRIPs – The Agreement on Trade-Related Aspects of Intellectual Property Rights. IIC Studies, Volume 18. Weinheim, 1996; S. 141 (Kur, Design Protection).

Kur, Annette, TRIPs and Trademark Law. In: Beier, Friedrich-Karl; Schricker, Gerhard (eds.): From GATT to TRIPs – The Agreement on Trade-Related Aspects of Intellectual Property Rights. IIC Studies, Volume 18. Weinheim, 1996; S. 93 (Kur, Trademark Law).

Kuyper, Pieter Jan, Remedies and Retaliation in the WTO: Are they likely to be effective? The State Perspective and the Company Perspective. In: ASIL Proceedings of the 91st Annual Meeting; Implementation, Compliance and Effectiveness. April 9 – 12, 1997. Washington, D.C., 1997; S. 282.

Kuyper, Pieter Jan, The Law of the GATT as a Special Field of International Law. Ignorance, further refinement or self-contained system of international law? NYIL 25 (1994), S. 227.

Kuyper, Pieter Jan, The New WTO Dispute Settlement System: The Impact on the Community. In: Bourgeois et al (eds.): The Uruguay Round Results. Brüssel, 1995; S. 87.

Lachs, Manfred, Pacta sunt servanda. EPIL, Vol. III (1997), S. 847.

Lee, Karen D.; Lewinski, Silke von, The Settlement of International Disputes in the Field of Intellectual Property. In: Beier, Friedrich-Karl; Schricker, Gerhard (eds.): From GATT to TRIPs – The Agreement on Trade-Related Aspects of Intellectual Property Rights. IIC Studies, Volume 18. Weinheim, 1996; S. 278.

Lee, Philip; Kennedy, Brian, The Potential Direct Effect of GATT 1994 in European Community Law. JWT, Vol. 30, No. 1 (1996), S. 67.

Leebron, David, Implementation of the Uruguay Round Results in the United States. In: Jackson, John H.; Sykes, Alan (eds.): Implementing the Uruguay Round. London, 1997; S. 175.

Lenaerts, Koen; Arts, Dirk, Procedural Law of the European Union. London, 1999.

Letzel, Hans-Joachim, Streitbeilegung im Rahmen der Welthandelsorganisation (WTO). Geschichte und völkerrechtliche Qualität. Dissertation. Münster, Köln, 1999.

Lewinski, Silke von, Urheberrecht als Gegenstand des internationalen Wirtschaftsrechts. GRUR Int. 1996, S. 630.

Lukas, Martin, The Role of Private Parties in the Enforcement of the Uruguay Round Results. JWTL, Vol. 29, No. 5 (1995), S. 181.

Lüke, Gerhard; Ress, Georg; Will, Michael R. (Hrsg.), Rechtsvergleichung, Europarecht und Staatenintegration. Gedächtnisschrift für Léontin-Jean Constantinesco. Köln, 1983 (FS Constantinesco).

MacLeod, I.; Hendry, I. D.; Hyett, Stephen, The External Relations of the European Communities. A Manual of Law and Practice. Oxford, 1996.

Markfort, Carsten, Geistiges Eigentum im Zivilprozeß. Dissertation. Frankfurt/Main 2001.

Martha, Rutsel Silvestre J., World Trade Disputes Settlement and the Exhaustion of Local Remedies Rule. JWT, Vol. 30, No. 4 (1996), S. 106.

Martin, Denis, Du bon usage de l'article 177 du Traité de Rome. Rev. Jur. de Liège 98 (1991, 1), S. 189.

Mavroidis, Petros C., Das GATT als „self-contained" Regime. RIW 1991, S. 497.

Mavroidis, Petros C.; Zdouc, Werner, Legal Means to Protect Private Parties' Interests in the WTO. The Case of the EC New Trade Barriers Regulation. JIEL 1 (1998), S. 407.

McCormick, Julia, The Effect of TRIPs in the Field of Design Right (Re Azrak Hamway International Inc.). [1997] 4 EIPR 205.

McNelis, Natalie, Success for Private Complainants under the EU's Trade Barriers Regulation. JIEL 2 (1999), S. 519.

Meessen, Karl M., Intellectual Property Rights in International Trade. JWTL, Vol. 21, No. 1 (1987), S. 67.

Meng, Werner, GATT and Intellectual Property Rights – The International Law Framework. In: Sacerdoti, Giorgio (ed.): Liberalization of services and intellectual property in the Uruguay Round of GATT. Bergamo Conference. Fribourg (CH), 1990; S. 57.

Meng, Werner, Gedanken zur Frage unmittelbarer Anwendung von WTO-Recht in der EG. In: Beyerlin, Ulrich; Bothe, Michael; Hofmann, Rainer; Petersmann, Ernst-Ulrich (Hrsg.): Recht zwischen Umbruch und Bewahrung. Festschrift für Rudolf Bernhardt. Berlin, Heidelberg, 1995; S. 1063 (FS Bernhardt).

Mengozzi, Paolo, Les droits des citoyens de l'Union européenne et l'applicabilité directe des accords de Marrakech. Revue du Marché Unique Européen 4/1994, S. 165.

Mengozzi, Paolo, The Marrakesh DSU and its Implications on the International and European Level. In: Bourgeois, Jacques H. J. et al. (eds.): The Uruguay Round Results. Brüssel, 1995; S. 115.

Milczewski, Christine von, Der grundrechtliche Schutz des Eigentums im Europäischen Gemeinschaftsrecht. Dissertation. Frankfurt/Main, 1994.

Mochel, P.; Dos Santos Gil, A. B. E., Kort geding en TRIPs-verdrag. (Verslag CIER Seminar 13 december 1995). IER 1996, S. 69.

Moncayo von Hase, Andrés, The Application and Interpretation of the Agreement on Trade-Related Intellectual Property Rights. In: Correa, Carlos M.; Yusuf, Abdulqawi A. (eds.): Intellectual Property and International Trade: The TRIPs Agreement. London, The Hague, Boston, 1998; S. 93.

Montañà i Mora, Miquel, *Equilibrium*: A Rediscovered Basis for the Court of Justice of the European Communities to Refuse Direct Effect to the Uruguay Round Agreements. JWT, Vol. 30, No. 5 (1996), S. 42.

Morzé, Herwig von; Zant, Amy K. van, The English Patent System and GATT TRIPs, Art. 32. [1998] I.P.Q. 117.

Müller, Holger, Die Lösung von Streitigkeiten in der NAFTA insbesondere durch Schiedsverfahren. Dissertation. Münster, 1999.

Neuwahl, Nanette A., Shared powers or combined incompetence? More on mixity. CMLRev 33 (1996), S. 667.

NN, First Review of intellectual property laws completed. WTO Focus Newsletter, no. 25, Dec. 1997, S. 6.

Nolte, Georg, Comment on Case 12/86, *Meryem Demirel v. Stadt Schwäbisch Gmünd*, Judgement of 30 September 1987. CMLRev 25 (1988), S. 403.

Nordemann, Wilhelm; Vinck, Kai; Hertin, Paul W., Internationales Urheberrecht und Leistungsschutzrecht der deutschsprachigen Länder unter Berücksichtigung auch der Staaten der Europäischen Gemeinschaft. 1. Auflage; Düsseldorf, 1977.

O'Keeffe, David; Schermers, Henry G. (eds.), Mixed Agreements. Deventer, 1983.

O'Keeffe, David; Twomey, Patrick (eds.), Legal Issues of the Amsterdam Treaty. Oxford, 1999.

Oppermann, Thomas, Europarecht. 2. Auflage; München, 1999 (Oppermann, 2. Aufl., Rn.).

Oppermann, Thomas; Cascante, José Christian, Dispute Settlement in the EC: Lessons for the GATT/WTO Dispute Settlement System? In: Petersmann, Ernst-Ulrich (ed.): International Trade Law and the GATT/WTO Dispute Settlement System. London, The Hague, Boston, 1997; S. 469.

Ott, Andrea, GATT und WTO im Gemeinschaftsrecht. Dissertation. Köln, Berlin, Bonn, München, 1997.

Paemen, Hugo; Bensch, Alexandra, From the GATT to the WTO. The European Community in the Uruguay Round. Leuven, 1995.

Palmeter, David, National Sovereignty and the World Trade Organization. JWIP, Vol. 2, No. 1 (1999), S. 77.

Palmeter, David; Mavroidis, Petros C., Dispute Settlement in the World Trade Organization. Practice and Procedure. The Hague, London, Boston, 1999.

Parlin, C. Christopher, WTO Dispute Settlement: Are Sufficient Resources Being Devoted to Enable the System to Function Effectively? IntLawyer, Vol. 32, No. 3 (1998), S. 863.

Partsch, Karl Josef, Reprisals. EPIL, Inst. 9 (1986), S. 330.

Partsch, Karl Josef, Retorsion. EPIL, Inst. 9 (1986), S. 335.

Pauwelyn, Joost, Enforcement and Countermeasures in the WTO: Rules are Rules – Toward a more collective Approach. AJIL 94 (2000), S. 335.

Peers, Steve, Fundamental Right or Political Whim? WTO Law and the European Court of Justice. In: Búrca, Gráinne de; Scott, Joanne (eds.): The EU and the WTO. Legal and Constitutional Issues. Oxford, 2001; S. 111 (123 ff.).

Pescatore, Pierre, Opinion 1/94 on „Conclusion" of the WTO-Agreement: Is there an escape from a programmed disaster? CMLRev 36 (1999), S. 387.

Pescatore, Pierre, The Doctrine of „Direct Effect": An Infant Disease of Community Law. ELR 8 (1983), S. 155.

Pescatore, Pierre, Treaty-making by the European Communities. In: Jacobs, Francis; Roberts, Shelley (eds.): The Effect of Treaties in Domestic Law. United Kingdom National Committee of Comparative Law. Volume 7. London, 1987; S. 171.

Petersmann, Ernst-Ulrich, Darf die EG das Völkerrecht ignorieren? EuZW 1997, S. 325.

Petersmann, Ernst-Ulrich, Dispute Settlement in International Economic Law – Lessons for Strengthening International Dispute Settlement in Non-economic Areas. JIEL 2 (1999), S. 189.

Petersmann, Ernst-Ulrich, From the Hobbesian International Law of Coexistence to Modern Integration Law: The WTO Dispute Settlement System. JIEL 1 (1998), S. 175.

Petersmann, Ernst-Ulrich, GATT/WTO-Recht: Duplik. EuZW 1997, S. 651.

Petersmann, Ernst-Ulrich, How to Promote the International Rule of Law? Contributions by the World Trade Appellate Review System. JIEL 1 (1998), S. 25.

Petersmann, Ernst-Ulrich, Rights and Duties of States and Rights and Duties of Their Citizens. Towards the „Constitutionalization" of the Bretton-Woods-System Fifty Years after its Foundation. In: Beyerlin, Ulrich et al. (Hrsg.): Recht zwischen Umbruch und Bewahrung. Festschrift für Rudolf Bernhardt. Berlin, Heidelberg, New York, 1995; S. 1087.

Petersmann, Ernst-Ulrich, The Dispute Settlement System of the World Trade Organization and the Evolution of the GATT Dispute Settlement System since 1948. CMLRev 31 (1994), S. 1157.

Petersmann, Ernst-Ulrich, The GATT/WTO Dispute Settlement System. International Law, International Organizations and Dispute Settlement. London, The Hague, Boston, 1997 (Petersmann, GATT/WTO DS).

Petersmann, Ernst-Ulrich, The WTO Constitution and the Millennium Round. In: Bronckers, Marco C. E. J.; Quick, Reinhard: New Directions in International Economic Law. Essays in Honour of John H. Jackson. The Hague, London, Boston, 2000, S. 111.

Petersmann, Ernst-Ulrich (ed.), International Trade Law and the GATT/WTO Dispute Settlement System. London, The Hague, Boston, 1997 (Petersmann, Intl Trade Law).

Reich, Arie, International Public Procurement Law. The Evolution of International Regimes on Public Purchasing. The Hague, London, Boston, 1999.

Reich, Arie, On Procurement, Protectionism and Protests: A Survey Among Canadian Procurement Officers. Can.Bus.L.J. 23 (1994), S. 107.

Reichman, J. H., Intellectual Property in International Trade: Opportunities and Risks of a GATT Connection. Vand. J. Transnatl. Law 22 (1989), S. 747.

Reichman, J. H., Universal Minimum Standards of Intellectual Property Protection under the TRIPs Component of the WTO Agreement. IntLawyer, Vol. 29, No. 2 (1995), S. 345.

Reif, Timothy M.; Florestal, Marjorie, Revenge of the *Push-Me, Pull-You*: The Implementation Process Under the WTO Dispute Settlement Understanding. IntLawyer, Vol. 32, No. 3 (1998), S. 755.

Reinbothe, Jörg, TRIPs und die Folgen für das Urheberrecht. ZUM 1996, S. 735.

Reinisch, August, Der Streit um das Forum – oder: Was gehört eigentlich vor WTO-Panels? RIW 2002, S. 449.

Rengeling, Hans-Werner; Middeke, Andreas; Gellermann, Martin, Rechtsschutz in der Europäischen Union. Durchsetzung des Gemeinschaftsrechts vor europäischen und deutschen Gerichten. München, 1994.

Renouf, Yves, Les méchanismes d'adaption et de mise en œuvre du règlement des différends dans le cadre de l'OMC sont-ils viables? AFDI 1994, S. 776.

Ricketson, Sam, The Berne Convention for the protection of literary and artistic works: 1886 – 1986. London, 1987.

Roessler, Frieder, The International Balance between the Judicial and the Political Organs of the WTO. In: Bronckers, Marco C. E. J.; Quick, Reinhard: New Directions in International Economic Law. Essays in Honour of John H. Jackson. The Hague, London, Boston, 2000; S. 325.

Ross, Julie C.; Wassermann, Jessica A., Trade-Related Aspects of Intellectual Property Rights. In: Stewart, Terence P. (ed.): The GATT Uruguay Round. A Negotiating History (1986 – 1992). Volume II: Commentary. Deventer, Boston, 1993; S. 2241 (Stewart/Ross/Wassermann, Negotiating History, Vol. II, S.).

Roubier, Paul, Le droit unioniste de la propriété industrielle. Journal du droit international (Clunet) 1951, S. 676.

Royla, Pascal, WTO-Recht – EG-Recht: Kollision, Justiziabilität, Implementation. EuR 2001, S. 495.

Sacerdoti, Giorgio (ed.), Liberalization of services and intellectual property in the Uruguay Round of GATT: proceedings of the Conference on the Uruguay Round of GATT and the Improvement of the Legal Framework of Trade in Services, Bergamo, 21. – 23. Sept. 1989. Fribourg (CH), 1990.

Sack, Jörn, Von der Geschlossenheit und den Spannungsfeldern einer Weltordung des Rechts. EuZW 1997, S. 650.

Saenger, August, Das Verhältnis der Berner Konvention zum innerstaatlichen Urheberrecht. Basel, 1940.

Schäfers, Alfons, Normsetzung zum geistigen Eigentum in internationalen Organisationen: WIPO und WTO – ein Vergleich. GRUR Int. 1996, S. 763.

Schermers, Henry; Waelbrock, Denis, Judicial Protection in the European Communities. 4th ed.; Deventer, 1987.

Schricker, Gerhard (Hrsg.), Urheberrecht – Kommentar. 1. Auflage; München, 1987 (Schricker/Bearbeiter, 1. Aufl., §, Rn.).

Schricker, Gerhard (Hrsg.), Urheberrecht – Kommentar. 2. Auflage; München, 1999 (Schricker/Bearbeiter, 2. Aufl., §, Rn.).

Seidl-Hohenveldern, Ignaz, Reprisals and the taking of private property. In: De conflictum legum. Essays presented to Roeland Duco Kollerwijn and Johannes Offerhaus at their seventieth birthdays. Leiden, 1962. NTIL 1962, S. 470.

Seidl-Hohenveldern, Ignaz, Völkerrecht. 9. Auflage; Köln, Berlin, Bonn, München, 1997.

Senti, Richard, WTO: System und Funktionsweise der Welthandelsordnung. Zürich, 2000.

Shoyer, Andrew W., The First Three Years of the WTO Dispute Settlement: Observations and Suggestions. JIEL 1 (1998), S. 277.

Siems, Kirsten, Das Kohärenzgebot in der Europäischen Union und seine Justitiabilität. Dissertation. Baden-Baden, 1998.

Simma, Bruno, Reciprocity. EPIL, Inst. 7 (1984), S. 400.

Simma, Bruno, Reflections on Article 60 of the Vienna Convention on the Law of Treaties and Its Background in General International Law. ÖZöR 20 (1970), S. 5.

Simon, Denys, *Cour de justice des Communautés européennes.* – 18 octobre 1990. – Affaire C-297/88 et C-197/89. – Massam Dzodzi. – Conclusions M. Darmon. – 8 novembre 1990. – Affaire C-231/89. – Krystyna Gmurzynska-Bscher. – Conclusions M. Darmon. Journal du Droit International (Clunet) 1991, S. 455.

Sinclair, Ian, The Vienna Convention on the Law of Treaties. 2nd ed.; Manchester, 1984.

Staehelin, Alesch, Das TRIPs-Abkommen. Immaterialgüterrechte im Licht der globalisierten Handelspolitik. Dissertation. Bern, 1997.

Staehelin, Alesch, Zur Frage der unmittelbaren Anwendbarkeit der WTO/TRIPs-Normen. AJP 1996, S. 1488.

Steger, Debra P., Canadian Implementation of the Agreement establishing the World Trade Organization. In: Jackson, John H.; Sykes, Alan O. (eds.): Implementing the Uruguay Round. Oxford, 1997; S. 243.

Steger, Debra P.; Hainsworth, Susan M., New Directions in International Trade Law: WTO Dispute Settlement. In: Cameron, James; Campbell, Karen (eds.): Dispute Resolution in the World Trade Organisation. London, 1998; S. 28.

Stein, Klaus D., Der gemischte Vertrag im Recht der Außenbeziehungen der Europäischen Wirtschaftsgemeinschaft. Dissertation. Berlin, 1986.

Steinberger, Helmut, Judicial Settlement of International Disputes. EPIL, Vol. III (1997), S. 42.

Stewart, Stephen M.; Sandison, Hamish, International Copyright and Neighbouring Rights. 2nd ed.; London, Boston, Edinburgh, 1989.

Stewart, Terence P. (ed.), The GATT Uruguay Round. A Negotiating History (1986 – 1992). Volume I: Commentary. Volume II: Commentary. Volume III: Documents. Deventer, Boston, 1993. (Stewart/Verfasser, Negotiating History, Vol.).

Stewart, Terence P.; Burr, Mara M., The WTO Panel Process: An Evaluation of the First Three Years. IntLawyer, Vol. 32, No. 3 (1998), S. 709.

Stewart, Terence P.; Callahan, Christopher J., Dispute Settlement Mechanisms. In: Stewart, Terence P. (ed.): The GATT Uruguay Round. A Negotiating History (1986 – 1992). Volume II: Commentary. Deventer, Boston, 1993; S. 2663. (Stewart/Stewart/Callahan, Negotiating History, Vol. II, S.).

Stieglitz, Edgar, EuGH: GATT 1994 begründet keine Rechte des Einzelnen. Anmerkung zu EuGH, Beschl. v. 2.5.2001 – Rs. C-307/99 (OGT Fruchthandelsgesellschaft mbH/Hauptzollamt Hamburg-St. Annen). EuZW 2001, 529.

Straus, Joseph, Implications of the TRIPs Agreement in the Field of Patent Law. In: Beier, Friedrich-Karl; Schricker, Gerhard (eds.): From GATT to TRIPs - The Agreement on Trade-Related Aspects of Intellectual Property Rights. IIC Studies, Volume 18. Weinheim, 1996; S. 160.

Strupp, Karl; Schlochauer, Hans-Jürgen (Hrsg.), Wörterbuch des Völkerrechts. 2. Auflage; Berlin, 1960.

Sykes, Alan O., The Remedy for Breach of Obligations under the WTO Dispute Settlement Understanding: Damages or Specific Performance ? In: Bronckers, Marco C. E. J.; Quick, Reinhard: New Directions in International Economic Law. Essays in Honour of John H. Jackson. The Hague, London, Boston, 2000; S. 347.

Timmermans, C. W. A., L'Uruguay Round: sa mise en œuvre par la Communauté européenne. Revue du Marché Unique Européen 4/1994, S. 175.

Tomuschat, Christian, How to handle parallel treaty-making powers of the Member States and their territorial subdivisions. In: Bourgeois, Jacques H. J.; Dewost, Jean-Louis; Gaiffe, Marie-Ange (eds.): La Communauté européenne et les accords mixtes. Quelles perspectives? Bruxelles, 1997; S. 65.

Tomuschat, Christian, Repressalie und Retorsion. Zu einigen Aspekten ihrer innerstaatlichen Durchführung. ZaöRV 33 (1973), S. 179.

Tomuschat, Christian, Zur Rechtswirkung der von der EG abschlossenen Verträge. In: Lüke, Gerhard; Ress, Georg; Will, Michael R. (Hrsg.): Gedächtnisschrift für Constantinesco. Köln, 1983; S. 801.

Trachtman, Joel P., Bananas, Direct Effect and Compliance. EJIL 10 (1999), S. 655.

Trebilcock, Michael J.; Howse, Robert, The Regulation of International Trade. 2nd ed.; London, New York, 1999.

Treviranus, Hans-Dietrich, Preamble. EPIL, Vol. III (1997), S. 1097.

Troller, Alois, Die mehrseitigen völkerrechtlichen Verträge im internationalen gewerblichen Rechtsschutz und Urheberrecht. Basel, 1965.

Tumlir, Jan, GATT Rules and Community Law – A Comparison of Economic and Legal Functions. In: Hilf, Meinhard; Jacobs, Francis G.; Petersmann, Ernst-Ulrich (eds.): The European Community and GATT. Studies in transnational economic law; v. 4. Deventer, 1986; S. 1.

Tumlir, Jan, International Economic Order and Democratic Constitutionalism. ORDO 34 (1983), S. 71.

Ullrich, Hanns, Technologieschutz und TRIPs: Prinzipien und Probleme. GRUR Int. 1995, S. 623.

Valles, Cherise M.; McGivern, Brendan P., The Right to Retaliate under the WTO Agreement. The „Sequencing" Problem. JWT, Vol. 34, No. 2 (2000), S. 63.

Vandoren, Paul, The Implementation of the TRIPs Agreement. JWIP, Vol. 2, No. 1 (1999), S. 25.

Vázquez, Carlos Manuel, The Four Doctrines of Self-Executing Treaties. AJIL 89 (1995), S. 695.

Verdross, Alfred; Simma, Bruno, Universelles Völkerrecht. Theorie und Praxis. 3. Auflage; Berlin, 1984.

Vitzthum, Wolfgang Graf (Hrsg.), Völkerrecht. Berlin, 1997 (Vitzthum/ Bearbeiter, Abschn., Rn.).

Vranes, Erich, Principles and Emerging Problems of WTO Cross Retaliation. EuZW 2001, S. 10.

Waelbroeck, Michel, The Emergent Doctrine of Community Pre-emption – Consent and Redelegation. In: Sandalow, Terrance; Stein, Eric (eds.): Courts and Free Markets, Volume II. Oxford, 1982; S. 548.

Weber, Albrecht; Moos, Flemming, Rechtswirkungen von WTO-Streitbeilegungsentscheidungen im Gemeinschaftsrecht. EuZW 1999, S. 229.

Weiss, Friedl, Dispute Settlement under the „Plurilateral Trade Agreements": The Case of the Agreement on Government Procurement. In: Petersmann, Ernst-Ulrich (ed.): International Trade Law and the GATT/WTO Dispute Settlement System. London, The Hague, Boston, 1997; S. 441.

Weiss, Friedl, TRIPs in search of an itinerary: Trade Related Intellectual Property Rights and the Uruguay Round Negotiations. In: Sacerdoti, Giorgio (ed.): Liberalization of Services and Intellectual Property in the Uruguay Round of GATT. Bergamo Conference. Fribourg (CH), 1990; S. 87.

Wetzel, Ralf Günther; Rauschning, Dietrich (Hrsg.), Die Wiener Vertragsrechtskonvention. Materialien zur Entstehung der einzelnen Vorschriften. Frankfurt/Main, 1978.

WIPO, Introduction to Intellectual Property Theory and Practice. London, The Hague, Boston, 1997.

Wooldridge, Frank, Provisional Measures and Article 50 of TRIPs: The ECJ's Decision in *„Hermès International"* – Case Note. [1999] I.P.Q. 124.

Wooldridge, Frank, The Enforcement of the TRIPs Agreement in Germany. [1997] I.P.Q. 210.

WTO Secretariat, Guide to the Uruguay Round Agreements. The Hague, London, Boston, 1999.

WTO, Annual Report 2000. Genf, 2000.

Wuermeling, Joachim, Kooperatives Gemeinschaftsrecht. Die Rechtsakte der Gesamtheit der EG-Mitgliedstaaten. Dissertation. Kehl, Straßburg, Arlington, 1988.

Zemanek, Karl, The Unilateral Enforcement of International Obligations. ZaöRV 47 (1987), S. 32.

Zonnekeyn, Geert A., The Status of Adopted Panel and Appellate Body Reports in the European Court of Justice and the European Court of First Instance. The Banana Experience. JWT, Vol. 34, No. 2 (2000), S. 93.

Zonnekeyn, Geert A., The Status of the WTO Agreements in the E.C. Legal Order After the Portuguese Textiles Case. [2000] Int.T.L.R. 42.

Zuleeg, Manfred, Die innerstaatliche Anwendbarkeit völkerrechtlicher Verträge am Beispiel des GATT und der Europäischen Sozialcharta. ZaöRV 35 (1975), S. 341.

Abkürzungsverzeichnis

ADA	Anti-Dumping-Abkommen (Agreement on Implementation of Article VI of the General Agreement on Tariffs and Trade 1994)
AFDI	Annuaire français de droit international
AJIL	American Journal of International Law
AJP	Aktuelle juristische Praxis
ArchVR	Archiv des Völkerrechts
BISD	Basic Instruments and Selected Documents (GATT)
Can.Bus.L.J.	Canadian Business Law Journal
CMLRev	Common Market Law Review
Cornell Int.L.J.	Cornell International Law Journal
DSB	Dispute Settlement Body
DSU	Understanding on Rules and Procedures Governing the Settlement of Disputes
EIPR	European Intellectual Property Review
EJIL	European Journal of International Law
ELR	European Law Review
EMRK	Europäische Menschenrechtskonvention
EPIL	Encyclopedia of Public International Law
EuG	Europäisches Gericht erster Instanz
EuGH	Europäischer Gerichtshof
EuR	Europarecht
EuZW	Europäische Zeitschrift für Wirtschaftsrecht
FAO	Food and Agriculture Organisation
Fordham ILJ	Fordham International Law Journal
FS	Festschrift
GA	Generalanwalt
GATS	General Agreement on Trade in Services

GATT	General Agreement on Tariffs and Trade
GPA	Abkommen über das Öffentliche Beschaffungswesen (Agreement on Government Procurement)
GRUR Int.	Gewerblicher Rechtsschutz und Urheberrecht – Internationaler Teil
HarvILJ	Harvard International Law Journal
I.P.Q.	Intellectual Property Quarterly
IAEO	International Atomic Energy Organisation
ICLQ	The international and comparative law quarterly
ICSID	International Center for the Settlement of Investment Disputes between States and Nationals of other States
IER	Intellectuelle eigendom & reclamerecht
IGH	Internationaler Gerichtshof
IIC	International Review of Industrial Property and Copyright Law
IIC Studies	Studies in Industrial Property and Copyright Law
ILA	International Law Association
ILO	International Labour Organisation
Ind. Int'l. & Comp. L. Rev.	Indiana International & Comparative Law Review
Int.T.L.R	international trade law & regulation
IntLawyer	The International Lawyer
IPBPR	Internationaler Pakt über bürgerliche und politische Rechte
IPIC-Vertrag	Vertrag über den Schutz des geistigen Eigentums im Hinblick auf integrierte Schaltkreise
J.D.I.	Journal du droit international (Clunet)
JIEL	Journal of International Economic Law
JWIP	Journal of World Intellectual Property
JWT	Journal of World Trade
JWTL	Journal of World Trade Law
JZ	Juristenzeitung

LIEI	Legal Issues of Economic Integration
MichJIL	Michigan Journal of International Law
MichLR	Michigan Law Review
NJW	Neue Juristische Wochenschrift
NTIL	Nederlands Tijdschrift voor Internationaal Recht
NYIL	Netherlands Yearbook of International Law
ORDO	Jahrbuch für die Ordnung von Wirtschaft und Gesellschaft
ÖZöR	Österreichische Zeitung für öffentliches Recht
PCIJ	Permanent Court of International Justice
PVÜ	Pariser Verbandsübereinkunft zum Schutze des gewerblichen Eigentums
R.P.C.	Reports of Patent, Design, and Trade Mark Cases
RBÜ	Berner Übereinkunft zum Schutz von Werken der Literatur und Kunst (Pariser Fassung)
Rev. Gen. dr. int. publ.	Revue Générale de Droit International Public
Rev. Jur. de Liège	Revue de jurisprudence de Liège, Mons et Bruxelles
RIW	Recht der internationalen Wirtschaft
RMUE	Revue du Marché Unique Européen
StIGH	Ständiger Internationaler Gerichtshof
TRIPs-Abkommen	Übereinkommen über handelsbezogene Aspekte der Rechte des geistigen Eigentums (Agreement on Trade-Related Aspects of Intellectual Property Rights)
Vand. J. Transnatl. Law	Vanderbildt Journal of Transnational Law
VJIL	Virginia Journal of International Law
WIPO	World Intellectual Property Organization
WIPR	World Intellectual Property Report
WTO	World Trade Organisation
WVK	Wiener Übereinkommen über das Recht der Verträge
Yale LJ	The Yale Law Journal

ZaöRV	Zeitschrift für ausländisches öffentliches Recht und Völkerrecht
ZIP	Zeitschrift für Wirtschaftsrecht
ZUM	Zeitschrift für Urheber- und Medienrecht

FSC
www.fsc.org
MIX
Papier | Fördert gute Waldnutzung
FSC® C083411

Kolibri 360 GmbH
Ferdinand-Jühlke-Straße 7
99095 Erfurt, Deutschland
produktsicherheit@kolibri360.de

Druck:
CPI Druckdienstleistungen GmbH
im Auftrag der
Kolibri 360 GmbH
Ferdinand-Jühlke-Str. 7
99095 Erfurt